中央高校基本科研业务费专项资金项目

国际合作区域拓展计划·一带一路国家合作项目

互联网法学丛书
Internet Law Series

互联网法律资料汇编

·刑事篇

主　编　高艳东
副主编　徐文涛　俞姗姗　张琼珲

Compilation of Internet Law

Criminal Regulation Cases and Interpretation

ZHEJIANG UNIVERSITY PRESS
浙江大学出版社

前 言

这是一个风云变幻的时代，网络新技术、新事物不断改变着社会生活。计算机、大数据、人工智能等新兴技术蓬勃发展，互联网迅速普及，它们成为社会公众生活中不可或缺的一部分。截至2017年12月，我国网民规模已达7.72亿，中国已经进入网络时代。科技红利与技术风险是一个硬币的两面，在互联网产业蒸蒸日上的同时，互联网安全问题也日趋严重，黑客攻击、网络诈骗、炒信刷单等网络违法犯罪层出不穷。2016年10月，在中央政法委举行的第四次百万政法干警学习讲座上，孟建柱同志指出，中国网络犯罪占犯罪总数近1/3，且每年增加近30%。在信息时代，深入研究互联网犯罪治理迫在眉睫，这就需要一部专门的法律工具书供相关人士查阅学习。

目前已有许多优秀的刑法类法律法规集出版，但是，对于互联网犯罪研究检索来说存在篇幅大、实务性不强等问题。本书吸纳互联网犯罪研究人员、实务工作者的意见，是一本以刑法条文为基础，以司法解释、法律法规、相关文件和典型案例为辅的《互联网法律资料汇编・刑事篇》。

本书收录了与互联网相关的刑法条文、司法解释、法律法规、相关文件，以及由编者挑选的典型案例。虽然我国互联网刑事法律研究刚刚起步，刑法条文和司法解释尚在完善之中，但是，与互联网有关的各类法律法规、文件和案例层出不穷，因此本书特将其收录其中，以飨读者。为了高效检索，本书删除了《中华人民共和国刑法》总则及部分与互联网关联甚少的分则条款。

本书包含以下内容：第一，刑法分则中与互联网最相关的50个罪名，具体有以互联网信息系统为犯罪对象的第285条（非法侵入计算机信息系统罪；非法获取计算机信息系统数据罪、非法控制计算机信息系统罪；提供侵入、非法控制计算机信息系统程序、工具罪）和第286条（破坏计算机信息系统罪），以互联网为犯罪空间的第266条（诈骗罪）和第253条之一（侵犯公民个人信息罪），还有在互联网时代焕发新生命的第225条（非法经营罪）和276条（破坏生产经营罪）等。第二，与互联网刑事法律关系密切的司法解释、法律法规及修改文件共计40

余个，包含近两年实施的《最高人民法院、最高人民检察院、公安部关于办理电信网络诈骗等刑事案件适用法律若干问题的意见》《最高人民法院、最高人民检察院关于办理侵犯公民个人信息刑事案件适用法律若干问题的解释》《最高人民法院、最高人民检察院关于办理扰乱无线电通讯管理秩序等刑事案件适用法律若干问题的解释》《中华人民共和国网络安全法》《互联网群组信息服务管理规定》《互联网用户公众账号信息服务管理规定》等。第三，在部分重点罪名后面附加了"典型案例"一栏，收录了最高人民法院和最高人民检察院发布的四个指导性案例，以及若干最新互联网犯罪案件，如全国组织刷单第一案、全国黄牛抢购软件第一案、全国反向炒信第一案等。

本书在体例上主要分为三部分：第一编以刑法法条为纲，将相关的司法解释、典型案例以及其他可能涉及的条文系统整合，附在具体法条项下；第二、三编单独附相关程序法和其他法律法规。这样，不仅为专家学者进行互联网刑事法律研究提供丰富案例素材，也为实务人员进行相关法条查找提供便利。这种法条与案例相结合的方式，亦可为法科生及社会公众提供学习互联网刑事法律的有效路径。

本书由浙江大学（光华法学院）互联网法律研究中心法律法规库团队编纂完成。互联网法律研究中心是由浙江大学（光华法学院）与阿里巴巴集团于 2015 年 12 月合作成立，旨在解决互联网领域的违法犯罪问题，推动司法解释出台，引领互联网法律的发展方向，成为有国际影响力的互联网法律研究机构，打造领先的互联网法律交流服务平台。研究中心充分发挥浙江大学与阿里巴巴的优势，以建设互联网法学、人工智能法学为目标，开展了互联网法律大会、互联网法律论坛、互联网法律大讲堂、互联网法学学科建设、互联网法律全球案例库、互联网法律法规库、互联网法学丛书、互联网法律沙龙、互联网法律年度课题、云谷训练营以及独立自媒体等项目建设，本书便是互联网法律法规库的成果之一。对互联网法律研究中心感兴趣的读者，可以关注研究中心的微信公众号"互联网法学""互联网法律大会""人工智能法学"，公众号会定期发布最新的中心动态、前沿理论、互联网法律法规、案例分析和学者观点等，也欢迎读者赐稿。

在本书的编著过程中，法律法规库团队研究人员充分收集相关文件及典型案例，并广泛查阅、分析已出版的其他法律工具书，力求在内容和体例上有所完善和创新，尽可能满足读者的查阅需求。本书由徐文涛、张琼珲收集资料，由俞姗姗、祁拓、李明哲等校对，最后由高艳东统稿。虽然我们多次讨论与校对本书，进行了数次订正，但难免有瑕疵与疏漏，诚请各位读者通过公众号与我们联系，指出不足之处，不吝赐教。

您的支持和建议，是我们前进的动力。

浙江大学（光华法学院）互联网法律研究中心

2018 年 6 月 23 日

目录
Contents

第一编 《刑法》中与互联网相关的重点罪名

第二编 程序法资料

第三编 其他重要法律文件

第一编
《刑法》中与互联网相关的重点罪名

第一百四十条至一百五十条　生产、销售伪劣商品罪

一、刑法条文

第一百四十条【生产、销售伪劣产品罪】生产者、销售者在产品中掺杂、掺假，以假充真，以次充好或者以不合格产品冒充合格产品，销售金额五万元以上不满二十万元的，处二年以下有期徒刑或者拘役，并处或者单处销售金额百分之五十以上二倍以下罚金；销售金额二十万元以上不满五十万元的，处二年以上七年以下有期徒刑，并处销售金额百分之五十以上二倍以下罚金；销售金额五十万元以上不满二百万元的，处七年以上有期徒刑，并处销售金额百分之五十以上二倍以下罚金；销售金额二百万元以上的，处十五年有期徒刑或者无期徒刑，并处销售金额百分之五十以上二倍以下罚金或者没收财产。

第一百四十一条【生产、销售假药罪】生产、销售假药的，处三年以下有期徒刑或者拘役，并处罚金；对人体健康造成严重危害或者有其他严重情节的，处三年以上十年以下有期徒刑，并处罚金；致人死亡或者有其他特别严重情节的，处十年以上有期徒刑、无期徒刑或者死刑，并处罚金或者没收财产。

本条所称假药，是指依照《中华人民共和国药品管理法》的规定属于假药和按假药处理的药品、非药品。

第一百四十二条【生产、销售劣药罪】生产、销售劣药，对人体健康造成严重危害的，处三年以上十年以下有期徒刑，并处销售金额百分之五十以上二倍以下罚金；后果特别严重的，处十年以上有期徒刑或者无期徒刑，并处销售金额百分之五十以上二倍以下罚金或者没收财产。

本条所称劣药，是指依照《中华人民共和国药品管理法》的规定属于劣药的

药品。

第一百四十三条【生产、销售不符合安全标准的食品罪】生产、销售不符合食品安全标准的食品，足以造成严重食物中毒事故或者其他严重食源性疾病的，处三年以下有期徒刑或者拘役，并处罚金；对人体健康造成严重危害或者有其他严重情节的，处三年以上七年以下有期徒刑，并处罚金；后果特别严重的，处七年以上有期徒刑或者无期徒刑，并处罚金或者没收财产。

第一百四十四条【生产、销售有毒、有害食品罪】在生产、销售的食品中掺入有毒、有害的非食品原料的，或者销售明知掺有有毒、有害的非食品原料的食品的，处五年以下有期徒刑，并处罚金；对人体健康造成严重危害或者有其他严重情节的，处五年以上十年以下有期徒刑，并处罚金；致人死亡或者有其他特别严重情节的，依照本法第一百四十一条的规定处罚。

第一百四十五条【生产、销售不符合标准的医用器材罪】生产不符合保障人体健康的国家标准、行业标准的医疗器械、医用卫生材料，或者销售明知是不符合保障人体健康的国家标准、行业标准的医疗器械、医用卫生材料，足以严重危害人体健康的，处三年以下有期徒刑或者拘役，并处销售金额百分之五十以上二倍以下罚金；对人体健康造成严重危害的，处三年以上十年以下有期徒刑，并处销售金额百分之五十以上二倍以下罚金；后果特别严重的，处十年以上有期徒刑或者无期徒刑，并处销售金额百分之五十以上二倍以下罚金或者没收财产。

第一百四十六条【生产、销售不符合安全标准的产品罪】生产不符合保障人身、财产安全的国家标准、行业标准的电器、压力容器、易燃易爆产品或者其他不符合保障人身、财产安全的国家标准、行业标准的产品，或者销售明知是以上不符合保障人身、财产安全的国家标准、行业标准的产品，造成严重后果的，处五年以下有期徒刑，并处销售金额百分之五十以上二倍以下罚金；后果特别严重的，处五年以上有期徒刑，并处销售金额百分之五十以上二倍以下罚金。

第一百四十七条【生产、销售伪劣农药、兽药、化肥、种子罪】生产假农药、假兽药、假化肥，销售明知是假的或者失去使用效能的农药、兽药、化肥、种子，或者生产者、销售者以不合格的农药、兽药、化肥、种子冒充合格的农药、兽药、化肥、种子，使生产遭受较大损失的，处三年以下有期徒刑或者拘役，并处或者单处销售金额百分之五十以上二倍以下罚金；使生产遭受重大损失的，处三年以上七年以下有期徒刑，并处销售金额百分之五十以上二倍以下罚金；使生产遭受特别重大损失的，处七年以上有期徒刑或者无期徒刑，并处销售金额百分之五十以上二

倍以下罚金或者没收财产。

第一百四十八条【生产、销售不符合卫生标准的化妆品罪】生产不符合卫生标准的化妆品，或者销售明知是不符合卫生标准的化妆品，造成严重后果的，处三年以下有期徒刑或者拘役，并处或者单处销售金额百分之五十以上二倍以下罚金。

第一百四十九条【对生产、销售伪劣商品行为的法条适用】生产、销售本节第一百四十一条至第一百四十八条所列产品，不构成各该条规定的犯罪，但是销售金额在五万元以上的，依照本节第一百四十条的规定定罪处罚。

生产、销售本节第一百四十一条至第一百四十八条所列产品，构成各该条规定的犯罪，同时又构成本节第一百四十条规定之罪的，依照处罚较重的规定定罪处罚。

第一百五十条【单位犯本节规定之罪的处理】单位犯本节第一百四十条至第一百四十八条规定之罪的，对单位判处罚金，并对其直接负责的主管人员和其他直接责任人员，依照各该条的规定处罚。

二、其他法律法规及文件

(一)《中华人民共和国食品安全法》

主席令第二十一号(2015 年 4 月 24 日发布，2015 年 10 月 1 日实施)

第一章　总则

第一条　为了保证食品安全，保障公众身体健康和生命安全，制定本法。

……

第三十三条　食品生产经营应当符合食品安全标准，并符合下列要求：

(一)具有与生产经营的食品品种、数量相适应的食品原料处理和食品加工、包装、贮存等场所，保持该场所环境整洁，并与有毒、有害场所以及其他污染源保持规定的距离；

(二)具有与生产经营的食品品种、数量相适应的生产经营设备或者设施，有相应的消毒、更衣、盥洗、采光、照明、通风、防腐、防尘、防蝇、防鼠、防虫、洗涤以及处理废水、存放垃圾和废弃物的设备或者设施；

(三)有专职或者兼职的食品安全专业技术人员、食品安全管理人员和保证食品安全的规章制度；

（四）具有合理的设备布局和工艺流程，防止待加工食品与直接入口食品、原料与成品交叉污染，避免食品接触有毒物、不洁物；

（五）餐具、饮具和盛放直接入口食品的容器，使用前应当洗净、消毒，炊具、用具用后应当洗净，保持清洁；

（六）贮存、运输和装卸食品的容器、工具和设备应当安全、无害，保持清洁，防止食品污染，并符合保证食品安全所需的温度、湿度等特殊要求，不得将食品与有毒、有害物品一同贮存、运输；

（七）直接入口的食品应当使用无毒、清洁的包装材料、餐具、饮具和容器；

（八）食品生产经营人员应当保持个人卫生，生产经营食品时，应当将手洗净，穿戴清洁的工作衣、帽等；销售无包装的直接入口食品时，应当使用无毒、清洁的容器、售货工具和设备；

（九）用水应当符合国家规定的生活饮用水卫生标准；

（十）使用的洗涤剂、消毒剂应当对人体安全、无害；

（十一）法律、法规规定的其他要求。

非食品生产经营者从事食品贮存、运输和装卸的，应当符合前款第六项的规定。

第三十四条　禁止生产经营下列食品、食品添加剂、食品相关产品：

（一）用非食品原料生产的食品或者添加食品添加剂以外的化学物质和其他可能危害人体健康物质的食品，或者用回收食品作为原料生产的食品；

（二）致病性微生物，农药残留、兽药残留、生物毒素、重金属等污染物质以及其他危害人体健康的物质含量超过食品安全标准限量的食品、食品添加剂、食品相关产品；

（三）用超过保质期的食品原料、食品添加剂生产的食品、食品添加剂；

（四）超范围、超限量使用食品添加剂的食品；

（五）营养成分不符合食品安全标准的专供婴幼儿和其他特定人群的主辅食品；

（六）腐败变质、油脂酸败、霉变生虫、污秽不洁、混有异物、掺假掺杂或者感官性状异常的食品、食品添加剂；

（七）病死、毒死或者死因不明的禽、畜、兽、水产动物肉类及其制品；

（八）未按规定进行检疫或者检疫不合格的肉类，或者未经检验或者检验不合格的肉类制品；

（九）被包装材料、容器、运输工具等污染的食品、食品添加剂；

（十）标注虚假生产日期、保质期或者超过保质期的食品、食品添加剂；

（十一）无标签的预包装食品、食品添加剂；

（十二）国家为防病等特殊需要明令禁止生产经营的食品；

（十三）其他不符合法律、法规或者食品安全标准的食品、食品添加剂、食品相关产品。

……

第四十六条　食品生产企业应当就下列事项制定并实施控制要求，保证所生产的食品符合食品安全标准：

（一）原料采购、原料验收、投料等原料控制；

（二）生产工序、设备、贮存、包装等生产关键环节控制；

（三）原料检验、半成品检验、成品出厂检验等检验控制；

（四）运输和交付控制。

……

第五十条　食品生产者采购食品原料、食品添加剂、食品相关产品，应当查验供货者的许可证和产品合格证明；对无法提供合格证明的食品原料，应当按照食品安全标准进行检验；不得采购或者使用不符合食品安全标准的食品原料、食品添加剂、食品相关产品。

食品生产企业应当建立食品原料、食品添加剂、食品相关产品进货查验记录制度，如实记录食品原料、食品添加剂、食品相关产品的名称、规格、数量、生产日期或者生产批号、保质期、进货日期以及供货者名称、地址、联系方式等内容，并保存相关凭证。记录和凭证保存期限不得少于产品保质期满后六个月；没有明确保质期的，保存期限不得少于二年。

……

第五十四条　食品经营者应当按照保证食品安全的要求贮存食品，定期检查库存食品，及时清理变质或者超过保质期的食品。

食品经营者贮存散装食品，应当在贮存位置标明食品的名称、生产日期或者生产批号、保质期、生产者名称及联系方式等内容。

第五十五条　餐饮服务提供者应当制定并实施原料控制要求，不得采购不符合食品安全标准的食品原料。倡导餐饮服务提供者公开加工过程，公示食品原料及其来源等信息。

餐饮服务提供者在加工过程中应当检查待加工的食品及原料，发现有本法第三十四条第六项规定情形的，不得加工或者使用。

……

第一百二十三条　违反本法规定，有下列情形之一，尚不构成犯罪的，由县级以上人民政府食品药品监督管理部门没收违法所得和违法生产经营的食品，并可以没收用于违法生产经营的工具、设备、原料等物品；违法生产经营的食品货值金额不足一万元的，并处十万元以上十五万元以下罚款；货值金额一万元以上的，并处货值金额十五倍以上三十倍以下罚款；情节严重的，吊销许可证，并可以由公安机关对其直接负责的主管人员和其他直接责任人员处五日以上十五日以下拘留：

（一）用非食品原料生产食品、在食品中添加食品添加剂以外的化学物质和其他可能危害人体健康的物质，或者用回收食品作为原料生产食品，或者经营上述食品；

（二）生产经营营养成分不符合食品安全标准的专供婴幼儿和其他特定人群的主辅食品；

（三）经营病死、毒死或者死因不明的禽、畜、兽、水产动物肉类，或者生产经营其制品；

（四）经营未按规定进行检疫或者检疫不合格的肉类，或者生产经营未经检验或者检验不合格的肉类制品；

（五）生产经营国家为防病等特殊需要明令禁止生产经营的食品；

（六）生产经营添加药品的食品。

明知从事前款规定的违法行为，仍为其提供生产经营场所或者其他条件的，由县级以上人民政府食品药品监督管理部门责令停止违法行为，没收违法所得，并处十万元以上二十万元以下罚款；使消费者的合法权益受到损害的，应当与食品生产经营者承担连带责任。

违法使用剧毒、高毒农药的，除依照有关法律、法规规定给予处罚外，可以由公安机关依照第一款规定给予拘留。

第一百二十四条　违反本法规定，有下列情形之一，尚不构成犯罪的，由县级以上人民政府食品药品监督管理部门没收违法所得和违法生产经营的食品、食品添加剂，并可以没收用于违法生产经营的工具、设备、原料等物品；违法生产经营的食品、食品添加剂货值金额不足一万元的，并处五万元以上十万元以下罚款；货值金额一万元以上的，并处货值金额十倍以上二十倍以下罚款；情节严重的，吊销许可证：

（一）生产经营致病性微生物，农药残留、兽药残留、生物毒素、重金属等污染物质以及其他危害人体健康的物质含量超过食品安全标准限量的食品、食品添加剂；

（二）用超过保质期的食品原料、食品添加剂生产食品、食品添加剂，或者经营上述食品、食品添加剂；

（三）生产经营超范围、超限量使用食品添加剂的食品；

（四）生产经营腐败变质、油脂酸败、霉变生虫、污秽不洁、混有异物、掺假掺杂或者感官性状异常的食品、食品添加剂；

（五）生产经营标注虚假生产日期、保质期或者超过保质期的食品、食品添加剂；

（六）生产经营未按规定注册的保健食品、特殊医学用途配方食品、婴幼儿配方乳粉，或者未按注册的产品配方、生产工艺等技术要求组织生产；

（七）以分装方式生产婴幼儿配方乳粉，或者同一企业以同一配方生产不同品牌的婴幼儿配方乳粉；

（八）利用新的食品原料生产食品，或者生产食品添加剂新品种，未通过安全性评估；

（九）食品生产经营者在食品药品监督管理部门责令其召回或者停止经营后，仍拒不召回或者停止经营。

除前款和本法第一百二十三条、第一百二十五条规定的情形外，生产经营不符合法律、法规或者食品安全标准的食品、食品添加剂的，依照前款规定给予处罚。

生产食品相关产品新品种，未通过安全性评估，或者生产不符合食品安全标准的食品相关产品的，由县级以上人民政府质量监督部门依照第一款规定给予处罚。

……

第一百三十五条　被吊销许可证的食品生产经营者及其法定代表人、直接负责的主管人员和其他直接责任人员自处罚决定作出之日起五年内不得申请食品生产经营许可，或者从事食品生产经营管理工作、担任食品生产经营企业食品安全管理人员。

因食品安全犯罪被判处有期徒刑以上刑罚的，终身不得从事食品生产经营管理工作，也不得担任食品生产经营企业食品安全管理人员。

食品生产经营者聘用人员违反前两款规定的，由县级以上人民政府食品药品监督管理部门吊销许可证。

第一百三十六条　食品经营者履行了本法规定的进货查验等义务，有充分证据证明其不知道所采购的食品不符合食品安全标准，并能如实说明其进货来源的，可以免予处罚，但应当依法没收其不符合食品安全标准的食品；造成人身、财产或者其他损害的，依法承担赔偿责任。

（二）《最高人民检察院、公安部关于公安机关管辖的刑事案件立案追诉标准的规定（一）的补充规定》

公通字〔2017〕12号（2017年4月27日发布，2017年4月27日实施）

……

二、将《立案追诉标准（一）》第十七条修改为：［生产、销售假药案（刑法第一百四十一条）］生产、销售假药的，应予立案追诉。但销售少量根据民间传统配方私自加工的药品，或者销售少量未经批准进口的国外、境外药品，没有造成他人伤害后果或者延误诊治，情节显著轻微危害不大的除外。

以生产、销售假药为目的，具有下列情形之一的，属于本条规定的“生产”：

（一）合成、精制、提取、储存、加工炮制药品原料的；

（二）将药品原料、辅料、包装材料制成成品过程中，进行配料、混合、制剂、储存、包装的；

（三）印制包装材料、标签、说明书的。

医疗机构、医疗机构工作人员明知是假药而有偿提供给他人使用，或者为出售而购买、储存的，属于本条规定的“销售”。

本条规定的“假药”，是指依照《中华人民共和国药品管理法》的规定属于假药和按假药处理的药品、非药品。是否属于假药难以确定的，可以根据地市级以上药品监督管理部门出具的认定意见等相关材料进行认定。必要时，可以委托省级以上药品监督管理部门设置或者确定的药品检验机构进行检验。

三、将《立案追诉标准（一）》第十九条修改为：［生产、销售不符合安全标准的食品案（刑法第一百四十三条）］生产、销售不符合食品安全标准的食品，涉嫌下列情形之一的，应予立案追诉：

(一)食品含有严重超出标准限量的致病性微生物、农药残留、兽药残留、重金属、污染物质以及其他危害人体健康的物质的;

(二)属于病死、死因不明或者检验检疫不合格的畜、禽、兽、水产动物及其肉类、肉类制品的;

(三)属于国家为防控疾病等特殊需要明令禁止生产、销售的食品的;

(四)婴幼儿食品中生长发育所需营养成分严重不符合食品安全标准的;

(五)其他足以造成严重食物中毒事故或者严重食源性疾病的情形。

在食品加工、销售、运输、贮存等过程中,违反食品安全标准,超限量或者超范围滥用食品添加剂,足以造成严重食物中毒事故或者其他严重食源性疾病的,应予立案追诉。

在食用农产品种植、养殖、销售、运输、贮存等过程中,违反食品安全标准,超限量或者超范围滥用添加剂、农药、兽药等,足以造成严重食物中毒事故或者其他严重食源性疾病的,应予立案追诉。

四、将《立案追诉标准(一)》第二十条修改为:[生产、销售有毒、有害食品案(刑法第一百四十四条)]在生产、销售的食品中掺入有毒、有害的非食品原料的,或者销售明知掺有有毒、有害的非食品原料的食品的,应予立案追诉。

在食品加工、销售、运输、贮存等过程中,掺入有毒、有害的非食品原料,或者使用有毒、有害的非食品原料加工食品的,应予立案追诉。

在食用农产品种植、养殖、销售、运输、贮存等过程中,使用禁用农药、兽药等禁用物质或者其他有毒、有害物质的,应予立案追诉。

在保健食品或者其他食品中非法添加国家禁用药物等有毒、有害物质的,应予立案追诉。

下列物质应当认定为本条规定的"有毒、有害的非食品原料":

(一)法律、法规禁止在食品生产经营活动中添加、使用的物质;

(二)国务院有关部门公布的《食品中可能违法添加的非食用物质名单》《保健食品中可能非法添加的物质名单》中所列物质;

(三)国务院有关部门公告禁止使用的农药、兽药以及其他有毒、有害物质;

(四)其他危害人体健康的物质。

第一百七十六条　非法吸收公众存款罪

一、刑法条文

第一百七十六条【非法吸收公众存款罪】非法吸收公众存款或者变相吸收公众存款，扰乱金融秩序的，处三年以下有期徒刑或者拘役，并处或者单处二万元以上二十万元以下罚金；数额巨大或者有其他严重情节的，处三年以上十年以下有期徒刑，并处五万元以上五十万元以下罚金。

单位犯前款罪的，对单位判处罚金，并对其直接负责的主管人员和其他直接责任人员，依照前款的规定处罚。

二、司法解释

《最高人民法院关于审理非法集资刑事案件具体应用法律若干问题的解释》

法释〔2010〕18 号（2010 年 12 月 13 日发布，2011 年 1 月 4 日实施）

为依法惩治非法吸收公众存款、集资诈骗等非法集资犯罪活动，根据刑法有关规定，现就审理此类刑事案件具体应用法律的若干问题解释如下：

第一条　违反国家金融管理法律规定，向社会公众（包括单位和个人）吸收资金的行为，同时具备下列四个条件的，除刑法另有规定的以外，应当认定为刑法第一百七十六条规定的“非法吸收公众存款或者变相吸收公众存款”：

（一）未经有关部门依法批准或者借用合法经营的形式吸收资金；

（二）通过媒体、推介会、传单、手机短信等途径向社会公开宣传；

（三）承诺在一定期限内以货币、实物、股权等方式还本付息或者给付回报；

（四）向社会公众即社会不特定对象吸收资金。

未向社会公开宣传，在亲友或者单位内部针对特定对象吸收资金的，不属于非法吸收或者变相吸收公众存款。

第二条 实施下列行为之一，符合本解释第一条第一款规定的条件的，应当依照刑法第一百七十六条的规定，以非法吸收公众存款罪定罪处罚：

（一）不具有房产销售的真实内容或者不以房产销售为主要目的，以返本销售、售后包租、约定回购、销售房产份额等方式非法吸收资金的；

（二）以转让林权并代为管护等方式非法吸收资金的；

（三）以代种植（养殖）、租种植（养殖）、联合种植（养殖）等方式非法吸收资金的；

（四）不具有销售商品、提供服务的真实内容或者不以销售商品、提供服务为主要目的，以商品回购、寄存代售等方式非法吸收资金的；

（五）不具有发行股票、债券的真实内容，以虚假转让股权、发售虚构债券等方式非法吸收资金的；

（六）不具有募集基金的真实内容，以假借境外基金、发售虚构基金等方式非法吸收资金的；

（七）不具有销售保险的真实内容，以假冒保险公司、伪造保险单据等方式非法吸收资金的；

（八）以投资入股的方式非法吸收资金的；

（九）以委托理财的方式非法吸收资金的；

（十）利用民间“会”、“社”等组织非法吸收资金的；

（十一）其他非法吸收资金的行为。

第三条 非法吸收或者变相吸收公众存款，具有下列情形之一的，应当依法追究刑事责任：

（一）个人非法吸收或者变相吸收公众存款，数额在20万元以上的，单位非法吸收或者变相吸收公众存款，数额在100万元以上的；

（二）个人非法吸收或者变相吸收公众存款对象30人以上的，单位非法吸收或者变相吸收公众存款对象150人以上的；

（三）个人非法吸收或者变相吸收公众存款，给存款人造成直接经济损失数额在10万元以上的，单位非法吸收或者变相吸收公众存款，给存款人造成直接经济损失数额在50万元以上的；

（四）造成恶劣社会影响或者其他严重后果的。

具有下列情形之一的，属于刑法第一百七十六条规定的“数额巨大或者有其他严重情节”：

（一）个人非法吸收或者变相吸收公众存款，数额在100万元以上的，单位非法吸收或者变相吸收公众存款，数额在500万元以上的；

（二）个人非法吸收或者变相吸收公众存款对象100人以上的，单位非法吸收或者变相吸收公众存款对象500人以上的；

（三）个人非法吸收或者变相吸收公众存款，给存款人造成直接经济损失数额在50万元以上的，单位非法吸收或者变相吸收公众存款，给存款人造成直接经济损失数额在250万元以上的；

（四）造成特别恶劣社会影响或者其他特别严重后果的。

非法吸收或者变相吸收公众存款的数额，以行为人所吸收的资金全额计算。案发前后已归还的数额，可以作为量刑情节酌情考虑。

非法吸收或者变相吸收公众存款，主要用于正常的生产经营活动，能够及时清退所吸收资金，可以免予刑事处罚；情节显著轻微的，不作为犯罪处理。

三、其他法律法规及文件

（一）《最高人民法院、最高人民检察院、公安部关于办理非法集资刑事案件适用法律若干问题的意见》

公通字〔2014〕16号（2014年3月25日发布，2014年3月25日实施）

各省、自治区、直辖市高级人民法院，人民检察院，公安厅、局，解放军军事法院、军事检察院，新疆维吾尔自治区高级人民法院生产建设兵团分院，新疆生产建设兵团人民检察院、公安局：

为解决近年来公安机关、人民检察院、人民法院在办理非法集资刑事案件中遇到的问题，依法惩治非法吸收公众存款、集资诈骗等犯罪，根据刑法、刑事诉讼法的规定，结合司法实践，现就办理非法集资刑事案件适用法律问题提出以下意见：

一、关于行政认定的问题

行政部门对于非法集资的性质认定，不是非法集资刑事案件进入刑事诉讼程序的必经程序。行政部门未对非法集资作出性质认定的，不影响非法集资刑事案件的侦查、起诉和审判。

公安机关、人民检察院、人民法院应当依法认定案件事实的性质，对于案情复杂、性质认定疑难的案件，可参考有关部门的认定意见，根据案件事实和法律规定作出性质认定。

二、关于“向社会公开宣传”的认定问题

《最高人民法院关于审理非法集资刑事案件具体应用法律若干问题的解释》第一条第一款第二项中的“向社会公开宣传”，包括以各种途径向社会公众传播吸收资金的信息，以及明知吸收资金的信息向社会公众扩散而予以放任等情形。

三、关于“社会公众”的认定问题

下列情形不属于《最高人民法院关于审理非法集资刑事案件具体应用法律若干问题的解释》第一条第二款规定的“针对特定对象吸收资金”的行为，应当认定为向社会公众吸收资金：

（一）在向亲友或者单位内部人员吸收资金的过程中，明知亲友或者单位内部人员向不特定对象吸收资金而予以放任的；

（二）以吸收资金为目的，将社会人员吸收为单位内部人员，并向其吸收资金的。

四、关于共同犯罪的处理问题

为他人向社会公众非法吸收资金提供帮助，从中收取代理费、好处费、返点费、佣金、提成等费用，构成非法集资共同犯罪的，应当依法追究刑事责任。能够及时退缴上述费用的，可依法从轻处罚；其中情节轻微的，可以免除处罚；情节显著轻微、危害不大的，不作为犯罪处理。

五、关于涉案财物的追缴和处置问题

向社会公众非法吸收的资金属于违法所得。以吸收的资金向集资参与人支付的利息、分红等回报，以及向帮助吸收资金人员支付的代理费、好处费、返点费、佣金、提成等费用，应当依法追缴。集资参与人本金尚未归还的，所支付的回报可予折抵本金。

将非法吸收的资金及其转换财物用于清偿债务或者转让给他人，有下列情形之一的，应当依法追缴：

（一）他人明知是上述资金及财物而收取的；

（二）他人无偿取得上述资金及财物的；

（三）他人以明显低于市场的价格取得上述资金及财物的；

（四）他人取得上述资金及财物系源于非法债务或者违法犯罪活动的；

（五）其他依法应当追缴的情形。

查封、扣押、冻结的易贬值及保管、养护成本较高的涉案财物，可以在诉讼终结前依照有关规定变卖、拍卖。所得价款由查封、扣押、冻结机关予以保管，待诉讼终结后一并处置。

查封、扣押、冻结的涉案财物，一般应在诉讼终结后，返还集资参与人。涉案财物不足全部返还的，按照集资参与人的集资额比例返还。

六、关于证据的收集问题

办理非法集资刑事案件中，确因客观条件的限制无法逐一收集集资参与人的言词证据的，可结合已收集的集资参与人的言词证据和依法收集并查证属实的书面合同、银行账户交易记录、会计凭证及会计账簿、资金收付凭证、审计报告、互联网电子数据等证据，综合认定非法集资对象人数和吸收资金数额等犯罪事实。

七、关于涉及民事案件的处理问题

对于公安机关、人民检察院、人民法院正在侦查、起诉、审理的非法集资刑事案件，有关单位或者个人就同一事实向人民法院提起民事诉讼或者申请执行涉案财物的，人民法院应当不予受理，并将有关材料移送公安机关或者检察机关。

人民法院在审理民事案件或者执行过程中，发现有非法集资犯罪嫌疑的，应当裁定驳回起诉或者中止执行，并及时将有关材料移送公安机关或者检察机关。

公安机关、人民检察院、人民法院在侦查、起诉、审理非法集资刑事案件中，发现与人民法院正在审理的民事案件属同一事实，或者被申请执行的财物属于涉案财物的，应当及时通报相关人民法院。人民法院经审查认为确属涉嫌犯罪的，依照前款规定处理。

八、关于跨区域案件的处理问题

跨区域非法集资刑事案件，在查清犯罪事实的基础上，可以由不同地区的公安机关、人民检察院、人民法院分别处理。

对于分别处理的跨区域非法集资刑事案件，应当按照统一制定的方案处置涉案财物。

国家机关工作人员违反规定处置涉案财物，构成渎职等犯罪的，应当依法追究刑事责任。

（二）《最高人民检察院关于办理涉互联网金融犯罪案件有关问题座谈会纪要》

高检诉〔2017〕14号（2017年6月1日发布，2017年6月1日实施）

互联网金融是金融与互联网相互融合形成的新型金融业务模式。发展互联网金融，对加快实施创新驱动发展战略、推进供给侧结构性改革、促进经济转型升级具有积极作用。但是，在互联网金融快速发展过程中，部分机构、业态偏离了正确方向，有些甚至打着“金融创新”的幌子进行非法集资、金融诈骗等违法犯罪活动，严重扰乱了金融管理秩序，侵害了人民群众合法权益。

2016 年 4 月，国务院部署开展了互联网金融风险专项整治工作，集中整治违法违规行为，防范和化解互联网金融风险。各级检察机关积极参与专项整治工作，依法办理进入检察环节的涉互联网金融犯罪案件。针对办案中遇到的新情况、新问题，高检院公诉厅先后在昆明、上海、福州召开座谈会，对办理涉互联网金融犯罪案件中遇到的有关行为性质、法律适用、证据审查、追诉范围等问题进行了深入研究。纪要如下：

一、办理涉互联网金融犯罪案件的基本要求

促进和保障互联网金融规范健康发展，是检察机关服务经济社会发展的重要内容。各地检察机关公诉部门应当充分认识防范和化解互联网金融风险的重要性、紧迫性和复杂性，立足检察职能，积极参与互联网金融风险专项整治工作，有效预防、依法惩治涉互联网金融犯罪，切实维护人民群众合法权益，维护国家金融安全。

1. 准确认识互联网金融的本质。互联网金融的本质仍然是金融，其潜在的风险与传统金融没有区别，甚至还可能因互联网的作用而被放大。要依据现有的金融管理法律规定，依法准确判断各类金融活动、金融业态的法律性质，准确界定金融创新和金融违法犯罪的界限。在办理涉互联网金融犯罪案件时，判断是否符合“违反国家规定”“未经有关国家主管部门批准”等要件时，应当以现行刑事法律和金融管理法律法规为依据。对各种类型互联网金融活动，要深入剖析行为实质并据此判断其性质，从而准确区分罪与非罪、此罪与彼罪、罪轻与罪重、打击与保护的界限，不能机械地被所谓“互联网金融创新”表象所迷惑。

2. 妥善把握刑事追诉的范围和边界。涉互联网金融犯罪案件涉案人员众多，要按照区别对待的原则分类处理，综合运用刑事追诉和非刑事手段处置和化解风险，打击少数、教育挽救大多数。要坚持主客观相统一的原则，根据犯罪嫌疑人在犯罪活动中的地位作用、涉案数额、危害结果、主观过错等主客观情节，综合判断责任轻重及刑事追诉的必要性，做到罪责适应、罚当其罪。对犯罪情节严重、主观恶性大、在犯罪中起主要作用的人员，特别是核心管理层人员和骨干人员，依法从严打击；对犯罪情节相对较轻、主观恶性较小、在犯罪中起次要作用的人员依法从宽处理。

3.注重案件统筹协调推进。涉互联网金融犯罪跨区域特征明显，各地检察机关公诉部门要按照“统一办案协调、统一案件指挥、统一资产处置、分别侦查诉讼、分别落实维稳”(下称“三统两分”)的要求分别处理好辖区内案件，加强横向、纵向联系，在上级检察机关特别是省级检察院的指导下统一协调推进办案工作，确保辖区内案件处理结果相对平衡统一。跨区县案件由地市级检察院统筹协调，跨地市案件由省级检察院统一协调，跨省案件由高检院公诉厅统一协调。各级检察机关公诉部门要加强与公安机关、地方金融办等相关单位以及检察机关内部侦监、控申等部门的联系，建立健全案件信息通报机制，及时掌握重大案件的立案、侦查、批捕、信访等情况，适时开展提前介入侦查等工作，并及时上报上级检察院。省级检察院公诉部门要发挥工作主动性，主动掌握社会影响大的案件情况，研究制定工作方案，统筹协调解决办案中遇到的问题，重大、疑难、复杂问题要及时向高检院报告。

4.坚持司法办案“三个效果”有机统一。涉互联网金融犯罪影响广泛，社会各界特别是投资人群体十分关注案件处理。各级检察机关公诉部门要从有利于全案依法妥善处置的角度出发，切实做好提前介入侦查引导取证、审查起诉、出庭公诉等各个阶段的工作，依法妥善处理重大敏感问题，不能机械司法、就案办案。同时，要把办案工作与保障投资人合法权益紧密结合起来，同步做好释法说理、风险防控、追赃挽损、维护稳定等工作，努力实现司法办案的法律效果、社会效果、政治效果有机统一。

二、准确界定涉互联网金融行为法律性质

5.互联网金融涉及P2P网络借贷、股权众筹、第三方支付、互联网保险以及通过互联网开展资产管理及跨界从事金融业务等多个金融领域，行为方式多样，所涉法律关系复杂。违法犯罪行为隐蔽性、迷惑性强，波及面广，社会影响大，要根据犯罪行为的实质特征和社会危害，准确界定行为的法律性质和刑法适用的罪名。

(一)非法吸收公众存款行为的认定

6.涉互联网金融活动在未经有关部门依法批准的情形下，公开宣传并向不特定公众吸收资金，承诺在一定期限内还本付息的，应当依法追究刑事责任。其中，应重点审查互联网金融活动相关主体是否存在归集资金、沉淀资金，致使投资人资金存在被挪用、侵占等重大风险等情形。

7. 互联网金融的本质是金融，判断其是否属于“未经有关部门依法批准”，即行为是否具有非法性的主要法律依据是《商业银行法》、《非法金融机构和非法金融业务活动取缔办法》(国务院令第247号)等现行有效的金融管理法律规定。

8. 对以下网络借贷领域的非法吸收公众资金的行为，应当以非法吸收公众存款罪分别追究相关行为主体的刑事责任：

(1)中介机构以提供信息中介服务为名，实际从事直接或间接归集资金、甚至自融或变相自融等行为，应当依法追究中介机构的刑事责任。特别要注意识别变相自融行为，如中介机构通过拆分融资项目期限、实行债权转让等方式为自己吸收资金的，应当认定为非法吸收公众存款。

(2)中介机构与借款人存在以下情形之一的，应当依法追究刑事责任：①中介机构与借款人合谋或者明知借款人存在违规情形，仍为其非法吸收公众存款提供服务的；中介机构与借款人合谋，采取向出借人提供信用担保、通过电子渠道以外的物理场所开展借贷业务等违规方式向社会公众吸收资金的；②双方合谋通过拆分融资项目期限、实行债权转让等方式为借款人吸收资金的。在对中介机构、借款人进行追诉时，应根据各自在非法集资中的地位、作用确定其刑事责任。中介机构虽然没有直接吸收资金，但是通过大肆组织借款人开展非法集资并从中收取费用数额巨大、情节严重的，可以认定为主犯。

(3)借款人故意隐瞒事实，违反规定，以自己名义或借用他人名义利用多个网络借贷平台发布借款信息，借款总额超过规定的最高限额，或将吸收资金用于明确禁止的投资股票、场外配资、期货合约等高风险行业，造成重大损失和社会影响的，应当依法追究借款人的刑事责任。对于借款人将借款主要用于正常的生产经营活动，能够及时清退所吸收资金，不作为犯罪处理。(合约及用途均真实用于正常生产经验，亏损致不能偿还，如何认定?)

9. 在非法吸收公众存款罪中，原则上认定主观故意并不要求以明知法律的禁止性规定为要件。特别是具备一定涉金融活动相关从业经历、专业背景或在犯罪活动中担任一定管理职务的犯罪嫌疑人，应当知晓相关金融法律管理规定，如果有证据证明其实际从事的行为应当批准而未经批准，行为在客观上具有非法性，原则上就可以认定其具有非法吸收公众存款的主观故意。在证明犯罪嫌疑人的主观故意时，可以收集运用犯罪嫌疑人的任职情况、职业经历、专业背景、培训经历、此前任职单位或者其本人因从事同类行为受到处罚情况等证据，证明犯罪嫌疑人提出的“不知道相关行为被法律所禁止，故不具有非法吸收公众存款的主观故意”等辩解不能成立。除此之外,还可以收集运用以下证据进一步印证犯罪嫌疑人知道或应当知道其所从事行为具有非法性,比如犯罪嫌疑人故意规避法律以逃避监管的相关证据:自己或要求下属与投资人签订虚假的亲友关系确认书,频繁更换宣传用语逃避监管,实际推介内容与宣传用语、实际经营状况不一致,刻意向投资人夸大公司兑付能力,在培训课程中传授或接受规避法律的方法,等等。

10.对于无相关职业经历、专业背景,且从业时间短暂,在单位犯罪中层级较低,纯属执行单位领导指令的犯罪嫌疑人提出辩解的,如确实无其他证据证明其具有主观故意的,可以不作为犯罪处理。另外,实践中还存在犯罪嫌疑人提出因信赖行政主管部门出具的相关意见而陷入错误认识的辩解。如果上述辩解确有证据证明,不应作为犯罪处理,但应当对行政主管部门出具的相关意见及其出具过程进行查证,如存在以下情形之一,仍应认定犯罪嫌疑人具有非法吸收公众存款的主观故意:

(1)行政主管部门出具意见所涉及的行为与犯罪嫌疑人实际从事的行为不一致的;

(2)行政主管部门出具的意见未对是否存在非法吸收公众存款问题进行合法性审查,仅对其他合法性问题进行审查的;

(3)犯罪嫌疑人在行政主管部门出具意见时故意隐瞒事实、弄虚作假的;

(4)犯罪嫌疑人与出具意见的行政主管部门的工作人员存在利益输送行为的;

(5)犯罪嫌疑人存在其他影响和干扰行政主管部门出具意见公正性的情形的。

对于犯罪嫌疑人提出因信赖专家学者、律师等专业人士、主流新闻媒体宣传或有关行政主管部门工作人员的个人意见而陷入错误认识的辩解,不能作为犯罪嫌疑人判断自身行为合法性的根据和排除主观故意的理由。

11.负责或从事吸收资金行为的犯罪嫌疑人非法吸收公众存款金额,根据其实际参与吸收的全部金额认定。但以下金额不应计入该犯罪嫌疑人的吸收金额:

(1)犯罪嫌疑人自身及其近亲属所投资的资金金额;

(2)记录在犯罪嫌疑人名下,但其未实际参与吸收且未从中收取任何形式好处的资金。

吸收金额经过司法会计鉴定的，可以将前述不计入部分直接扣除。但是，前述两项所涉金额仍应计入相对应的上一级负责人及所在单位的吸收金额。

12.投资人在每期投资结束后，利用投资账户中的资金（包括每期投资结束后归还的本金、利息）进行反复投资的金额应当累计计算，但对反复投资的数额应当作出说明。对负责或从事行政管理、财务会计、技术服务等辅助工作的犯罪嫌疑人，应当按照其参与的犯罪事实，结合其在犯罪中的地位和作用，依法确定刑事责任范围。

13.确定犯罪嫌疑人的吸收金额时，应当重点审查、运用以下证据：

（1）涉案主体自身的服务器或第三方服务器上存储的交易记录等电子数据；

（2）会计账簿和会计凭证；

（3）银行账户交易记录、POS 机支付记录；

（4）资金收付凭证、书面合同等书证。仅凭投资人报案数据不能认定吸收金额。

（二）集资诈骗行为的认定

14.以非法占有为目的，使用诈骗方法非法集资，是集资诈骗罪的本质特征。是否具有非法占有目的，是区分非法吸收公众存款罪和集资诈骗罪的关键要件，对此要重点围绕融资项目真实性、资金去向、归还能力等事实进行综合判断。犯罪嫌疑人存在以下情形之一的，原则上可以认定具有非法占有目的：

（1）大部分资金未用于生产经营活动，或名义上投入生产经营但又通过各种方式抽逃转移资金的；

（2）资金使用成本过高，生产经营活动的盈利能力不具有支付全部本息的现实可能性的；

（3）对资金使用的决策极度不负责任或肆意挥霍造成资金缺口较大的；

（4）归还本息主要通过借新还旧来实现的；

（5）其他依照有关司法解释可以认定为非法占有目的的情形。

15.对于共同犯罪或单位犯罪案件中，不同层级的犯罪嫌疑人之间存在犯罪目的发生转化或者犯罪目的明显不同的，应当根据犯罪嫌疑人的犯罪目的分别认定。

（1）注意区分犯罪目的发生转变的时间节点。犯罪嫌疑人在初始阶段仅具有非法吸收公众存款的故意，不具有非法占有目的，但在发生经营失败、资金链断裂等问题后，明知没有归还能力仍然继续吸收公众存款的，这一时间节点之后的行为应当认定为集资诈骗罪，此前的行为应当认定为非法吸收公众存款罪。

(2)注意区分犯罪嫌疑人的犯罪目的的差异。在共同犯罪或单位犯罪中，犯罪嫌疑人由于层级、职责分工、获取收益方式、对全部犯罪事实的知情程度等不同，其犯罪目的也存在不同。在非法集资犯罪中，有的犯罪嫌疑人具有非法占有的目的，有的则不具有非法占有目的，对此，应当分别认定为集资诈骗罪和非法吸收公众存款罪。

16.证明主观上是否具有非法占有目的，可以重点收集、运用以下客观证据：

(1)与实施集资诈骗整体行为模式相关的证据：投资合同、宣传资料、培训内容等；

(2)与资金使用相关的证据：资金往来记录、会计账簿和会计凭证、资金使用成本(包括利息和佣金等)、资金决策使用过程、资金主要用途、财产转移情况等；

(3)与归还能力相关的证据：吸收资金所投资项目内容、投资实际经营情况、盈利能力、归还本息资金的主要来源、负债情况、是否存在虚构业绩等虚假宣传行为等；

(4)其他涉及欺诈等方面的证据：虚构融资项目进行宣传、隐瞒资金实际用途、隐匿销毁账簿；等等。司法会计鉴定机构对相关数据进行鉴定时，办案部门可以根据查证犯罪事实的需要提出重点鉴定的项目，保证司法会计鉴定意见与待证的构成要件事实之间的关联性。

17.集资诈骗的数额，应当以犯罪嫌疑人实际骗取的金额计算。犯罪嫌疑人为吸收公众资金制造还本付息的假象，在诈骗的同时对部分投资人还本付息的，集资诈骗的金额以案发时实际未兑付的金额计算。案发后，犯罪嫌疑人主动退还集资款项的，不能从集资诈骗的金额中扣除，但可以作为量刑情节考虑。

(三)非法经营资金支付结算行为的认定

18.支付结算业务(也称支付业务)是商业银行或者支付机构在收付款人之间提供的货币资金转移服务。非银行机构从事支付结算业务，应当经中国人民银行批准取得《支付业务许可证》，成为支付机构。未取得支付业务许可从事该业务的行为，违反《非法金融机构和非法金融业务活动取缔办法》第四条第一款第(三)、(四)项的规定，破坏了支付结算业务许可制度，危害支付市场秩序和安全，情节严重的，适用刑法第二百二十五条第(三)项，以非法经营罪追究刑事责任。具体情形：

(1)未取得支付业务许可经营基于客户支付账户的网络支付业务。无证网络支付机构为客户非法开立支付账户，客户先把资金支付到该支付账户，再由无证机构根据订单信息从支付账户平台将资金结算到收款人银行账户。

(2)未取得支付业务许可经营多用途预付卡业务。无证发卡机构非法发行可跨地区、跨行业、跨法人使用的多用途预付卡，聚集大量的预付卡销售资金，并根据客户订单信息向商户划转结算资金。

19.在具体办案时，要深入剖析相关行为是否具备资金支付结算的实质特征，准确区分支付工具的正常商业流转与提供支付结算服务、区分单用途预付卡与多用途预付卡业务，充分考虑具体行为与“地下钱庄”等同类犯罪在社会危害方面的相当性以及刑事处罚的必要性，严格把握入罪和出罪标准。

三、依法认定单位犯罪及其责任人员

20.涉互联网金融犯罪案件多以单位形式组织实施，所涉单位数量众多、层级复杂，其中还包括大量分支机构和关联单位，集团化特征明显。有的涉互联网金融犯罪案件中分支机构遍布全国，既有具备法人资格的，又有不具备法人资格的；既有受总公司直接领导的，又有受总公司的下属单位领导的。公安机关在立案时做法不一，有的对单位立案，有的不对单位立案，有的被立案的单位不具有独立法人资格，有的仅对最上层的单位立案而不对分支机构立案。对此，检察机关公诉部门在审查起诉时，应当从能够全面揭示犯罪行为基本特征、全面覆盖犯罪活动、准确界定区分各层级人员的地位作用、有利于有力指控犯罪、有利于追缴违法所得等方面依法具体把握，确定是否以单位犯罪追究。

21.涉互联网金融犯罪所涉罪名中，刑法规定应当追究单位刑事责任的，对同时具备以下情形且具有独立法人资格的单位，可以以单位犯罪追究：

(1)犯罪活动经单位决策实施；

(2)单位的员工主要按照单位的决策实施具体犯罪活动；

(3)违法所得归单位所有，经单位决策使用，收益亦归单位所有。但是，单位设立后专门从事违法犯罪活动的，应当以自然人犯罪追究刑事责任。

22.对参与涉互联网金融犯罪，但不具有独立法人资格的分支机构，是否追究其刑事责任，可以区分两种情形处理：

(1)全部或部分违法所得归分支机构所有并支配，分支机构作为单位犯罪主体追究刑事责任；

(2)违法所得完全归分支机构上级单位所有并支配的，不能对分支机构作为单位犯罪主体追究刑事责任，而是应当对分支机构的上级单位(符合单位犯罪主体资格)追究刑事责任。

23.分支机构认定为单位犯罪主体的,该分支机构相关涉案人员应当作为该分支机构的"直接负责的主管人员"或者"其他直接责任人员"追究刑事责任。仅将分支机构的上级单位认定为单位犯罪主体的,该分支机构相关涉案人员可以作为该上级单位的"其他直接责任人员"追究刑事责任。

24.对符合追诉条件的分支机构(包括具有独立法人资格的和不具有独立法人资格)及其所属单位,公安机关均没有作为犯罪嫌疑单位移送审查起诉,仅将其所属单位的上级单位作为犯罪嫌疑单位移送审查起诉的,对相关分支机构涉案人员可以区分以下情形处理:

(1)有证据证明被立案的上级单位(比如总公司)在业务、财务、人事等方面对下属单位及其分支机构进行实际控制,下属单位及其分支机构涉案人员可以作为被移送审查起诉的上级单位的"其他直接责任人员"追究刑事责任。在证明实际控制关系时,应当收集、运用公司决策、管理、考核等相关文件,OA 系统等电子数据,资金往来记录等证据。对不同地区同一单位的分支机构涉案人员起诉时,证明实际控制关系的证据体系、证明标准应基本一致。

(2)据现有证据无法证明被立案的上级单位与下属单位及其分支机构之间存在实际控制关系的,对符合单位犯罪构成要件的下属单位或分支机构应当补充起诉,下属单位及其分支机构已不具备补充起诉条件的,可以将下属单位及其分支机构的涉案犯罪嫌疑人直接起诉。

四、综合运用定罪量刑情节

25.在办理跨区域涉互联网金融犯罪案件时,在追诉标准、追诉范围以及量刑建议等方面应当注意统一平衡。对于同一单位在多个地区分别设立分支机构的,在同一省(自治区、直辖市)范围内应当保持基本一致。分支机构所涉犯罪嫌疑人与上级单位主要犯罪嫌疑人之间应当保持适度平衡,防止出现责任轻重"倒挂"的现象。

26.单位犯罪中,直接负责的主管人员和其他直接责任人员在涉互联网金融犯罪案件中的地位、作用存在明显差别的,可以区分主犯和从犯。对起组织领导作用的总公司的直接负责的主管人员和发挥主要作用的其他直接责任人员,可以认定为全案的主犯,其他人员可以认定为从犯。

27.最大限度减少投资人的实际损失是办理涉互联网金融犯罪案件特别是非法集资案件的重要工作。在决定是否起诉、提出量刑建议时,要重视对是否具有认罪认罚、主动退赃退赔等情节的考察。分支机构涉案人员积极配合调查、主动退还违法所得、真诚认罪悔罪的，应当依法提出从轻、减轻处罚的量刑建议。其中，对情节轻微、可以免予刑事处罚的，或者情节显著轻微、危害不大、不认为是犯罪的，应当依法作出不起诉决定。对被不起诉人需要给予行政处罚或者没收违法所得的，应当向行政主管部门提出检察意见。

五、证据的收集、审查与运用

28.涉互联网金融犯罪案件证据种类复杂、数量庞大、且分散于各地，收集、审查、运用证据的难度大。各地检察机关公诉部门要紧紧围绕证据的真实性、合法性、关联性，引导公安机关依法全面收集固定证据，加强证据的审查、运用，确保案件事实经得起法律的检验。

29.对于重大、疑难、复杂涉互联网金融犯罪案件，检察机关公诉部门要依法提前介入侦查，围绕指控犯罪的需要积极引导公安机关全面收集固定证据，必要时与公安机关共同会商，提出完善侦查思路、侦查提纲的意见建议。加强对侦查取证合法性的监督，对应当依法排除的非法证据坚决予以排除，对应当补正或作出合理解释的及时提出意见。

30.电子数据在涉互联网金融犯罪案件的证据体系中地位重要，对于指控证实相关犯罪事实具有重要作用。随着互联网技术的不断发展，电子数据的形式、载体出现了许多新的变化，对电子数据的勘验、提取、审查等提出了更高要求，处理不当会对电子数据的真实性、合法性造成不可逆转的损害。检察机关公诉部门要严格执行《最高人民法院、最高人民检察院、公安部关于办理刑事案件收集提取和审查判断电子数据问题的若干规定》(法发〔2016〕22号)，加强对电子数据收集、提取程序和技术标准的审查，确保电子数据的真实性、合法性。对云存储电子数据等新类型电子数据进行提取、审查时，要高度重视程序合法性、数据完整性等问题，必要时主动征求相关领域专家意见，在提取前会同公安机关、云存储服务提供商制定科学合法的提取方案，确保万无一失。

31.落实"三统两分"要求，健全证据交换共享机制，协调推进跨区域案件办理。对涉及主案犯罪嫌疑人的证据，一般由主案侦办地办案机构负责收集，其他地区提供协助。其他地区办案机构需要主案侦办地提供证据材料的，应当向主案侦办地办案机构提出证据需求，由主案侦办地办案机构收集并依法移送。无法移送证据原件的，应当在移送复制件的同时，按照相关规定作出说明。各地检察机关公诉部门之间要加强协作，加强与公安机关的协调，督促本地公安机关与其他地区公安机关做好证据交换共享相关工作。案件进入审查起诉阶段后，检察机关公诉部门可以根据案件需要，直接向其他地区检察机关调取证据，其他地区检察机关公诉部门应积极协助。此外，各地检察机关在办理案件过程中发现对其他地区案件办理有重要作用的证据，应当及时采取措施并通知相应检察机关，做好依法移送工作。

六、投资人合法权益的保护

32.涉互联网金融犯罪案件投资人诉求复杂多样，矛盾化解和维护稳定工作任务艰巨繁重，各地检察机关公诉部门在办案过程中要坚持刑事追诉和权益保障并重。根据《刑事诉讼法》等相关法律规定，依法保证互联网金融活动中投资人的合法权益，坚持把追赃挽损等工作贯穿到侦查、起诉、审判各个环节，配合公安、法院等部门最大限度减少投资人的实际损失，加强与本案控申部门、公安机关的联系沟通，及时掌握涉案动态信息，认真开展办案风险评估预警工作，周密制定处置预案，并落实责任到位，避免因部门之间衔接不畅，处置不当造成工作被动。发现重大风险隐患的，及时向有关部门通报情况，必要时逐级上报高检院。

随着互联网金融的发展，涉互联网金融犯罪中的新情况、新问题还将不断出现。各地检察机关公诉部门要按照会议纪要的精神，结合各地办案实际，依法办理涉互联网金融犯罪案件；在办好案件的同时，要不断总结办案经验，加强对重大嫌疑复杂问题的研究，努力提高办理涉互联网金融犯罪案件的能力和水平，为促进互联网金融规范发展，保障经济社会大局稳定作出积极贡献。在办案过程中遇到疑难问题的，要及时层报高检院公诉厅。

第一百七十七条之一　妨害信用卡管理罪;窃取、收买、非法提供信用卡信息罪

一、刑法条文

第一百七十七条之一【妨害信用卡管理罪】有下列情形之一,妨害信用卡管理的,处三年以下有期徒刑或者拘役,并处或者单处一万元以上十万元以下罚金;数量巨大或者有其他严重情节的,处三年以上十年以下有期徒刑,并处二万元以上二十万元以下罚金:

(一)明知是伪造的信用卡而持有、运输的,或者明知是伪造的空白信用卡而持有、运输,数量较大的;

(二)非法持有他人信用卡,数量较大的;

(三)使用虚假的身份证明骗领信用卡的;

(四)出售、购买、为他人提供伪造的信用卡或者以虚假的身份证明骗领的信用卡的。

【窃取、收买、非法提供信用卡信息罪】窃取、收买或者非法提供他人信用卡信息资料的,依照前款规定处罚。

银行或者其他金融机构的工作人员利用职务上的便利,犯第二款罪的,从重处罚。

二、司法解释

《最高人民法院、最高人民检察院关于办理妨害信用卡管理刑事案件具体应用法律若干问题的解释》

法释〔2009〕19号(2009年12月3日发布,2016年12月16日实施)

为依法惩治妨害信用卡管理犯罪活动,维护信用卡管理秩序和持卡人合法权益,根据《中华人民共和国刑法》规定,现就办理这类刑事案件具体应用法律的若干问题解释如下:

第一条　复制他人信用卡、将他人信用卡信息资料写入磁条介质、芯片或者以其他方法伪造信用卡1张以上的,应当认定为刑法第一百七十七条第一款第(四)项规定的“伪造信用卡”,以伪造金融票证罪定罪处罚。

伪造空白信用卡10张以上的,应当认定为刑法第一百七十七条第一款第(四)项规定的“伪造信用卡”,以伪造金融票证罪定罪处罚。

伪造信用卡,有下列情形之一的,应当认定为刑法第一百七十七条规定的“情节严重”:

(一)伪造信用卡5张以上不满25张的;

(二)伪造的信用卡内存款余额、透支额度单独或者合计数额在20万元以上不满100万元的;

(三)伪造空白信用卡50张以上不满250张的;

(四)其他情节严重的情形。

伪造信用卡,有下列情形之一的,应当认定为刑法第一百七十七条规定的“情节特别严重”:

(一)伪造信用卡25张以上的;

(二)伪造的信用卡内存款余额、透支额度单独或者合计数额在100万元以上的;

(三)伪造空白信用卡250张以上的;

(四)其他情节特别严重的情形。

本条所称“信用卡内存款余额、透支额度”,以信用卡被伪造后发卡行记录的最高存款余额、可透支额度计算。

第二条　明知是伪造的空白信用卡而持有、运输10张以上不满100张的,应当认定为刑法第一百七十七条之一第一款第(一)项规定的“数量较大”；非法持有他人信用卡5张以上不满50张的，应当认定为刑法第一百七十七条之一第一款第(二)项规定的“数量较大”。

有下列情形之一的，应当认定为刑法第一百七十七条之一第一款规定的“数量巨大”：

(一)明知是伪造的信用卡而持有、运输10张以上的；

(二)明知是伪造的空白信用卡而持有、运输100张以上的；

(三)非法持有他人信用卡50张以上的；

(四)使用虚假的身份证明骗领信用卡10张以上的；

(五)出售、购买、为他人提供伪造的信用卡或者以虚假的身份证明骗领的信用卡10张以上的。

违背他人意愿，使用其居民身份证、军官证、士兵证、港澳居民往来内地通行证、台湾居民来往大陆通行证、护照等身份证明申领信用卡的，或者使用伪造、变造的身份证明申领信用卡的，应当认定为刑法第一百七十七条之一第一款第(三)项规定的“使用虚假的身份证明骗领信用卡”。

第三条　窃取、收买、非法提供他人信用卡信息资料，足以伪造可进行交易的信用卡，或者足以使他人以信用卡持卡人名义进行交易，涉及信用卡1张以上不满5张的，依照刑法第一百七十七条之一第二款的规定，以窃取、收买、非法提供信用卡信息罪定罪处罚；涉及信用卡5张以上的，应当认定为刑法第一百七十七条之一第一款规定的“数量巨大”。

第四条　为信用卡申请人制作、提供虚假的财产状况、收入、职务等资信证明材料，涉及伪造、变造、买卖国家机关公文、证件、印章，或者涉及伪造公司、企业、事业单位、人民团体印章，应当追究刑事责任的，依照刑法第二百八十条的规定，分别以伪造、变造、买卖国家机关公文、证件、印章罪和伪造公司、企业、事业单位、人民团体印章罪定罪处罚。

承担资产评估、验资、验证、会计、审计、法律服务等职责的中介组织或其人员，为信用卡申请人提供虚假的财产状况、收入、职务等资信证明材料，应当追究刑事责任的，依照刑法第二百二十九条的规定，分别以提供虚假证明文件罪和出具证明文件重大失实罪定罪处罚。

……

第七条　违反国家规定，使用销售点终端机具(POS机)等方法，以虚构交易、虚开价格、现金退货等方式向信用卡持卡人直接支付现金，情节严重的，应当依据刑法第二百二十五条的规定，以非法经营罪定罪处罚。

实施前款行为，数额在100万元以上的，或者造成金融机构资金20万元以上逾期未还的，或者造成金融机构经济损失10万元以上的，应当认定为刑法第二百二十五条规定的“情节严重”；数额在500万元以上的，或者造成金融机构资金100万元以上逾期未还的，或者造成金融机构经济损失50万元以上的，应当认定为刑法第二百二十五条规定的“情节特别严重”。

持卡人以非法占有为目的，采用上述方式恶意透支，应当追究刑事责任的，依照刑法第一百九十六条的规定，以信用卡诈骗罪定罪处罚。

第八条　单位犯本解释第一条、第七条规定的犯罪的，定罪量刑标准依照各该条的规定执行。

三、其他法律法规及文件

(一)《最高人民检察院、公安部关于公安机关管辖的刑事案件立案追诉标准的规定(二)》

公通字〔2010〕23号(2010年5月7日发布，2010年5月7日实施)

……

第三十条　[妨害信用卡管理案(刑法第一百七十七条之一第一款)]妨害信用卡管理，涉嫌下列情形之一的，应予立案追诉：

(一)明知是伪造的信用卡而持有、运输的；

(二)明知是伪造的空白信用卡而持有、运输，数量累计在十张以上的；

(三)非法持有他人信用卡，数量累计在五张以上的；

(四)使用虚假的身份证明骗领信用卡的；

(五)出售、购买、为他人提供伪造的信用卡或者以虚假的身份证明骗领的信用卡的。

违背他人意愿，使用其居民身份证、军官证、士兵证、港澳居民往来内地通行证、台湾居民来往大陆通行证、护照等身份证明申领信用卡的，或者使用伪造、变造的身份证明申领信用卡的，应当认定为“使用虚假的身份证明骗领信用卡”。

第三十一条　[窃取、收买、非法提供信用卡信息案(刑法第一百七十七条之一第二款)]窃取、收买或者非法提供他人信用卡信息资料，足以伪造可进行交易的信用卡,或者足以使他人以信用卡持卡人名义进行交易,涉及信用卡一张以上的,应予立案追诉。

……

(二)《最高人民法院、最高人民检察院、公安部关于办理电信网络诈骗等刑事案件适用法律若干问题的意见》

法发〔2016〕32 号(2016 年 12 月 19 日发布,2016 年 12 月 19 日实施)

为依法惩治电信网络诈骗等犯罪活动,保护公民、法人和其他组织的合法权益,维护社会秩序,根据《中华人民共和国刑法》《中华人民共和国刑事诉讼法》等法律和有关司法解释的规定,结合工作实际,制定本意见。

……

三、全面惩处关联犯罪

……

(四)非法持有他人信用卡,没有证据证明从事电信网络诈骗犯罪活动,符合刑法第一百七十七条之一第一款第(二)项规定的,以妨害信用卡管理罪追究刑事责任。

……

四、典型案例

涉及罪名:妨害信用卡管理罪

湖北省武汉市中级人民法院

刑 事 裁 定 书

(2016)鄂 01 刑终 1073 号

原公诉机关湖北省武汉市洪山区人民检察院。

……

湖北省武汉市洪山区人民法院审理湖北省武汉市洪山区人民检察院指控原审被告人徐某某犯妨害信用卡管理罪一案,于 2016 年 7 月 29 日作出(2016)鄂 0111 刑初 635 号刑事判决。原审被告人徐某某不服,提出上诉。本院依法组成合议庭,经过阅卷,讯问被告人,认为事实清楚,决定不开庭审理。现已审理终结。

原审判决认定:2016 年 3 月 22 日 22 时许,被告人徐某某在武汉市洪山区雄楚大道和民族大道交汇处的中百仓储门口,准备收购、倒卖他人信用卡时被抓获,公安机关当场从其身上查获信用卡 61 张、身份证 4 张、手机 SIM 卡 33 张、手机 9 部、U 盾 18 个。经查,被告人徐某某非法持有他人信用卡 30 余张。

原审认定上述事实,被告人徐某某在一审庭审过程中不持异议,并有武汉市公安局洪山区分局出具的抓获、破案经过及办案说明;搜查证、搜查笔录、扣押物品清单及照片;中国邮政储蓄银行、中国银行、中国工商银行、中国交通银行、华夏银行、中国建设银行出具的银行卡开户信息及凭证;涉案照片、截图;证人张某的证言;视听资料;被告人徐某某的供述与辩解等证据证实,足以认定。

原审法院认为,被告人徐某某非法持有他人信用卡,数量较大,该行为已构成妨害信用卡管理罪。在一审审理过程中,被告人徐某某能自愿认罪,可酌情从轻处罚。依照《中华人民共和国刑法》第一百七十七条之一第一款第(二)项、第五十二条、第五十三条、第六十四条之规定,判决被告人徐某某犯妨害信用卡管理罪,判处有期徒刑二年,并处罚金人民币二万元(未缴纳);扣押物品清单所列物品由公安机关予以没收。

上诉人徐某某的上诉理由:一审认定事实与实际不符,实际上是从其住所内搜查到三十多张废旧储蓄卡(并非信用卡);一审量刑过重。

经审理查明:2016 年 3 月 22 日 22 时许,上诉人徐某某在武汉市洪山区雄楚大道和民族大道交汇处的中百仓储门口,准备收购、倒卖他人信用卡时被抓获,公安机关从其身上及住处查获信用卡 61 张、身份证 4 张、手机 SIM 卡 33 张、手机 9 部、U 盾 18 个。经查,上诉人徐某某非法持有他人信用卡 26 张。

认定上述事实的证据有:

1. 抓获、破案经过证明:2016 年 3 月 22 日 20 时许,武汉市公安局洪山区分局洪山街洪山派出所侦查员根据违法人员张某的举报,在洪山区雄楚大道与民族大道十字路口将涉嫌倒卖他人身份证件以及银行卡的上诉人徐某某抓获,并将其传唤至洪山街派出所接受调查。经审查,徐某某对其倒卖他人身份证件以及银行卡的犯罪事实供认不讳。此案告破。

2. 搜查证、搜查笔录、扣押、接收证据笔录、扣押决定书、扣押清单及扣押物照片等证明:2016 年 3 月 22 日 22 时 10 分至 2016 年 3 月 22 日 22 时 18 分,民警从徐某某身上查获银行卡 15 张、身份证 4 张、手机 SIM 卡 11 张以及手机 2 部并当场扣押;2016 年 3 月 22 日 22 时 35 分至 2016 年 3 月 22 日 23 时 32 分,民警从徐某某租住处查获银行卡 46 张、手机 SIM 卡 22 张、U 盾 18 个以及手机 7 部并当场扣押。

3. 中国邮政储蓄银行、中国银行、中国工商银行、中国交通银行、华夏银行、中国建设银行出具的银行卡开户信息及凭证证明公安机关向各大银行调取徐某某非法持有信用卡中的 36 张银行卡的开户资料及身份信息,其中 26 张为他人名下的正常状态信用卡。

4. 情况说明证明公安机关已调取徐某某非法持有的 36 张银行卡的开户资料及身份信息,还剩下 25 张扣押的银行卡因银行权限以及其他原因还未调取其开户资料,现正在通过其他手段进一步调取之中。

5. 涉案照片、截图证明徐某某通过在 QQ 群发布信息收购银行卡,再联系当面交易以及购买他人银行卡、开卡单据的事实。

6. 查询违法犯罪记录情况说明、违法犯罪人员信息资源库信息、犯罪嫌疑人基本情况表、身份材料等证明徐某某已达完全刑事责任年龄及无犯罪前科的事实。

7. 证人张某的证言证明:2016 年 3 月 22 日晚上 20 时许,其向公安机关举报有人涉嫌收购银行卡,并通过 QQ 的方式联系了收购者,快 22 时许,在洪山区民族大道附近民警布控将收购者抓获。其没有卖卡给这名男子。其看到民警从男子背包里搜出了很多银行卡、身份证和 SIM 卡。

8. 上诉人徐某某的供述证明:2016 年 3 月 22 日晚上 9 点半左右,在“武汉兼职群”的 QQ 群里有人联系其说有银行卡要卖,其发给对方手机号码让到了洪山区雄楚大道和民族大道十字路口的中百仓储门口后联系。大约过了 20 分钟,见面了以后,对方拿出三张银行卡说 30 元一张卖给其,其因为不要捡的银行卡没有收。分开后几分钟其被周围的便衣警察抓获。从其身上搜出了十几张银行卡和两张他人的身份证。

从其身上以及住处搜出的所有银行卡都是从别人手上购买过来的。其是一年多以前开始收购别人的银行卡,不记得收购了多少张。其是通过在“武汉兼职群”QQ 群发收购银行卡的小广告,谈好价格后约地点当面交易。收购别人的卡一般每张 30—50 元不等,如果有身份证的银行卡一张 100 元。收购的银行卡必须要有银行开具的开卡单据和身份证复印件。

收购的银行卡和身份证用来注册支付宝账户帮别人刷信誉度。收购的银行卡卖给了 QQ 上认识的人。不记得卖了多少张卡。

上诉人徐某某诉称一审认定事实与实际不符，实际上是从其住所内搜查到 30 多张废旧储蓄卡（并非信用卡）。经查，2016 年 3 月 22 日 22 时 10 分至 3 月 22 日 22 时 18 分，民警从徐某某身上查获信用卡 15 张、身份证 4 张、手机 SIM 卡 11 张以及手机 2 部并当场扣押；2016 年 3 月 22 日 22 时 35 分至 2016 年 3 月 22 日 23 时 32 分，民警从徐某某租住处查获信用卡 46 张、手机 SIM 卡 22 张、U 盾 18 个以及手机 7 部并当场扣押。综上，从徐某某身上及租住处共搜出信用卡 61 张。经公安机关从各大银行调取开户资料及身份信息，查证其中为他人信用卡的共 26 张。以上事实有徐某某签字认可的搜查笔录、扣押、接收证据笔录、扣押决定书、扣押清单及扣押物照片；银行出具的银行卡开户信息、凭证证明；证人张某的证言；上诉人的供述予以证实。故上诉人徐某某该上诉理由不能成立。

上诉人徐某某还诉称储蓄卡不是信用卡，根据《全国人民代表大会常务委员会关于 < 中华人民共和国刑法 > 有关信用卡规定的解释》，刑法规定的“信用卡”是指由商业银行或者其他金融机构发行的具有消费支付、信用贷款、转账结算、存取现金等全部功能或者部分功能的电子支付卡。公民个人储蓄卡属于“信用卡”的范畴。故上诉人徐某某该上诉理由不能成立。

本院认为，上诉人徐某某非法持有他人信用卡，数量较大，该行为已构成妨害信用卡管理罪。在一审审理过程中，上诉人徐某某能自愿认罪，可酌情从轻处罚。原审认定事实清楚，证据确实充分，定罪准确，审判程序合法。原审根据本案的事实、情节和社会危害程度，在法定刑幅度内裁量刑罚并无不当。上诉人徐某某原审判决量刑过重等上诉理由，不予采纳。依照《中华人民共和国刑事诉讼法》第二百二十五条第一款第（一）项的规定，裁定如下：

驳回上诉，维持原判。

本裁定为终审裁定。

审判长　王　艳

审判员　梅欣荣

审判员　曾　琳

二〇一六年十月二十六日

书记员　万雅雯

第一百九十二条　集资诈骗罪[①]

一、刑法条文

第一百九十二条【集资诈骗罪】以非法占有为目的，使用诈骗方法非法集资，数额较大的，处五年以下有期徒刑或者拘役，并处二万元以上二十万元以下罚金；数额巨大或者有其他严重情节的，处五年以上十年以下有期徒刑，并处五万元以上五十万元以下罚金；数额特别巨大或者有其他特别严重情节的，处十年以上有期徒刑或者无期徒刑，并处五万元以上五十万元以下罚金或者没收财产。

二、司法解释

《最高人民法院关于审理非法集资刑事案件具体应用法律若干问题的解释》

法释〔2010〕18号（2010年12月13日发布，2011年1月4日实施）

为依法惩治非法吸收公众存款、集资诈骗等非法集资犯罪活动，根据刑法有关规定，现就审理此类刑事案件具体应用法律的若干问题解释如下：

……

第四条　以非法占有为目的，使用诈骗方法实施本解释第二条规定所列行为的，应当依照刑法第一百九十二条的规定，以集资诈骗罪定罪处罚。

使用诈骗方法非法集资，具有下列情形之一的，可以认定为“以非法占有为目的”：

（一）集资后不用于生产经营活动或者用于生产经营活动与筹集资金规模明

---

① 相关司法解释、其他法律法规及文件详见第176条非法吸收公众存款罪。

显不成比例,致使集资款不能返还的;

(二)肆意挥霍集资款,致使集资款不能返还的;

(三)携带集资款逃匿的;

(四)将集资款用于违法犯罪活动的;

(五)抽逃、转移资金、隐匿财产,逃避返还资金的;

(六)隐匿、销毁账目,或者搞假破产、假倒闭,逃避返还资金的;

(七)拒不交代资金去向,逃避返还资金的;

(八)其他可以认定非法占有目的的情形。

集资诈骗罪中的非法占有目的,应当区分情形进行具体认定。行为人部分非法集资行为具有非法占有目的的,对该部分非法集资行为所涉集资款以集资诈骗罪定罪处罚;非法集资共同犯罪中部分行为人具有非法占有目的,其他行为人没有非法占有集资款的共同故意和行为的,对具有非法占有目的的行为人以集资诈骗罪定罪处罚。

第五条　个人进行集资诈骗,数额在10万元以上的,应当认定为“数额较大”;数额在30万元以上的,应当认定为“数额巨大”;数额在100万元以上的,应当认定为“数额特别巨大”。

单位进行集资诈骗,数额在50万元以上的,应当认定为“数额较大”;数额在150万元以上的,应当认定为“数额巨大”;数额在500万元以上的,应当认定为“数额特别巨大”。

集资诈骗的数额以行为人实际骗取的数额计算,案发前已归还的数额应予扣除。行为人为实施集资诈骗活动而支付的广告费、中介费、手续费、回扣,或者用于行贿、赠与等费用,不予扣除。行为人为实施集资诈骗活动而支付的利息,除本金未归还可予折抵本金以外,应当计入诈骗数额。

……

第九条　此前发布的司法解释与本解释不一致的,以本解释为准。

第一百九十六条　信用卡诈骗罪

一、刑法条文

第一百九十六条【信用卡诈骗罪】有下列情形之一，进行信用卡诈骗活动，数额较大的，处五年以下有期徒刑或者拘役，并处二万元以上二十万元以下罚金；数额巨大或者有其他严重情节的，处五年以上十年以下有期徒刑，并处五万元以上五十万元以下罚金；数额特别巨大或者有其他特别严重情节的，处十年以上有期徒刑或者无期徒刑，并处五万元以上五十万元以下罚金或者没收财产：

（一）使用伪造的信用卡，或者使用以虚假的身份证明骗领的信用卡的；

（二）使用作废的信用卡的；

（三）冒用他人信用卡的；

（四）恶意透支的。

前款所称恶意透支，是指持卡人以非法占有为目的，超过规定限额或者规定期限透支，并且经发卡银行催收后仍不归还的行为。

【盗窃罪】盗窃信用卡并使用的，依照本法第二百六十四条的规定定罪处罚。

二、司法解释

《最高人民法院、最高人民检察院关于办理妨害信用卡管理刑事案件具体应用法律若干问题的解释》

法释〔2009〕19号（2009年12月3日发布，2009年12月16日实施）

……

第五条　使用伪造的信用卡、以虚假的身份证明骗领的信用卡、作废的信用卡或者冒用他人信用卡，进行信用卡诈骗活动，数额在5000元以上不满5万元的，应当认定为刑法第一百九十六条规定的“数额较大”；数额在5万元以上不满50万元的，应当认定为刑法第一百九十六条规定的“数额巨大”；数额在50万元以上的，应当认定为刑法第一百九十六条规定的“数额特别巨大”。

刑法第一百九十六条第一款第（三）项所称“冒用他人信用卡”，包括以下情形：

（一）拾得他人信用卡并使用的；

（二）骗取他人信用卡并使用的；

（三）窃取、收买、骗取或者以其他非法方式获取他人信用卡信息资料，并通过互联网、通讯终端等使用的；

（四）其他冒用他人信用卡的情形。

第六条　持卡人以非法占有为目的，超过规定限额或者规定期限透支，并且经发卡银行两次催收后超过3个月仍不归还的，应当认定为刑法第一百九十六条规定的“恶意透支”。

有以下情形之一的，应当认定为刑法第一百九十六条第二款规定的“以非法占有为目的”：

（一）明知没有还款能力而大量透支，无法归还的；

（二）肆意挥霍透支的资金，无法归还的；

（三）透支后逃匿、改变联系方式，逃避银行催收的；

（四）抽逃、转移资金，隐匿财产，逃避还款的；

（五）使用透支的资金进行违法犯罪活动的；

（六）其他非法占有资金，拒不归还的行为。

恶意透支，数额在1万元以上不满10万元的，应当认定为刑法第一百九十六条规定的“数额较大”；数额在10万元以上不满100万元的，应当认定为刑法第一百九十六条规定的“数额巨大”；数额在100万元以上的，应当认定为刑法第一百九十六条规定的“数额特别巨大”。

恶意透支的数额，是指在第一款规定的条件下持卡人拒不归还的数额或者尚未归还的数额。不包括复利、滞纳金、手续费等发卡银行收取的费用。

恶意透支应当追究刑事责任，但在公安机关立案后人民法院判决宣告前已偿还全部透支款息的，可以从轻处罚，情节轻微的，可以免除处罚。恶意透支数额较大，在公安机关立案前已偿还全部透支款息，情节显著轻微的，可以依法不追究刑事责任。

三、其他法律法规及文件

《最高人民检察院、公安部关于公安机关管辖的刑事案件立案追诉标准的规定(二)》

公通字〔2010〕23号(2010年5月7日发布,2010年5月7日实施)

……

第五十四条　［信用卡诈骗案(刑法第一百九十六条)］进行信用卡诈骗活动,涉嫌下列情形之一的,应予立案追诉:

(一)使用伪造的信用卡,或者使用以虚假的身份证明骗领的信用卡,或者使用作废的信用卡,或者冒用他人信用卡,进行诈骗活动,数额在五千元以上的;

(二)恶意透支,数额在一万元以上的。

本条规定的"恶意透支",是指持卡人以非法占有为目的,超过规定限额或者规定期限透支,并且经发卡银行两次催收后超过三个月仍不归还的。

恶意透支,数额在一万元以上不满十万元的,在公安机关立案前已偿还全部透支款息,情节显著轻微的,可以依法不追究刑事责任。

四、典型案例

涉及罪名:信用卡诈骗罪

浙江省杭州市余杭区人民法院
刑事判决书

(2017)浙0110刑初201号

公诉机关浙江省杭州市余杭区人民检察院。

……

杭州市余杭区人民检察院以杭余检未检刑诉(2017)83号起诉书指控被告人甘某犯信用卡诈骗罪,于2017年2月20日向本院提起公诉。本院依法适用普通程序,公开开庭审理了本案。杭州市余杭区人民检察院指派检察员高瑛出庭支持公诉。被告人甘某及其辩护人杨鹏斌到庭参加诉讼。现已审理终结。

杭州市余杭区人民检察院指控：

2016 年 4 月 9 日，被告人甘某伙同他人分工合作，由他人充当“丢单者”，通过在网上发布虚假的低价购买映客钻石的信息，欺骗被害人富某甲购买并发送支付截图。随后，“丢单者”将该支付截图转发给“秒单者”被告人甘某。被告人甘某冒充“客服人员”与被害人富某甲联系，并发送“钓鱼网站”链接，诱骗被害人富某甲在网站中输入银行卡号、验证码等支付信息。与此同时，被告人甘某利用该“钓鱼网站”窃得的支付信息将被害人富某甲银行卡内的人民币 5500 余元转入其联系的他人账户内。

据以指控的证据有被害人陈述；QQ 聊天记录、户籍证明等书证；扣押笔录；被告人的供述和辩解等。

公诉机关认为，被告人甘某的行为已构成信用卡诈骗罪，提请本院依照《中华人民共和国刑法》第一百九十六条之规定处罚。

被告人甘某对公诉机关指控的事实无异议，对自己的行为构成犯罪亦无异议，唯认为其并没有实施信用卡诈骗活动，其行为应定性为诈骗行为。

辩护人提出，(1)指控被害人富某甲的银行卡为信用卡而非借记卡的证据不足，且被告人甘某获取的是支付宝蚂蚁花呗用户的资金，并未直接获取被害人富某甲的信用卡信息资料，公诉机关指控本案中被告人甘某的行为构成信用卡诈骗罪不当，本案应定性为盗窃罪或诈骗罪；(2)被告人甘某犯罪金额不大，主观恶性不大，且系初犯、偶犯，认罪态度好。综上，请求对被告人甘某从轻处罚。

经审理查明：

2016 年 4 月 9 日下午，被告人甘某伙同他人分工合作，由他人充当“丢单手”，通过在网上发布虚假的低价出售映客钻石的信息，引诱被害人富某甲购买并发送支付宝截图。随后，“丢单手”将该支付截图转发给“秒单手”被告人甘某。被告人甘某冒充“客服人员”与被害人富某甲联系，向被害人富某甲发送能从后台读取信息的“钓鱼网站”链接，诱骗被害人富某甲在该“钓鱼网站”链接中输入银行卡号、验证码等信用卡信息资料，被告人甘某获取上述信用卡信息资料后，通过互联网使用，将被害人富某甲中国农业银行卡内的人民币 550 元转入被告人甘某联系的他人提供的账户。后被告人甘某采用上述相同手段，将被害人富某甲中国邮政储蓄银行卡内的人民币 2000 元、1998 元、1000 元分别转入被告人甘某联系的他人提供的账户。经计算，被告人甘某结算给“丢单手”人民币 2200 元。

另查明，在本案审理期间，被告人甘某退出违法所得人民币 2100 元，上述款项现暂存于本院账户。

证明以上事实并经庭审质证的证据有：

1. 被害人富某甲的陈述、自述书，证实 2016 年 4 月 9 日，其在手机上网玩映客直播软件时，经他人推荐向“小美一客服中心”(QQ 号码 112××57)购买映客钻石，对方告诉其 1 元能买 1 万钻，并发给其一个网址，其点击进入该网站购买，第一次使用农业银行卡购买 1 元的钻，输入验证码后手机收到消费 550 元的提醒短信，其询问后对方称是刷错了，会帮其把钱找回来，让其再点开一个网址，再买一次，其遂用邮政储蓄银行卡购买，并将收到的 3 个验证码输入，输入后其邮政储蓄银行卡分别被刷 2000 元、2000 元、1000 元，其再想询问对方，发现已被对方拉黑；其支付宝用户名为富某乙，账号为 152××71 等事实；

2. 协助查询财产通知书、富某甲银行交易明细，证实 2016 年 4 月 9 日，富某甲尾号为 1814 的中国农业银行账户转账支出 550 元，另有 1 元、10 元的支付宝消费，尾号为 1395 的中国邮政储蓄银行账户分别消费 2000 元、1998 元、1000 元，交易渠道均为银联前置的事实；

3. 证据制作说明、QQ 聊天记录、提取说明，证实公安机关使用被告人甘某的手机登录手机 QQ(号码 132××42，昵称“梦想”)后，在该 QQ 聊天记录中找到 2016 年 4 月 6 日至 5 月 4 日期间“梦想”与“马上一奋斗”(QQ 号码 112××57)的聊天记录，以截屏并打印的方式提取，经被告人甘某签字确认；根据聊天记录，2016 年 4 月 9 日 13 时 30 分许，“马上一奋斗”发送一张姓名为富某乙、账号为 152××71 的支付宝首页截图给甘某，让甘某发货，甘某将 QQ 号码 142××94 给“马上一奋斗”，后甘某表示用手机吊卡，并发送了支付成功 550 元的截图，该截图显示支付类型为网上银行，甘某称要继续套别的卡，14 时 52 分许，甘某表示成功 5000 元，出的是银联，并发送 3 张支付成功的截图，金额分别是 2000 元、2000 元(银联卡支付 1998 元、其他抵扣 2 元)、1000 元，还列出了结算公式 5000＊0.75＝3750，＋农业 550，4300/2＝2150，表示给“马上一奋斗”结算 2200 元，甘某还向“马上一奋斗”解释了回款比例为 0.75 的原因是“出的银联、不是花呗，被害人的邮政卡没有开网银”，还发送了和“360 集团一a 天意技术支持 BOSS”的聊天截图，证明 5000 元的回款比例是 0.75，“马上一奋斗”发送了财付通账号 112××57，后甘某向上述财付通账号转账 2200 元；

4. 扣押笔录、扣押决定书、扣押清单及照片，证实公安机关从被告人甘某处扣押苹果6手机1部的事实；

5.调取证据通知书、调取证据清单、富某甲支付宝交易明细，证实公安机关从支付宝（中国）网络技术有限公司调取富某甲的支付宝（152×××71）交易明细，2016年4月9日，该支付宝账户仅有支付10元、1元的交易记录，没有其他支付交易记录的事实；

6.情况说明，证实被害人富某甲的笔录为当地公安制作等情况；

7.抓获、破案经过，证实案件的侦破情况以及被告人甘某系被动归案的事实；

8.户籍证明、情况说明，证实被告人甘某的身份，以及查无前科的情况；

9.被告人甘某的供述和辩解，证实2016年3月份，其被人拉入“起点支付”、“175支付”QQ群，上述QQ群的成员都是实施网络诈骗的，其经学习后也和他人合伙实施网络诈骗，主要是“丢单手”将被害人的支付宝余额截图发到QQ群里，谁抢到就由谁实施诈骗，抢到单子的人就是“秒单手”，得手后会和“丢单手”五五分成；其是“秒单手”，作案手法有两种，一种是针对手机用户的，通过发链接、二维码给被害人骗走被害人银行卡、支付宝、花呗内的钱；另一种是针对电脑用户的，通过发送木马程序到被害人的电脑、让木马程序自动运行从而控制被害人的电脑的方式骗取被害人银行卡、支付宝、花呗的钱；其QQ昵称为“梦想”，QQ号为512×××15，财付通账号132×××42，和其配合的“丢单手”中，昵称为“马上一奋斗”的较多，根据其手机里的“梦想”和“马上一奋斗”的聊天记录，2016年4月9日，“马上一奋斗”发给其一张用户名为“富某乙”的支付宝截图，该用户没有开通蚂蚁花呗，其用手机“吊卡”刷了对方农业银行卡里的550元，又通过忽悠得知对方另外卡里有5000多元，再次以同样方式骗走5000元，后分给“马上一奋斗”2200元；庭审中，其确认本案作案方式均为“吊卡”，即给被害人发送能在后台读取信息的“钓鱼网站”链接，被害人在该“钓鱼网站”链接中输入银行卡、验证码等信息后，其利用上述获得的信息到其他网站使用、消费等事实。

上述证据确实充分且相互印证，足以认定。

本院认为，被告人甘某以非法占有为目的，伙同他人冒用他人信用卡，数额较大，其行为已构成信用卡诈骗罪。公诉机关指控的罪名成立。被告人甘某辩称其行为应定性为诈骗而非信用卡诈骗；辩护人提出指控被害人富某甲的银行卡为信用卡而非借记卡的证据不足，且被告人甘某获取的是支付宝蚂蚁花呗用户的资金，并未直接获取被害人富某甲的信用卡信息资料，公诉机关指控本案中被告人甘某的行为构成信用卡诈骗罪不当，本案应定性为盗窃罪或诈骗罪；经查，(1)根据相关法律规定，刑法规定的“信用卡”，是指由商业银行或者其他金融机构发行的具有消费支付、信用贷款、转账结算、存取现金等全部功能或者部分功能的电子支付卡，本案中被害人富某甲的中国农业银行卡、中国邮政储蓄银行卡属于上述“信用卡”范畴；(2)根据在案的被害人富某甲的银行交易明细、支付宝明细等，本案中被告人甘某获取的资金系被害人富某甲银行卡内的资金而非支付宝蚂蚁花呗资金；(3)根据QQ聊天记录及被告人甘某的供述，本案中被告人甘某系利用“钓鱼网站”获取了被害人富某甲的信用卡信息资料。综上，被告人甘某伙同他人以“钓鱼网站”方式非法获取他人的信用卡信息资料，并通过互联网使用，系“冒用他人信用卡”，其行为符合信用卡诈骗罪的构成要件，应当以信用卡诈骗罪定罪处罚。上述辩解及辩护意见，本院均不予采纳。被告人甘某归案后如实供述主要犯罪事实，退出部分违法所得，在庭审中亦对犯罪事实供认不讳，本院依法予以从轻处罚。辩护人的相关辩护意见，本院予以采纳。其余辩护意见，酌情予以采纳。据此，依照《中华人民共和国刑法》第一百九十六条第一款第(三)项、第二十五条第一款、第六十七条第三款、第五十二条、第五十三条第一款、第六十四条及《最高人民法院、最高人民检察院关于办理妨害信用卡管理刑事案件具体应用法律若干问题的解释》第五条第二款第(三)项之规定，判决如下：

一、被告人甘某犯信用卡诈骗罪，判处有期徒刑六个月，并处罚金人民币二万元(刑期自判决执行之日起计算。判决执行前先行羁押的，羁押一日折抵刑期一日。即自2017年5月12日起至2017年10月5日止。罚金限判决生效后十日内缴纳)。

二、暂存于本院的被告人甘某退出的违法所得人民币二千一百元，发还被害人富某甲。

三、责令被告人甘某与同案人员共同退赔被害人富某甲其余违法所得人民币三千四百四十八元。

如不服本判决，可在接到判决书的第二日起十日内，通过本院或直接向浙江省杭州市中级人民法院提出上诉。书面上诉的，应交上诉状正本一份，副本二份。

审 判 长 夏敏诙

人民陪审员 朱田根

人民陪审员 许亚新

二〇一七年五月十五日

书 记 员 郭 英

第二百十三条至第二百二十条　侵犯知识产权罪

一、刑法条文

第二百一十三条【假冒注册商标罪】未经注册商标所有人许可，在同一种商品上使用与其注册商标相同的商标，情节严重的，处三年以下有期徒刑或者拘役，并处或者单处罚金；情节特别严重的，处三年以上七年以下有期徒刑，并处罚金。

第二百一十四条【销售假冒注册商标的商品罪】销售明知是假冒注册商标的商品，销售金额数额较大的，处三年以下有期徒刑或者拘役，并处或者单处罚金；销售金额数额巨大的，处三年以上七年以下有期徒刑，并处罚金。

第二百一十五条【非法制造、销售非法制造的注册商标标识罪】伪造、擅自制造他人注册商标标识或者销售伪造、擅自制造的注册商标标识，情节严重的，处三年以下有期徒刑、拘役或者管制，并处或者单处罚金；情节特别严重的，处三年以上七年以下有期徒刑，并处罚金。

第二百一十六条【假冒专利罪】假冒他人专利，情节严重的，处三年以下有期徒刑或者拘役，并处或者单处罚金。

第二百一十七条【侵犯著作权罪】以营利为目的，有下列侵犯著作权情形之一，违法所得数额较大或者有其他严重情节的，处三年以下有期徒刑或者拘役，并处或者单处罚金；违法所得数额巨大或者有其他特别严重情节的，处三年以上七年以下有期徒刑，并处罚金：

（一）未经著作权人许可，复制发行其文字作品、音乐、电影、电视、录像作品、计算机软件及其他作品的；

（二）出版他人享有专有出版权的图书的；

(三)未经录音录像制作者许可,复制发行其制作的录音录像的;

(四)制作、出售假冒他人署名的美术作品的。

第二百一十八条【销售侵权复制品罪】以营利为目的,销售明知是本法第二百一十七条规定的侵权复制品,违法所得数额巨大的,处三年以下有期徒刑或者拘役,并处或者单处罚金。

第二百一十九条【侵犯商业秘密罪】有下列侵犯商业秘密行为之一,给商业秘密的权利人造成重大损失的,处三年以下有期徒刑或者拘役,并处或者单处罚金;造成特别严重后果的,处三年以上七年以下有期徒刑,并处罚金:

(一)以盗窃、利诱、胁迫或者其他不正当手段获取权利人的商业秘密的;

(二)披露、使用或者允许他人使用以前项手段获取的权利人的商业秘密的;

(三)违反约定或者违反权利人有关保守商业秘密的要求,披露、使用或者允许他人使用其所掌握的商业秘密的。

明知或者应知前款所列行为,获取、使用或者披露他人的商业秘密的,以侵犯商业秘密论。

本条所称商业秘密,是指不为公众所知悉,能为权利人带来经济利益,具有实用性并经权利人采取保密措施的技术信息和经营信息。

本条所称权利人,是指商业秘密的所有人和经商业秘密所有人许可的商业秘密使用人。

第二百二十条【单位犯侵犯知识产权罪的处罚规定】单位犯本节第二百一十三条至第二百一十九条规定之罪的,对单位判处罚金,并对其直接负责的主管人员和其他直接责任人员,依照本节各该条的规定处罚。

二、其他法律法规及文件

(一)《中华人民共和国著作权法》

主席令第二十六号(2010 年 2 月 26 日发布,2010 年 4 月 1 日实施)

……

第四十八条　有下列侵权行为的,应当根据情况,承担停止侵害、消除影响、赔礼道歉、赔偿损失等民事责任;同时损害公共利益的,可以由著作权行政管理部门责令停止侵权行为,没收违法所得,没收、销毁侵权复制品,并可处以罚款;情节严重的,著作权行政管理部门还可以没收主要用于制作侵权复制品的材料、工具、设备等；构成犯罪的，依法追究刑事责任：

（一）未经著作权人许可，复制、发行、表演、放映、广播、汇编、通过信息网络向公众传播其作品的，本法另有规定的除外；

（二）出版他人享有专有出版权的图书的；

（三）未经表演者许可，复制、发行录有其表演的录音录像制品，或者通过信息网络向公众传播其表演的，本法另有规定的除外；

（四）未经录音录像制作者许可，复制、发行、通过信息网络向公众传播其制作的录音录像制品的，本法另有规定的除外；

（五）未经许可，播放或者复制广播、电视的，本法另有规定的除外；

（六）未经著作权人或者与著作权有关的权利人许可，故意避开或者破坏权利人为其作品、录音录像制品等采取的保护著作权或者与著作权有关的权利的技术措施的，法律、行政法规另有规定的除外；

（七）未经著作权人或者与著作权有关的权利人许可，故意删除或者改变作品、录音录像制品等的权利管理电子信息的，法律、行政法规另有规定的除外；

（八）制作、出售假冒他人署名的作品的。

……

（二）《中华人民共和国商标法实施条例》

国务院令第六百五十一号（2014 年 4 月 29 日发布，2014 年 5 月 1 日实施）

……

第八章 注册商标专用权的保护

第七十五条　为侵犯他人商标专用权提供仓储、运输、邮寄、印制、隐匿、经营场所、网络商品交易平台等，属于商标法第五十七条第六项规定的提供便利条件。

（三）《中华人民共和国网络安全法》

主席令第五十三号（2016 年 11 月 7 日发布，2017 年 6 月 1 日实施）

……

第四十五条　依法负有网络安全监督管理职责的部门及其工作人员，必须对在履行职责中知悉的个人信息、隐私和商业秘密严格保密，不得泄露、出售或者非法向他人提供。

……

第四十七条　网络运营者应当加强对其用户发布的信息的管理，发现法律、行政法规禁止发布或者传输的信息的，应当立即停止传输该信息，采取消除等处置措施，防止信息扩散，保存有关记录，并向有关主管部门报告。

三、典型案例

涉及罪名：假冒注册商标罪

江苏省宿迁市中级人民法院
刑事判决书[①]

(2015)宿中知刑初字第0004号

公诉机关江苏省宿迁市人民检察院。

……

江苏省宿迁市人民检察院于2015年4月9日以宿检诉刑诉(2015)13号起诉书指控被告人郭某甲、郭某乙、孙某犯假冒注册商标罪，向本院提起公诉。本院依法组成合议庭，公开开庭审理了本案。江苏省宿迁市人民检察院指派代理检察员刘李鹏出庭支持公诉，被告人郭某甲及其辩护人董永斌、高维梁，被告人郭某乙及其辩护人杨周军，被告人孙某及其辩护人侯亚伟到庭参加诉讼。本案现已审理终结。

江苏省宿迁市人民检察院指控：2013年11月底至2014年6月期间，被告人郭某甲为谋取非法利益，伙同被告人孙某、郭某乙在未经三星（中国）投资有限公司授权许可的情况下，从张某、沈某等人手中批发假冒的三星I8552手机裸机及配件进行组装，利用其在淘宝网上开设的“三星数码专柜”网店进行“正品行货”宣传，并以明显低于市场价格公开对外销售，共计销售假冒的三星I8552手机20000余部，销售金额2000余万元，非法获利200余万元。

公诉机关认为，被告人郭某甲、郭某乙、孙某未经注册商标权利人许可，在同一种商品上使用与其注册商标相同的商标，情节特别严重，其行为违反了《中华人民共和国刑法》第二百一十三条的规定，应当以假冒注册商标罪追究其刑事责任。被告人郭某甲、郭某乙、孙某共同故意实施犯罪，系共同犯罪，其中被告人郭某甲在共同犯罪中起主要作用，系主犯，应当按其所参与、组织、指挥的全部犯罪

---

① 最高人民法院指导性案例87号。

处罚。被告人郭某乙、孙某在共同犯罪中起辅助作用，系从犯，应当从轻处罚。

被告人郭某甲、孙某、郭某乙对其未经“SΛMSUNG”商标注册人授权许可，从深圳市华强北远望数码城、深圳福田区通天地手机市场批发假冒的三星 I8552 手机裸机及配件组装假冒的三星 I8552 手机，并通过淘宝网店进行销售的犯罪事实无异议，但辩解称其淘宝网店存在请人刷信誉的行为，真实交易量只有 10000 余部。辩护人辩称三被告人淘宝网店销售记录存在刷信誉行为，真实销售数量没有 20000 余部，假冒“三星”手机应当在 10000 部到 20000 部之间，有自首的情节，其犯罪行为得到三星公司的谅解，认罪悔罪态度积极，并且通过家属积极退赔违法所得，应当从轻、减轻处罚。

经审理查明：“SΛMSUNG”是三星电子株式会社在中国注册的商标，该商标有效期至 2021 年 7 月 27 日；三星(中国)投资有限公司是三星电子株式会社在中国投资设立，并经三星电子株式会社特别授权负责三星电子株式会社名下商标、专利、著作权等知识产权管理和法律事务的公司。2013 年 11 月，被告人郭某甲通过网络中介购买店主为“汪亮”、账号为 play2011-1985 的淘宝店铺，并改名为“三星数码专柜”，在未经三星(中国)投资公司授权许可的情况下，从深圳市华强北远望数码城、深圳福田区通天地手机市场张某、沈某等人手中批发假冒的三星 I8552 手机裸机及配件进行组装，并通过“三星数码专柜”在网上以“正品行货”进行宣传、销售。2013 年底，被告人郭某乙开始帮助郭某甲负责该网店的客服工作及客服人员的管理。2014 年 3 月，被告人孙某开始帮助郭某甲经营该网店，负责假冒的三星 I8552 手机裸机及配件的进货、包装及联系快递公司发货。从 2013 年底，被告人郭某甲等还先后雇佣李某、张某甲、吴某甲、张某乙等人从事客服销售工作，雇佣吴某乙、郑某甲、郑某乙等负责假冒手机的包装、发货。至 2014 年 6 月，共计销售假冒三星 I8552 手机 20000 余部，非法经营额 2000 余万元，非法获利 200 余万元。在案件侦查期间，泗洪县公安局已经扣押三被告人非法所得 634100 元。

认定上述事实的主要证据如下：

(一)被告人的供述与辩解

1. 被告人郭某甲的供述与辩解。被告人郭某甲在公安机关共有五次供述，其中第二次供述从 2013 年 12 月份开始其在自己经营的“三星数码专柜”淘宝店销售假冒三星 I8552 型号手机。并雇用了郭某乙、孙某分别负责客服和转账、核对支付宝账目，管理员工、进货和发货，还雇用了普通员工负责包装手机、客服、打印快递单等具体事务。每次进货都是其负责联系好，然后安排孙某和吴某乙去拿货，大部分是现金支付，银行转账的比较少。每部手机进价大约 480 元，销售价 600 多元到 800 多元，每部净利润在 70 块钱左右，共卖了 10000 多部。第三次供述其开始卖手机的时候找过专门刷淘宝销售记录的团队帮助刷记录，到了 2014 年 1 月份之后，信誉度大增，基本上就没有刻意安排刷流量了，淘宝网销售记录大部分都是真实销售情况。

2. 被告人郭某乙的供述与辩解。被告人郭某乙在公安机关供述共有六次。其中，第二次供述 2013 年 12 月，郭某甲给钱让其在网上买一个淘宝店铺，更换联系电话，绑定其在平安银行开的银行卡，在淘宝网上销售假冒三星手机。其主要负责客服，孙某负责拿货、发货。销售价格从 900 多元慢慢往下降，一天大约销售 100 多部。第四次供述其姐姐郭某丙负责管理支付宝所绑定的银行卡，仓库里面的账本也是郭某丙记的。这几个月来真实交易大约有 20000 部。从沈某、张某、"大目"等手里拿货，购买机头和配件都是通过网银直接转给对方。第五次供述其记过一个账本，是每个月郭某丙和郭某甲在一起算账，由其将每个月利润的最后计算结果单独抄下来的，2014 年 1 月到 2014 年 5 月利润加起来是 2159688 元。第六次供述 2014 年春节前后刷信誉的情况就很少了，每天真实交易量在 100 部以上，有时候搞活动也能卖到 200 部以上，估计几个月真实销售量大约为 20000 部。

3. 被告人孙某的供述。被告人孙某在公安机关供述共有五次。其中第一次供述其 2013 年年底就在郭某甲手下干活，负责包装手机和进货，知道手机是组装的，主要是其到市场里去进货，有时打电话让送货的送到楼下。平均每天要包装七八十部手机发出去，进货价 400 多元钱；第四次供述多的一天发货 100 多部，少的一天也发货几十部。第五次供述郭某甲带其熟悉市场后，需要货其就直接联系了。一共进了多少机头，公安机关查获的送货单据上都有，其记不清。收货单位没写名字的那部分是"张"送来的，写着"明生"的是"大目"送来的，写着"孙哥"的是"陆丰仔"送的货。

（二）证人证言

1. 证人张某甲证言。主要内容为：自 2015 年 2 月其受雇于郭某乙卖三星 I8552 型号手机。2 月到 5 月，四个客服每天能卖 300 部，最近一个月生意不好，每天 130 部左右。按照郭某乙的安排，有人问真假，就说是真的。

2. 证人郑某甲证言。主要内容为：自 2014 年 5 月其受雇于郭某乙卖三星

I8552 型号手机，负责包装手机。最多一天包装 138 部，一般 100 部左右。

3. 证人吴某甲证言。主要内容为：自 2014 年 2 月其在“三星数码专柜”上当客服卖三星 I8552 型号手机，平时每天销售 130—140 部，搞活动等情况下每天销售 220 部。没有刷信誉情况，都是真实交易。

4. 证人张某乙证言。主要内容为：其主要负责打印快递单，偶尔兼职一下客服。孙某主要负责跑市场、寻找货源。

5. 证人郑某乙证言。主要内容为：2014 年 3 月，孙某叫我来“三星数码专柜”工作，负责包装手机、收退货、试机，是假冒三星牌子的，多的时候每天能卖四五百部，正常每天 200 多部。没有发现刷信誉的情况。

6. 证人李某证言。主要内容为：其负责客服，只销售三星 I8552 型号手机，对买家都说是正品。手机是买来配件自己组装的。郭某乙偶尔也做客服，孙某做包装。网店一天平均销售量都在 100 部以上，都是实际销售没有刷信誉的。

7. 证人吴某乙证言。主要内容为：其负责打好包到顺丰快递公司投寄。旺季每天能寄 200 多部，淡季也有 100 多部。

8. 证人郭某丙证言。主要内容为：我弟弟郭某甲卖手机，我帮他记账的，主要是记每天开支的情况，还有银行提现、转账、付款的一些情况，店是郭某甲开的，郭某乙负责电脑方面的东西，孙某负责包装、打包、邮寄。

9. 泗洪县公安局及受泗洪县公安局委托全国各地公安机关调查 885 部假冒手机买受人的证言。证实他们从淘宝网“三星数码专柜”网店购买三星 I8552 型号手机，价格多为 800—1000 元之间，均为真实交易。

（三）书证

1. 泗洪县公安局民警从宏图大厦 1305 室孙某的住宅搜查出来送货单 260 张。显示 2013 年 12 月 31 日至 2014 年 6 月 26 日，“三星数码专柜”接收机头 24914 部，总价 1487 万余元。

2. 银行交易流水。显示从 2013 年 10 月份开始，支付宝向郭某乙平安银行账户（账号 102×××02，卡号 622×××83）大额付款至 2014 年 6 月 16 日达 22694303 元。从 2013 年 10 月份开始，郭某乙上述平安银行账户对外大额付款明显增多，仅向手机机头提供者沈某、张某二人付款即达 840 万元以上。从 2013 年 10 月份开始，顺丰快递多次向郭某甲建设银行卡内打入销售手机的代收款 40 万元左右。

3. 广州盛祥知识产权服务有限公司出具的授权书、鉴定书、鉴定资质、公证书等。证明“SΛMSUNG”是三星电子株式会社在中国注册的商标，该商标有效期至2021年7月27日；三星（中国）投资有限公司是三星电子株式会社在中国投资设立，并经三星电子株式会社特别授权负责三星电子株式会社名下商标、专利、著作权等知识产权管理和法律事务的公司；三星（中国）投资有限公司委托广州盛祥知识产权服务有限公司代表三星（中国）投资有限公司负责对侵犯其商标专用权及其他不法活动进行调查和收集证据、办理侵犯三星电子株式会社知识产权的证据保全公证事宜、依法对侵权人进行索赔、接受调解和解、代领侵权赔偿金及其他相关维权事宜。同时证明被告人郭某甲等未经许可授权生产销售三星I8552手机。公安机关查获的147部手机市场参考价均为每部1398元，公安机关查获的147部手机均为假冒三星I8552型号手机。

4.货代合同及月结协议。证明郭某甲与顺丰速运有限公司福星营业部签订货物运输合同。

5.现场查获的打印好的快递单若干。

6.现场扣押的笔记本。该笔记本第一页为郭某甲所写，其余为郭某乙所抄写，笔记本记录显示从2014年1月到5月份总利润2159688元。

7.收据、缴款书。证实泗洪县公安局已经扣押三被告人违法所得634100元。

8.三星（中国）投资有限公司出具的谅解书。证明三星（中国）投资有限公司对三名犯罪嫌疑人表示谅解，建议从轻处罚。

（四）物证照片

泗洪县公安局及受泗洪县公安局委托全国各地公安机关调查的885部假冒手机买受人提供的手机照片。

（五）电子数据

1.“三星数码专柜”淘宝交易记录。显示2013年11月26日至2014年6月6日期间，交易成功、买家已付、卖家已发共23163部手机，交易金额21263452元。

2.韵达快递系统记录，接受号码1342××××8335客户物流62件次。

3.中通快递系统记录，接受号码1342××××8335客户物流2件次。

4.申通快递系统记录，接受号码1342××××8335客户物流460件次。

5.顺丰快递系统记录，接受号码1342××××8335客户物流23844件次。

（六）搜查、辨认、检查笔录

1. 公安机关制作的搜查证、搜查笔录、扣押清单、发还清单。

2. 对涉案电脑硬盘进行检查取证的记录。

上述证据经庭审质证，均合法有效，能够作为认定本案事实的依据。

本院认为，被告人郭某甲、孙某、郭某乙在未经“SΛMSUNG”商标注册人授权许可的情况下，通过购进假冒“SΛMSUNG”手机机头及配件，包装假冒“SΛMSUNG”手机对外销售，属于在同一种商品上使用与“SΛMSUNG”注册商标相同的商标，且非法经营数额达 2000 余万元，非法获利 200 余万元，属情节特别严重，其行为已构成假冒注册商标罪。公诉机关指控三被告人假冒注册商标罪的事实清楚，证据确实、充分，指控的罪名成立。

三位被告人郭某甲、孙某、郭某乙对假冒三星注册商标的犯罪事实予以供认，但对假冒三星 I8552 手机数量及非法经营额、非法获利数额提出异议，对此，本院认为公诉机关关于三被告人共计销售假冒的三星 I8552 手机 20000 余部，销售金额 2000 余万元，非法获利 200 余万元的指控能够成立：

1. 关于三被告人共计销售涉案手机 20000 余部、销售金额 2000 余万元的指控，虽然被告人供述与辩解之间不完全一致，庭审中只认可假冒手机 10000 余部，淘宝交易记录中包含刷信誉的虚假交易部分，但被告人之前的供述能够与有关证人证言、书证、电子数据等证据相印证。被告人郭某甲在公安机关供述 2014 年 1 月后基本就没有刻意安排刷信誉，被告人郭某乙在公安机关供述真实交易量 20000 部以上；李某、张某甲、吴某甲、张某乙、吴某乙、郑某甲、郑某乙等证人的证言表明，该淘宝网店每日销售数量较少的也在 100 部以上，日销售量多的达 200 部以上，以日销售 100 部计算，从 2013 年 11 月至 2014 年 6 月销售量也达 20000 余部；公安机关查获的送货单显示 2013 年 12 月 31 日至 2014 年 6 月 26 日，“三星数码专柜”接收机头达 24914 部；支付宝向被告人郭某乙银行账户大额付款至 2014 年 6 月 16 日共达 22694303 元，从 2013 年 10 月份开始郭某乙银行账户对外大额付款明显增多，仅向提供手机机头的沈某、张某二人付款即达 840 万元以上，而手机机头进价仅为 400 多元；2013 年 11 月 26 日至 2014 年 6 月 6 日期间“三星数码专柜”淘宝记录显示的交易成功的成交数量 23163 部手机，交易金额 21263452 元；快递公司电脑系统记录，仅顺丰快递系统记录显示接受三被告寄出的物流达 23844 件次。上述证据能够互相佐证，共同证明三被告人利用淘宝网店“三星数码专柜”销售假冒三星 I8552 手机 20000 余部，销售金额

2000 余万元的事实。

2.公安机关现场扣押的笔记本与郭某乙的供述能够相互印证，证明三被告人违法所得 200 多万元。虽然郭某甲、郭某乙辩解称其不是专业财会人员，没有做过精确统计，笔记本记录不能反映准确的经营及获利情况，但该笔记本为郭某甲、郭某乙所记录，清楚记录了 2014 年 1 月份到 5 月份每个月的获利情况，记录显示 2014 年 1 月到 5 月份总获利 2159688 元，这与被告人郭某乙在公安机关的供述一致。

3.关于该网店存在刷信誉的问题，被告人郭某甲的供述和辩解与孙某的供述和辩解及证人证言等证据之间互相矛盾。郭某甲供述和辩解称该网店刷信誉是其或郭某乙在网上通过 QQ 联系雇人进行的，并由其负责寄发刷信誉的空包裹，其他人不知道有刷信誉的情况，在公安机关供述 2014 年 1 月后就没有刻意安排刷信誉，而在庭审中又供述 2014 年 3 月后刷信誉比较少。而孙某供述和辩解称其知道刷信誉的情况，也负责寄发刷信誉的空包裹，并且负责发货的工作人员都知道有刷信誉的情况，且该网店一直都有刷信誉的行为，这与郭某甲的供述与辩解存在矛盾。而证人郑某乙、吴某甲、李某证言中则陈述没有发现刷信誉的情况，这与孙某的供述存在矛盾。此外，被告人郭某甲、郭某乙、孙某自己也无法识别淘宝网销售记录中哪些为刷信誉的虚假交易，哪些为真实交易，也提供不了帮助刷信誉者的具体信息或线索。另外，各地公安机关调查的 885 部假冒手机买受人的证言及其提供的购买的假冒三星 I8552 手机照片，均反映没有刷信誉的交易，而公安机关调查的 885 部假冒手机买受人分布在全国各地，具有一定的抽样调查效力。综合被告人的供述和辩解、证人证言，三被告人关于他们网店存在刷信誉行为实际销售量只有 10000 余部的辩解不能成立。综上所述，公诉机关提供的证据之间能够互相印证，共同证明公诉机关关于三被告人共计销售假冒的三星 I8552 手机 20000 余部，销售金额 2000 余万元，非法获利 200 余万元的指控能够成立。

被告人郭某甲、郭某乙、孙某共同实施假冒注册商标犯罪，系共同犯罪。在共同犯罪中，被告人郭某甲起主要作用，是主犯，应当按照其所参与、组织、指挥的全部犯罪处罚；被告人孙某、郭某乙在共同犯罪中起辅助作用，是从犯，依法应予以从轻、减轻处罚。被告人郭某甲、郭某乙、孙某并不是自动投案后如实供述自己的犯罪行为，不构成自首，辩护人关于三被告人构成自首的意见，不予采纳；关于被告人郭某甲、孙某检举他人违法犯罪问题，其提供的检举线索经侦查机关核查，暂未能查实，故被告人郭某甲、孙某立功不能成立。被告人郭某甲、郭某乙、孙某虽然对非法经营额等犯罪数额有异议，但对假冒注册商标犯罪主要事实能够如实供述，且认罪态度较好，有悔罪表现，在侦查期间退出部分违法所得，可以从轻处罚。被告人孙某、郭某乙在本案中属从犯，犯罪情节较轻，能够认罪悔罪、没有再犯罪的危险，宣告缓刑对所居住社区没有重大不良影响，可以对其宣告缓刑。据此，依照《中华人民共和国刑法》第二百一十三条，第二十五条第一款，第二十六条第一款、第四款，第二十七条，第六十七条第一款、第三款，第七十二条第一款、第三款，第七十三条第二款、第三款，第六十四条和《最高人民法院最高人民检察院关于办理侵犯知识产权刑事案件具体应用法律若干问题的解释》第一条第一款第(二)项，《最高人民法院最高人民检察院关于办理侵犯知识产权刑事案件具体应用法律若干问题的解释(二)》第四条之规定，判决如下：

一、被告人郭某甲犯假冒注册商标罪，判处有期徒刑五年，并处罚金人民币160万元。

（刑期从判决执行之日起计算。判决执行以前先行羁押的，羁押一日折抵刑期一日，即自2014年6月28起至2019年6月28止。罚金已缴纳30万元，剩余罚金于判决生效后一个月内缴纳。）

被告人孙某犯假冒注册商标罪，判处有期徒刑三年，缓刑五年，并处罚金人民币20万元。

（缓刑考验期限，从判决确定之日起计算。罚金已经缴纳。）

被告人郭某乙犯假冒注册商标罪，判处有期徒刑三年，缓刑四年，并处罚金人民币20万元。

（缓刑考验期限，从判决确定之日起计算。罚金已经缴纳。）

二、追缴被告人郭某甲、郭某乙、孙某的全部违法所得，上缴国库；泗洪县公安局扣押的涉案假冒手机147部、手机电池500块、手机皮套500个、耳机600条、贴标500个、手机后盖130个予以销毁。

如不服本判决，可在接到判决书的第二日起十日内，通过本院或者直接向江苏省高级人民法院提出上诉。书面上诉的，应当提交上诉状正本一份，副本两份。

审 判 长　程黎明
代理审判员　朱　庚
代理审判员　白　金
二〇一五年九月八日
书 记 员　王桂禄

第二百二十一条　损害商业信誉、商品声誉罪

一、刑法条文

第二百二十一条【损害商业信誉、商品声誉罪】捏造并散布虚伪事实，损害他人的商业信誉、商品声誉，给他人造成重大损失或者有其他严重情节的，处二年以下有期徒刑或者拘役，并处或者单处罚金。

二、其他法律法规及文件

(一)《中华人民共和国网络安全法》

主席令第五十三号(2016 年 11 月 7 日发布，2017 年 6 月 1 日实施)

……

第四十七条　网络运营者应当加强对其用户发布的信息的管理，发现法律、行政法规禁止发布或者传输的信息的，应当立即停止传输该信息，采取消除等处置措施，防止信息扩散，保存有关记录，并向有关主管部门报告。

……

(二)《最高人民检察院、公安部关于公安机关管辖的刑事案件立案追诉标准的规定(二)》

公通字〔2010〕23 号（2010 年 5 月 7 日发布，2010 年 5 月 7 日实施）

……

第七十四条　［损害商业信誉、商品声誉案(刑法第二百二十一条)］捏造并散布虚伪事实，损害他人的商业信誉、商品声誉，涉嫌下列情形之一的，应予立案

追诉：

（一）给他人造成直接经济损失数额在五十万元以上的；

（二）虽未达到上述数额标准，但具有下列情形之一的：

1. 利用互联网或者其他媒体公开损害他人商业信誉、商品声誉的；

2. 造成公司、企业等单位停业、停产六个月以上，或者破产的。

（三）其他给他人造成重大损失或者有其他严重情节的情形。

……

第八十八条　本规定中的“虽未达到上述数额标准”，是指接近上述数额标准且已达到该数额的百分之八十以上的。

第二百二十二条　虚假广告罪

一、刑法条文

第二百二十二条【虚假广告罪】广告主、广告经营者、广告发布者违反国家规定，利用广告对商品或者服务作虚假宣传，情节严重的，处二年以下有期徒刑或者拘役，并处或者单处罚金。

二、司法解释

《最高人民法院关于审理非法集资刑事案件具体应用法律若干问题的解释》

法释〔2010〕18号（2010年12月13日发布，2011年1月4日实施）

为依法惩治非法吸收公众存款、集资诈骗等非法集资犯罪活动，根据刑法有关规定，现就审理此类刑事案件具体应用法律的若干问题解释如下：

……

第八条　广告经营者、广告发布者违反国家规定，利用广告为非法集资活动相关的商品或者服务作虚假宣传，具有下列情形之一的，依照刑法第二百二十二条的规定，以虚假广告罪定罪处罚：

（一）违法所得数额在10万元以上的；

（二）造成严重危害后果或者恶劣社会影响的；

（三）二年内利用广告作虚假宣传，受过行政处罚二次以上的；

（四）其他情节严重的情形。

明知他人从事欺诈发行股票、债券，非法吸收公众存款，擅自发行股票、债券，集资诈骗或者组织、领导传销活动等集资犯罪活动，为其提供广告等宣传的，以相关犯罪的共犯论处。

第九条此前发布的司法解释与本解释不一致的，以本解释为准。

三、其他法律法规及文件

(一)《中华人民共和国广告法》

主席令第二十二号(1995 年 2 月 1 号发布，2018 年 10 月 26 日发布，2018 年 10 月 26 日实施)

……

第二十八条　广告以虚假或者引人误解的内容欺骗、误导消费者的，构成虚假广告。

广告有下列情形之一的，为虚假广告：

(一)商品或者服务不存在的；

(二)商品的性能、功能、产地、用途、质量、规格、成分、价格、生产者、有效期限、销售状况、曾获荣誉等信息，或者服务的内容、提供者、形式、质量、价格、销售状况、曾获荣誉等信息，以及与商品或者服务有关的允诺等信息与实际情况不符，对购买行为有实质性影响的；

(三)使用虚构、伪造或者无法验证的科研成果、统计资料、调查结果、文摘、引用语等信息作证明材料的；

(四)虚构使用商品或者接受服务的效果的；

(五)以虚假或者引人误解的内容欺骗、误导消费者的其他情形。

……

第五十五条　违反本法规定，发布虚假广告的，由工商行政管理部门责令停止发布广告，责令广告主在相应范围内消除影响，处广告费用三倍以上五倍以下的罚款，广告费用无法计算或者明显偏低的，处二十万元以上一百万元以下的罚款；两年内有三次以上违法行为或者有其他严重情节的，处广告费用五倍以上十倍以下的罚款，广告费用无法计算或者明显偏低的，处一百万元以上二百万元以下的罚款，可以吊销营业执照，并由广告审查机关撤销广告审查批准文件、一年内不受理其广告审查申请。

医疗机构有前款规定违法行为，情节严重的，除由工商行政管理部门依照本法处罚外，卫生行政部门可以吊销诊疗科目或者吊销医疗机构执业许可证。

广告经营者、广告发布者明知或者应知广告虚假仍设计、制作、代理、发布的，由工商行政管理部门没收广告费用，并处广告费用三倍以上五倍以下的罚款，广告费用无法计算或者明显偏低的，处二十万元以上一百万元以下的罚款；两年内有三次以上违法行为或者有其他严重情节的，处广告费用五倍以上十倍以下的罚款，广告费用无法计算或者明显偏低的，处一百万元以上二百万元以下的罚款，并可以由有关部门暂停广告发布业务、吊销营业执照、吊销广告发布登记证件。

广告主、广告经营者、广告发布者有本条第一款、第三款规定行为，构成犯罪的，依法追究刑事责任。

第五十六条　违反本法规定，发布虚假广告，欺骗、误导消费者，使购买商品或者接受服务的消费者的合法权益受到损害的，由广告主依法承担民事责任。广告经营者、广告发布者不能提供广告主的真实名称、地址和有效联系方式的，消费者可以要求广告经营者、广告发布者先行赔偿。

关系消费者生命健康的商品或者服务的虚假广告，造成消费者损害的，其广告经营者、广告发布者、广告代言人应当与广告主承担连带责任。

前款规定以外的商品或者服务的虚假广告，造成消费者损害的，其广告经营者、广告发布者、广告代言人，明知或者应知广告虚假仍设计、制作、代理、发布或者作推荐、证明的，应当与广告主承担连带责任。

(二)《最高人民检察院、公安部关于公安机关管辖的刑事案件立案追诉标准的规定(二)》

公通字〔2010〕23号（2010年5月7日发布，2010年5月7日实施）

……

第七十五条　[虚假广告案(刑法第二百二十二条)]广告主、广告经营者、广告发布者违反国家规定，利用广告对商品或者服务作虚假宣传，涉嫌下列情形之一的，应予立案追诉：

(一)违法所得数额在十万元以上的；

(二)给单个消费者造成直接经济损失数额在五万元以上的，或者给多个消费者造成直接经济损失数额累计在二十万元以上的；

(三)假借预防、控制突发事件的名义，利用广告作虚假宣传，致使多人上当受骗，违法所得数额在三万元以上的；

（四）虽未达到上述数额标准，但两年内因利用广告作虚假宣传，受过行政处罚二次以上，又利用广告作虚假宣传的；

（五）造成人身伤残的；

（六）其他情节严重的情形。

……

第八十八条本规定中的“虽未达到上述数额标准”，是指接近上述数额标准且已达到该数额的百分之八十以上的。

第二百二十四条　合同诈骗罪

一、刑法条文

第二百二十四条【合同诈骗罪】有下列情形之一，以非法占有为目的，在签订、履行合同过程中，骗取对方当事人财物，数额较大的，处三年以下有期徒刑或者拘役，并处或者单处罚金；数额巨大或者有其他严重情节的，处三年以上十年以下有期徒刑，并处罚金；数额特别巨大或者有其他特别严重情节的，处十年以上有期徒刑或者无期徒刑，并处罚金或者没收财产：

（一）以虚构的单位或者冒用他人名义签订合同的；

（二）以伪造、变造、作废的票据或者其他虚假的产权证明作担保的；

（三）没有实际履行能力，以先履行小额合同或者部分履行合同的方法，诱骗对方当事人继续签订和履行合同的；

（四）收受对方当事人给付的货物、货款、预付款或者担保财产后逃匿的；

（五）以其他方法骗取对方当事人财物的。

二、其他法律法规及文件

《最高人民检察院、公安部关于公安机关管辖的刑事案件立案追诉标准的规定(二)》

公通字〔2010〕23号（2010年5月7日发布，2010年5月7日实施）

……

第七十七条　［合同诈骗案（刑法第二百二十四条）］以非法占有为目的，在签订、履行合同过程中，骗取对方当事人财物，数额在二万元以上的，应予立案追诉。

第二百二十五条　非法经营罪
第二百三十一条　单位犯扰乱市场秩序罪的处罚规定

一、刑法条文

第二百二十五条【非法经营罪】违反国家规定，有下列非法经营行为之一，扰乱市场秩序，情节严重的，处五年以下有期徒刑或者拘役，并处或者单处违法所得一倍以上五倍以下罚金；情节特别严重的，处五年以上有期徒刑，并处违法所得一倍以上五倍以下罚金或者没收财产：

（一）未经许可经营法律、行政法规规定的专营、专卖物品或者其他限制买卖的物品的；

（二）买卖进出口许可证、进出口原产地证明以及其他法律、行政法规规定的经营许可证或者批准文件的；

（三）未经国家有关主管部门批准非法经营证券、期货、保险业务的，或者非法从事资金支付结算业务的；

（四）其他严重扰乱市场秩序的非法经营行为。

第二百三十一条【单位犯扰乱市场秩序罪的处罚规定】单位犯本节第二百二十一条至第二百三十条规定之罪的，对单位判处罚金，并对其直接负责的主管人员和其他直接责任人员，依照本节各该条的规定处罚。

二、司法解释

(一)《最高人民法院关于审理扰乱电信市场管理秩序案件具体应用法律若干问题的解释》

法释〔2000〕12号（2000年4月28日发布,2000年5月24日实施）

为依法惩处扰乱电信市场管理秩序的犯罪活动,根据刑法的有关规定,现就审理这类案件具体应用法律的若干问题解释如下:

第一条　违反国家规定,采取租用国际专线、私设转接设备或者其他方法,擅自经营国际电信业务或者涉港澳台电信业务进行营利活动,扰乱电信市场管理秩序,情节严重的,依照刑法第二百二十五条第(四)项的规定,以非法经营罪定罪处罚。

第二条　实施本解释第一条规定的行为,具有下列情形之一的,属于非法经营行为"情节严重":

(一)经营去话业务数额在一百万元以上的;

(二)经营来话业务造成电信资费损失数额在一百万元以上的。

具有下列情形之一的,属于非法经营行为"情节特别严重":

(一)经营去话业务数额在五百万元以上的;

(二)经营来话业务造成电信资费损失数额在五百万元以上的。

第三条　实施本解释第一条规定的行为,经营数额或者造成电信资费损失数额接近非法经营行为"情节严重""情节特别严重"的数额起点标准,并具有下列情形之一的,可以分别认定为非法经营行为"情节严重""情节特别严重":

(一)两年内因非法经营国际电信业务或者涉港澳台电信业务行为受过行政处罚两次以上的;

(二)因非法经营国际电信业务或者涉港澳台电信业务行为造成其他严重后果的。

第四条　单位实施本解释第一条规定的行为构成犯罪的,对单位判处罚金,并对其直接负责的主管人员和其他直接责任人员,依照本解释第二条、第三条的规定处罚。

第五条　违反国家规定,擅自设置、使用无线电台(站),或者擅自占用频率,非法经营国际电信业务或者涉港澳台电信业务进行营利活动,同时构成非法经营罪和刑法第二百八十八条规定的扰乱无线电通讯管理秩序罪的，依照处罚较重的规定定罪处罚。

……

第十条 本解释所称“经营去话业务数额”，是指以行为人非法经营国际电信业务或者涉港澳台电信业务的总时长（分钟数）乘以行为人每分钟收取的用户使用费所得的数额。

本解释所称“电信资费损失数额”，是指以行为人非法经营国际电信业务或者涉港澳台电信业务的总时长（分钟数）乘以在合法电信业务中我国应当得到的每分钟国际结算价格所得的数额。

（二）《最高人民法院、最高人民检察院关于办理扰乱无线电通讯管理秩序等刑事案件适用法律若干问题的解释》

法释〔2017〕11号（2017年6月27日发布，2017年7月1日实施）

为依法惩治扰乱无线电通讯管理秩序犯罪，根据《中华人民共和国刑法》《中华人民共和国刑事诉讼法》的有关规定，现就办理此类刑事案件适用法律的若干问题解释如下：

……

第四条 非法生产、销售“黑广播”“伪基站”、无线电干扰器等无线电设备，具有下列情形之一的，应当认定为刑法第二百二十五条规定的“情节严重”：

（一）非法生产、销售无线电设备三套以上的；

（二）非法经营数额五万元以上的；

（三）其他情节严重的情形。

实施前款规定的行为，数量或者数额达到前款第一项、第二项规定标准五倍以上，或者具有其他情节特别严重的情形的，应当认定为刑法第二百二十五条规定的“情节特别严重”。

在非法生产、销售无线电设备窝点查扣的零件，以组装完成的套数以及能够组装的套数认定；无法组装为成套设备的，每三套广播信号调制器（激励器）认定为一套“黑广播”设备，每三块主板认定为一套“伪基站”设备。

(三)《最高人民法院、最高人民检察院关于办理赌博刑事案件具体应用法律若干问题的解释》

法释〔2005〕3号(2005年5月11日发布,2005年5月13日实施)

……

第六条　未经国家批准擅自发行、销售彩票,构成犯罪的,依照刑法第二百二十五条第(四)项的规定,以非法经营罪定罪处罚。

(四)《最高人民法院、最高人民检察院关于办理妨害信用卡管理刑事案件具体应用法律若干问题的解释》

法释〔2009〕19号(2009年12月3日发布,2009年12月16日实施)

……

第七条　违反国家规定,使用销售点终端机具(POS机)等方法,以虚构交易、虚开价格、现金退货等方式向信用卡持卡人直接支付现金,情节严重的,应当依据刑法第二百二十五条的规定,以非法经营罪定罪处罚。

实施前款行为,数额在100万元以上的,或者造成金融机构资金20万元以上逾期未还的,或者造成金融机构经济损失10万元以上的,应当认定为刑法第二百二十五条规定的"情节严重";数额在500万元以上的,或者造成金融机构资金100万元以上逾期未还的,或者造成金融机构经济损失50万元以上的,应当认定为刑法第二百二十五条规定的"情节特别严重"。

(五)《最高人民法院、最高人民检察院关于办理利用信息网络实施诽谤等刑事案件适用法律若干问题的解释》

法释〔2013〕21号(2013年9月6日发布,2013年9月10日实施)

……

第七条　违反国家规定,以营利为目的,通过信息网络有偿提供删除信息服务,或者明知是虚假信息,通过信息网络有偿提供发布信息等服务,扰乱市场秩序,具有下列情形之一的,属于非法经营行为"情节严重",依照刑法第二百二十五条第(四)项的规定,以非法经营罪定罪处罚:

(一)个人非法经营数额在五万元以上,或者违法所得数额在二万元以上的;

(二)单位非法经营数额在十五万元以上,或者违法所得数额在五万元以上的。

实施前款规定的行为,数额达到前款规定的数额五倍以上的,应当认定为刑法第二百二十五条规定的“情节特别严重”。

(六)《最高人民法院关于审理非法集资刑事案件具体应用法律若干问题的解释》

法释〔2010〕18 号 (2010 年 12 月 13 日发布,2011 年 1 月 4 日实施)

为依法惩治非法吸收公众存款、集资诈骗等非法集资犯罪活动,根据刑法有关规定,现就审理此类刑事案件具体应用法律的若干问题解释如下:

……

第七条　违反国家规定,未经依法核准擅自发行基金份额募集基金,情节严重的,依照刑法第二百二十五条的规定,以非法经营罪定罪处罚。

……

第九条　此前发布的司法解释与本解释不一致的,以本解释为准。

三、其他法律法规及文件

(一)《最高人民法院、最高人民检察院、公安部关于依法开展打击淫秽色情网站专项行动有关工作的通知》

公通字〔2004〕53 号 (2004 年 7 月 16 日发布,2004 年 7 月 16 日实施)

……

对于违反国家规定,擅自设立互联网上网服务营业场所,或者擅自从事互联网上网服务经营活动,情节严重,构成犯罪的,以非法经营罪追究刑事责任。

(二)《最高人民法院、最高人民检察院、公安部、国家安全部关于依法办理非法生产销售使用“伪基站”设备案件的意见》

公通字〔2014〕13 号 (2014 年 3 月 14 日发布,2014 年 3 月 14 日实施)

……

一、准确认定行为性质

(一)非法生产、销售“伪基站”设备,具有以下情形之一的,依照《刑法》第二百二十五条的规定,以非法经营罪追究刑事责任:

1. 个人非法生产、销售“伪基站”设备三套以上,或者非法经营数额五万元以上,或者违法所得数额二万元以上的;

2. 单位非法生产、销售“伪基站”设备十套以上,或者非法经营数额十五万元以上,或者违法所得数额五万元以上的;

3.虽未达到上述数额标准,但两年内曾因非法生产、销售“伪基站”设备受过两次以上行政处罚,又非法生产、销售“伪基站”设备的。

实施前款规定的行为,数量、数额达到前款规定的数量、数额五倍以上的,应当认定为《刑法》第二百二十五条规定的“情节特别严重”。

非法生产、销售“伪基站”设备,经鉴定为专用间谍器材的,依照《刑法》第二百八十三条的规定,以非法生产、销售间谍专用器材罪追究刑事责任;同时构成非法经营罪的,以非法经营罪追究刑事责任。

四、典型案例

涉及罪名:非法经营罪

浙江省杭州市余杭区人民法院
刑事判决书

(2016)浙0110刑初726号

公诉机关浙江省杭州市余杭区人民检察院。

……

杭州市余杭区人民检察院以杭余检未检刑诉(2016)392号起诉书指控被告人李某某犯非法经营罪,于2016年6月20日向本院提起公诉。本院依法适用普通程序,两次公开开庭审理了本案。杭州市余杭区人民检察院指派检察员徐芬出庭支持公诉。被告人李某某及其辩护人汪振阳到庭参加诉讼。其间,经上一级人民法院批准,延长审理期限三个月,且由于不能抗拒的原因致使本案在较长时间内无法继续审理,本院于2016年12月1日裁定对本案中止审理,后因被告人李某某被抓获归案,本院于2017年6月9日裁定对本案恢复审理。现已审理终结。

杭州市余杭区人民检察院指控:2013年2月,被告人李某某通过创建“零距网商联盟”网站(http://www.5sbb.com)和利用YY语音聊天工具建立刷单炒信平台,吸纳淘宝卖家注册账户成为会员,并收取300—500元不等的会员费和40元的平台管理维护费。被告人李某某通过制定刷单炒信规则与流程,组织及协助会员通过该平台发布或接受刷单炒信任务。会员在承接任务后,通过与发布任务的会员在淘宝网上进行虚假交易并给予虚假好评的方式赚取任务点,进而有能力在该平台自行发布刷单任务,使得其他会员为自己刷单,进而提升自己淘宝店铺的销量和信誉,欺骗淘宝买家。其间,被告人李某某通过向会员销售任务点的方式牟利。截至 2014 年 6 月,被告人李某某共计获利 90 余万元人民币。经查询,江苏省通信管理局回函,http://www.5sbb.com 网站不具备获得增值电信业务经营许可的条件。

据以指控的证据有证人证言、户籍证明等书证、支付宝信息数据、光盘、搜查笔录、被告人的供述和辩解等。公诉机关认为,被告人李某某的行为已构成非法经营罪,情节特别严重,提请本院依照《中华人民共和国刑法》第二百二十五条之规定惩处。

被告人李某某辩称,第一,其是 2013 年农历过完年后加入“迅爆军团”的,入会后两三个月成为一般管理员,2013 年夏天才成为高级管理员并将平台改名为“零距网商联盟”,其没有组织会员刷单,刷单仅是违规行为。第二,支付宝记录中备注为“买点”的部分钱款并非是会员向其直接买点,而是通过其向客服人员购买客服通过刷单积累的任务点,其自己直接卖点的钱款数额在 1 万元左右。第三,如果其行为构成犯罪,请求对其减轻处罚。

辩护人同意被告人李某某的第一点辩解,另提出:(1)不能简单地将《互联网信息服务管理办法》中关于“是否具有经营性互联网服务资格”的规定等同于“国家规定”,被告人李某某收取网站维护费和保证金是一种代为保管的行为,并不违法,且会员是自愿交纳相关费用的,被告人李某某并无非法占有的故意,亦不能因此认为本案所涉网站系经营性网站,且炒信行为涉及的虚假信息发布在淘宝网上,与本案所涉网站没有直接关系,在平台发布任务点并非发布虚假信息,故被告人李某某的行为不属于法律明确规定的构成非法经营犯罪的情形;(2)即使网站因没有经营性互联网服务许可而经营需要被查处,亦应属于江苏省通信管理局、工商行政等部门监管的范畴,不属于刑法调整的范围;(3)刷单炒信扰乱的仅为淘宝网的排名秩序,而非市场秩序;(4)被告人李某某仅代收会员费 444000 元,维护费 44400 元,未达情节严重标准;(5)如果被告人李某某的行为构成非法经营罪,则被告人李某某系初犯,接电话通知后到案,系自首,并且主动退出平台,系犯罪中止,其检举他人犯罪,具有从轻或减轻处罚的情节,请求对被告人李某某免予刑事处罚或单处罚金。

经审理查明:

被告人李某某通过创建“零距网商联盟”网站(http://www.5sbb.com,前身为"迅爆军团"）和利用 YY 语音聊天工具建立刷单炒信平台，吸纳淘宝卖家注册账户成为会员，并收取 300 元至 500 元不等的保证金和 40 元至 50 元的平台管理维护费及体验费，并通过制定刷单炒信规则与流程，组织会员通过该平台发布或接受刷单炒信任务。会员在承接任务后，通过与发布任务的会员在淘宝网上进行虚假交易并给予虚假好评的方式赚取任务点，使自己能够采用悬赏任务点的方式吸引其他会员为自己刷单炒信，进而提升自己淘宝店铺的销量和信誉，欺骗淘宝买家。其间，被告人李某某还通过向会员销售任务点的方式牟利。从 2013 年 2 月至 2014 年 6 月，被告人李某某共收取平台管理维护费、体验费及任务点销售收入至少人民币 30 万元，另收取保证金共计人民币 50 余万元。

另查明，http://www.5sbb.com 网站不具备获得增值电信业务经营许可的条件。

再查明，被告人李某某归案后检举他人犯罪，但无法查证属实。

又查明，被告人李某某因涉嫌侵犯公民个人信息于 2016 年 9 月 10 日被江西省宜春市公安局刑事拘留，同年 9 月 30 日被逮捕，2017 年 5 月 16 日，江西省宜春市袁州区人民法院作出（2017）赣 0902 刑初 136 号刑事判决书，被告人李某某犯侵犯公民个人信息罪，判处其有期徒刑九个月，并处罚金人民币二万元（刑期自 2016 年 9 月 10 日起至 2017 年 6 月 9 日止），所判罚金人民币二万元，被告人李某某已缴纳。

证明以上事实并经庭审质证的证据有：

1. 证人王某甲（系浙江淘宝网络有限公司安全专员）的证言、关于"零距网商联盟"炒信平台的情况报告，证实 2014 年 4 月，浙江淘宝网络有限公司在处理会员举报并结合网上核查时发现"零距网商联盟"（http://www.5sbb.com）系信用炒作平台，该平台通过广告、拉人等形式吸收淘宝卖家为会员，淘宝卖家需向"零距网商联盟"的控制人，即被告人李某某掌控的支付宝或财付通账户交纳一定金额的钱款，通过简单培训和考试后成为正式会员，会员通过该平台接受和发布虚假交易任务，互相炒作实现信用等级或销量的提升；平台通过收取会员费和管理费、出售任务点、帮助他人提升信用等级、代会员进行虚假销售等方式获取利益，据了解，"零距网商联盟"已有 1500 余名会员，通过相关支付宝账户收入 74 万余元；以及"零距网商联盟"原名"迅爆军团"，成立于 2011 年左右，最早为游戏平台，在江苏备案，租用阿里云服务器的事实。

2. 证人李某甲的证言，证实其于 2013 年 2 月成为"零距网商联盟"的管理人员，YY 昵称为“小辰”，并按照该平台负责人和控制人被告人李某某的要求负责审核新加入会员的身份，具体为要求新会员（均为淘宝卖家）提供手持身份证的照片及淘宝店铺截图，其根据对方提供的信息确认店铺的真实性后即可审核通过；据其统计，“零距网商联盟”先后有会员 2010 名（其中部分已退会），至案发时，在册会员为 1500 名左右；会员通过该平台进行虚假交易炒作店铺信誉，以获得更好的销售位置和评价，具体过程为平台接待人员通过 YY 聊天，告诉对方如何炒作店铺信誉，淘宝卖家理解流程之后会在平台上发布任务点，其他会员接任务后通过 YY 聊天确定炒信的商品，根据事先约定，通过阿里旺旺聊天，并讨价还价（以达到欺骗淘宝监控的目的），后接受任务的会员通过支付宝付款，卖家通过物流邮寄空包，再通过财付通将收到的货款还给接受任务的会员，对方收到包裹后对商品进行好评；其也参与炒信，被告人李某某每月会给其 100—200 个任务点，以及其提供的“零距网商联盟”会员清单、平台流程、每月会员等级明细等资料均为真实材料的事实。

3. 证人肖某的证言，证实其应被告人李某某之邀于 2014 年 3 月到“零距网商联盟”YY 频道做娱乐主持，YY 的昵称为“柠檬”，4 月初开始处理会员投诉，5 月调至外宣部；“零距网商联盟”系炒信平台，通过网上宣传或会员间介绍招募会员，入会需交纳 500 元押金及 40 元会员费，其中押金可退；会员必须使用任务点才能发布任务，任务点可通过接任务取得，部分会员也可从平台购买，每个点价格在 5—6 元；炒信的具体流程为会员在平台发布任务（内容包括商品价格、链接、任务完成获得点数和 YY 频道里面的昵称），其他会员接任务后与发布者进行沟通，协商一致后双方通过阿里旺旺进行虚假的交易聊天（为了使虚假交易从表面上看是正常交易以避开淘宝公司的监控），后接受任务方在淘宝网上购买商品，发任务方则通过财付通将相同金额回款给接任务方，同时通过快递公司发空包给接任务方，将快递单号填写到淘宝交易流程里完成交易，接任务方接到空包后确认付款并对商品给予好评，之后即可得到发任务方悬赏的任务点的 90%，平台则抽取 10%的任务点，以及被告人李某某为“零距网商联盟”的建立者和管理者，平台所有收入都打入被告人李某某的支付宝和财付通账户，2014 年 3—4 月，被告人李某某与其约定每月给其工资 3000 元，后曾向其打款 3000 元和 5000 元的事实。

4. 证人张某甲的证言，证实其于 2013 年 7 月左右开始担任炒信平台“零距网商联盟”的管理员，负责协调处理炒信双方的纠纷，被告人李某某为该平台的创始人及老板,该平台的前身为因违规操作被关闭的"迅爆军团",被告人李某某在"迅爆军团"被关闭后一周左右即重新组建了"零距网商联盟",淘宝卖家须通过支付宝、财付通等途径交纳500元会员费(根据平台规则,理论上会员费可退,但需完成规则内的条款,客观上退会员费较为困难),及每年40元的平台维护费至被告人李某某的个人账户后才能注册成会员,之后才可以查看其他会员发布在平台上的帖子;如有炒信的需要,双方在平台上交流再通过淘宝网进行虚假交易,刷单后即可以从任务发布者处获得相应的任务点用于自行发布虚假交易任务,任务点可以买卖和转让,每个任务点价格为3—6元,管理员的报酬也通过发放任务点的方式支付,平台还提供发空包快递的业务,以及平台共有会员2000余名,平时在线的有1000余名的事实。

5. 证人王某乙的证言,证实其与李某甲一起成为炒信平台"零距网商联盟"的会员(其的YY昵称为"空空",网站昵称为"无赖"),该平台负责人为被告人李某某,网站建设是被告人李某某找程序员制作的;成为平台会员需向管理员提供淘宝店铺名称及个人身份证,并向被告人李某某控制的支付宝或财付通账户交纳500元押金及40元网站服务费;成为会员后即可请求其他会员帮忙刷信用评级,具体流程为先在网站上发帖公告,悬赏任务点,有兴趣的会员接任务后通过YY语音软件等与发单者沟通,之后双方就货物情况通过阿里旺旺进行虚假聊天,接单者购买发单者的商品并通过支付宝支付货款,发单者再通过物流发空包,并将货款通过财付通回款至接单者账户同时支付悬赏的任务点,但接单者只能获得悬赏任务点的90%,另外10%由平台收取用于支付管理人员报酬等,任务点只能在网站内部流转,且总量受到控制,会员还可以通过介绍新人或者向被告人李某某收购的方式获得任务点;按照平台规定,会员须长时间上线,每周须刷单15—20个,据其所知,每天长时间上线的会员有1000余人,其中内部管理人员20—30人,其表哥李某甲从2013年下半年开始负责做新人的背景资料收集工作,其于2014年5月25日左右受被告人李某某的委托担任H组组长,负责监督本组会员按照网站要求进行操作,及时上线及按量接单,完成任务,被告人李某某给其和李某甲的报酬为各100余个任务点的事实。

6. 证人张某乙的证言,证实其于2013年7月左右通过YY语音软件认识YY昵称为"零零"的被告人李某某,后其加入了创始人为被告人李某某的炒信平台"零距网商联盟",该平台通过发布广告等方式招揽欲刷信誉的淘宝卖家成为会员,会员入会前需交纳540元入会费至被告人李某某的账户,再由被告人李某某对会员进行分组，同时通过平台上的教育模块对会员进行刷信誉的教学，通过培训后，会员通过帮其他会员炒信的方式获得任务点用于悬赏发布自己的炒信公告，招揽其他会员炒信以提高自己店铺的信誉及销量等，同时会员每天需完成一定量的任务，否则管理员会对会员进行扣点；炒信的具体流程为会员发布悬赏公告后，接任务者与发任务者通过阿里旺旺进行虚假聊天，之后拍下物品并通过支付宝支付“货款”，“卖家”则以空邮包的方式发货，并在“买家”确认收货后将“货款”还给“买家”，每笔虚假交易完成后，会员可获得1个任务点用于发布悬赏公告；平台共有会员1000余人，其中管理人员10余人，被告人李某某负责团队的管理，整个平台的运行，给会员加点、扣点等，被告人李某某没空时也会让管理员帮忙加点、扣点，其曾登录管理员账户并按照被告人李某某给予的名单帮被告人李某某操作扣点一两次，被告人李某某还有创建点数的权限，以及被告人李某某通过收取入会费获利，管理员则接受被告人李某某发放的任务点作为报酬的事实。

7. 证人方某甲、陈某甲、翟某、汤某甲、汤某乙、徐某甲、徐某乙、顾某甲、陈某乙、赵某甲、沈某甲、陈某丙、陈某丁、沈某乙、陈某戊、李某乙、邱某甲、石某、王某甲、范某甲、柯某、施某甲、赵某乙、王某丁、蔡某甲、钟某乙、冯某甲、徐某丙、许某、吴某、荆某，杜某甲、娄某、商某、李某丙、姚某、敖某，陈某己、宋某甲、贺某、车某，金某、项某、潘某，鲍某乙、夏某、蔡某乙、施某乙、李某丁、陈某庚、李某戊、洪某、谢某、梁某、程某甲、杨某、杜某乙、范某乙、张某丙、周某、卓某、罗某甲、尹某、顾某乙、王某戊、罗某乙、蒋某、陈某辛、王某辛、高某甲、张某丁、冯某乙、刘某甲、赖某、刘某乙、李某己、林某甲、邱某乙、陈某壬、李某庚、余某、钟某甲、程某乙、童某、华某、王某己、林某乙、左某、方某乙、方某丙、冯某丙、盛某，刘某丙、李某辛、陈某癸、叶某、宋某丙、刘某丁、陈某甲、鲍某甲、张某戊等人的证言、个人成员资料、支付宝交易记录，证实上述人员均通过朋友介绍、百度搜索、广告等方式得知炒信平台“零距网商联盟”，并向平台提供的账户（包括李某某、王某庚的支付宝账户及财付通账户）支付相应的钱款（其中部分证人称支付了50元体验费，部分证人称支付了340元保证金，部分证人称支付了300元保证金及40元管理费，部分证人称支付400元保证金，部分证人称支付了500元保证金，部分证人称支付了500元保证金及40元管理费，部分证人称支付了500元保证金及50元管理费）后成为平台会员。按照规定，会员需要接受炒信操作的培训并经过考核后才可以正式接受刷单任务，在培训期间给其他会员刷单不能获得任务点；刷单的具体流程是在平台寻找合适的任务后联系需要刷单方,对方会提供需刷单商品的链接等信息,接任务方在淘宝网上找到需要刷单商品后用阿里旺旺与对方进行虚假聊天,之后拍下商品并付款,对方收到钱款后会通过财付通等方式将钱返还,同时安排发空包快递,接任务方收到快递后确认收货并给予好评,一笔刷单即完成,接任务方可以获得发任务方悬赏的任务点的80%—90%,其余任务点为平台抽点,会员获得的任务点可用于在平台上发布悬赏刷单公告;平台还提供代发空包快递的业务,以及平台的负责人和创建人是"零零"即被告人李某某,管理员为"空空""飞猪""山鸡"等人,部分证人证言还证实虽然入会时管理员承诺会退还保证金,但实际上部分证人因无法完成平台任务而被踢出平台,部分证人找管理员或被告人李某某讨要保证金未果,部分证人因从他人处得知无法退还保证金或提出退还保证金的要求即会被踢出平台,仅有3名证人称收到了退还的保证金(其中2名证人是在平台解散时收到退还的保证金)等事实。

8.搜查笔录、扣押清单、发还清单,证实2014年5月28日,侦查人员对杭州市余杭区五常街道陈家角4号李某甲住所进行搜查,查获并扣押黑色"百盛""普易达"牌台式电脑主机各一台,"Dell"牌笔记本电脑一台,后将上述物品发还李某甲;2014年5月28日,侦查人员对被告人李某某居住的杭州市丽江公寓进行搜查,查获并扣押"segotep 鑫谷"牌电脑主机一台,2014年5月28日,侦查人员对位于杭州市江干区九堡镇某室被告人李某某的办公场所进行搜查,查获并扣押黑色"cooto"电脑主机一台、中国工商银行储蓄卡两张(卡号分别为62×××68、62×××29),后将两台电脑主机发还被告人李某某的事实。

9."零距网商联盟"会员清单、个人成员资料(根据李某甲台式电脑上记载的会员审核资料整理形成),证实李某甲收集的"零距网商联盟"的会员情况。

10.调取证据通知书、李某某等人相关支付宝信息、支付宝数据筛选,证实李某某及王某庚的支付宝账户交易信息,根据支付宝交易信息结合证人证言及被告人李某某的供述和辩解,上述支付宝数据筛选显示2013年2月至2014年6月期间,被告人李某某通过上述账户收取会员保证金、平台维护费、体验费及购买任务点的费用共计人民币80余万元,其中平台维护费、体验费及购买任务点的费用至少为人民币30余万元的事实。

11.关于商请核查"http://www.5sbb.com"有无经营性互联网信息服务资格的函、关于核查"http://www.5sbb.com"有无经营性互联网信息服务资格的复函,证实经核查,"http://www.5sbb.com"主办单位名称为顾倩影,备案/许可证号为苏ICP备12076560号，网站名称为我刷宝贝，网站域名为5sbb.com，主办单位性质为个人，不具备获得增值电信业务经营许可证条件的事实。

12.营业执照、关于域名taobao.com的whois信息及网站信息、关于淘宝网架设的云服务器及分布区域的说明，证实浙江淘宝网络有限公司住所地为杭州市余杭区五常街道，该公司所属淘宝网的运营服务器架设在阿里巴巴集团下属阿里云计算有限公司的云服务器，并根据实际使用流量变化等因素由阿里云公司调配各地（含余杭）云服务器空间资源综合使用的事实。

13.协助查询财产通知书、银行明细，证实被告人李某某被扣押的两张的工商银行储蓄卡（卡号62×××68、62×××29）的交易明细，其中两账户的余额分别为0元、0.54元的事实。

14.情况说明，证实被告人李某某归案后检举他人犯罪，但无法查证属实的情况。

15.受案登记表、受案回执、抓获经过，证实本案的侦破经过，以及被告人李某某系被抓获归案的事实。

16.户籍证明、刑事判决书、执行通知书、释放证明、缴款单，证实被告人李某某的身份情况，以及被告人李某某因犯侵犯公民个人信息罪于2016年9月10日被江西省宜春市公安局刑事拘留；2017年5月16日，江西省宜春市袁州区人民法院作出（2017）赣0902刑初136号刑事判决书，以被告人李某某犯侵犯公民个人信息罪，判处其有期徒刑九个月，并处罚金人民币二万元（刑期自2016年9月10日起至2017年6月9日止）；该案所判罚金人民币二万元，被告人李某某已缴纳的事实。

17.被告人李某某的供述和辩解，证实其为炒信平台“零距网商联盟”的负责人，平台创立的目的是为了通过刷信誉来提升淘宝店铺销量，以便淘宝买家在选择商品时更容易选择该淘宝店铺的商品；平台按金字塔结构进行管理，最高权限的管理员有3名，为其本人（YY昵称为“零零”）、肖某（YY昵称为“柠檬”）及“飞猪”（系YY昵称），另有“黄马甲”管理员30余名，他们主要负责处理平台纠纷、发放任务点、组织娱乐活动等；淘宝卖家或淘宝店铺客服需提供店铺信息、身份证信息到网站进行注册，并需通过支付宝或财付通账户向其或者管理员的账户交纳300—500元押金（淘宝店铺等级高的支付押金数额少一些，在收取时告知会员押金可以退还，但退还需要一定的条件，如入会一定期限，做了一定量的刷单任务，参与的刷单必须完结等）及40—50元平台维护费，平台维护费是每个会员均需交纳的，管理员收到钱款后会转账给其，其一般通过自己、王某庚及毕某的支付宝账户收取钱款，其已收取相关费用五六十万元，收取的费用用于购买YY频道、维护网站、公关应酬及个人消费；平台炒信的流程为：淘宝卖家注册账户并加入YY频道，使用平台账户接受刷单任务，与发布任务的另一卖家使用YY进行联系，发布任务者会告诉接任务者所要刷单的商品信息，接任务者在淘宝网上"购买"并使用支付宝完成付款，发布任务者发送空包（空包一般为发任务者自发，也可由"科比"代发，目的是为了使交易看起来是真实交易），接任务者确认收货并给予好评后，发布任务者通过财付通回款给接任务者（使用财付通回流资金是为了规避淘宝的监管），接任务者可获得发任务者悬赏的90%的任务点，平台则抽取另10%的任务点，用于给管理员发工资或作为平台活动的奖励，完成多次任务的会员可以在平台上发布任务，让其他会员帮助刷单；管理员每月可获得500个任务点，任务点可用于发布任务，也可以以每个5元或6元的价格卖给平台，需要任务点的会员可以以上述价格向平台购买任务点；李某甲系资料管理员，具体负责会员申请时的审核工作，王某乙、张某甲为管理员，张某乙为其女友；关于其何时加入炒信平台，其在侦查阶段第一次供述时称"零距网商联盟"的前身"迅爆军团"是其于2012年5月18日创建成立的，后称其一开始只是一般管理员，是2013年夏天才成为平台的最高管理员，在庭审中称其于2013年1月左右加入"迅爆军团"，2013年下半年，成为最高管理员后将平台更名为"零距网商联盟"；关于平台会员数量，其在侦查阶段称至案发已有共计1000余名正式会员，在庭审中称在其负责期间加入的会员有七八百名，其他会员是其负责之前就已经存在，部分会员是使用他人的身份信息注册多个账号，一人注册多个账号只需要交纳一次押金和平台维护费等。

上述证据确实充分且相互印证，足以认定。

被告人李某某提交刻录有关于其他炒信平台被工商部门查处等新闻内容的光盘，欲证实淘宝炒信现象比较普遍，一般是由工商部门处罚，经查，上述材料与本案不具有关联性，依法不作为本案的定案依据。

公诉机关指控截至2014年6月，被告人李某某共计获利90余万元人民币；辩护人提出被告人李某某仅代收会员费444000元，维护费44400元，经查，公诉机关据以认定该金额的主要依据为支付宝交易数据筛选，但该数据筛选存在同一交易记录重复计算的情况，根据在案的证人证言、被告人的供述和辩解等相互印证的证据证实的交纳会员费等费用的数额标准，按照有利于被告人的原则，经核算,交易记录记载的平台管理维护费、体验费及任务点销售收入至少人民币 30 万元及收取保证金人民币 50 余万元,故公诉机关指控的数额有误,本院予以更正,辩护人的上述辩护意见,本院亦不予采纳。

被告人李某某辩称其是 2013 年农历过完年后加入"迅爆军团"的,入会后两三个月成为一般管理员,2013 年夏天才成为高级管理员并将平台改名为"零距网商联盟";辩护人同意被告人的辩解,经查:(1)在案的证人张某甲关于被告人李某某是"零距网商联盟"的创始人及老板,该平台的前身系因违规操作被关闭的"迅爆军团",被告人李某某在"迅爆军团"被关闭后一周左右即重新组建了"零距网商联盟"的证言与被告人李某某在侦查阶段关于"零距网商联盟"的前身"迅爆军团"是其于 2012 年 5 月 18 日创建成立的供述相互印证,证实被告人李某某系"零距网商联盟"平台的创建者;(2)上述证据与证人李某甲的证言相互印证,足以证实被告人李某某在 2013 年 2 月之前即为炒信平台的负责人。上述辩解及辩护意见,本院均不予采信。

本院认为,被告人李某某违反国家规定,以营利为目的,明知是虚假的信息仍通过网络有偿提供发布信息等服务,扰乱市场秩序,情节特别严重,其行为已构成非法经营罪。公诉机关指控的罪名成立,但指控的数额有误,本院予以更正。被告人李某某辩称自己没有组织刷单,刷单仅是违规行为。辩护人提出:第一,不能简单地将《互联网信息服务管理办法》中关于"是否具有经营性互联网服务资格"的规定等同于"国家规定",被告人李某某收取网站维护费和保证金是一种代为保管的行为,并不违法,且会员是自愿交纳相关费用的,被告人李某某并无非法占有的故意,亦不能因此认为本案所涉网站系经营性网站,且炒信行为涉及的虚假信息发布在淘宝网上,与本案所涉网站没有直接关系,在平台发布任务点并非发布虚假信息,故被告人李某某的行为不属于法律明确规定的构成非法经营犯罪的情形;第二,即使网站因没有经营性互联网服务许可而经营需要被查处的,亦应属于江苏省通信管理局、工商行政等部门监管的范畴,不属于刑法调整的范围。第三,刷单炒信扰乱的仅为淘宝网的排名秩序,而非市场秩序。

经查:第一,《全国人民代表大会常务委员会关于维护互联网安全的决定》系全国人民代表大会常务委员会制定的决定,《互联网信息服务管理办法》系国务院令,依法均属于《刑法》第九十六条规定的"国家规定"的范畴。第二,被告人李某某创建并经营的"零距网商联盟"(前身为"迅爆军团")以收取平台维护管理费、体验费、销售任务点等方式牟利,属于提供经营性互联网信息服务,根据《互联网信息服务管理办法》的相关规定，应当取得互联网信息服务增值电信业务经营许可证。第三，本案中炒信行为即发布虚假好评的行为虽系在淘宝网上最终完成，但被告人李某某创建炒信平台，为炒信双方搭建联系渠道，并组织淘宝卖家通过该平台发布、传播炒信信息，引导部分淘宝卖家在淘宝网上对商品、服务作虚假宣传，并以此牟利，其主观上显具在淘宝网上发布虚假信息的故意，且系犯意的提出、引发者，客观上由平台会员即淘宝卖家发布虚假信息，其行为符合《全国人民代表大会常务委员会关于维护互联网安全的决定》第三条中规定的“利用互联网对商品、服务作虚假宣传”，构成犯罪，依照刑法有关规定追究刑事责任。第四，网络交易亦属市场交易，被告人李某某的行为扰乱了市场秩序。第五，最高人民法院、最高人民检察院为保护公民、法人和其他组织的合法权益，维护社会秩序，根据《中华人民共和国刑法》《全国人民代表大会常务委员会关于维护互联网安全的决定》等规定，对办理利用信息网络实施诽谤、非法经营等刑事案件作出《最高人民法院、最高人民检察院关于办理利用信息网络实施诽谤等刑事案件适用法律若干问题的解释》，该解释第七条规定，违反国家规定，以营利为目的，通过信息网络有偿提供删除信息服务，或者明知是虚假信息，通过信息网络有偿提供发布信息等服务，扰乱市场秩序，达到相应数额标准的，以非法经营罪定罪处罚，其中个人非法经营数额在二十五万元以上的，属于《刑法》第二百二十五条规定的“情节特别严重”。综上，被告人李某某的行为既违反国家规定，又系以营利为目的，通过信息网络有偿提供发布虚假信息等服务的其他严重扰乱市场秩序的非法经营行为，其行为符合《刑法》关于非法经营罪的构成要件，依法应定性为非法经营犯罪，且情节特别严重，会员是否自愿交纳相关费用并不影响非法经营的定性。上述辩护意见，本院不予采纳。被告人李某某辩称支付宝记录中备注为“买点”的部分钱款并非是会员向其直接买点，而是通过其向客服人员购买客服通过刷单积累的任务点，其自己直接卖点的钱款数额在1万元左右。经查，被告人李某某系采用组织他人通过其创建并经营管理的炒信平台炒信来获取非法利益，任务点的获取、流通是其非法经营的基础和方式，被告人李某某帮忙联系销售任务点的目的是维护炒信平台的经营运作，不论任务点实际是否系其所有，其均对销售任务点牟利具有故意，均应计入其非法经营的数额。上述辩解，本院不予采纳。辩护人提出被告人李某某主动退出平台，系犯罪中止，经查，被告人李某某组织他人炒信，并收取相关费用，其非法经营行为系既遂，该辩护意见，本院不予采纳。被告人李某某无主动到案的行为，且虽在归案之初供述了自己的主要罪行,但在侦查阶段后期的供述及庭审中就其非法经营的时间等影响定罪量刑的情节予以翻供,不应认定为如实供述自己的罪行,辩护人关于被告人李某某系自首的辩护意见与法律规定不符,本院不予采纳。被告人李某某检举他人犯罪,但无法查证属实,辩护人据此要求对被告人李某某从轻或减轻处罚的辩护意见,本院不予采纳。被告人李某某请求对其减轻处罚的意见及辩护人请求对被告人李某某免予刑事处罚或单处罚金的辩护意见与审理查明的事实及法律规定不符,本院均不予采纳。被告人李某某一人犯两罪,依法应当数罪并罚。据此,依照《中华人民共和国刑法》第二百二十五条第(四)项,第五十二条,第五十三条第一款,第六十九条第一款、第三款,《最高人民法院、最高人民检察院关于办理利用信息网络实施诽谤等刑事案件适用法律若干问题的解释》第七条及《最高人民法院关于适用财产刑若干问题的规定》第一条、第二条第一款之规定,判决如下:

被告人李某某犯非法经营罪,判处有期徒刑五年六个月,并处罚金人民币九十万元;连同原判有期徒刑九个月,并处罚金人民币二万元,予以并罚,决定执行有期徒刑五年九个月,并处罚金人民币九十二万元(刑期自判决执行之日起计算。判决执行前先行羁押的,羁押一日折抵刑期一日。即自2016年9月10日起至2022年6月9日止。罚金人民币二万元已缴纳,其余罚金限判决生效后十日内缴纳)。

如不服本判决,可在接到判决书的第二日起十日内,通过本院或直接向浙江省杭州市中级人民法院提出上诉。书面上诉的,应交上诉状正本一份,副本二份。

审 判 长　俞　潇
人民陪审员　郑秋娇
人民陪审员　徐贵林
二〇一七年六月二十日
书 记 员　卢雨思

第二百四十六条　侮辱罪、诽谤罪

一、刑法条文

第二百四十六条【侮辱罪】【诽谤罪】以暴力或者其他方法公然侮辱他人或者捏造事实诽谤他人，情节严重的，处三年以下有期徒刑、拘役、管制或者剥夺政治权利。

前款罪，告诉的才处理，但是严重危害社会秩序和国家利益的除外。

通过信息网络实施第一款规定的行为，被害人向人民法院告诉，但提供证据确有困难的，人民法院可以要求公安机关提供协助。

二、司法解释

《最高人民法院、最高人民检察院关于办理利用信息网络实施诽谤等刑事案件适用法律若干问题的解释》

法释〔2013〕21号（2013年9月6日发布，2013年9月10日实施）

为保护公民、法人和其他组织的合法权益，维护社会秩序，根据《中华人民共和国刑法》《全国人民代表大会常务委员会关于维护互联网安全的决定》等规定，对办理利用信息网络实施诽谤、寻衅滋事、敲诈勒索、非法经营等刑事案件适用法律的若干问题解释如下：

第一条　具有下列情形之一的，应当认定为刑法第二百四十六条第一款规定的“捏造事实诽谤他人”：

（一）捏造损害他人名誉的事实，在信息网络上散布，或者组织、指使人员在信息网络上散布的；

(二)将信息网络上涉及他人的原始信息内容篡改为损害他人名誉的事实,在信息网络上散布,或者组织、指使人员在信息网络上散布的;

明知是捏造的损害他人名誉的事实,在信息网络上散布,情节恶劣的,以“捏造事实诽谤他人”论。

第二条　利用信息网络诽谤他人,具有下列情形之一的,应当认定为刑法第二百四十六条第一款规定的“情节严重”:

(一)同一诽谤信息实际被点击、浏览次数达到五千次以上,或者被转发次数达到五百次以上的;

(二)造成被害人或者其近亲属精神失常、自残、自杀等严重后果的;

(三)二年内曾因诽谤受过行政处罚,又诽谤他人的;

(四)其他情节严重的情形。

第三条　利用信息网络诽谤他人,具有下列情形之一的,应当认定为刑法第二百四十六条第二款规定的“严重危害社会秩序和国家利益”:

(一)引发群体性事件的;

(二)引发公共秩序混乱的;

(三)引发民族、宗教冲突的;

(四)诽谤多人,造成恶劣社会影响的;

(五)损害国家形象,严重危害国家利益的;

(六)造成恶劣国际影响的;

(七)其他严重危害社会秩序和国家利益的情形。

第四条　一年内多次实施利用信息网络诽谤他人行为未经处理,诽谤信息实际被点击、浏览、转发次数累计计算构成犯罪的,应当依法定罪处罚。

……

第八条　明知他人利用信息网络实施诽谤、寻衅滋事、敲诈勒索、非法经营等犯罪,为其提供资金、场所、技术支持等帮助的,以共同犯罪论处。

第九条　利用信息网络实施诽谤、寻衅滋事、敲诈勒索、非法经营犯罪,同时又构成刑法第二百二十一条规定的损害商业信誉、商品声誉罪,第二百七十八条规定的煽动暴力抗拒法律实施罪,第二百九十一条之一规定的编造、故意传播虚假恐怖信息罪等犯罪的,依照处罚较重的规定定罪处罚。

第十条　本解释所称信息网络,包括以计算机、电视机、固定电话机、移动电话机等电子设备为终端的计算机互联网、广播电视网、固定通信网、移动通信网等信息网络，以及向公众开放的局域网络。

三、典型案例

涉及罪名：诽谤罪、寻衅滋事罪

北京市朝阳区人民法院
刑 事 判 决 书

(2013)朝刑初字第2584号

公诉机关北京市朝阳区人民检察院。

……

北京市朝阳区人民检察院以京朝检刑诉(2013)2410号起诉书指控被告人秦某犯寻衅滋事罪，于2013年10月25日向本院提起公诉，后于2014年1月17日变更起诉，指控被告人秦某犯诽谤罪、寻衅滋事罪。本院依法组成合议庭，公开开庭审理了本案。北京市朝阳区人民检察院指派检察员贾晓文、代理检察员李凯出庭支持公诉。被告人秦某及其辩护人孙晓洋、张力明到庭参加诉讼。现已审理终结。

北京市朝阳区人民检察院指控：

一、诽谤罪

被告人秦某于2012年12月至2013年8月间，分别使用"东土秦火火""淮上秦火火""江淮秦火火"和"炎黄秦火火"等新浪微博账户捏造损害罗某甲、杨某、兰某、张某等人名誉的事实在信息网络上散布，引发大量网民转发和负面评论。

二、寻衅滋事罪

被告人秦某于2011年8月20日，为了自我炒作、引起网络舆论关注、提升个人知名度，使用名为"中国秦火火_f92"的新浪微博账户编造、散布虚假信息攻击原某某部，引发大量网民转发和负面评论。

被告人秦某作案后于2013年8月19日被公安机关查获归案。

北京市朝阳区人民检察院就上述指控向本院移送了被害人陈述、证人证言、书证及被告人供述等证据，认为被告人秦某捏造损害他人名誉的事实在信息网络上散布，造成恶劣社会影响，严重危害社会秩序；编造虚假信息在信息网络上散布，起哄闹事，造成公共秩序严重混乱，其行为已构成诽谤罪、寻衅滋事罪，提请本院依法判处。

被告人秦某对公诉机关的指控未提出异议。其辩护人的辩护意见为：1. 起诉书指控诽谤杨某、兰某的博文系由秦某所发布的证据不足；秦某的行为既不属于捏造、篡改事实并散布，也不属于明知是捏造的事实而散布；本案诽谤部分不属于公诉案件。2. 起诉书指控涉及攻击原某某部的博文系由秦某所发布的证据不足；秦某的行为不属于编造虚假信息并散布，也不属于明知是编造的虚假信息并散布；认定秦某的行为造成公共秩序严重混乱的依据不足。3. 即使秦某的行为构成犯罪，也不应对诽谤和寻衅滋事的事实分别予以法律评价，而应以一罪处理，且其具有认罪悔罪表现，建议对其从轻处罚。

经审理查明：

一、诽谤的事实

（一）被告人秦某明知罗某甲系军人，于 2013 年 2 月 25 日使用昵称为“东土秦火火”的新浪微博账户捏造“罗某甲之兄罗某乙在德国西门子公司任职”的事实，无端质疑罗某甲及其家人搞“利益交换关系”，并在信息网络上散布。该信息被转发 2500 余次，引发大量网民对罗某甲的负面评价。

上述事实，有公诉机关当庭宣读、出示的下列证据予以证明：

1. 被害人罗某甲陈述：一个叫“秦火火”的用户在新浪微博上编造涉及其家人的虚假信息。其大哥罗某乙曾在西门子公司工作，且已去世，“秦火火”说其大哥在西门子公司工作。其是一名军人，网络谣言对其造成了很大的伤害，同时对其家人也造成了身心上的创伤，其要求依法惩处该人。

2. 新浪微博截图证明：西门子（中国）有限公司于 2013 年 2 月 25 日发布声明，称该公司从未雇佣名为“罗某乙”的员工。

3. 北京新浪互联信息服务有限公司（以下简称新浪公司）及公安机关出具的书证证明：

（1）“东土秦火火”新浪微博账户的用户名为×××935@qq.com，UID 号为××27857，注册时间为 2012 年 12 月 21 日，注册 IP 地址为××.××.82.180（IP 归属地为北京某某营销策划有限公司，位于北京市朝阳区）。

（2）“东土秦火火”于 2013 年 2 月 25 日 9 时 27 分 44 秒发布微博，内容为：“@罗某甲，再问你一个严肃的问题，你大哥为什么能成为德国西门子（远东）公司高级顾问，后来又成为西门子（中国）公司副总经理？你们罗家出了老二罗某丙和老三罗某甲两个少将，现在又有老大罗某乙和老四罗某丁两个兄弟分别在德国和美国公司任高层？这当中是不是有什么利益交换关系？请解释这个问题。”发布 IP 地址为××．××．82.180。该微博被转发 2500 余次，评论 600 余次。从新浪公司出具的具体评论内容看，引发了网民对罗某甲的负面评价。

4.北京某某营销策划有限公司出具的书证及证人李某（该公司人力资源部总监）的证言证明：秦某于 2012 年 12 月 14 日至 2013 年 4 月 14 日在该公司任职，该公司为职工工作期间提供上网支持。该公司的 IP 地址为：××．××．82.179—185；××．××．86.219—230。

5.被告人秦某供述：其在网上看到罗某甲发表的言论，产生不满情绪，遂于 2013 年 2 月用“东土秦火火”新浪微博账户发布博文损害罗某甲的名誉，说罗某甲既然是爱国将领为什么他的哥哥在西门子公司工作。以上证据，经庭审举证、质证，本院予以确认。

（二）被告人秦某明知“杨某（女，某集团控股有限公司董事局主席）向希望工程虚假捐赠”系捏造的事实，于 2013 年 7 月 15 日使用昵称为“淮上秦火火”的新浪微博账户（UID 号：××06850）在信息网络上散布该消息。该信息被转发 700 余次，引发大量网民对杨某的负面评价。

上述事实，有公诉机关当庭宣读、出示的下列证据予以证明：

1.被害人杨某的报案材料证明：秦某使用“秦火火”的微博账户捏造事实，损害杨某的名誉，杨某于 2013 年 7 月 25 日向公安机关报案。

2.新浪微博截图及新浪公司出具的书证证明：杨某于 2011 年 6 月 23 日发布微博声明，澄清虚假捐款问题；该微博系实名认证。

3.中国青少年发展基金会官网截图证明：该会于 2011 年 6 月 25 日发布声明，称杨某捐款属实。

4.新浪公司及公安机关出具的书证证明：

（1）“淮上秦火火”新浪微博账户的用户名为×××412@qq.com，UID 号为××06850，注册时间为 2013 年 7 月 15 日 0 时 32 分，注册 IP 地址为××．××．158.147。

（2）“淮上秦火火”于 2013 年 7 月 15 日 19 时 52 分 42 秒发布微博，内容为：“@杨某曾经在 1997 年公开宣布，将 20 万元稿费捐给希望工程，事后却又以工作经费的名义秘密领走了同样数额的费用。杨某此后又以同样方式，多次从青基会财务部领取过希望工程的大额工作经费，2002 年此事被曝光后，由于影响太大，直接导致‘希望工程’项目直接停止。”发布 IP 地址为：××．××．149.138。

该微博被转发700余次，评论200余次。从新浪公司出具的具体评论内容看，引发了网民对杨某的负面评价。

(3)2013年7月15日，秦某曾在北京某某互联网上网服务有限公司实名上网，并使用“淮上秦火火”微博账户。

5. 北京某某天下信息技术有限公司（以下简称某某天下公司）出具的书证及证人刘某（该公司总经理）的证言证明：秦某于2013年5月初到该公司沈阳办事处社区部工作，每两周代表沈阳分公司社区部到北京开会。北京总公司网络的IP地址为：××.××.149.138。

6. 被告人秦某供述：“淮上秦火火”新浪微博账户由其使用。2013年7月，其用该账户发布博文对杨某进行攻击，称杨某出书所得到的版税捐给希望工程后又以其他名义将该捐款领回。这是其通过天涯八卦论坛看到一些关于杨某的消息，没有经过任何核实，就添油加醋，将事实夸大，以更有故事性、爆料性的原创方式发布出来。

针对该起事实，辩护人当庭宣读、出示的证据为：1. 网络文章截图，以证明本案涉及杨某虚假捐款的信息此前已在互联网上形成；2. 公安机关关于“淮上秦火火”微博账户的注册地在广东省中山市的书证，以证明涉案微博不是秦某所发布。

以上证据，经庭审举证、质证，本院认证如下：1. 被告人秦某关于其使用“淮上秦火火”微博账户并在北京发布该条微博的供述有某某天下公司、新浪公司出具的书证及证人刘某的证言佐证，且微博账户的注册不需要本人到注册地亲自操作，故微博账户注册地在广东省中山市不影响案件事实的认定；2. 关于杨某虚假捐款的不实信息虽然在互联网上曾有流传，但在杨某及中国青少年发展基金会做出澄清的情况下，被告人秦某仍然予以散布，可以认定其明知系捏造的事实而散布。故本院对辩护人的相关意见不予采纳，对公诉机关当庭宣读、出示的证据予以确认。

（三）被告人秦某在信息网络上看到了“兰某（男，35岁）被老女人包养”的不实信息后，将上述信息篡改为“兰某被老女人周某某包养”，并于2013年7月至8月间使用昵称为“××_307”的新浪微博账户（UID号：××08323，昵称曾为“江淮秦火火”）多次在信息网络上散布。该信息累计被转发900余次，引发大量网民对兰某的负面评价。

上述事实，有公诉机关当庭宣读、出示的下列证据予以证明：

1. 被害人兰某陈述：2013 年 7 月，“江淮秦火火”发布了很多诽谤其的博文，说其被老女人周某某包养，都是胡编乱造的。其要求严肃惩处诽谤的人。

2. 秦某与贺某(微博昵称“某某二世”)的 QQ 聊天记录证明：贺某于 2013 年 7 月 26 日 14 时许，给了秦某用户名为×××123@126.com 的微博账户和密码。

3. 新浪公司及公安机关出具的书证证明：

(1)“××_307”的微博账户的用户名为×××123@126.com，UID 号为××08323，注册时间为 2013 年 7 月 26 日；昵称为“江淮秦火火”微博账户的 UID 号也为××08323，由于 UID 号具有唯一性，故“江淮秦火火”与“××_307”系同一用户。

(2)“××_307”的微博账户于 2013 年 7 至 8 月间发布微博称兰某被老女人周某某包养、吃软饭，并附照片。发布 IP 地址为：××.××.18.101，××.××.106.146。该微博累计被转发 900 余次，评论 500 余次。从新浪公司出具的具体评论内容看，引发了网民对兰某的负面评价。

(3)经查询，××.××.18.101 的 IP 地址位于某某天下公司沈阳分公司；××.××.106.146 的 IP 地址位于辽宁省沈阳市。

(4)除了上述微博外，未搜索到其他微博用户发表过类似直接提到周某某姓名的微博。

4. 新浪微博截图证明：在秦某发布涉案微博之前，互联网上有关于兰某被老女人包养的信息。

5. 被告人秦某供述：2013 年 7 月 26 日，微博上一个叫“隐士某某”的人用网易邮箱×××123@126.com 帮其注册了微博账户，当时的用户名是一串数字，其自己改成了“江淮秦火火”，并修改了密码。这个账户注册后一直由其使用。2013 年 7 月，其用该微博账户发微博，称兰某被五十岁的老女人包养，后更曝料说出那个五十岁女人的名字。其攻击兰某的目的是想把兰某搞臭，让网民不信任兰某的言论。

针对该事实，辩护人当庭宣读、出示的证据为：1. 新浪公司出具的书证，以证明 UID 号为××71035 的“江淮秦火火”微博账户与“××_307”的微博账户并非同一账户；2. 网络文章截图，以证明本案涉及兰某的信息此前已在互联网上形成。

以上证据，经庭审举证、质证，本院认证如下：1. 因 UID 号为××71035 的“江淮秦火火”微博账户与公诉机关指控的涉案 UID 号为××08323 的“江淮秦火火”微博账户并非同一账户，故辩护人出示的 UID 号为××71035 的“江淮秦火火”微博账户相关材料与本案缺乏关联性，本院不予确认；2.关于兰某的不实信息虽已在互联网上形成，但被告人秦某在此类信息中加入周某某的姓名，属于捏造事实。故本院对辩护人的相关意见不予采纳，对公诉机关当庭宣读、出示的证据予以确认。

(四)被告人秦某于 2012 年 11 月 27 日，使用昵称为“炎黄秦火火”的新浪微博账户(UID 号：××12765)捏造“张某(女，中国某某联合会主席)具有德国国籍”的事实并散布，后经网友举报，新浪公司判定上述信息为不实信息，张某亦于 2012 年 11 月 28 日通过微博发布澄清声明。被告人秦某又于 2012 年 12 月 31 日使用“炎黄秦火火”的新浪微博账户再次发布有关上述信息的博文，在短时间内被转发 20 余次，引发网民对张某的负面评价。

上述事实，有公诉机关当庭宣读、出示的下列证据予以证明：

1.被害人张某陈述：“秦火火”在网络上制造谣言说其具有外国国籍。该谣言一直影响其工作，更影响了中国某某联合会的事业。

2.新浪微博截图及新浪公司出具的书证证明：张某于 2012 年 11 月 28 日发布微博声明，澄清其国籍问题；该微博系实名认证。

3.新浪公司及公安机关出具的书证证明：

(1)“炎黄秦火火”新浪微博账户的用户名为×××564@qq.com，UID 号为××12765，注册时间为 2012 年 10 月 1 日，注册 IP 地址为××.××.60.166(IP 归属地位于湖南省衡阳市)。

(2)“炎黄秦火火”于 2012 年 11 月至 12 月间发布微博，称张某具有德国国籍。其中 2012 年 12 月 31 日 12 时 46 分 0 秒发布的微博被转发 20 余次，评论 20 余次。从新浪公司出具的具体评论内容看，引发了网民对张某的负面评价。

(3)“炎黄秦火火”曾于 2012 年 11 月 27 日 23 时 22 分 40 秒发布微博称张某具有德国国籍，有网友向新浪公司举报该内容不实，新浪公司判定张某未加入德国国籍，被举报人言行构成“发布不实信息”。

(4)秦某曾实名购买了 2012 年 9 月 25 日北京西到衡阳、2012 年 10 月 6 日衡阳到北京西的火车票。

4.常住人口基本信息表证明：张某的户籍所在地为北京市。

5.被告人秦某供述：“炎黄秦火火”的微博账户是其在湖南省衡阳市注册的。2012 年 12 月，其在网上了解到张某在德国小住过一段时间，就以此为由，胡乱编造说张某具有德国国籍,并通过“炎黄秦火火”微博账户以原创形式发布,损害张某的名誉。

针对该起事实,辩护人向法庭宣读、出示了论坛网页截图(该帖子发表于2010年12月19日),以证明在秦某发布该条涉案微博前,有关张某具有德国国籍的虚假信息已在互联网上形成。

以上证据,经庭审举证、质证,本院认定如下:关于被告人秦某是否捏造事实诽谤张某,新浪公司出具的在案书证及秦某供述证明,秦某于2012年11月27日发布张某具有德国国籍的信息后,经举报已被新浪公司判定为不实信息,在张某于2012年11月28日发布声明,澄清其国籍问题后,秦某仍于2012年12月31日再次发布上述虚假信息。以上证据足以认定秦某捏造事实诽谤张某。故本院对辩护人的相关意见不予采纳,对公诉机关当庭宣读、出示的证据予以确认。

二、寻衅滋事的事实

2011年7月23日,甬温铁路浙江省温州市相关路段发生特别重大铁路交通事故(即“7·23”甬温线动车事故)。在事故善后处理期间,被告人秦某为了利用热点事件进行自我炒作,提高网络关注度,于2011年8月20日使用昵称为“中国秦火火_f92”的新浪微博账户(UID号:××09413)编造并散布虚假信息,称原某某部向“7·23”甬温线动车事故中的外籍遇难旅客支付3000万欧元高额赔偿金。该微博被转发11000次,评论3300余次,引发大量网民对国家机关公信力的质疑,原某某部被迫于当夜辟谣。被告人秦某的行为对事故善后工作的开展造成了不良影响。

上述事实,有公诉机关当庭宣读、出示的下列证据予以证明:

1. 新浪公司及公安机关出具的书证证明:

(1)“中国秦火火_f92”新浪微博账户的用户名为×××990@qq.com,UID号为××09413,注册时间为2010年5月25日,注册IP地址为124.126.28.156(IP归属地位于北京市)。该微博账户与“中国秦火火”新浪微博账户的UID号一致,系同一用户。

(2)该微博账户先前所发布的微博中,曾经提到“地铁求粉丝”和与“某玛公司”相关的信息,与秦某个人情况相符。

(3)该微博账户于2011年8月20日19时49分54秒发布微博,内容为:“就在刚刚得到消息,铁道部已经向动车事故中意大利遇难者茜某协议赔偿3000万欧元(折合人民币接近2亿),据悉,这是铁道部在参照欧洲法律中有关人身意外伤害条款后，不得不同意此赔偿协议的决定。若此赔偿协议属实，则将开创中国对外个人意外最高赔偿纪录。"该微博被转发 11000 次，评论 3300 余次。从新浪公司出具的具体评论内容看，引发了网民对国家机关公信力的质疑。

2. 新浪微博截图证明：2011 年 8 月 20 日之前，网络上曾经有人发布过"动车事故中给意大利女子的赔偿金额是 2000 万欧元"的信息。

3. 北京市公安局网络安全保卫总队远程勘验笔录证明：原某某部曾于 2011 年 7 月 30 日 12 时在人民网上发布了声明，称"7·23"事故遇难人员赔偿标准为 91.5 万元。

4. 中国铁路总公司出具的书证证明：原某某部于 2011 年 8 月 20 日夜间发布了《温州动车事故遇难外籍旅客获高额赔偿属谣言》进行辟谣，称将对外籍遇难旅客与中国籍遇难旅客实行同一赔偿救助标准；涉案微博发布后对原某某部的相关工作造成了负面影响。

5. 新浪公司及北京豆网科技有限公司出具的书证证明：昵称为"路某某老大"的微博账户（UID 号：××39985）于 2011 年 8 月 20 日 20 时 45 分，发布了关于原某某部向外籍旅客赔偿 3000 万欧元的博文；某网上所记录"路某某老大"发布上述博文的时间为 2011 年 8 月 20 日 18 时 38 分 34 秒，但经查询网站数据，上述微博内容系经过修改后形成的，修改时间为 2011 年 8 月 20 日 20 时 50 分 18 秒。

6. 被告人秦某供述：2010 年 5 月，其注册了昵称为"雁度某某"的新浪微博账户。2010 年 7 月，其去某玛公司后，将账户昵称修改为"中国秦火火"，"中国秦火火"后面是否带后缀其记不清了。2011 年 7 月甬温线动车事故发生后，其看到网上有消息说外国遇难旅客所获赔偿金额为 2000 万欧元，高于国内旅客，觉得可以借此炒作一下。为了能吸引眼球，更具煽动性，其将赔偿金额由原先的 2000 万欧元改成了 3000 万欧元，然后用该微博账户以原创的形式发布。该微博短时间内被大量转发，官方对此问题还专门做了澄清。

针对该起事实，辩护人提交了"路某某老大"的微博（UID 号：××39985）于 2011 年 8 月 20 日 18 时 38 分 34 秒在某网发布的信息，内容为"铁道部已经向动车事故中意大利遇难者茜某协议赔偿 3000 万欧元"，以证明在秦某发布该信息之前，网上已有人发布了相同的信息。

以上证据，经庭审举证、质证，本院认证如下：1. 关于涉案微博信息是否为被告人秦某发布，新浪公司出具的书证能够证明该微博账户具有与秦某相关的客观信息，足以证明该微博账户由秦某所使用，秦某亦多次供认其使用该微博账户发布涉案信息，证据之间相互印证，足以认定；2. 关于涉案微博信息是否为被告人秦某所编造，原某某部在秦某发布该信息前已经发表了赔偿标准的声明，秦某关于其编造该信息的供述一致，且其所供认的编造过程有控方提供的“赔偿外籍乘客 2000 万欧元”信息这一客观证据予以印证，证明其供述的真实性，足以认定；3. 关于在被告人秦某发布该信息之前是否有他人发布了相同的信息，辩护人出示了“路某某老大”的微博，该微博显示发布时间早于秦某，但公诉机关出示的新浪公司及北京豆网科技有限公司出具的书证，能够证明“路某某”发布的微博系在秦某微博发布之后修改而成。故本院对辩护人的相关意见不予采纳，对公诉机关当庭宣读、出示的证据予以确认。

被告人秦某于 2013 年 8 月 19 日被查获归案。

对此，公诉机关宣读和出示了下列证据：

被告人秦某的户籍材料及公安机关出具的到案经过，证明了被告人秦某的身份及归案情况。

以上证据，经庭审举证、质证，本院予以确认。

关于辩护人所提被告人秦某主观上不明知系虚假信息，客观上亦未实施捏造、编造虚假信息的行为的辩护意见，经查，被告人秦某在信息网络上所发布的涉案微博内容或无中生有，为秦某本人捏造、编造；或虚假信息所涉及内容有一定来源，但经秦某进行过实质性篡改，以原创的方式发布；或虚假信息虽曾在信息网络上流传，但已经涉案被害人澄清，秦某仍然增添内容在信息网络上予以散布。秦某作为网络从业人员，对所发信息的真实性不仅没有尽到基本的核实义务，反而捏造、编造虚假事实，足以将之证明其主观上明知涉案信息的虚假性。秦某客观上亦实施了捏造、编造虚假信息的行为，本院在事实、证据认定部分已经分别予以论证。故该辩护意见本院不予采纳。

关于辩护人所提本案涉诽谤事实不属于公诉案件，部分被害人未主动要求司法机关予以追究，公诉机关适用公诉程序追究被告人秦某诽谤罪刑事责任法律依据不足的辩护意见。经查，根据《中华人民共和国刑法》第二百四十六条规定，诽谤他人，情节严重的，构成诽谤罪；严重危害社会秩序和国家利益的，应适用公诉程序。根据《最高人民法院、最高人民检察院关于办理利用信息网络实施诽谤等刑事案件适用法律若干问题的解释》第二条、第四条的规定，同一诽谤信息被转发次数达到五百次以上的，应当认定为上述刑法条款规定的“情节严重”；

一年内多次实施利用信息网络诽谤他人行为未经处理，诽谤信息实际被转发次数累计计算构成犯罪的，应当依法定罪处罚。同时，该司法解释第三条规定，具有诽谤多人，造成恶劣社会影响等情形的，应当认定为上述刑法条款规定的“严重危害社会秩序和国家利益”。本案中，秦某利用信息网络，分别诽谤罗某甲、杨某、兰某、张某四名公民，其中关于罗某甲、杨某、兰某等三人的诽谤信息被转发次数均达到500次以上，应当认定为“情节严重”；关于张某的诽谤信息被转发次数虽然未达到500次，但根据该司法解释第四条的规定，秦某系在一年内分别诽谤罗某甲、杨某、兰某、张某等四人，应对上述诽谤信息的被转发次数累计计算。据此，秦某诽谤罗某甲、杨某、兰某、张某的行为构成诽谤罪，且系诽谤多人并造成了恶劣的社会影响，应当适用公诉程序追究秦某所犯诽谤罪的刑事责任。故该辩护意见本院不予采纳。

关于辩护人所提被告人秦某发布原某某部在“7·23”甬温线动车事故中天价赔偿外籍乘客的虚假信息不足以造成公共秩序严重混乱，公诉机关指控该起行为构成寻衅滋事罪的依据不足的辩护意见。经查，“7·23”甬温线动车事故为特别重大铁路交通事故，全民关注，秦某在该事故善后处理期间，编造政府机关天价赔偿外籍乘客的信息并在网络上散布，起哄闹事，该虚假信息被转发11000次，评论3300余次，不仅造成网络空间的混乱，也在现实社会中引发不明真相群众的不满，扰乱了政府机关的善后工作。秦某的该起行为足以认定为造成公共秩序严重混乱，符合寻衅滋事罪的构成要件。故该辩护意见本院不予采纳。

关于辩护人所提被告人秦某发布涉案微博的主观故意和客观行为并无不同，对其以诽谤罪、寻衅滋事罪实行数罪并罚，将使被告人的同一行为两次承担罪责的辩护意见。经查，诽谤罪、寻衅滋事罪两罪的犯罪构成不同，诽谤罪侵犯的客体是公民的人格和名誉，寻衅滋事罪侵犯的客体是社会秩序，两罪的行为特征不同。本案中，秦某捏造损害罗某甲、杨某、兰某、张某等公民人格、名誉的事实，在信息网络上散布，其行为符合诽谤罪的犯罪构成；而秦某在“7·23”甬温线动车事故发生后，编造政府机关天价赔偿外籍乘客的虚假信息在信息网络上散布，起哄闹事，造成了社会公共秩序的严重混乱，其行为符合寻衅滋事罪的犯罪构成。公诉机关根据不同性质的案件事实，分别认定为诽谤罪、寻衅滋事罪，定性准确，本院予以支持。故该辩护意见本院不予采纳。

本院认为，被告人秦某无视国法，在信息网络上捏造事实，诽谤他人，情节严重，且系诽谤多人，造成恶劣社会影响，其行为已构成诽谤罪；被告人秦某在重大突发事件期间，在信息网络上编造、散布对国家机关产生不良影响的虚假信息，起哄闹事，造成公共秩序严重混乱，其行为已构成寻衅滋事罪，依法应予以惩处并实行数罪并罚。北京市朝阳区人民检察院指控被告人秦某犯诽谤罪、寻衅滋事罪的事实清楚，证据确实、充分，指控的罪名成立。被告人秦某在较长时间段内在信息网络上多次肆意实施违法犯罪行为，根据其所犯诽谤罪、寻衅滋事罪的事实、性质、情节及社会危害程度，本应对其酌情予以从重处罚。但鉴于被告人秦某归案后能如实供述所犯罪行，认罪悔罪态度较好，本院对其所犯诽谤罪、寻衅滋事罪均依法予以从轻处罚。辩护人建议对被告人秦某从轻处罚的辩护意见，本院予以采纳。本院依照《中华人民共和国刑法》第二百四十六条、第二百九十三条第一款第（四）项、第六十七条第三款、第六十一条、第六十九条第一款以及《最高人民法院、最高人民检察院关于办理利用信息网络实施诽谤等刑事案件适用法律若干问题的解释》第一条、第二条、第三条、第四条、第五条第二款之规定，判决如下：

被告人秦某犯诽谤罪，判处有期徒刑二年；犯寻衅滋事罪，判处有期徒刑一年六个月，决定执行有期徒刑三年（刑期从判决执行之日起计算。判决执行以前先行羁押的，羁押一日折抵刑期一日，即自2013年8月19日起至2016年8月18日止）。

如不服本判决，可在接到判决书的第二日起十日内，通过本院或者直接向北京市第三中级人民法院提出上诉。书面上诉的，应当提交上诉状正本一份，副本二份。

审　判　长　吴小军
代理审判员　李　晓
人民陪审员　冯亚力
二〇一四年四月十七日
书　记　员　刘　宇

第二百五十三条之一　侵犯公民个人信息罪

一、刑法条文

第二百五十三条之一【侵犯公民个人信息罪】违反国家有关规定，向他人出售或者提供公民个人信息，情节严重的，处三年以下有期徒刑或者拘役，并处或者单处罚金；情节特别严重的，处三年以上七年以下有期徒刑，并处罚金。

违反国家有关规定，将在履行职责或者提供服务过程中获得的公民个人信息，出售或者提供给他人的，依照前款的规定从重处罚。

窃取或者以其他方法非法获取公民个人信息的，依照第一款的规定处罚。

单位犯前三款罪的，对单位判处罚金，并对其直接负责的主管人员和其他直接责任人员，依照各该款的规定处罚。

二、司法解释

《最高人民法院、最高人民检察院关于办理侵犯公民个人信息刑事案件适用法律若干问题的解释》

法释〔2017〕10号（2017年5月8日发布，2017年6月1日实施）

为依法惩治侵犯公民个人信息犯罪活动，保护公民个人信息安全和合法权益，根据《中华人民共和国刑法》《中华人民共和国刑事诉讼法》的有关规定，现就办理此类刑事案件适用法律的若干问题解释如下：

第一条　刑法第二百五十三条之一规定的“公民个人信息”，是指以电子或者其他方式记录的能够单独或者与其他信息结合识别特定自然人身份或者反映特定自然人活动情况的各种信息，包括姓名、身份证件号码、通信通讯联系方式、住址、账号密码、财产状况、行踪轨迹等。

第二条　违反法律、行政法规、部门规章有关公民个人信息保护的规定的，应当认定为刑法第二百五十三条之一规定的“违反国家有关规定”。

第三条　向特定人提供公民个人信息，以及通过信息网络或者其他途径发布公民个人信息的，应当认定为刑法第二百五十三条之一规定的“提供公民个人信息”。

未经被收集者同意，将合法收集的公民个人信息向他人提供的，属于刑法第二百五十三条之一规定的“提供公民个人信息”，但是经过处理无法识别特定个人且不能复原的除外。

第四条　违反国家有关规定，通过购买、收受、交换等方式获取公民个人信息，或者在履行职责、提供服务过程中收集公民个人信息的，属于刑法第二百五十三条之一第三款规定的“以其他方法非法获取公民个人信息”。

第五条　非法获取、出售或者提供公民个人信息，具有下列情形之一的，应当认定为刑法第二百五十三条之一规定的“情节严重”：

（一）出售或者提供行踪轨迹信息，被他人用于犯罪的；

（二）知道或者应当知道他人利用公民个人信息实施犯罪，向其出售或者提供的；

（三）非法获取、出售或者提供行踪轨迹信息、通信内容、征信信息、财产信息五十条以上的；

（四）非法获取、出售或者提供住宿信息、通信记录、健康生理信息、交易信息等其他可能影响人身、财产安全的公民个人信息五百条以上的；

（五）非法获取、出售或者提供第三项、第四项规定以外的公民个人信息五千条以上的；

（六）数量未达到第三项至第五项规定标准，但是按相应比例合计达到有关数量标准的；

（七）违法所得五千元以上的；

（八）将在履行职责或者提供服务过程中获得的公民个人信息出售或者提供给他人，数量或者数额达到第三项至第七项规定标准一半以上的；

（九）曾因侵犯公民个人信息受过刑事处罚或者二年内受过行政处罚，又非法获取、出售或者提供公民个人信息的；

（十）其他情节严重的情形。

实施前款规定的行为，具有下列情形之一的，应当认定为刑法第二百五十三条之一第一款规定的“情节特别严重”：

（一）造成被害人死亡、重伤、精神失常或者被绑架等严重后果的；

（二）造成重大经济损失或者恶劣社会影响的；

（三）数量或者数额达到前款第三项至第八项规定标准十倍以上的；

（四）其他情节特别严重的情形。

第六条　为合法经营活动而非法购买、收受本解释第五条第一款第三项、第四项规定以外的公民个人信息，具有下列情形之一的，应当认定为刑法第二百五十三条之一规定的“情节严重”：

（一）利用非法购买、收受的公民个人信息获利五万元以上的；

（二）曾因侵犯公民个人信息受过刑事处罚或者二年内受过行政处罚，又非法购买、收受公民个人信息的；

（三）其他情节严重的情形。

实施前款规定的行为，将购买、收受的公民个人信息非法出售或者提供的，定罪量刑标准适用本解释第五条的规定。

第七条　单位犯刑法第二百五十三条之一规定之罪的，依照本解释规定的相应自然人犯罪的定罪量刑标准，对直接负责的主管人员和其他直接责任人员定罪处罚，并对单位判处罚金。

第八条　设立用于实施非法获取、出售或者提供公民个人信息违法犯罪活动的网站、通讯群组，情节严重的，应当依照刑法第二百八十七条之一的规定，以非法利用信息网络罪定罪处罚；同时构成侵犯公民个人信息罪的，依照侵犯公民个人信息罪定罪处罚。

第九条　网络服务提供者拒不履行法律、行政法规规定的信息网络安全管理义务，经监管部门责令采取改正措施而拒不改正，致使用户的公民个人信息泄露，造成严重后果的，应当依照刑法第二百八十六条之一的规定，以拒不履行信息网络安全管理义务罪定罪处罚。

第十条　实施侵犯公民个人信息犯罪，不属于“情节特别严重”，行为人系初犯，全部退赃，并确有悔罪表现的，可以认定为情节轻微，不起诉或者免予刑事处罚；确有必要判处刑罚的，应当从宽处罚。

第十一条　非法获取公民个人信息后又出售或者提供的，公民个人信息的条数不重复计算。

向不同单位或者个人分别出售、提供同一公民个人信息的，公民个人信息的条数累计计算。

对批量公民个人信息的条数，根据查获的数量直接认定，但是有证据证明信息不真实或者重复的除外。

第十二条　对于侵犯公民个人信息犯罪，应当综合考虑犯罪的危害程度、犯罪的违法所得数额以及被告人的前科情况、认罪悔罪态度等，依法判处罚金。罚金数额一般在违法所得的一倍以上五倍以下。

第十三条　本解释自 2017 年 6 月 1 日起施行。

三、其他法律法规及文件

(一)《中华人民共和国居民身份证法》

主席令第五十一号(2011 年 10 月 29 日发布，2012 年 1 月 1 日实施)

第一条　为了证明居住在中华人民共和国境内的公民的身份，保障公民的合法权益，便利公民进行社会活动，维护社会秩序，制定本法。

……

第二十条　人民警察有下列行为之一的，根据情节轻重，依法给予行政处分；构成犯罪的，依法追究刑事责任：

(一)利用制作、发放、查验居民身份证的便利，收受他人财物或者谋取其他利益的；

(二)非法变更公民身份号码，或者在居民身份证上登载本法第三条第一款规定项目以外的信息或者故意登载虚假信息的；

(三)无正当理由不在法定期限内发放居民身份证的；

(四)违反规定查验、扣押居民身份证，侵害公民合法权益的；

(五)泄露因制作、发放、查验、扣押居民身份证而知悉的公民个人信息，侵害公民合法权益的。

(二)《中华人民共和国网络安全法》

主席令第五十三号 (2016 年 11 月 7 日发布，2017 年 6 月 1 日实施)

……

第四十一条　网络运营者收集、使用个人信息，应当遵循合法、正当、必要的原则，公开收集、使用规则，明示收集、使用信息的目的、方式和范围，并经被收集者同意。

网络运营者不得收集与其提供的服务无关的个人信息，不得违反法律、行政法规的规定和双方的约定收集、使用个人信息，并应当依照法律、行政法规的规定和与用户的约定，处理其保存的个人信息。

第四十二条　网络运营者不得泄露、篡改、毁损其收集的个人信息；未经被收集者同意，不得向他人提供个人信息。但是，经过处理无法识别特定个人且不能复原的除外。

网络运营者应当采取技术措施和其他必要措施，确保其收集的个人信息安全，防止信息泄露、毁损、丢失。在发生或者可能发生个人信息泄露、毁损、丢失的情况时，应当立即采取补救措施，按照规定及时告知用户并向有关主管部门报告。

第四十三条　个人发现网络运营者违反法律、行政法规的规定或者双方的约定收集、使用其个人信息的，有权要求网络运营者删除其个人信息；发现网络运营者收集、存储的其个人信息有错误的，有权要求网络运营者予以更正。网络运营者应当采取措施予以删除或者更正。

第四十四条　任何个人和组织不得窃取或者以其他非法方式获取个人信息，不得非法出售或者非法向他人提供个人信息。

第四十五条　依法负有网络安全监督管理职责的部门及其工作人员，必须对在履行职责中知悉的个人信息、隐私和商业秘密严格保密，不得泄露、出售或者非法向他人提供。

……

第六十四条　网络运营者、网络产品或者服务的提供者违反本法第二十二条第三款、第四十一条至第四十三条规定，侵害个人信息依法得到保护的权利的，由有关主管部门责令改正，可以根据情节单处或者并处警告、没收违法所得、处违法所得一倍以上十倍以下罚款，没有违法所得的，处一百万元以下罚款，对直接负责的主管人员和其他直接责任人员处一万元以上十万元以下罚款；情节严重的，并可以责令暂停相关业务、停业整顿、关闭网站、吊销相关业务许可证或者吊销营业执照。

违反本法第四十四条规定，窃取或者以其他非法方式获取、非法出售或者非法向他人提供个人信息，尚不构成犯罪的，由公安机关没收违法所得，并处违法所得一倍以上十倍以下罚款，没有违法所得的，处一百万元以下罚款。

……

第七十六条　本法下列用语的含义：

……

（五）个人信息，是指以电子或者其他方式记录的能够单独或者与其他信息结合识别自然人个人身份的各种信息，包括但不限于自然人的姓名、出生日期、身份证件号码、个人生物识别信息、住址、电话号码等。

（三）《最高人民法院、最高人民检察院、公安部关于依法惩处侵害公民个人信息犯罪活动的通知》

公通字〔2013〕12号（2013年4月23日发布，2013年4月23日实施）

……

公民个人信息包括公民的姓名、年龄、有效证件号码、婚姻状况、工作单位、学历、履历、家庭住址、电话号码等能够识别公民个人身份或者涉及公民个人隐私的信息、数据资料。对于在履行职责或者提供服务过程中，将获得的公民个人信息出售或者非法提供给他人，被他人用以实施犯罪，造成受害人人身伤害或者死亡，或者造成重大经济损失、恶劣社会影响的，或者出售、非法提供公民个人信息数量较大，或者违法所得数额较大的，均应当依法以出售、非法提供公民个人信息罪追究刑事责任。对于窃取或者以购买等方法非法获取公民个人信息数量较大，或者违法所得数额较大，或者造成其他严重后果的，应当依法以非法获取公民个人信息罪追究刑事责任。对使用非法获取的个人信息，实施其他犯罪行为，构成数罪的，应当依法予以并罚。单位实施侵害公民个人信息犯罪的，应当追究直接负责的主管人员和其他直接责任人员的刑事责任。要依法加大对财产刑的适用力度，剥夺犯罪分子非法获利和再次犯罪的资本。

（四）《全国人民代表大会常务委员会关于加强网络信息保护的决定》

主席令第五十三号（2012年12月28日发布，2012年12月28日实施）

为了保护网络信息安全，保障公民、法人和其他组织的合法权益，维护国家安全和社会公共利益，特作如下决定：

一、国家保护能够识别公民个人身份和涉及公民个人隐私的电子信息。

任何组织和个人不得窃取或者以其他非法方式获取公民个人电子信息，不得出售或者非法向他人提供公民个人电子信息。

二、网络服务提供者和其他企业事业单位在业务活动中收集、使用公民个人电子信息，应当遵循合法、正当、必要的原则，明示收集、使用信息的目的、方式和范围，并经被收集者同意，不得违反法律、法规的规定和双方的约定收集、使用信息。

网络服务提供者和其他企业事业单位收集、使用公民个人电子信息，应当公开其收集、使用规则。

三、网络服务提供者和其他企业事业单位及其工作人员对在业务活动中收集的公民个人电子信息必须严格保密，不得泄露、篡改、毁损，不得出售或者非法向他人提供。

四、网络服务提供者和其他企业事业单位应当采取技术措施和其他必要措施，确保信息安全，防止在业务活动中收集的公民个人电子信息泄露、毁损、丢失。在发生或者可能发生信息泄露、毁损、丢失的情况时，应当立即采取补救措施。

五、网络服务提供者应当加强对其用户发布的信息的管理，发现法律、法规禁止发布或者传输的信息的，应当立即停止传输该信息，采取消除等处置措施，保存有关记录，并向有关主管部门报告。

六、网络服务提供者为用户办理网站接入服务，办理固定电话、移动电话等入网手续，或者为用户提供信息发布服务，应当在与用户签订协议或者确认提供服务时，要求用户提供真实身份信息。

七、任何组织和个人未经电子信息接收者同意或者请求，或者电子信息接收者明确表示拒绝的，不得向其固定电话、移动电话或者个人电子邮箱发送商业性电子信息。

八、公民发现泄露个人身份、散布个人隐私等侵害其合法权益的网络信息，或者受到商业性电子信息侵扰的，有权要求网络服务提供者删除有关信息或者采取其他必要措施予以制止。

九、任何组织和个人对窃取或者以其他非法方式获取、出售或者非法向他人提供公民个人电子信息的违法犯罪行为以及其他网络信息违法犯罪行为，有权向有关主管部门举报、控告；接到举报、控告的部门应当依法及时处理。被侵权人可以依法提起诉讼。

十、有关主管部门应当在各自职权范围内依法履行职责，采取技术措施和其他必要措施，防范、制止和查处窃取或者以其他非法方式获取、出售或者非法向他人提供公民个人电子信息的违法犯罪行为以及其他网络信息违法犯罪行为。

有关主管部门依法履行职责时，网络服务提供者应当予以配合，提供技术支持。

国家机关及其工作人员对在履行职责中知悉的公民个人电子信息应当予以保密，不得泄露、篡改、毁损，不得出售或者非法向他人提供。

十一、对有违反本决定行为的，依法给予警告、罚款、没收违法所得、吊销许可证或者取消备案、关闭网站、禁止有关责任人员从事网络服务业务等处罚，记入社会信用档案并予以公布；构成违反治安管理行为的，依法给予治安管理处罚。构成犯罪的，依法追究刑事责任。侵害他人民事权益的，依法承担民事责任。

十二、本决定自公布之日起施行。

(五)《关于办理侵犯公民个人信息刑事案件适用法律若干问题的解释》的理解与适用

作者：周加海　邹涛　喻海松（最高人民法院）2017 年 5 月 10 日

日前，最高人民法院、最高人民检察院发布《关于办理侵犯公民个人信息刑事案件适用法律若干问题的解释》（法释〔2017〕10 号，以下简称《解释》），自 2017 年 6 月 1 日起施行。《解释》的公布施行，对于强化公民个人信息的刑事保护，维护个人信息安全和其他合法权益，必将发挥重要作用。为便于司法实践中正确理解和适用，现就《解释》的制定背景、起草中的主要考虑和主要内容介绍如下。

一、《解释》的制定背景与经过

随着信息化建设的推进，信息资源成为重要的生产要素和社会财富。而在各类信息中，个人信息的价值日益凸显，成为数字经济最重要的元素之一。与此同时，个人信息泄露问题严重，个人信息安全成为一个全社会高度关注的问题。为保护公民个人信息，2009 年 2 月 28 日起施行的《刑法修正案（七）》增设了刑法第二百五十三条之一，规定了出售、非法提供公民个人信息罪和非法获取公民个人信息罪。《刑法修正案（七）》施行以来，各级公检法机关正确适用法律，准确认定事实，坚决依法惩处侵犯公民个人信息犯罪活动。2009 年 2 月至 2015 年 10 月，全国法院新收出售、非法提供公民个人信息、非法获取公民个人信息刑事案件 988 起，审结 969 起，生效判决人数 1415 人。其中，新收出售、非法提供公民个人信息刑事案件 101 件，审结 98 件，生效判决人数 142 人；新收非法获取公民个人信息刑事案件 887 件，审结 871 件，生效判决人数 1273 人。

近年来，侵犯公民个人信息犯罪仍处于高发态势，不仅严重危害公民个人信息安全，而且与电信网络诈骗等犯罪存在密切关联，甚至与绑架、敲诈勒索等犯罪活动相结合，社会危害日益突出。为切实加大对公民个人信息的刑法保护力度，《刑法修正案（九）》对刑法第二百五十三条之一作出修改完善：一是扩大犯罪主体的范围，规定任何单位和个人违反国家有关规定，获取、出售或者提供公民个人信息，情节严重的，都构成犯罪；二是明确规定将在履行职责或者提供服务过程中获得的公民个人信息，出售或者提供给他人的，从重处罚；三是提升法定刑配置水平，增加规定“处三年以上七年以下有期徒刑，并处罚金”。修改后，“出售、非法提供公民个人信息罪”和“非法获取公民个人信息罪”被整合为“侵犯公民个人信息罪”。《刑法修正案（九）》施行以来，各级公检法机关依据修改后刑法的规定，继续保持对侵犯公民个人信息犯罪的高压态势，实现案件量显著增长。2015 年 11 月至 2016 年 12 月，全国法院新收侵犯公民个人信息刑事案件（含出售、非法提供公民个人信息、非法获取公民个人信息刑事案件）495 件，审结 464 件，生效判决人数 697 人。

与此同时，司法实践反映，侵犯公民个人信息罪的具体定罪量刑标准尚不明确，一些法律适用问题存在争议，需要通过司法解释作出规定。为确保法律准确、统一适用，依法严厉惩治、有效防范侵犯公民个人信息犯罪，最高人民法院会同最高人民检察院，在公安部等有关部门的大力支持下，经深入调查研究、广泛征求意见，起草了《解释》。2017 年 3 月 20 日最高人民法院审判委员会第 1712 次会议、2017 年 4 月 26 日最高人民检察院第十二届检察委员会第 63 次会议审议通过了《解释》。

二、《解释》起草中的主要考虑

为确保《解释》的内容科学合理，能够适应形势发展、满足实践需要，在起草过程中，着重注意把握了以下几点：

第一，贯彻刑法修改精神，强化对公民个人信息的刑法保护。当前，侵犯公民个人信息犯罪呈高发多发态势，涉及的个人信息数量越来越大、类型越来越多。特别是，不少涉案公民个人信息事关个人财产乃至人身安全，如行踪轨迹、财产信息等敏感信息。基于当前侵犯公民个人信息犯罪的态势，根据修法精神，《解释》相关条文彰显了对侵犯公民个人信息犯罪的严惩立场，以加强对公民个人信息的刑法保护，有效维护公民的人身、财产安全和生活安宁。

第二，坚持问题导向，有效解决司法实务问题。从调研情况来看，对侵犯公民个人信息犯罪尚存在不少争议问题，亟须通过司法解释加以明确。例如，“公民个人信息”的内涵与外延，“出售或者提供公民个人信息”“非法获取公民个人信息”的理解，“情节严重”“情节特别严重”的把握，等等。基于此，《解释》相关条文以办理侵犯公民个人信息刑事案件存在的问题为基础，结合司法实际，作了明确规定。

第三，坚持安全与发展并重，兼顾个人信息保护与大数据发展的需要。在全球信息化快速发展的大背景下，大数据已成为国家重要的基础性战略资源，正引领新一轮科技创新。在大数据和云计算时代，包括个人信息在内的数据，只有充分地流动、共享、交易，才能实现集聚与规模效应，最大程度地发挥价值。但是，在数据流动、交易过程中如何保护公民个人信息的安全，避免个人信息扩散失控，也是必须面对的问题。实际上，公民个人信息的保护与大数据发展和信息社会的建设并不矛盾，二者之间的平衡点就在现行法律框架。质言之，大数据的发展应依法进行，信息社会须建立在依法保护个人信息的基础上，只有包括个人信息在内的数据在法律保护下安全迅速地收集和流通，才能真正推动我国信息产业的发展。因此，《解释》在刑法和《网络安全法》确立的框架范围内，兼顾公民个人信息保护与大数据产业发展的关系，确保在公民个人信息安全的前提下为大数据发展和信息化建设提供有力刑事司法保护。

三、《解释》的主要内容

《解释》结合当前侵犯公民个人信息犯罪的特点和司法实践反映的问题，依照《刑法》《刑事诉讼法》的规定，对侵犯公民个人信息罪的定罪量刑标准和相关法律适用问题作了全面、系统的规定。《解释》共十三个条文，大致可以归纳为如下十个方面的问题：

（一）“公民个人信息”的范围

目前，我国关于个人信息的界定，最为权威的当属《网络安全法》的规定。《网络安全法》第七十六条规定：“个人信息，是指以电子或者其他方式记录的能够单独或者与其他信息结合识别自然人个人身份的各种信息，包括但不限于自然人的姓名、出生日期、身份证件号码、个人生物识别信息、住址、电话号码等。”研究认为，《网络安全法》将“个人信息”界定为“能够识别自然人个人身份的各种信息”，显然使用的是广义的“身份识别信息”的概念，即既包括狭义的身份识别信息（能够识别出特定自然人身份的信息），也包括体现特定自然人活动情况的信息。例如，从实践来看，行踪轨迹信息系事关人身安全的高度敏感信息，无疑应纳入法律保护范围，且应当重点保护。但是，行踪轨迹信息明显难以纳入狭义的“身份识别信息”的范畴。如果认为《网络安全法》将此类信息排除在“个人信息”的范围外，恐难以为一般人所认同，也不符合保护公民个人信息的立法精神。合理的解释应当是，《网络安全法》是广义上使用“身份识别信息”这一概念，亦即也包括个人活动情况信息在内。基于此，《解释》第一条在上述规定的基础上，进一步明确“公民个人信息”包括身份识别信息和活动情况信息，规定：“刑法第二百五十三条之一规定的‘公民个人信息’，是指以电子或者其他方式记录的能够单独或者与其他信息结合识别特定自然人身份或者反映特定自然人活动情况的各种信息，包括姓名、身份证件号码、通信通讯联系方式、住址、账号密码、财产状况、行踪轨迹等。”

此外，根据《解释》第一条的规定，关于“公民个人信息”的外延，有以下几个具体问题值得注意：(1)“公民个人信息”，既包括中国公民的个人信息，也包括外国公民和其他无国籍人的个人信息。(2)公民个人信息须与特定自然人关联。这是公民个人信息所具有的关键属性。因此，经过处理无法识别特定个人且不能复原的信息，虽然也可能反映自然人活动情况，但与特定自然人无直接关联，不能成为公民个人信息的范畴。对于与特定自然人关联，可以是识别特定自然人身份，也可以是反映特定自然人活动情况。需要注意的是，无论是识别特定自然人身份，还是反映特定自然人活动情况，都应当是能够单独或者与其他信息结合所具有的功能。例如，身份证号与公民个人身份一一对应，可以单独识别公民个人身份；而工作单位、家庭住址等无法单独识别公民个人身份，需要同其他信息结合才能识别公民个人身份。但是，上述两类信息无疑都属于公民个人信息的范畴。(3)与特定自然人关联的账号密码属于“公民个人信息”。对于“账号密码”能否纳入“公民个人信息”的范围，存在不同认识。经研究认为，当前账号密码往往绑定身份证号、手机号码等特定信息，即使未绑定，非法获取账号密码后往往也会引发侵犯财产甚至人身的违法犯罪。因此，《解释》第一条明确将“账号密码”列为“公民个人信息”的范围。

(二)“违反国家有关规定”的认定

《刑法修正案(九)》将侵犯公民个人信息罪的前提要件由“违反国家规定”修改为“违反国家有关规定”。根据修法精神，《解释》第二条规定：“违反法律、行政法规、部门规章有关公民个人信息保护的规定的，应当认定为刑法第二百五十三条之一规定的‘违反国家有关规定’。”具体而言，该条将“国家有关规定”明确限于法律、行政法规、部门规章等国家层面的规定，不包括地方性法规等非国家层面的规定。

（三）非法“提供公民个人信息”的认定

根据刑法第二百五十三条之一第一款、第二款的规定，违反国家有关规定，向他人非法出售或者提供公民个人信息，是侵犯公民个人信息罪的客观行为方式之一。从司法适用的角度，以下两个问题值得关注：

1.“提供”的认定。向特定人提供公民个人信息，属于“提供”公民个人信息，对此不存在疑义。但是，对于通过信息网络或者其他途径发布公民个人信息，是否属于“提供公民个人信息”，存在不同认识。经研究认为，通过信息网络或者其他途径发布公民个人信息，实际是向不特定多数人提供公民个人信息，向特定人提供公民个人信息的行为属于“提供”，基于“举轻明重”的法理，前者更应当认定为“提供”。基于此，《解释》第三条第一款规定：“向特定人提供公民个人信息，以及通过信息网络或者其他途径发布公民个人信息的，应当认定为刑法第二百五十三条之一规定的‘提供公民个人信息’。”

2.合法收集公民个人信息后非法提供的认定。基于大数据发展的现实需要，《网络安全法》在法律层面为个人信息交易和流动留有一定空间，第四十四条规定任何个人和组织“不得非法出售或者非法向他人提供个人信息”，即不仅允许合法提供公民个人信息，而且为合法出售公民个人信息留有空间。而且，《网络安全法》第四十二条第一款进一步明确了合法提供公民个人信息的情形，规定：“网络运营者不得泄露、篡改、毁损其收集的个人信息；未经被收集者同意，不得向他人提供个人信息。但是，经过处理无法识别特定个人且不能复原的除外。”据此，经得被收集者同意，以及匿名化处理（剔除个人关联），是合法提供公民个人信息的两种情形，不能纳入刑事规制范围。基于此，《解释》第三条第二款规定：“未经被收集者同意，将合法收集的公民个人信息向他人提供的，属于刑法第二百五十三条之一规定的‘提供公民个人信息’，但是经过处理无法识别特定个人且不能复原的除外。”当然，这里只是明确此种情形属于“提供公民个人信息”，是否构成侵犯公民个人信息罪，还需要根据“违反国家有关规定”等要件作进一步判断。

（四）“非法获取公民个人信息”的认定

根据刑法第二百五十三条之一第三款的规定，窃取或者以其他方法非法获取公民个人信息是侵犯公民个人信息罪的客观行为方式之一。具体而言，以下几个问题值得关注：

1.购买公民个人信息的处理。从实践来看，非法获取公民个人信息的方式主要表现为购买、收受、交换和侵入计算机信息系统或者采用其他技术手段。对于“购买公民个人信息”是否属于“以其他方法非法获取公民个人信息”,存在不同认识。有意见认为,“其他方法”应当限于与“窃取”危害性相当的方式(如抢夺),不宜将“购买”包括在内。经研究认为,其一,刑法第二百五十三条之一第三款并未明确排除“购买”方法,且非法购买公民个人信息当然属于非法获取公民个人信息的情形。其二,从实践来看,当前非法获取公民个人信息的方式主要表现为非法购买,如排除此种方式,则会大幅限缩侵犯公民个人信息罪的适用范围。其三,不少侵犯公民个人信息犯罪案件,购买往往是后续出售、提供的前端环节,没有购买就没有后续的出售、提供。基于上述考虑,《解释》第四条明确规定:“违反国家有关规定,通过购买、收受、交换等方式获取公民个人信息,或者在履行职责、提供服务过程中收集公民个人信息的,属于刑法第二百五十三条之一第三款规定的‘以其他方法非法获取公民个人信息’。”

2. 获取公民个人信息行为“非法”的判断。对于获取公民个人信息,刑法第二百五十三条之一第三款将罪状直接表述为“非法获取”。基于体系解释的原理,对此处的“非法”,应当以是否违反国家有关规定作为判断标准。

3. 非法收集公民个人信息的处理。《网络安全法》第四十一条规定:“网络运营者收集、使用个人信息,应当遵循合法、正当、必要的原则,公开收集、使用规则,明示收集、使用信息的目的、方式和范围,并经被收集者同意。”“网络运营者不得收集与其提供的服务无关的个人信息,不得违反法律、行政法规的规定和双方的约定收集、使用个人信息,并应当依照法律、行政法规的规定和与用户的约定,处理其保存的个人信息。”违反上述规定,未经他人同意收集公民个人信息,或者收集与提供的服务无关的公民个人信息的,应当认定为“非法获取公民个人信息”。以此为基础,《解释》第四条专门明确,违反国家有关规定,在履行职责、提供服务过程中收集公民个人信息的,属于刑法第二百五十三条之一第三款规定的“以其他方法非法获取公民个人信息”。

(五)侵犯公民个人信息罪的定罪量刑标准

根据刑法第二百五十三条之一的规定,非法获取、出售或者提供公民个人信息,情节严重的,处三年以下有期徒刑或者拘役,并处或者单处罚金;情节特别严重的,处三年以上七年以下有期徒刑,并处罚金。可见,侵犯公民个人信息罪系情节犯,定罪量刑标准为“情节严重”“情节特别严重”。对于这一概括性的定罪量刑情节,宜根据司法实践的情况从犯罪的客体、客观方面、主体、主观方面等多个角度加以考察。经充分调研,《解释》第五条规定了“情节严重”“情节特别严重”的认定标准。

1.“情节严重”的认定标准。《解释》第五条第一款从以下几个方面对侵犯公民个人信息罪的入罪标准“情节严重”作了明确:

第一,信息类型和数量。公民个人信息的类型繁多,行踪轨迹信息、通信内容、征信信息、财产信息、住宿信息、交易信息等公民个人敏感信息涉及人身安全和财产安全,被非法获取、出售或者提供后极易引发绑架、诈骗、敲诈勒索等关联犯罪,具有更大的社会危害性。因此,基于不同类型公民个人信息的重要程度,《解释》分别设置了“五十条以上”“五百条以上”“五千条以上”的入罪标准,以实现罪责刑相适应。具体而言:

(1)非法获取、出售或者提供行踪轨迹信息、通信内容、征信信息、财产信息五十条以上的。行踪轨迹信息、通信内容、征信信息、财产信息与人身安全、财产安全直接相关,系高度敏感信息,《解释》第五条第一款第三项将入罪标准设置为“五十条以上”。需要注意的是,鉴于本项规定的入罪标准门槛较低,故此处严格限缩所涉公民个人信息的类型,仅限于行踪轨迹信息、通信内容、征信信息、财产信息四类信息,不允许司法适用中再通过等外解释予以扩大。对于行踪轨迹信息、通信内容、征信信息,司法实践中在认定上不存在争议。对于财产信息,可以根据案件具体情况把握:既包括银行账户、第三方支付结算账户、证券期货等金融服务账户的身份认证信息(一组确认用户操作权限的数据,包括账号、口令、密码、数字证书等),也包括存款、房产等财产状况信息。

(2)非法获取、出售或者提供住宿信息、通信记录、健康生理信息、交易信息等其他可能影响人身、财产安全的公民个人信息五百条以上的。上述公民个人信息虽然在重要程度上弱于行踪轨迹信息、通信内容、征信信息、财产信息,但也与人身安全、财产安全直接相关,往往被用于“精准”诈骗等违法犯罪活动。基于此,《解释》第五条第一款第四项将入罪标准设置为“五百条以上”。需要注意的是,本项规定有“等其他可能影响人身、财产安全的公民个人信息”的表述,司法实践中可以根据具体情况作等外解释,但应当确保所适用的公民个人信息涉及人身、财产安全,且与“住宿信息、通信记录、健康生理信息、交易信息”在重要程度上具有相当性。

(3)非法获取、出售或者提供一般公民个人信息五千条以上的。从实践来看,除前述公民个人敏感信息外,出售、提供公民个人信息往往数量较大,动辄数万条甚至数十万条，在不少案件中甚至将公民个人信息编辑为电子文档后按兆出售。因此，不少地方对出售、提供公民个人信息的入罪掌握在数量五千条以上，基本上可以满足严厉打击此类犯罪的需要，且给行政处罚留有一定空间。基于此，《解释》第五条第一款第五项设置较低的入罪标准，将非法获取、出售或者提供公民个人信息五千条以上的规定为“情节严重”。

此外，鉴于实践中存在混杂公民个人信息的情形，《解释》第五条第一款第六项将“数量未达到第三项至第五项规定标准，但是按相应比例合计达到有关数量标准的”情形规定为“情节严重”。

第二，违法所得数额。出售或者非法提供公民个人信息往往是为了牟利，故应当以违法所得作为认定“情节严重”的情形之一。从司法实践来看，一般公民个人信息的价格相对较低，甚至不会按条计价；而公民个人敏感信息价格通常较高，通常按条计价，特别是行踪轨迹信息可以谓之为最为昂贵的信息类型。考虑到各项规定之间的均衡，《解释》第五条第一款第七项将违法所得五千元以上的规定为“情节严重”。

第三，信息用途。通常而言，非法获取公民个人信息，绝不仅是为了占有，而是有特定用途、甚至用于违法犯罪。可以说，非法获取、出售或者提供公民个人信息，不仅严重危害公民的信息安全，而且可能引发进一步犯罪。因此，此类行为引发的后果的严重程度，是认定“情节严重”与否的重要标准。被非法获取、出售或者提供的公民个人信息，用途存在不同，对权利人的侵害程度也会存在差异。如果涉案的公民个人信息被用于实施其他犯罪活动，使权利人的人身、财产安全陷入高风险状态或者造成实质危害的，对此应当直接认定为“情节严重”或者“情节特别严重”，以刑事手段加以规制；而如果涉案公民个人信息未被用于犯罪活动，则社会危害性相对较小，不宜直接以此作为刑事规制的依据。基于此，《解释》第五条第一款第二项将“知道或者应当知道他人利用公民个人信息实施犯罪，向其出售或者提供的”规定为“情节严重”。从司法实践来看，行踪轨迹信息是最为敏感的公民个人信息。非法获取、出售或者提供该类信息，行为人主观上对可能被用于犯罪存在概括认识，《解释》第五条第一款第一项直接将“非法获取、出售或者提供行踪轨迹信息，被他人用于犯罪的”规定为“情节严重”，无须再具体判断主观上是否知道或者应当知道涉案信息被用于犯罪。

第四，主体身份。公民个人信息泄露案件不少系内部人员作案，诸多公民个人信息买卖案件也可以见到“内鬼”参与的“影子”。这是侵犯公民个人信息违法犯罪泛滥的重要原因所在。由于上述情形往往发生在公民个人信息交易的最初阶段，涉案信息的数量往往较少、价格相对低廉。此种情形下，如果不设置特殊标准，往往难以对此类源头行为予以刑事惩治。基于此，为贯彻落实刑法第二百五十三条之一第二款"违反国家有关规定，将在履行职责或者提供服务过程中获得的公民个人信息，出售或者提供给他人的，依照前款的规定从重处罚"的规定，《解释》第五条第一款第八项对将在履行职责或者提供服务过程中获得的公民个人信息出售或者提供给他人的情形认定为"情节严重"设置了特殊标准，规定此种情形下出售或者提供公民个人信息，认定"情节严重"的数量、数额标准减半计算。当然，对于此种情形，不宜再根据刑法第二百五十三条之一第二款的规定从重处罚，以免重复评价。

第五，主观恶性。曾因侵犯公民个人信息受过刑事处罚或者二年内受过行政处罚，又非法获取、出售或者提供公民个人信息的，行为人屡罚屡犯，主观恶性大。故而，《解释》第五条第一款第九项将此种情形规定为"情节严重"。

2."情节特别严重"的认定标准。《解释》第五条第二款主要从两个层面规定了"情节特别严重"的情形：一是数量数额标准。基于司法实践中侵犯公民个人信息犯罪涉案的公民个人信息数量相差悬殊，跨度从几千条到几十万条（甚至更大数量）不等，将"情节特别严重"和"情节严重"之间的数量数额标准设置为十倍而非五倍的倍数关系。二是严重后果。从实践来看，非法获取、出售或者提供公民个人信息，对于个人而言，可能造成人身伤亡、经济损失等后果；对于社会而言，可能引发社会恐慌，造成恶劣社会影响。基于此，将"造成被害人死亡、重伤、精神失常或者被绑架等严重后果的""造成重大经济损失或者恶劣社会影响的"规定为"情节特别严重"。

3.为合法经营活动购买、收受公民个人信息定罪量刑的特殊标准。从实践来看，购买、收受公民个人信息从事广告推销等活动的情形较为普遍。为了秉持刑法的谦抑性，体现宽严相济，《解释》第六条第一款规定："为合法经营活动而非法购买、收受本解释第五条第一款第三项、第四项规定以外的公民个人信息，具有下列情形之一的，应当认定为刑法第二百五十三条之一规定的'情节严重'：（一）利用非法购买、收受的公民个人信息获利五万元以上的；（二）曾因侵犯公民个人信息受过刑事处罚或者二年内受过行政处罚，又非法购买、收受公民个人信息的；（三）其他情节严重的情形。"这是《解释》针对为合法经营活动而购买、收受公民个人信息的行为设置的专门的定罪量刑标准。而且，考虑到此类行为社会危害性不大，即使构成犯罪，通常也不需要升档量刑，故只规定了“情节严重”的具体情形。

需要注意的是，适用该定罪量刑标准须满足三个条件：一是为了合法经营活动，对此可以综合全案证据认定，但主要应当由被告方提供相关证据；二是限于普通公民个人信息，即不包括可能影响人身、财产安全的敏感信息；三是信息没有再流出扩散，即行为方式限于购买、收受。根据《解释》第六条第二款的规定，如果将购买、收受的公民个人信息非法出售或者提供的，定罪量刑标准应当适用《解释》第五条的规定。对此应当注意的是，为了合法经营活动交换公民个人信息的，由于在获取信息的同时造成了信息扩散，不符合前述三个要件，定罪量刑标准亦应适用《解释》第五条的规定。

4.侵犯公民个人信息单位犯罪的定罪量刑标准。根据刑法第二百五十三条之一第四款的规定，单位可以成为侵犯公民个人信息罪的主体。为切实加大对单位侵犯公民个人信息犯罪的惩治力度，《解释》第七条明确了单位实施侵犯公民个人信息犯罪的，适用自然人犯罪的定罪量刑标准，规定：“单位犯刑法第二百五十三条之一规定之罪的，依照本解释规定的相应自然人犯罪的定罪量刑标准，对直接负责的主管人员和其他直接责任人员定罪处罚，并对单位判处罚金。”

（六）侵犯公民个人信息罪的认罪认罚从宽处理

为贯彻落实“认罪认罚从宽制度”，充分发挥刑法的教育和威慑功能，《解释》第十条专门规定：“实施侵犯公民个人信息犯罪，不属于‘情节特别严重’，行为人系初犯，全部退赃，并确有悔罪表现的，可以认定为情节轻微，不起诉或者免予刑事处罚；确有必要判处刑罚的，应当从宽处罚。”可见，该条只适用于侵犯公民个人信息犯罪的基本情节，对于符合“情节特别严重”构成的，不能再适用本条规定从宽处罚。

（七）设立网站、通讯群组侵犯公民个人信息行为的定性

实践中，一些行为人通过建立网站供他人进行公民个人信息交换、买卖等活动，以非法牟利。此类网站存储、流转公民个人信息量巨大，但网站建立者、直接负责的管理者未直接接触公民个人信息，不少情形下难以按照侵犯公民个人信息罪定罪处罚。根据刑法第二百八十七条之一的规定，设立用于实施违法犯罪活动的网站、通讯群组，情节严重的，构成非法利用信息网络罪。经研究认为，供他人实施非法获取、出售或者提供公民个人信息违法犯罪活动的网站、通讯群组实际上属于“用于实施违法犯罪活动的网站、通讯群组”。因此，《解释》第八条规

定:“设立用于实施非法获取、出售或者提供公民个人信息违法犯罪活动的网站、通讯群组,情节严重的,应当依照刑法第二百八十七条之一的规定,以非法利用信息网络罪定罪处罚;同时构成侵犯公民个人信息罪的,依照侵犯公民个人信息罪定罪处罚。”

(八)拒不履行公民个人信息安全管理义务行为的处理

当前,一些单位因为履行职责或者提供服务的需要,掌握着海量公民个人信息,这些信息一旦泄露将造成恶劣社会影响和严重危害后果。实际上,侵犯公民个人信息违法犯罪的猖獗,与有关单位保护公民个人信息工作存在疏漏有一定关联,相关管理机制有进一步完善的空间。这一问题在互联网时代更为突出。为了促进网络运营者采取切实有效的措施加强对公民个人信息的保护,《网络安全法》明确了网络信息安全的责任主体,确立了“谁收集,谁负责”的原则,将收集和使用个人信息的网络运营者,设定为个人信息保护的责任主体。其中,第四十条明确规定:“网络运营者应当对其收集的用户信息严格保密,并建立健全用户信息保护制度。”与之相衔接,《刑法修正案(九)》设立了拒不履行信息网络安全管理义务罪,规定网络服务提供者不履行法律、行政法规规定的信息网络安全管理义务,经监管部门责令采取改正措施而拒不改正,致使用户信息泄露,造成严重后果的,处三年以下有期徒刑、拘役或者管制,并处或者单处罚金。因此,对于网络服务提供者未切实落实个人信息保护措施,符合刑法第二百八十六条之一规定的,可能构成拒不履行信息网络安全管理义务罪。据此,《解释》第九条规定:“网络服务提供者拒不履行法律、行政法规规定的信息网络安全管理义务,经监管部门责令采取改正措施而拒不改正,致使用户的公民个人信息泄露,造成严重后果的,应当依照刑法第二百八十六条之一的规定,以拒不履行信息网络安全管理义务罪定罪处罚。”

(九)涉案公民个人信息的数量计算规则

针对公民个人信息数量“计算难”的实际问题,《解释》第十一条专门规定了数量计算规则。具体而言:

1. 公民个人信息的条数计算。关于公民个人信息的条数计算,如同一条信息中涉及多个个人信息的,如家庭住址、银行卡信息、电话号码,实践中往往认定为一条公民个人信息。对此问题,实践中并无太大争议,故未作专门规定。对于实践中存在的针对同一对象非法获取公民信息后又出售或者提供的情形,则明显不宜先计算非法获取的公民个人信息数量、再计算出售或者提供的公民个人信息数量，故《解释》第十一条第一款规定："非法获取公民个人信息后又出售或者提供的，公民个人信息的条数不重复计算。"此外，考虑到公民个人信息可能被重复出售或者提供，其社会危害性明显不同于向他人出售或者提供一次的情形，故而，《解释》第十一条第二款规定："向不同单位或者个人分别出售、提供同一公民个人信息的，公民个人信息的条数累计计算。"

2. 批量公民个人信息的数量认定规则。从实践来看，除公民个人敏感信息外，涉案的公民个人信息动辄上万条甚至数十万条。此类案件中，不排除少数情况下存在信息重复，如针对同一对象并存"姓名＋住址""姓名＋电话号码""姓名＋身份证号"等数条信息，但要求做到完全去重较为困难。此外，对于信息的真实性也难以一一核实。个别案件中，要求办案机关电话联系权利人核实公民个人信息的做法，明显不合适。基于此，《解释》第十一条第三款规定："对批量公民个人信息的条数，根据查获的数量直接认定，但是有证据证明信息不真实或者重复的除外。"

（十）侵犯公民个人信息犯罪的罚金刑适用规则

侵犯公民个人信息犯罪具有明显的牟利性，行为人实施该类犯罪主要是为了牟取非法利益。因此，有必要加大财产刑的适用力度，让行为人在经济上得不偿失，进而剥夺其再次实施此类犯罪的经济能力。基于此，《解释》第十二条规定："对于侵犯公民个人信息犯罪，应当综合考虑犯罪的危害程度、犯罪的违法所得数额以及被告人的前科情况、认罪悔罪态度等，依法判处罚金。罚金数额一般在违法所得的一倍以上五倍以下。"

四、典型案例

涉及罪名：侵犯公民个人信息罪

浙江省绍兴市柯桥区人民法院

刑 事 判 决 书

(2017)浙 0603 刑初 97 号

公诉机关绍兴市柯桥区人民检察院。

……

绍兴市柯桥区人民检察院以绍柯检公刑诉(2017)100 号起诉书指控被告人夏某某犯侵犯公民个人信息罪，于 2017 年 1 月 24 日向本院提起公诉。本院于同日立案，并依法适用简易程序，实行独任审判，公开开庭审理了本案。绍兴市柯桥区人民检察院指派代理检察员陈海艳出庭支持公诉，被告人夏某某及辩护人陈树杨到庭参加诉讼。现已审理终结。

绍兴市柯桥区人民检察院指控，2015年10月至2016年7月期间，被告人夏某某通过QQ等方式买卖大量含有公民姓名、收货地址、手机号码等内容的网购订单信息，非法获利约5万元，其中至少2600余条订单信息经查证属实。

另查明，被告人夏某某归案后如实供述了上述事实。

上述事实，被告人夏某某在开庭审理过程中亦无异议，并有图片说明，接受证据清单及电脑截图、扣押清单、电脑证据提取记录及明细、情况说明、绍兴市柯桥区公安局民警出具的抓获经过、调取证据清单及支付宝交易明细、支付宝后台订单数据，覃某的证言，搜查笔录，监控视频等证据证实，足以认定。

本院认为，被告人夏某某违反国家有关规定，非法获取公民个人信息并向他人出售，情节严重，其行为已构成侵犯公民个人信息罪。公诉机关指控的罪名成立，予以支持。被告人夏某某在归案后能如实供述自己的罪行，依法予以从轻处罚；能自愿认罪，酌情予以从轻处罚。采纳被告人夏某某要求从轻处罚及辩护人陈树杨建议对被告人夏某某从轻处罚的意见。根据被告人夏某某的犯罪情节，不宜宣告缓刑。不采纳被告人夏某某要求宣告缓刑及辩护人陈树杨建议对被告人夏某某宣告缓刑的意见。被告人夏某某的违法所得依法应予追缴。依照《中华人民共和国刑法》第二百五十三条之一第一款和第三款、第六十七条第三款、第六十四条之规定，判决如下：

一、被告人夏某某犯侵犯公民个人信息罪，判处有期徒刑二年，并处罚金人民币二千元(刑期从判决生效之日起计算。判决执行以前先行羁押的，羁押一日折抵刑期一日，即自二〇一六年七月十三日起至二〇一八年七月十二日止。罚金限在判决生效后十日内缴纳)；

二、追缴被告人夏某某的违法所得人民币五万元。

如不服本判决，可在接到判决书的第二日起十日内，通过本院或者直接向浙江省绍兴市中级人民法院提出上诉。书面上诉的，应当提交上诉状正本一份，副本二份。

审判员　鲁琴芳

二〇一七年二月十日

书记员　李　平

第二百六十四、二百六十五条　盗窃罪

一、刑法条文

第二百六十四条【盗窃罪】盗窃公私财物，数额较大的，或者多次盗窃、入户盗窃、携带凶器盗窃、扒窃的，处三年以下有期徒刑、拘役或者管制，并处或者单处罚金；数额巨大或者有其他严重情节的，处三年以上十年以下有期徒刑，并处罚金；数额特别巨大或者有其他特别严重情节的，处十年以上有期徒刑或者无期徒刑，并处罚金或者没收财产。

第二百六十五条【盗窃罪】以牟利为目的，盗接他人通信线路、复制他人电信码号或者明知是盗接、复制的电信设备、设施而使用的，依照本法第二百六十四条的规定定罪处罚。

二、司法解释

《最高人民法院、最高人民检察院关于办理盗窃刑事案件适用法律若干问题的解释》

法释〔2013〕8号（2013年4月2日发布，2013年4月4日施行）

为依法惩治盗窃犯罪活动，保护公私财产，根据《中华人民共和国刑法》《中华人民共和国刑事诉讼法》的有关规定，现就办理盗窃刑事案件适用法律的若干问题解释如下：

第一条　盗窃公私财物价值一千元至三千元以上、三万元至十万元以上、三十万元至五十万元以上的，应当分别认定为刑法第二百六十四条规定的“数额较大”“数额巨大”“数额特别巨大”。

各省、自治区、直辖市高级人民法院、人民检察院可以根据本地区经济发展状况,并考虑社会治安状况,在前款规定的数额幅度内,确定本地区执行的具体数额标准,报最高人民法院、最高人民检察院批准。

在跨地区运行的公共交通工具上盗窃,盗窃地点无法查证的,盗窃数额是否达到“数额较大”“数额巨大”“数额特别巨大”,应当根据受理案件所在地省、自治区、直辖市高级人民法院、人民检察院确定的有关数额标准认定。

盗窃毒品等违禁品,应当按照盗窃罪处理的,根据情节轻重量刑。

第二条 盗窃公私财物,具有下列情形之一的,“数额较大”的标准可以按照前条规定标准的百分之五十确定:

(一)曾因盗窃受过刑事处罚的;

(二)一年内曾因盗窃受过行政处罚的;

(三)组织、控制未成年人盗窃的;

(四)自然灾害、事故灾害、社会安全事件等突发事件期间,在事件发生地盗窃的;

(五)盗窃残疾人、孤寡老人、丧失劳动能力人的财物的;

(六)在医院盗窃病人或者其亲友财物的;

(七)盗窃救灾、抢险、防汛、优抚、扶贫、移民、救济款物的;

(八)因盗窃造成严重后果的。

第三条 二年内盗窃三次以上的,应当认定为“多次盗窃”。

非法进入供他人家庭生活,与外界相对隔离的住所盗窃的,应当认定为“入户盗窃”。

携带枪支、爆炸物、管制刀具等国家禁止个人携带的器械盗窃,或者为了实施违法犯罪携带其他足以危害他人人身安全的器械盗窃的,应当认定为“携带凶器盗窃”。

在公共场所或者公共交通工具上盗窃他人随身携带的财物的,应当认定为“扒窃”。

第四条 盗窃的数额,按照下列方法认定:

(一)被盗财物有有效价格证明的,根据有效价格证明认定;无有效价格证明,或者根据价格证明认定盗窃数额明显不合理的,应当按照有关规定委托估价机构估价;

(二)盗窃外币的,按照盗窃时中国外汇交易中心或者中国人民银行授权机构公布的人民币对该货币的中间价折合成人民币计算；中国外汇交易中心或者中国人民银行授权机构未公布汇率中间价的外币，按照盗窃时境内银行人民币对该货币的中间价折算成人民币，或者该货币在境内银行、国际外汇市场对美元汇率，与人民币对美元汇率中间价进行套算；

（三）盗窃电力、燃气、自来水等财物，盗窃数量能够查实的，按照查实的数量计算盗窃数额；盗窃数量无法查实的，以盗窃前六个月月均正常用量减去盗窃后计量仪表显示的月均用量推算盗窃数额；盗窃前正常使用不足六个月的，按照正常使用期间的月均用量减去盗窃后计量仪表显示的月均用量推算盗窃数额；

（四）明知是盗接他人通信线路、复制他人电信码号的电信设备、设施而使用的，按照合法用户为其支付的费用认定盗窃数额；无法直接确认的，以合法用户的电信设备、设施被盗接、复制后的月缴费额减去被盗接、复制前六个月的月均电话费推算盗窃数额；合法用户使用电信设备、设施不足六个月的，按照实际使用的月均电话费推算盗窃数额；

（五）盗接他人通信线路、复制他人电信码号出售的，按照销赃数额认定盗窃数额。

盗窃行为给失主造成的损失大于盗窃数额的，损失数额可以作为量刑情节考虑。

第五条　盗窃有价支付凭证、有价证券、有价票证的，按照下列方法认定盗窃数额：

（一）盗窃不记名、不挂失的有价支付凭证、有价证券、有价票证的，应当按票面数额和盗窃时应得的孳息、奖金或者奖品等可得收益一并计算盗窃数额；

（二）盗窃记名的有价支付凭证、有价证券、有价票证，已经兑现的，按照兑现部分的财物价值计算盗窃数额；没有兑现，但失主无法通过挂失、补领、补办手续等方式避免损失的，按照给失主造成的实际损失计算盗窃数额。

第六条　盗窃公私财物，具有本解释第二条第三项至第八项规定情形之一，或者入户盗窃、携带凶器盗窃，数额达到本解释第一条规定的“数额巨大”“数额特别巨大”百分之五十的，可以分别认定为刑法第二百六十四条规定的“其他严重情节”或者“其他特别严重情节”。

第七条　盗窃公私财物数额较大，行为人认罪、悔罪，退赃、退赔，且具有下列情形之一，情节轻微的，可以不起诉或者免予刑事处罚；必要时，由有关部门予以行政处罚：

（一）具有法定从宽处罚情节的；

（二）没有参与分赃或者获赃较少且不是主犯的；

（三）被害人谅解的；

（四）其他情节轻微、危害不大的。

第八条　偷拿家庭成员或者近亲属的财物，获得谅解的，一般可不认为是犯罪；追究刑事责任的，应当酌情从宽。

第九条　盗窃国有馆藏一般文物、三级文物、二级以上文物的，应当分别认定为刑法第二百六十四条规定的“数额较大”“数额巨大”“数额特别巨大”。

盗窃多件不同等级国有馆藏文物的，三件同级文物可以视为一件高一级文物。

盗窃民间收藏的文物的，根据本解释第四条第一款第一项的规定认定盗窃数额。

第十条　偷开他人机动车的，按照下列规定处理：

（一）偷开机动车，导致车辆丢失的，以盗窃罪定罪处罚；

（二）为盗窃其他财物，偷开机动车作为犯罪工具使用后非法占有车辆，或者将车辆遗弃导致丢失的，被盗车辆的价值计入盗窃数额；

（三）为实施其他犯罪，偷开机动车作为犯罪工具使用后非法占有车辆，或者将车辆遗弃导致丢失的，以盗窃罪和其他犯罪数罪并罚；将车辆送回未造成丢失的，按照其所实施的其他犯罪从重处罚。

第十一条　盗窃公私财物并造成财物损毁的，按照下列规定处理：

（一）采用破坏性手段盗窃公私财物，造成其他财物损毁的，以盗窃罪从重处罚；同时构成盗窃罪和其他犯罪的，择一重罪从重处罚；

（二）实施盗窃犯罪后，为掩盖罪行或者报复等，故意毁坏其他财物构成犯罪的，以盗窃罪和构成的其他犯罪数罪并罚；

（三）盗窃行为未构成犯罪，但损毁财物构成其他犯罪的，以其他犯罪定罪处罚。

第十二条　盗窃未遂，具有下列情形之一的，应当依法追究刑事责任：

（一）以数额巨大的财物为盗窃目标的；

（二）以珍贵文物为盗窃目标的；

（三）其他情节严重的情形。

盗窃既有既遂，又有未遂，分别达到不同量刑幅度的，依照处罚较重的规定处罚;达到同一量刑幅度的,以盗窃罪既遂处罚。

第十三条　单位组织、指使盗窃,符合刑法第二百六十四条及本解释有关规定的,以盗窃罪追究组织者、指使者、直接实施者的刑事责任。

第十四条　因犯盗窃罪,依法判处罚金刑的,应当在一千元以上盗窃数额的二倍以下判处罚金;没有盗窃数额或者盗窃数额无法计算的,应当在一千元以上十万元以下判处罚金。

第十五条　本解释发布实施后,《最高人民法院关于审理盗窃案件具体应用法律若干问题的解释》(法释〔1998〕4号)同时废止;之前发布的司法解释和规范性文件与本解释不一致的,以本解释为准。

三、典型案例

涉及罪名:盗窃罪、诈骗罪

浙江省高级人民法院

刑 事 裁 定 书[①]

(2011)浙刑三终字第132号

原公诉机关浙江省杭州市人民检察院。

……

浙江省杭州市中级人民法院审理杭州市人民检察院指控被告人臧某、郑某犯盗窃罪、诈骗罪,被告人刘某犯诈骗罪一案,于2011年6月1日作出(2011)浙杭刑初字第91号刑事判决。臧某不服,提出上诉。本院依法组成合议庭,经过阅卷,讯问被告人,认为本案事实清楚,决定不开庭审理。现已审理终结。

原判认定:

(一)诈骗事实

2010年5月,被告人臧某、郑某、刘某分别以虚假身份在淘宝网上开设无货可供的店铺,以低价吸引买家,并事先在网游网站(系支付宝公司商户)注册一账户,对该账户预设充值程序,充值金额为买家欲支付的金额,后将该充值程序代码植入一个虚假淘宝网链接中。与买家商谈好商品价格后,臧某、郑某、刘某会

① 最高人民法院指导性案例87号。

各自以方便买家购物为由，将该虚假淘宝网链接通过阿里旺旺聊天工具发送给买家。买家误以为是淘宝网链接而点击该链接进行购物、付款，并认为所付货款会汇入支付宝公司为担保交易而设立的公用账户，但该货款实际通过预设程序转入网游网站在支付宝公司的私人账户，再转入被告人事先在网游网站注册的充值账户中。三被告人获取买家货款后，在网游网站购买游戏点卡、腾讯Q币等物后，将上述物品按事先约定统一放在臧某的“小泉先生哦”的淘宝网店铺中出售套现，所得钱款均汇入臧某的工商银行卡(账号为62×××54)中，由臧某按照获利额并以约定方式分配。

2010年5月至6月间，被告人臧某、郑某、刘某先后窜至江苏省苏州市、无锡市、昆山市等地网吧，采用上述手段作案骗取他人钱财，臧某实际获利人民币5000余元，郑某实际获利人民币5000余元，刘某实际获利人民币12000余元。其中，2010年5月31日，刘某在淘宝网上开设账号为“花儿朵朵儿开”的虚假店铺，以卖女包为名，采用上述手段骗取被害人孙某人民币638元；同年6月1日，臧某在江苏省昆山市满天星网吧登录互联网，在淘宝网上注册名称为“金钱决定你的人生”的虚假店铺，后郑某以卖女装为名，采用上述手段骗取被害人金某人民币195元。

(二)盗窃事实

2010年6月1日，被告人郑某成功骗取被害人金某人民币195元后，获悉金某的建设银行网银账户内有人民币30万余元存款余额且无每日支付限额，遂电话告知被告人臧某，预谋合伙作案。臧某赶至满天星网吧，以尚未看到金某付款195元成功的记录为由，发送给金某一个交易金额标注为人民币1元而实际植入了支付人民币305000元的计算机程序的虚假链接，谎称金某点击该1元支付链接后，其即可查看到付款成功的记录。金某在被告人的诱导下点击了该虚假链接，其建设银行网银账户中的人民币305000元随即通过臧某预设的计算机程序，经上海快钱信息服务有限公司的平台支付到臧某提前在福州海都阳光信息科技有限公司注册的“kissa123”账户中。臧某即使用其中的人民币116863元购买大量游戏点卡及腾讯Q币，并在其“小泉先生哦”的淘宝网店上出售套现。案发后，公安机关从福州海都阳光信息科技有限公司追回赃款人民币187126.31元，已发还被害人金某。

综上，被告人臧某盗窃数额计人民币305000元，诈骗数额计人民币22000余元；被告人郑某盗窃数额计人民币305000元，诈骗数额计人民币5000余元；

被告人刘某诈骗数额计人民币 12000 余元。

原审根据上述事实及相关法律的规定，作出判决如下：(1)被告人臧某犯盗窃罪，判处有期徒刑十三年，剥夺政治权利一年，并处罚金人民币 30000 元；犯诈骗罪，判处有期徒刑二年，并处罚金人民币 5000 元，决定执行有期徒刑十四年六个月，剥夺政治权利一年，并处罚金人民币 35000 元。(2)被告人郑某犯盗窃罪，判处有期徒刑十年，剥夺政治权利一年，并处罚金人民币 10000 元；犯诈骗罪，判处有期徒刑六个月，并处罚金人民币 2000 元，决定执行有期徒刑十年三个月，剥夺政治权利一年，并处罚金人民币 12000 元。(3)被告人刘某犯诈骗罪，判处有期徒刑一年六个月，并处罚金人民币 5000 元。

被告人臧某上诉提出，其制作假淘宝网链接发送给被害人金某，诱骗对方点击付款，从而非法获取金某的银行存款人民币 305000 元，该行为与其先前诈骗金某 195 元的行为性质相同，构成诈骗罪；故原判认定其构成盗窃罪的定性错误，量刑过重，要求从轻改判。

经审理查明，原判认定被告人臧某、郑某盗窃、诈骗，被告人刘某诈骗的事实，有被害人孙某、金某的陈述及金某与被告人方的聊天记录，证人蔡某的证言，从金华比奇网络技术有限公司、上海快钱信息服务有限公司、福州海都阳光信息科技有限公司、浙江淘宝网络有限公司、支付宝公司调取的用户注册、登录信息、交易记录、出售商品信息等，被告人在江苏省昆山市的网吧上网登记记录，臧某、刘某的朋友周某的银行卡资金存取明细资料，收条等证据证实。臧某、郑某、刘某亦均供认在案，所供能相互印证，且与前述证据反映的情况相符。原判认定的事实清楚，证据确实、充分。关于上诉理由，经查：被告人臧某、郑某在得知被害人金某网银账户内有 30 万余元余额时，即产生非法占有目的；在网络聊天中诱导金某同意支付 1 元钱后，即制作了一个表面付款“1 元”而实际是支付 305000 元的假淘宝网链接，金某点击后，其网银账户内 305000 元即被非法转移，金某对此既不明知也非自愿。臧某、郑某诱骗对方点击“1 元”的虚假链接系实施盗窃的辅助行为，本质是通过隐藏的事先预设的计算机程序窃取对方的银行存款，符合盗窃罪的构成要件。故臧某上诉提出其非法获取金某的银行存款 305000 元的行为构成诈骗罪的理由与事实及法律不符，不予采信。

本院认为，被告人臧某、郑某、刘某以非法占有为目的，开设虚假的网络店铺及利用伪造的购物链骗取他人数额较大的货款，其行为均已构成诈骗罪。臧某、郑某还使用预设计算机程序并植入的方法，秘密窃取他人网上银行账户内数额特别巨大的钱款，其行为又均已构成盗窃罪。均应依法惩处，其中臧某、郑某应二罪并罚。臧某上诉要求从轻改判的理由不能成立，不予采纳。原判定罪及适用法律正确，量刑适当。审判程序合法。依照《中华人民共和国刑法》第二百六十四条、第二百六十六条、第十二条第一款、第六十九条、第五十五条第一款、第五十六条第一款、第二十五条第一款、第二十六条第一、四款，《最高人民法院关于审理盗窃案件具体应用法律若干问题的解释》第十三条，《中华人民共和国刑事诉讼法》第一百八十九条第(一)项之规定，裁定如下：

一、驳回被告人臧某的上诉；

二、维持原判。

本裁定为终审裁定。

审　判　长　刘启和
代理审判员　黄　寒
代理审判员　陈洪理
二〇一一年八月九日
书　记　员　俞　诚

第二百六十六条　诈骗罪

一、刑法条文

第二百六十六条【诈骗罪】诈骗公私财物，数额较大的，处三年以下有期徒刑、拘役或者管制，并处或者单处罚金；数额巨大或者有其他严重情节的，处三年以上十年以下有期徒刑，并处罚金；数额特别巨大或者有其他特别严重情节的，处十年以上有期徒刑或者无期徒刑，并处罚金或者没收财产。本法另有规定的，依照规定。

二、其他法律法规及文件

(一)《中华人民共和国网络安全法》

主席令第五十三号（2016 年 11 月 7 日发布，2017 年 6 月 1 日实施）

……

第四十六条　任何个人和组织应当对其使用网络的行为负责，不得设立用于实施诈骗，传授犯罪方法，制作或者销售违禁物品、管制物品等违法犯罪活动的网站、通讯群组，不得利用网络发布涉及实施诈骗，制作或者销售违禁物品、管制物品以及其他违法犯罪活动的信息。

……

第六十七条　违反本法第四十六条规定，设立用于实施违法犯罪活动的网站、通讯群组，或者利用网络发布涉及实施违法犯罪活动的信息，尚不构成犯罪的，由公安机关处五日以下拘留，可以并处一万元以上十万元以下罚款；情节较重的，处五日以上十五日以下拘留，可以并处五万元以上五十万元以下罚款。关闭用于实施违法犯罪活动的网站、通讯群组。

(二)《最高人民法院、最高人民检察院、公安部等关于防范和打击电信网络诈骗犯罪的通告》

(2016 年 9 月 23 日发布,2016 年 9 月 23 日实施)

电信网络诈骗犯罪是严重影响人民群众合法权益、破坏社会和谐稳定的社会公害,必须坚决依法严惩。为切实保障广大人民群众合法权益,维护社会和谐稳定,根据《中华人民共和国刑法》《中华人民共和国刑事诉讼法》《全国人民代表大会常务委员会关于加强网络信息保护的决定》等有关规定,现就防范和打击电信网络诈骗犯罪相关事项通告如下:

一、凡是实施电信网络诈骗犯罪的人员,必须立即停止一切违法犯罪活动。自本通告发布之日起至 2016 年 10 月 31 日,主动投案、如实供述自己罪行的,依法从轻或者减轻处罚,在此规定期限内拒不投案自首的,将依法从严惩处。

二、公安机关要主动出击,将电信网络诈骗案件依法立为刑事案件,集中侦破一批案件、打掉一批犯罪团伙、整治一批重点地区,坚决拔掉一批地域性职业电信网络诈骗犯罪"钉子"。对电信网络诈骗案件,公安机关、人民检察院、人民法院要依法快侦、快捕、快诉、快审、快判,坚决遏制电信网络诈骗犯罪发展蔓延势头。

三、电信企业(含移动转售企业,下同)要严格落实电话用户真实身份信息登记制度,确保到 2016 年 10 月底前全部电话实名率达到 96%,年底前达到 100%。未实名登记的单位和个人,应按要求对所持有的电话进行实名登记,在规定时间内未完成真实身份信息登记的,一律予以停机。电信企业在为新入网用户办理真实身份信息登记手续时,要通过采取二代身份证识别设备、联网核验等措施验证用户身份信息,并现场拍摄和留存用户照片。

四、电信企业立即开展一证多卡用户的清理,对同一用户在同一家基础电信企业或同一移动转售企业办理有效使用的电话卡达到 5 张的,该企业不得为其开办新的电话卡。电信企业和互联网企业要采取措施阻断改号软件网上发布、搜索、传播、销售渠道,严禁违法网络改号电话的运行、经营。电信企业要严格规范国际通信业务出入口局主叫号码传送,全面实施语音专线规范清理和主叫鉴权,加大网内和网间虚假主叫发现与拦截力度,立即清理规范一号通、商务总机、400 等电话业务,对违规经营的网络电话业务一律依法予以取缔,对违规经营的各级代理商责令限期整改，逾期不改的一律由相关部门吊销执照，并严肃追究民事、行政责任。移动转售企业要依法开展业务，对整治不力、屡次违规的移动转售企业，将依法坚决查处，直至取消相应资质。

五、各商业银行要抓紧完成借记卡存量清理工作，严格落实"同一客户在同一商业银行开立借记卡原则上不得超过 4 张"等规定。任何单位和个人不得出租、出借、出售银行账户（卡）和支付账户，构成犯罪的依法追究刑事责任。自 2016 年 12 月 1 日起，同一个人在同一家银行业金融机构只能开立一个Ⅰ类银行账户，在同一家非银行支付机构只能开立一个Ⅲ类支付账户。自 2017 年起，银行业金融机构和非银行支付机构对经设区市级及以上公安机关认定的出租、出借、出售、购买银行账户（卡）或支付账户的单位和个人及相关组织者，假冒他人身份或虚构代理关系开立银行账户（卡）或支付账户的单位和个人，5 年内停止其银行账户（卡）非柜面业务、支付账户所有业务，3 年内不得为其新开立账户。对经设区市级及以上公安机关认定为被不法分子用于电信网络诈骗作案的涉案账户，将对涉案账户开户人名下其他银行账户暂停非柜面业务，支付账户暂停全部业务。自 2016 年 12 月 1 日起，个人通过银行自助柜员机向非同名账户转账的，资金 24 小时后到账。

六、严禁任何单位和个人非法获取、非法出售、非法向他人提供公民个人信息。对泄露、买卖个人信息的违法犯罪行为，坚决依法打击。对互联网上发布的贩卖信息、软件、木马病毒等要及时监控、封堵、删除，对相关网站和网络账号要依法关停，构成犯罪的依法追究刑事责任。

七、电信企业、银行、支付机构和银联，要切实履行主体责任，对责任落实不到位导致被不法分子用于实施电信网络诈骗犯罪的，要依法追究责任。各级行业主管部门要落实监管责任，对监管不到位的，要严肃问责。对因重视不够，防范、打击、整治措施不落实，导致电信网络诈骗犯罪问题严重的地区、部门、国有电信企业、银行和支付机构，坚决依法实行社会治安综合治理"一票否决"，并追究相关责任人的责任。

八、各地各部门要加大宣传力度，广泛开展宣传报道，形成强大舆论声势。要运用多种媒体渠道，及时向公众发布电信网络犯罪预警提示，普及法律知识，提高公众对各类电信网络诈骗的鉴别能力和安全防范意识。

九、欢迎广大人民群众积极举报相关违法犯罪线索，对在捣毁特大犯罪窝点、打掉特大犯罪团伙中发挥重要作用的，予以重奖，并依法保护举报人的个人信息及安全。

本通告自发布之日起施行。

(三)《最高人民法院、最高人民检察院、公安部关于办理电信网络诈骗等刑事案件适用法律若干问题的意见》

法发〔2016〕32号(2016年12月19日发布,2016年12月19日实施)

为依法惩治电信网络诈骗等犯罪活动,保护公民、法人和其他组织的合法权益,维护社会秩序,根据《中华人民共和国刑法》《中华人民共和国刑事诉讼法》等法律和有关司法解释的规定,结合工作实际,制定本意见。

一、总体要求

近年来,利用通讯工具、互联网等技术手段实施的电信网络诈骗犯罪活动持续高发,侵犯公民个人信息,扰乱无线电通讯管理秩序,掩饰、隐瞒犯罪所得、犯罪所得收益等上下游关联犯罪不断蔓延。此类犯罪严重侵害人民群众财产安全和其他合法权益,严重干扰电信网络秩序,严重破坏社会诚信,严重影响人民群众安全感和社会和谐稳定,社会危害性大,人民群众反映强烈。

人民法院、人民检察院、公安机关要针对电信网络诈骗等犯罪的特点,坚持全链条全方位打击,坚持依法从严从快惩处,坚持最大力度最大限度追赃挽损,进一步健全工作机制,加强协作配合,坚决有效遏制电信网络诈骗等犯罪活动,努力实现法律效果和社会效果的高度统一。

二、依法严惩电信网络诈骗犯罪

(一)根据《最高人民法院、最高人民检察院关于办理诈骗刑事案件具体应用法律若干问题的解释》第一条的规定,利用电信网络技术手段实施诈骗,诈骗公私财物价值三千元以上、三万元以上、五十万元以上的,应当分别认定为刑法第二百六十六条规定的"数额较大""数额巨大""数额特别巨大"。

二年内多次实施电信网络诈骗未经处理,诈骗数额累计计算构成犯罪的,应当依法定罪处罚。

(二)实施电信网络诈骗犯罪,达到相应数额标准,具有下列情形之一的,酌情从重处罚:

1.造成被害人或其近亲属自杀、死亡或者精神失常等严重后果的;

2.冒充司法机关等国家机关工作人员实施诈骗的;

3.组织、指挥电信网络诈骗犯罪团伙的;

4.在境外实施电信网络诈骗的；

5.曾因电信网络诈骗犯罪受过刑事处罚或者二年内曾因电信网络诈骗受过行政处罚的；

6.诈骗残疾人、老年人、未成年人、在校学生、丧失劳动能力人的财物，或者诈骗重病患者及其亲属财物的；

7.诈骗救灾、抢险、防汛、优抚、扶贫、移民、救济、医疗等款物的；

8.以赈灾、募捐等社会公益、慈善名义实施诈骗的；

9.利用电话追呼系统等技术手段严重干扰公安机关等部门工作的；

10.利用"钓鱼网站"链接、"木马"程序链接、网络渗透等隐蔽技术手段实施诈骗的。

（三）实施电信网络诈骗犯罪，诈骗数额接近"数额巨大""数额特别巨大"的标准，具有前述第（二）条规定的情形之一的，应当分别认定为刑法第二百六十六条规定的"其他严重情节""其他特别严重情节"。

上述规定的"接近"，一般应掌握在相应数额标准的百分之八十以上。

（四）实施电信网络诈骗犯罪，犯罪嫌疑人、被告人实际骗得财物的，以诈骗罪（既遂）定罪处罚。诈骗数额难以查证，但具有下列情形之一的，应当认定为刑法第二百六十六条规定的"其他严重情节"，以诈骗罪（未遂）定罪处罚：

1.发送诈骗信息五千条以上的，或者拨打诈骗电话五百人次以上的；

2.在互联网上发布诈骗信息，页面浏览量累计五千次以上的。

具有上述情形，数量达到相应标准十倍以上的，应当认定为刑法第二百六十六条规定的"其他特别严重情节"，以诈骗罪（未遂）定罪处罚。

上述"拨打诈骗电话"，包括拨出诈骗电话和接听被害人回拨电话。反复拨打、接听同一电话号码，以及反复向同一被害人发送诈骗信息的，拨打、接听电话次数、发送信息条数累计计算。

因犯罪嫌疑人、被告人故意隐匿、毁灭证据等原因，致拨打电话次数、发送信息条数的证据难以收集的，可以根据经查证属实的日拨打人次数、日发送信息条数，结合犯罪嫌疑人、被告人实施犯罪的时间、犯罪嫌疑人、被告人的供述等相关证据，综合予以认定。

（五）电信网络诈骗既有既遂，又有未遂，分别达到不同量刑幅度的，依照处罚较重的规定处罚；达到同一量刑幅度的，以诈骗罪既遂处罚。

（六）对实施电信网络诈骗犯罪的被告人裁量刑罚，在确定量刑起点、基准刑时，一般应就高选择。确定宣告刑时，应当综合全案事实情节，准确把握从重、从轻量刑情节的调节幅度，保证罪责刑相适应。

（七）对实施电信网络诈骗犯罪的被告人，应当严格控制适用缓刑的范围，严格掌握适用缓刑的条件。

（八）对实施电信网络诈骗犯罪的被告人，应当更加注重依法适用财产刑，加大经济上的惩罚力度，最大限度剥夺被告人再犯的能力。

三、全面惩处关联犯罪

（一）在实施电信网络诈骗活动中，非法使用"伪基站""黑广播"，干扰无线电通讯秩序，符合刑法第二百八十八条规定的，以扰乱无线电通讯管理秩序罪追究刑事责任。同时构成诈骗罪的，依照处罚较重的规定定罪处罚。

（二）违反国家有关规定，向他人出售或者提供公民个人信息，窃取或者以其他方法非法获取公民个人信息，符合刑法第二百五十三条之一规定的，以侵犯公民个人信息罪追究刑事责任。

使用非法获取的公民个人信息，实施电信网络诈骗犯罪行为，构成数罪的，应当依法予以并罚。

（三）冒充国家机关工作人员实施电信网络诈骗犯罪，同时构成诈骗罪和招摇撞骗罪的，依照处罚较重的规定定罪处罚。

（四）非法持有他人信用卡，没有证据证明从事电信网络诈骗犯罪活动，符合刑法第一百七十七条之一第一款第（二）项规定的，以妨害信用卡管理罪追究刑事责任。

（五）明知是电信网络诈骗犯罪所得及其产生的收益，以下列方式之一予以转账、套现、取现的，依照刑法第三百一十二条第一款的规定，以掩饰、隐瞒犯罪所得、犯罪所得收益罪追究刑事责任。但有证据证明确实不知道的除外：

1. 通过使用销售点终端机具（POS 机）刷卡套现等非法途径，协助转换或者转移财物的；

2. 帮助他人将巨额现金散存于多个银行账户，或在不同银行账户之间频繁划转的；

3. 多次使用或者使用多个非本人身份证明开设的信用卡、资金支付结算账户或者多次采用遮蔽摄像头、伪装等异常手段，帮助他人转账、套现、取现的；

4. 为他人提供非本人身份证明开设的信用卡、资金支付结算账户后，又帮助他人转账、套现、取现的；

5.以明显异于市场的价格，通过手机充值、交易游戏点卡等方式套现的。

实施上述行为，事前通谋的，以共同犯罪论处。

实施上述行为，电信网络诈骗犯罪嫌疑人尚未到案或案件尚未依法裁判，但现有证据足以证明该犯罪行为确实存在的，不影响掩饰、隐瞒犯罪所得、犯罪所得收益罪的认定。

实施上述行为，同时构成其他犯罪的，依照处罚较重的规定定罪处罚。法律和司法解释另有规定的除外。

（六）网络服务提供者不履行法律、行政法规规定的信息网络安全管理义务，经监管部门责令采取改正措施而拒不改正，致使诈骗信息大量传播，或者用户信息泄露造成严重后果的，依照刑法第二百八十六条之一的规定，以拒不履行信息网络安全管理义务罪追究刑事责任。同时构成诈骗罪的，依照处罚较重的规定定罪处罚。

（七）实施刑法第二百八十七条之一、第二百八十七条之二规定之行为，构成非法利用信息网络罪、帮助信息网络犯罪活动罪，同时构成诈骗罪的，依照处罚较重的规定定罪处罚。

（八）金融机构、网络服务提供者、电信业务经营者等在经营活动中，违反国家有关规定，被电信网络诈骗犯罪分子利用，使他人遭受财产损失的，依法承担相应责任。构成犯罪的，依法追究刑事责任。

四、准确认定共同犯罪与主观故意

（一）三人以上为实施电信网络诈骗犯罪而组成的较为固定的犯罪组织，应依法认定为诈骗犯罪集团。对组织、领导犯罪集团的首要分子，按照集团所犯的全部罪行处罚。对犯罪集团中组织、指挥、策划者和骨干分子依法从严惩处。

对犯罪集团中起次要、辅助作用的从犯，特别是在规定期限内投案自首、积极协助抓获主犯、积极协助追赃的，依法从轻或减轻处罚。

对犯罪集团首要分子以外的主犯，应当按照其所参与的或者组织、指挥的全部犯罪处罚。全部犯罪包括能够查明具体诈骗数额的事实和能够查明发送诈骗信息条数、拨打诈骗电话人次数、诈骗信息网页浏览次数的事实。

（二）多人共同实施电信网络诈骗，犯罪嫌疑人、被告人应对其参与期间该诈骗团伙实施的全部诈骗行为承担责任。在其所参与的犯罪环节中起主要作用的，可以认定为主犯；起次要作用的，可以认定为从犯。

上述规定的“参与期间”，从犯罪嫌疑人、被告人着手实施诈骗行为开始起算。

(三)明知他人实施电信网络诈骗犯罪,具有下列情形之一的,以共同犯罪论处,但法律和司法解释另有规定的除外:

1.提供信用卡、资金支付结算账户、手机卡、通讯工具的;

2.非法获取、出售、提供公民个人信息的;

3.制作、销售、提供“木马”程序和“钓鱼软件”等恶意程序的;

4.提供“伪基站”设备或相关服务的;

5.提供互联网接入、服务器托管、网络存储、通讯传输等技术支持,或者提供支付结算等帮助的;

6.在提供改号软件、通话线路等技术服务时,发现主叫号码被修改为国内党政机关、司法机关、公共服务部门号码,或者境外用户改为境内号码,仍提供服务的;

7.提供资金、场所、交通、生活保障等帮助的;

8.帮助转移诈骗犯罪所得及其产生的收益,套现、取现的。

上述规定的“明知他人实施电信网络诈骗犯罪”,应当结合被告人的认知能力,既往经历,行为次数和手段,与他人关系,获利情况,是否曾因电信网络诈骗受过处罚,是否故意规避调查等主客观因素进行综合分析认定。

(四)负责招募他人实施电信网络诈骗犯罪活动,或者制作、提供诈骗方案、术语清单、语音包、信息等的,以诈骗共同犯罪论处。

(五)部分犯罪嫌疑人在逃,但不影响对已到案共同犯罪嫌疑人、被告人的犯罪事实认定的,可以依法先行追究已到案共同犯罪嫌疑人、被告人的刑事责任。

五、依法确定案件管辖

(一)电信网络诈骗犯罪案件一般由犯罪地公安机关立案侦查,如果由犯罪嫌疑人居住地公安机关立案侦查更为适宜的,可以由犯罪嫌疑人居住地公安机关立案侦查。犯罪地包括犯罪行为发生地和犯罪结果发生地。

“犯罪行为发生地”包括用于电信网络诈骗犯罪的网站服务器所在地,网站建立者、管理者所在地,被侵害的计算机信息系统或其管理者所在地,犯罪嫌疑人、被害人使用的计算机信息系统所在地,诈骗电话、短信息、电子邮件等的拨打地、发送地、到达地、接受地,以及诈骗行为持续发生的实施地、预备地、开始地、途经地、结束地。

“犯罪结果发生地”包括被害人被骗时所在地,以及诈骗所得财物的实际取得地、藏匿地、转移地、使用地、销售地等。

（二）电信网络诈骗最初发现地公安机关侦办的案件，诈骗数额当时未达到"数额较大"标准，但后续累计达到"数额较大"标准，可由最初发现地公安机关立案侦查。

（三）具有下列情形之一的，有关公安机关可以在其职责范围内并案侦查：

1. 一人犯数罪的；

2. 共同犯罪的；

3. 共同犯罪的犯罪嫌疑人还实施其他犯罪的；

4. 多个犯罪嫌疑人实施的犯罪存在直接关联，并案处理有利于查明案件事实的。

（四）对因网络交易、技术支持、资金支付结算等关系形成多层级链条、跨区域的电信网络诈骗等犯罪案件，可由共同上级公安机关按照有利于查清犯罪事实、有利于诉讼的原则，指定有关公安机关立案侦查。

（五）多个公安机关都有权立案侦查的电信网络诈骗等犯罪案件，由最初受理的公安机关或者主要犯罪地公安机关立案侦查。有争议的，按照有利于查清犯罪事实、有利于诉讼的原则，协商解决。经协商无法达成一致的，由共同上级公安机关指定有关公安机关立案侦查。

（六）在境外实施的电信网络诈骗等犯罪案件，可由公安部按照有利于查清犯罪事实、有利于诉讼的原则，指定有关公安机关立案侦查。

（七）公安机关立案、并案侦查，或因有争议，由共同上级公安机关指定立案侦查的案件，需要提请批准逮捕、移送审查起诉、提起公诉的，由该公安机关所在地的人民检察院、人民法院受理。

对重大疑难复杂案件和境外案件，公安机关应在指定立案侦查前，向同级人民检察院、人民法院通报。

（八）已确定管辖的电信诈骗共同犯罪案件，在逃的犯罪嫌疑人归案后，一般由原管辖的公安机关、人民检察院、人民法院管辖。

六、证据的收集和审查判断

（一）办理电信网络诈骗案件，确因被害人人数众多等客观条件的限制，无法逐一收集被害人陈述的，可以结合已收集的被害人陈述，以及经查证属实的银行账户交易记录、第三方支付结算账户交易记录、通话记录、电子数据等证据，综合认定被害人人数及诈骗资金数额等犯罪事实。

（二）公安机关采取技术侦查措施收集的案件证明材料，作为证据使用的，应当随案移送批准采取技术侦查措施的法律文书和所收集的证据材料，并对其来源等作出书面说明。

（三）依照国际条约、刑事司法协助、互助协议或平等互助原则，请求证据材料所在地司法机关收集，或通过国际警务合作机制、国际刑警组织启动合作取证程序收集的境外证据材料，经查证属实，可以作为定案的依据。公安机关应对其来源、提取人、提取时间或者提供人、提供时间以及保管移交的过程等作出说明。

对其他来自境外的证据材料，应当对其来源、提供人、提供时间以及提取人、提取时间进行审查。能够证明案件事实且符合刑事诉讼法规定的，可以作为证据使用。

七、涉案财物的处理

（一）公安机关侦办电信网络诈骗案件，应当随案移送涉案赃款赃物，并附清单。人民检察院提起公诉时，应一并移交受理案件的人民法院，同时就涉案赃款赃物的处理提出意见。

（二）涉案银行账户或者涉案第三方支付账户内的款项，对权属明确的被害人的合法财产，应当及时返还。确因客观原因无法查实全部被害人，但有证据证明该账户系用于电信网络诈骗犯罪，且被告人无法说明款项合法来源的，根据刑法第六十四条的规定，应认定为违法所得，予以追缴。

（三）被告人已将诈骗财物用于清偿债务或者转让给他人，具有下列情形之一的，应当依法追缴：

1. 对方明知是诈骗财物而收取的；

2. 对方无偿取得诈骗财物的；

3. 对方以明显低于市场的价格取得诈骗财物的；

4. 对方取得诈骗财物系源于非法债务或者违法犯罪活动的。

他人善意取得诈骗财物的，不予追缴。

三、典型案例

（一）案例一

涉及罪名：诈骗罪

浙江省丽水市莲都区人民法院
刑事判决书

（2016）浙1102刑初803号

公诉机关丽水市莲都区人民检察院。

……

丽水市莲都区人民检察院以丽莲检刑诉（2016）776号起诉书指控被告人李某甲、徐某某、沈某甲、李某乙、成某某、李某丙、李某丁、曾某某、朱某某、刘某某、沈某乙、龚某某、陈某甲、孟某、郭某、邢某某犯诈骗罪，于2016年12月5日向本院提起公诉。本院依法组成合议庭，适用普通程序，公开开庭审理了本案。丽水市莲都区人民检察院指派检察员张方彪出庭支持公诉，被告人李某甲及其辩护人朱卫永，被告人徐某某及其辩护人吴洪江，被告人沈某甲及其辩护人李国祥，被告人李某乙及其指定辩护人吕惠，被告人成某某及其指定辩护人蓝薇璐，被告人李某丙及其指定辩护人刘晶晶，被告人李某丁及其指定辩护人杜伟红，被告人曾某某、朱某某、刘某某、被告人沈某乙及其辩护人朋礼松，被告人龚某某、陈某甲、孟某、郭某、邢某某到庭参加诉讼。现已审理终结。

公诉机关指控：2015年4月13日，被告人李某甲、徐某某、沈某甲经商议共同成立杭州发玛网络科技有限公司（以下简称发玛公司），其中被告人李某甲占发玛公司股份的50％，徐某某占发玛公司股份的40％，沈某甲占发玛公司股份的10％。公司成立后，被告人李某甲等人在互联网上招聘员工，公司逐步形成广告部、销售部、售后部三个部门。其中广告部与销售部由被告人李某甲主管，售后部由被告人徐某某主管，沈某甲不参与公司日常管理。李某甲、徐某某组织公司员工以淘宝代运营名义对各地被害人实施诈骗，沈某甲明知李某甲等人从事诈骗活动而仍然参股公司并从中分得利益。

发玛公司广告部由被告人李某甲主管，广告部在公司内承担将被害人与销售人员相联系的职责，是发玛公司实施诈骗的第一步。广告部工作人员郭某、赵某（另案处理）利用诈骗得来的资金，以发玛公司合法外衣作掩饰，通过微信公众平台等网络平台有针对性地投放虚假广告，利用这些公众平台在当地的影响力使被害人对发玛公司所投放的广告深信不疑。被害人通过扫描广告上的二维码等方式与发玛公司销售人员取得联系，洽谈购买服务套餐事宜。

发玛公司销售部由李某甲主管，销售部在公司内承担具体实施诈骗的职责。销售部下设销售经理、销售组长、销售员工。销售部人员被告人李某乙、李某丙、成某某、李某丁、曾某某、朱某某、沈某乙、龚某某、陈某甲、孟某、邢某某、郭某、刘某某等人在入职前，发玛公司统一发放诈骗使用的话术（诈骗聊天范本），下发公司专门实施诈骗的微信工作账号等，让销售人员在较短的时间内掌握诈骗的方法。销售人员通过工作微信号，发布虚假的公司资质、公司荣誉、公司工厂、公司发货图片等，扰乱被害人的判断能力，采用专门话术对那些不会开淘宝网店、没有货源、不会装修、不会推广、没有机会上淘宝活动的被害人实施诈骗，让被害人购买发玛公司的服务套餐。在此过程中销售人员还利用“假拍”（伪装成真实客户到被害人淘宝店铺内下单，让被害人误以为自己经营的淘宝店铺产生真实订单）的方式，进一步引诱被害人购买升级服务套餐，参加活动，以骗取更多的钱财。在诈骗过程中销售人员会要求被害人签订所谓的“合同”，用以迷惑被害人，将诈骗的犯罪行为引向合同纠纷、民事行为，让被害人无法辨别自己是否被骗。李某甲对销售人员的业绩进行考核，对销售业绩出色的人员予以钱物奖励，并以诈骗金额的多少分层次设立提成。

发玛公司售后部先后由李某甲、徐某某主管，售后部主要负责诈骗得手后稳住、拖延被害人，为销售人员实施进一步诈骗提供条件。售后人员严某、曾某（另案处理）等人先对被害人的淘宝店铺进行所谓的“装修”（淘宝免费装修模板），之后引入李某甲设立的旺美淘供货网站，李某甲、徐某某从阿里巴巴批发网站上寻找一件代发的批发工厂（发玛公司的实际货源），并将工厂提供的产品数据包、图片等素材导入旺美淘网站，形成发玛公司有大量优质货源的假象。李某甲、徐某某等人要求售后人员以“刷钻”（即在淘宝网上采用虚假交易的方式提升被害人的店铺信誉）、“刷流量”（即在互联网上寻找流量精灵等软件，用某被害人店铺的访客量）的方式让被害人误以为访客量是由真实的顾客所产生，误以为顾客是由发玛公司通过正规网络推广而来。

发玛公司前台人员阮某（另案处理）负责公司人员招聘、工资核算、合同打印等工作，处理公司日常事务，明知公司有诈骗行为仍然为诈骗提供帮助。

经查实，截至 2016 年 8 月 2 日，被告人李某甲等人组织发玛公司销售人员，共计诈骗人民币 1901442 元。其中被告人李某乙参与诈骗 302640 元、被告人李某丙参与诈骗 144060 元、被告人成某某参与诈骗 141180 元、被告人李某丁参与诈骗 131030 元、被告人曾某某参与诈骗 96440 元、被告人朱某某参与诈骗 78860 元、被告人沈某乙参与诈骗 64900 元、被告人龚某某参与诈骗 48220 元、被告人陈某甲参与诈骗 34740 元、被告人孟某参与诈骗 30800 元、被告人邢某某参与诈骗 30600 元、被告人郭某参与诈骗 29720 元、被告人刘某某参与诈骗 23980 元。

案发后，被告人徐某某、刘某某向公安机关投案。被告人徐某某退缴非法所得人民币 10 万元，被告人沈某甲退缴非法所得人民币 3.6 万元，刘某某退缴非法所得人民币 2 万元，被告人李某丙、朱某某、沈某乙、龚某某、孟某、邢某某、郭某、陈某甲退缴非法所得人民币各 1 万元。

上述事实有户籍证明、被告人供述、被害人陈述、证人证言及其他书证等予以证实。被告人李某甲、徐某某、沈某甲、李某乙、成某某、李某丙、李某丁、曾某某、朱某某、刘某某、沈某乙、龚某某、陈某甲、孟某、郭某、邢某某的行为均已构成《中华人民共和国刑法》第二百六十六条的规定，构成诈骗罪。被告人李某甲、徐某某系主犯；被告人沈某甲、李某乙、成某某、李某丙、李某丁、曾某某、朱某某、刘某某、沈某乙、龚某某、陈某甲、孟某、郭某、邢某某系从犯；被告人徐某某、刘某某有自首情节。提请依法判处。

被告人李某甲辩解：1. 本案应认定为单位犯罪；2. 发玛公司是有实体运行的，不是诈骗；3. 公司所赚来的钱均没有被挥霍，没有社会危害结果；4. 本案应认定为合同诈骗。

被告人李某甲的辩护人提出如下辩护意见：1. 本案应认定为单位犯罪；2. 本案应认定为合同诈骗；3. 涉案的部分合同还处于履行期间，不应计入诈骗数额；4. 被告人李某甲归案后能如实交代自己的罪行，系坦白；5. 被告人李某甲已退缴部分赃款。

被告人徐某某辩解：1. 公司有诈骗行为，但其是做售后的，不参与实际诈骗；2. 其已退缴赃款；3. 案发后，其主动到公安机关投案，并如实供述自己的罪行，系自首。综上，希望法庭对其减轻处罚。

被告人徐某某的辩护人提出如下辩护意见：1. 本案应认定为合同诈骗罪；2. 本案中被告人徐某某作用较小；3. 被告人徐某某在案发前已退出发玛公司，其退出后的犯罪金额不应计入其犯罪数额；4. 被告人徐某某主观恶性小，系初犯，且已退清赃款，具有自首情节。建议对被告人徐某某减轻处罚。

被告人沈某甲对起诉书指控的犯罪事实无异议。

被告人沈某甲的辩护人提出如下辩护意见：1.本案应认定为单位犯罪；2.本案应认定为合同诈骗；3.被告人沈某甲没有犯罪的客观行为和主观故意；4.被告人沈某甲不应列为该共同犯罪的共犯。综上，被告人沈某甲不构成犯罪。

被告人李某乙对起诉书指控的犯罪事实无异议。

被告人李某乙的指定辩护人提出如下辩护意见：1.本案应认定为合同诈骗；2.公诉机关提供的书证"话术"，其内容是合理的推销范围，因此被告人李某乙在工作前期不知情，该期间的诈骗数额要予以扣减；3.发玛公司在经营活动中也产生了一些实际的经营费用，应在诈骗数额中予以扣减；4.被告人李某乙是从犯；5.被告人李某乙已退缴部分赃款。综上，建议对被告人李某乙减轻处罚。

被告人成某某辩解其不知道自己从事的工作是犯罪。

被告人成某某的指定辩护人提出如下辩护意见：1.被告人成某某在工作早期并不明知是诈骗；2.本案涉案的诈骗金额应扣除发玛公司实际产生的相应服务费用；3.被害人明知刷单是违反淘宝规定的，仍予购买涉案的服务产品，本身有一定的过错；4.被告人成某某是从犯；5.被告人成某某归案后如实供述自己的罪行，系坦白。综上，建议对被告人成某某减轻处罚。

被告人李某丙对起诉书指控的犯罪事实无异议。

被告人李某丙的指定辩护人提出如下辩护意见：1.被告人李某丙在工作早期并不明知是诈骗，因此要扣减部分前期的涉案金额；2.被告人李某丙是从犯；3.被告人李某丙如实供述自己的罪行，是坦白，且系初犯。综上，建议对被告人李某丙适用缓刑。

被告人李某丁对起诉书指控的犯罪事实无异议。

被告人李某丁的指定辩护人提出如下辩护意见：1.被告人李某丁在刚参加发玛公司工作初期还未成年，可酌情从轻处罚；2.被告人李某丁是从犯；3.被告人李某丁归案后如实供述自己的犯罪事实，是坦白。综上，建议对被告人李某丁适用缓刑。

……

被告人沈某乙的指定辩护人提出如下辩护意见：1.被告人沈某乙是从犯；2.涉案诈骗数额较小，主观恶性不大，是初犯。综上，建议对被告人沈某乙适用缓刑。

……

经审理查明:2015年4月13日,被告人李某甲、徐某某、沈某甲经商议共同成立杭州发玛网络科技有限公司(以下简称发玛公司),其中被告人李某甲占发玛公司股份的50%,徐某某占发玛公司股份的40%,沈某甲占发玛公司股份的10%。公司成立后,被告人李某甲等人在互联网上招聘员工,公司逐步形成广告部、销售部、售后部三个部门。其中广告部与销售部由被告人李某甲主管,售后部由被告人徐某某主管,沈某甲不参与公司日常管理。李某甲、徐某某组织公司员工以淘宝代运营名义对各地被害人实施诈骗,沈某甲明知李某甲等人从事诈骗活动而仍然参股公司并从中分得利益。

发玛公司广告部由被告人李某甲主管,广告部在公司内承担引导被害人与销售人员联系的职责,是发玛公司实施诈骗的第一步。广告部工作人员郭某、赵某(另案处理)利用诈骗得来的资金,以发玛公司合法外衣作掩饰,通过微信公众平台等网络平台有针对性地投放虚假广告,利用这些公众平台在当地的影响力使被害人对发玛公司所投放的广告深信不疑。被害人通过扫描广告上的二维码等方式与发玛公司销售人员取得联系,洽谈购买服务套餐事宜。

发玛公司销售部由李某甲主管,销售部在公司内承担具体实施诈骗的职责。销售部下设销售经理、销售组长、销售员工。销售部人员被告人李某乙、李某丙、成某某、李某丁、曾某某、朱某某、沈某乙、龚某某、陈某甲、孟某、邢某某、郭某、刘某某等人在入职前,发玛公司统一发放诈骗使用的话术(诈骗聊天范本),下发公司专门实施诈骗的微信工作账号等,让销售人员在较短的时间内掌握诈骗的方法。销售人员通过工作微信号,发布虚假的公司资质、公司荣誉、公司工厂、公司发货图片等,扰乱被害人的判断能力,采用专门话术对那些不会开淘宝网店、没有货源、不会装修、不会推广、没有机会上淘宝活动的被害人实施诈骗,让被害人购买发玛公司的服务套餐。在此过程中销售人员还利用"假拍"(伪装成真实客户到被害人淘宝店铺内下单,让被害人误以为自己经营的淘宝店铺产生真实订单)的方式,进一步引诱被害人购买升级服务套餐,参加活动,以骗取更多的钱财。在诈骗过程中销售人员会要求被害人签订所谓的"合同",以提高被害人对公司的信任度,迷惑被害人,将诈骗的犯罪行为引向合同纠纷、民事行为,让被害人无法辨别自己是否被骗。李某甲对销售人员的业绩进行考核,对销售业绩出色的人员予以钱物奖励,并以诈骗金额的多少分层次设立提成。

发玛公司售后部先后由李某甲、徐某某主管,售后部主要负责诈骗得手后稳住、拖延被害人，为销售人员实施进一步诈骗提供条件。售后人员严某、曾某（另案处理）等人先对被害人的淘宝店铺进行所谓的“装修”。李某甲、徐某某等人要求售后人员以“刷钻”（即在淘宝网上采用虚假交易的方式提升被害人的店铺信誉）、“刷流量”（即在互联网上寻找流量精灵等软件，用某被害人店铺的访客量）的方式让被害人误以为访客量是由真实的顾客所产生，误以为顾客是由发玛公司通过正规网络推广而来。

发玛公司前台人员阮某（另案处理）负责公司人员招聘、工资核算等公司日常事务，明知公司有诈骗行为仍然为诈骗提供帮助。

经查实，截至 2016 年 8 月 2 日，被告人李某甲等人组织发玛公司销售人员，共计诈骗人民币 1901442 元。其中被告人李某乙参与诈骗 302640 元、被告人李某丙参与诈骗 144060 元、被告人成某某参与诈骗 141180 元、被告人李某丁参与诈骗 131030 元、被告人曾某某参与诈骗 96440 元、被告人朱某某参与诈骗 78860 元、被告人沈某乙参与诈骗 64900 元、被告人龚某某参与诈骗 48220 元、被告人陈某甲参与诈骗 34740 元、被告人孟某参与诈骗 30800 元、被告人邢某某参与诈骗 30600 元、被告人郭某参与诈骗 29720 元、被告人刘某某参与诈骗 23980 元。

案发后，被告人徐某某、刘某某向公安机关投案。被告人徐某某退缴非法所得人民币 10 万元，被告人李某甲退缴非法所得人民币 6 万元，被告人沈某甲退缴非法所得人民币 3.6 万元，被告人李某乙退缴非法所得人民币 3 万元，被告人刘某某、李某丙、龚某某、郭某各退缴非法所得人民币 2 万元，被告人陈某甲退缴非法所得人民币 1.5 万元，被告人朱某某退缴非法所得人民币 1.1 万余元，被告人沈某乙、孟某、邢某某退缴非法所得人民币各 1 万元。

上述事实，有公诉机关提供并经庭审质证的下列证据予以证实：

1. 户籍证明，证明被告人李某甲、徐某某、沈某甲、李某乙、李某丙、成某某、李某丁、曾某某、朱某某、沈某乙、龚某某、孟某、邢某某、郭某、陈某甲、刘某某等人的具体身份情况。

2. 被告人李某甲供述和辩解，证明（1）杭州发玛网络科技有限公司于 2015 年 4 月成立，其任法定代表人，股东是徐某某、沈某甲，有人事部、销售部、售后部、广告部四个部门，二十几名员工。业务先由广告部的人在微信公众号、阿里巴巴网站、QQ 公众号里发布广告“一件代发、开网店、做兼职”，把销售部的工作微信号的二维码放在广告里，再由销售部的人与加入微信号的客户用话术聊天，让客户认购公司的套餐，若客户购买套餐之后，销售部就会把相关的订单发给售后部，由售后部对客户进行开网店、店铺装修、铺货等工作。为了增加客户的信任，其制作了2014年度诚信单位、淘宝最佳供应商等假的牌匾挂在公司墙上，并伪造供货企业的检验报告、制作假的包裹订单图片、进行假拍等。公司共有四五百个客户，总收入约270万，共盈利36万，分给徐某某16万、沈某甲3.8万，剩下的约16.2万归自己。诈骗所得用于个人开销和公司运营等。(2)徐某某在公司管理售后部，对公司骗钱是明知的，沈某甲不参与公司管理，一开始不清楚公司业务，后来沈某甲的战友想开淘宝店，李某甲对沈某甲说过公司帮客户开的淘宝店是没有生意的，公司生意有点偏门，沈某甲才对公司业务有所了解。(3)其跟销售部的人交代过签合同要看客户的意愿，愿意签就签，不愿意就不签，签这合同是为了增加客户的信任度。由于公司人手不够，公司的服务内容95%是跟不上的。公司只负责帮客户店铺装修、上图，因为做这些事情，是不需要花费多少钱的；还有就是帮客户的店铺提升信誉，就是刷单，不过刷单要客户提出来，我们才会去帮客户刷单，如果没有提，我们也是不会去做的；而且我们套餐上承诺的，帮客户信誉提高到何种程度，其实那个根本是做不到的；还有就是推广，这一块花的钱是最多的，所以我们接到单子之后，不会主动去帮客户做的，这样就白赚这些钱了。如果客户投诉的话，就会叫销售部的对客户进行安抚，说得直白一点，就是要求销售部的人去"忽悠"客户，类似于跟客户说，"店铺刚开业，肯定没有那么好的生意，叫他慢慢来，而且我们会把服务做上去的"。其实是不会去做的。如果这么说了之后，客户不投诉了，那么我们也就不去管客户了，更加不可能去帮他做推广，因为推广花的钱是最多的。但是，如果只凭嘴巴说说还不管用，客户吵得还是比较厉害的话，我们就会帮他的店铺做一下推广，还有就是叫销售部的人，去客户的网店上假拍，让客户的店铺有生意，这样客户就不会吵了。假拍另外一个目的，是为了我们能够向客户推出更高等级的产品套餐，因为我们假拍了之后，客户就会错误地认识，我们帮他开的店铺确实是有生意的，这时候，销售的人就会继续对客户说，如果升级的话，购买更高等级的套餐，信誉更高的话，生意会更好，所以这样，客户就容易相信销售部说的这些，就会购买高等级的产品套餐，我们就能骗更多的钱。(4)公司经理刘某某是2016年4月底左右通过网上招聘进入公司的，他负责销售，带团队，其就让刘某某负责销售这个环节，刘某某的工资是固定的；(5)阮某的工作是打印合同、登记业绩、结算工资、盖章、在58同城上招聘等工作的事实。

3.被告人徐某某的供述和辩解，证明(1)2015年5月其出资10万元和李某甲、沈某甲出资成立发玛公司，其占40%股份，在公司管理售后部，到2016年3月份，其提出退股，李某甲给其6万元，但工商登记的股权没有变更。(2)其知道公司办公室墙上挂的四块牌匾是假的，公司分广告部、销售部、售后部，公司有二十几名员工，其中大部分是销售部员工，售后部只负责帮客户店铺装修上图，做这些是不需要花费多少钱的。其主管售后就知道客户套餐钱拿来后都是打给李某甲，而公司服务跟不上。用刷单、刷流量的方法帮客户提高店铺排名的做法是违反淘宝网的规则，真实广告是要花大笔的钱，为获取更多利润是不会去为客户做真实推广的。同时，销售部和售后部的人也会进行假拍操作，目的一是为了安抚客户，二是让客户产生错误认识，以便向其推出更高等级的产品套餐。(3)沈某甲虽然不参与公司管理，但隔一段时间到公司与其谈分红的事情，对公司的合同、话术业务等存在的猫腻应该知道。其在发玛公司的获利有8万—9万元，其中6万是退股的钱，基本上是李某甲通过支付宝打给其的。(4)案发后，其主动向公安机关投案，并让其妻子邵某帮其退赃10万元的事实。

4.被告人沈某甲的供述和辩解，证明(1)其2015上半年，其出资4.5万元和李某甲、徐某某注册成立发玛公司，由李某甲、徐某某管理公司日常事务，其不参与管理。期间其听李某甲说过徐某某想退股，但是没有退。(2)从成立到2016年8月案发，其从李某甲那里分到盈利3.6万元。其开始只知道公司从事淘宝代运营业务，帮客户开网店、卖服装、帮客户盈利，向客户收取服务押金。2015年5月份公司开张没多久，其战友老婆想开淘宝店，在公司购买了服务套餐，后来战友说没生意想退钱，李某甲把钱全部退还，还交代其说不要介绍亲友来买公司的套餐，说是赚不到钱的，其觉得公司的生意有点偏门。(3)案发后，其退缴赃款3.6万元的事实。

5.被告人李某乙供述和辩解，证明其2015年5月的时候，其和成某某、李某丙一起到发玛公司上班，一开始就是销售部的普通员工，公司会组织对新员工进行培训，李某甲也会教大家怎么做，现在其三人都是销售部的小组长。其主要工作是跟客户聊天，介绍公司相关的产品套餐。用专业的话术让客户误以为购买公司套餐就可以挣到钱，后根据客户的意愿签订合同，以提高客户的信任度，并用假拍等方式欺骗顾客，让顾客继续付钱升级，实际上公司不可能完成承诺的内容。通过其手机微信，其和公安机关核对其客户信息，包括姓名、联系方式、购买套餐金额、打款方式等，总共有97笔，其做的业绩有5万—6万元的事实。

6. 被告人成某某的供述和辩解，证明其于 2015 年 5 月中旬到发玛公司开始上班，在销售部任组长，其在上班之后公司会组织新员工培训，李某甲也会给新员工培训并发话术，销售部人员按照话术跟客户聊天，给客户洗脑，让客户产生错误的判断，认为购买公司推出的产品能赚到钱，并用刷单、假拍、签合同等方式以提高客户信任度，欺骗客户花钱买套餐或升级套餐。实际上，公司只能给客户淘宝店装修一下，再上架商品信息，合同里的大部分项目如给店铺刷信誉、销量达到一定数值返利等，公司是百分百做不到的。通过其工作微信，侦查人员核对其发展的 52 笔客户的信息，包括姓名、购买的套餐、打款的金额等。其总共的销售金额有 17 万左右，提成总共有 3 万元的事实。

7. 被告人李某丙的供述和辩解，证明 2015 年 5 月份时，其和成某某、李某乙三人到发玛公司招聘，成为公司销售员。刚进公司李某甲就叫其学习针对客户提问而设定的话术，用于术语中很多是欺骗加盟客户的。其在工作用的微信号中和客户用话术聊天，吸引客户购买套餐，实际上公司是不可能完成套餐上的服务，之后用假拍、签订合同等手段安抚客户，并继续用话术欺骗客户，让客户交更多的钱购买更高级的套餐。通过工作微信核对，其发展的客户有 46 个，期间其拿到工资有 4 万多元的事实。

8. 被告人曾某某的供述和辩解，证明(1)其于 2015 年 8 月进入公司到销售部工作，公司组织学习过专门的话术，销售部的工作就是发展客户，用专门的话术解答客户的疑问，让客户相信公司能帮助客户达到他们的目的，让客户交纳加盟费；公司无法完成和客户公司签订的内容，销售部会用话术再诱使客户提升等级，补交差价等手段继续骗取客户的钱。通过工作微信等核对，其发展的客户有 23 个，销售额有 10 万多元，其当庭承认期间拿到的工资加提成在 2 万元左右；(2)刘某某是总经理，刘某某刚来时做销售一段时间很快当上经理，他对销售部的事情是绝对清楚的事实。

9. 被告人李某丁的供述和辩解，证明其于 2015 年 6 月份左右到发玛公司上班，在销售部工作。其一到公司，李某甲就给其传授话术，并有相应的培训，其用专业的话术欺骗顾客购买公司套餐，公司用签订合同、假拍等方式欺骗顾客，让顾客继续付钱升级，实际上公司不可能完成承诺的内容。通过工作微信核对，其发展的客户有 50 个，核对内容包括客户姓名、联系时间、购买套餐，打款金额。其销售额有 20 多万元。期间拿到工资加提成总共有 2 万元。案发后其退缴赃款 1 万元的事实。

10.被告人朱某某的供述和辩解,证明其于2016年5月进入发玛公司工作,是销售人员,公司电脑里有专门的话术,向对方宣称公司有多好,实力有多强,老板李某甲让其背诵话术,其中很多都是欺骗加盟的客户,其实公司和客户签订的合同内容、承诺的服务,公司是不可能做得到。通过工作微信等核对,其发展了11个客户,销售金额有9万多元,期间其拿到的工资加提成有11264元,2016年7月份以后的工资和提成还没有发。其向公安机关退缴1万元用于赔偿被害人损失的事实。

11.被告人沈某乙的供述和辩解,证明其于2015年7月底进入发玛公司,公司先让其在两周左右的时间内学习话术,再开始做销售,刚开始接不到单,李某甲就会用其电脑骗客户,然后由其跟进后续的合作。公司通过话术骗顾客购买套餐,再通过假拍、刷单等方式骗取顾客购买更高级的套餐,实际上公司不可能完成套餐里的服务。刘某某是经理,负责管理销售部,业务上搞不定的客户都交给他处理。通过工作微信和客户信息增值表核对,其发展了客户37个,销售额不到10万元,其拿到1万多元的提成。案发后其向公安机关退缴了1万元赃款的事实。

12.被告人龚某某供述和辩解,证明其于2015年11月经郭某介绍到发玛公司销售部工作,所做的工作就是发展客户,把客户拉进来交纳加盟费,之后由售后部帮客户做具体业务。其知道公司的业务是欺骗客户,公司不可能完成合同的内容。其用话术、刷单等方式让客户相信公司,从而签订合同,话术李某甲自己教过,也请外面的人来教过。通过客户信息增值表核对,其发展的客户有11个,包括客户信息、购买套餐、打款情况。其销售额共有7万多元,工资加提成有2万元,案发后其退缴赃款1万元的事实。

13.被告人陈某甲供述和辩解,证明其于2016年4月经李某丙介绍进入发玛公司销售部工作,其进入公司后李某甲让其在两周左右的时间内学习话术,术语中很多都是欺骗客户加盟,其知道公司是在骗钱,因为签订合同的内容公司是办不到的。公司通过话术骗顾客购买套餐,再通过假拍、刷单等方式来稳住被害人并骗取顾客购买更高级的套餐,实际上公司不可能完成套餐里的服务。通过核对工作微信和电脑信息,其发展的客户有18笔,业务量有7万元,其拿到的提成有1万元。案发后其退缴非法所得1万元的事实。

14.被告人孟某的供述和辩解,证明其于2016年4月底通过网上招聘进入发玛公司工作销售部工作,公司提供“话术”向客户宣传公司实力有多强,让客户交钱来购买服务套餐，其实公司一直在欺骗客户，合同上的承诺很多是无法向客户兑现的，其所骗的客户都采用过假拍手段，通过核对手机微信和电脑信息，其做销售期间共发展了7个客户，做的业绩有32000元，其拿到的工资加提成共4100元。案发后其退缴1万元用于赔偿被害人损失的事实。

15. 被告人邢某某供述和辩解，证明其是今年7月初到公司上班，其在销售部工作，一开始是经理刘某某教其话术，让其学习怎么和客户沟通，其在销售部做的就是拉客户的工作，用话术让客户相信公司并成功加盟公司。其觉察到公司给客户的承诺是不可能完成的。通过增值信息表核对，其发展的客户共有9个，销售套餐金额共371990元，其到公司才一个多月就被抓，工资和提成还没有到手。案发后，其退缴1万元的事实。

16. 被告人刘某某供述和辩解，证明其于2016年3月底通过58同城招聘进入发玛公司，先在销售部做了一段时间，之后升为经理，经理的职责是监督管理员工、处理销售中出现的问题等。其在开始时跟成某某学销售，在4月份销售时做成两单，金额有1万元左右，其还帮陈某甲、李某丙、曾某某用话术谈下生意。其知道公司的售后能力不可能完成套餐承诺的服务。其工资转正后每月6000元，现共拿到2万元。案发后其退缴2万元，其是向公安机关主动投案的事实。

17. 被告人郭某供述和辩解，证明其于2015年5月份到发玛公司工作，5月到8月在销售部，一共卖了12笔套餐，销售额有44000元左右。8月份后到广告部工作。主要是为公司做广告，对外推广的渠道是找其他微信公众号发布，广告内容一般是"公司提供淘宝网店一件代发，零拿货，适合年轻人创业，适合宝妈，一天赚80—100元，一个月赚1000—2000元"等，再附上公司名称及销售人员的手机号码，其在多家微信公众号发布过广告，广告费用共约40万元至50万元。公司主要业务是提供淘宝代运营服务，通过广告等方法不断招商，吸引客户缴纳加盟费用，但实际上公司做不到承诺给客户的那些好处，也就是客户缴纳加盟费了以后，售后部门帮客户开个店铺，装修一下，把宝贝上架，之后其他售后部门就不管了。其拿到的工资一共有3万多元，案发后，其退缴非法所得1万元的事实。

18. 被害人向某某、郝某、杜某、罗某、葛某、左某、刘某等人的陈述、报案自述材料、聊天截图、打款记录、诈骗金额统计表等，证明各自被发玛公司人员以淘宝代运营服务名义诈骗的时间、联系方式、联系人员、购买套餐金额、打款方式等。经核实统计如下：发玛公司2015年4月13日成立至2016年8月2日被查获，发玛公司销售人员，共计诈骗 1901442 元。其中李某乙 302640 元、李某丙 144060 元、成某某 141180 元、李某丁 131030 元、曾某某 96440 元、朱某某 78860 元、沈某乙 64900 元、龚某某 48220 元、陈某甲 34740、孟某 30800 元、邢某某 30600 元、郭某 29720 元、刘某某 23980 元的事实。

19. 证人严某的证言，证明其于 2015 年 11 月到发玛公司上班，在售后部工作。公司销售人员先用话术让客户购买套餐，售后人员再进行店铺装修等，其实公司不可能完成约定的任务，是在骗客户的钱。大家心里都清楚，就是忽悠客户，最后不了了之。其在发玛公司工作期间一共拿到工资 2 万元。案发后其退缴 1 万元的事实。

20. 证人曾某的证言，证明其于 2015 年 11 月 18 日到公司上班，先在销售部做了两个月，做了两单，后到售后部工作，其在售后给客户的店铺装修、刷单、发货，公司除了给店铺装修和产品上架是必须要做的，这些不需要花钱，其他都是假的，公司以话术、刷单、假拍、推广等方式骗客户的钱。其在发玛公司的收入一共有 1 万多元。案发后其退缴 1 万元的事实。

21. 证人赵某的证言，证明其于 2016 年 3 月到公司广告部工作，主要是为公司做广告，对外推广的渠道是找其他微信公众号发布，广告内容一般是"公司提供淘宝网店一件代发，零库存，在家也能做，宝妈也能做，月薪 2000 变成月存 8000"等，再附上公司名称及销售人员的手机号码，其成功在 70 余家微信公众号发布过广告，广告费用每月 5 万—8 万元。广告内容是其从网上找来，经李某甲同意后发布，李某甲直接负责广告部。广告部的工作就是制作诱人虚假的广告，诱导客户购买套餐，事实上公司没有实力去履行套餐上的内容。发玛公司的业务是淘宝代运营，发玛公司实际上是没有能力为客户赚钱的，因为发玛公司售后部只有三个人，实际上是做不了什么事情的。其上了五个月的班，拿到 14900 元。案发后，其退缴 1 万元的事实。

22. 证人阮某的证言，证明其于 2016 年 3 月到发玛公司上班，刚开始公司让其负责打电话招工，到 5 月份，李某甲叫其到前台上班，负责考勤、算工资、登记业绩等工作。发玛公司的运营流程是广告部在各个微信公众平台发布公司的广告，客户在广告平台上看到广告后通过微信扫客服人员的二维码联系招商部的客服，客服人员通过专业话术跟客户交谈，诱导客户购买公司套餐，客户购买套餐后，招商部人员把客户交给售后部去跟进服务，帮客户刷单、假拍、店铺装修等。合同上的内容就是抓住客户想轻松赚大钱的心理骗取客户信任，实际上凭公司的实力不可能完成。其每月工资 3000 元，其一共有 9000 元的收入。案发后其退缴 1 万元的事实。

23. 证人饶某某、龙某、施某、裴某、陈某、杨某、郑某、张某等人的证言，证明其各自都有在发玛公司应聘及短期工作经历，在工作中均察觉套餐中约定的内容公司是不可能帮助客户实现的事实。

24. 证人邵某证言，证明其为徐某某妻子，案发后其陪同徐某某向公安机关自首，帮助徐某某退赃 10 万元用于赔偿被害人损失的事实。

25. 工商登记资料，证明杭州发玛网络科技有限公司的工商登记情况。该公司成立于 2014 年 2 月 12 日，核准于 2015 年 4 月 13 日，注册资本 66 万元，法定代表人为李某甲，股东三人为李某甲、沈某甲、徐某某。经营范围有技术开发、技术服务、技术咨询、成果转让；计算机网络技术、计算机软硬件服务；企业管理咨询、网页设计；批发零售服装、纺织品的事实。

26. 搜查证、扣押物品文件清单，证明侦查机关 2016 年 8 月 2 日依法对杭州发玛网络科技有限公司（杭州市滨江区滨江路 1181 号）进行搜查并对现场涉案物品、文件予以扣押的事实。

27. 应聘登记表、录用职工登记表、员工离职手续表、劳动合同、保密与限制竞争协议，证明发玛公司招聘、录用、离职员工的具体身份信息和入职时间，其中包括李某丙、成某某、李某乙、李某丁、郭某、沈某乙、曾某某、龚某某、严某、曾某、吕攀、陈某甲、赵某、王某、刘某某、田某某、覃某某、阮某、胡某某、袁某、张没、饶某某、邢某某、李某川、龙某、朱某某、孟某、杨某、施某、张某、郑某、裴某、陈某、肖某某等人信息的事实。

28. 话术、聊天记录范本，证明发玛公司培训销售人员掌握与客户聊天时所用的套话和聊天步骤，包括如何让客户相信本公司，继而购买套餐，以及升级套餐等内容。如聊天步骤分为开场白、话天地、信息刺激、切入卖点、缔结付款等。聊天记录中的很多公司经营信息和对客户的服务承诺为虚假内容的事实。

29. 员工手册、招商部薪资制度，证明发玛公司员工规章制度情况，包括考勤制度、转正员工薪酬福利、保密管理制度、奖惩制度等内容。其中招商部的员工工资为基本工资加提成、提成比例（8%—30%），以及管理层绩效考核制度的事实。

30. 旺美淘商城套餐内容，证明发玛公司推销给客户购买的各个套餐内容（创业型会员 3980 元、皇冠型会员 6980 元、旗舰型会员 9800 元、私人订制会员

16800 元、VIP 金冠型会员 39800 元)。每个套餐内均包含淘宝信誉、店铺装修、店铺货源、店铺客服、活动支持、客服服务、新店扶持、开业礼包、微店、返利、宣传、特色服务、服务费用、费用返还等内容,即为该公司给客户承诺的服务内容的事实。

31.合同,证明客户购买套餐后,发玛公司与客户签订的合同,内容包括:产品细则,合同的续约、解除和义务,项目服务,争议解决与生效,还包括公司的服务内容(类似上述套餐服务内容),以及交易方式。交易方式为李某甲的七个银行的账户、支付宝的账户的事实。

32.笔记本复印件,证明发玛公司广告部赵某经手支付的微信公众号广告费情况。

33.协助冻结财产通知书、调取证据通知书、交易明细,证明被告人李某甲、朱某某、孟某等人在农业银行、杭州联合银行、中国银行、建设银行、工商银行、招商银行、邮政储蓄银行等账户的资金往来情况。

34.扣押决定书,证明案发后侦查机关从邵某(代徐某某退缴)处扣押 10 万元,从沈某甲处扣押 3.6 万元,从刘某某处扣押 2 万元,从李某丙、朱某某、沈某乙、龚某某、孟某、邢某某、郭某、陈某甲处扣押各 1 万元的事实。

35.电子数据制作说明、光盘,证明侦查机关依法将被告人龚某某、邢某某、陈某甲、李某丙、孟某、曾某某、朱某某等人的微信资料、聊天内容等照片信息刻录到光盘的事实。

36.制作说明、电子物证检查工作记录、电子光盘、移动硬盘,证明侦查机关依法对被告人李某甲、李某乙、李某丙、成某某、李某丁、曾某某、朱某某、沈某乙、龚某某、孟某、邢某某、陈某甲、刘某某、严某、曾某、赵某、阮某电脑硬盘进行电子勘验、提取电子数据信息并制作克隆盘的事实。

37.远程勘验笔录、光盘,证明侦查机关依法对被告人李某甲、李某乙、李某丙、成某某、李某丁、曾某某、朱某某、沈某乙、龚某某、孟某、邢某某、陈某甲、刘某某、严某、曾某、赵某、阮某的企业 QQ 进行远程勘验,提取聊天内容并制作电子光盘的事实。

38.缴款凭证,证明 2016 年 11 月 23 日,被告人李某甲退赃人民币 6 万元。2016 年 12 月 14 日,被告人李某乙退赃人民币 3 万元。2016 年 12 月 20 日至 21 日,被告人郭某向本院退赃人民币 1 万元,被告人李某丙退赃人民币 1 万元,陈某甲退赃人民币 5000 元,被告人朱某某退赃人民币 1264 元,被告人龚某某退赃人民币1万元的事实。

39.被告人李某甲的立功情况说明，证明被告人李某甲不构成立功的事实。

40.情况说明，证明被告人徐某某经与公安机关联系主动投案，在投案途中被杭州萧山机场查获，并移送公安机关的事实。

上述证据来源及形式合法，内容客观真实，与本案相关联，本院予以确认，作为认定本案事实的依据予以采信。对被告人李某甲的辩护人及被告人徐某某提出公诉机关提供的关于被告人李某甲的立功情况说明内容不真实，被告人徐某某的供述有非法取证情形的质证意见，本院不予采纳。

本院认为：被告人李某甲、徐某某、沈某甲、李某乙、成某某、李某丙、李某丁、曾某某、朱某某、沈某乙、龚某某、陈某甲、孟某、邢某某、郭某、刘某某以非法占有为目的，采用以虚假内容的话术欺骗被害人购买发玛公司的服务套餐，以签订合同的方式提高被害人对公司的信任度，以假拍等手段稳住被害人，并欺骗被害人购买更高级的服务套餐的方法，骗取他人财物，其中被告人李某甲、徐某某、沈某甲骗取财物数额特别巨大，被告人李某乙、成某某、李某丙、李某丁骗取财物数额巨大，被告人曾某某、朱某某、沈某乙、龚某某、陈某甲、孟某、邢某某、郭某、刘某某骗取财物数额较大，各被告人的行为均已构成诈骗罪。公诉机关指控罪名成立，本院予以支持。故对被告人李某甲及其辩护人、被告人徐某某的辩护人、被告人沈某甲的辩护人、被告人李某乙的指定辩护人、被告人李某丙、成某某的指定辩护人提出本案应定性为合同诈骗罪，提出发玛公司存在实体运行，部分合同还处于履行期间，没有社会危害结果，涉案的诈骗金额应扣除相应的实际服务费用的辩护意见，本院不予采纳。在被公安机关查扣的发玛公司与被害人签订的合同中，均列明被害人的交款均进入被告人李某甲的自然人账户，根据《最高人民法院关于审理单位犯罪案件具体应用法律有关问题的解释》第三条，盗用单位名义实施犯罪，违法所得由实施犯罪的个人私分的，依照刑法有关自然人犯罪的规定定罪处罚。并且自发玛公司设立后，其业务活动均以实施诈骗犯罪为主要活动，因此依法不能认定本案属于单位犯罪。对被告人李某甲及其辩护人、被告人徐某某的辩护人、被告人沈某甲的辩护人提出本案应认定为单位犯罪的辩护意见，本院不予采纳。在案的发玛公司"话术"材料证实该"话术"中含有大量的虚假内容，而各被告人均供述使用"话术"引诱被害人购买公司的服务套餐，并且在案的被害人陈述也能印证受到发玛公司销售人员的欺骗而购买服务套餐的事实，因此可以推定各被告人具有欺诈的主观明知。对被告人李某乙、成某某、李某丙及其指定辩护人、被告人沈某乙及其辩护人提出各被告人在工作初期，主观上不明知是诈骗，应扣减工作初期诈骗数额的辩解、辩护意见，本院不予采纳。本案中，被告人李某甲、徐某某、沈某甲事前商量成立发玛公司，并按比例共同出资，被告人李某甲任公司法定代表人，负责公司广告部、销售部的业务，被告人李某甲、徐某某先后负责售后部的业务，被告人沈某甲在2015年5月为其战友家属介绍推销发玛公司的服务套餐时，被告人李某甲已明确告知被告人沈某甲公司业务“偏门”，被告人沈某甲对发玛公司的诈骗行为具有主观上的明知，根据刑法中共同犯罪的理论，因其组织、帮助行为已经对直接实行者产生了相应的作用力，其简单地自动放弃并不能有效地阻止犯罪结果或危险状态的出现，根据部分实行全部责任的原则，被告人李某甲、徐某某、沈某甲应对诈骗犯罪的全部后果共同承担责任。对被告人徐某某、沈某甲及其辩护人提出被告人徐某某已提前退出发玛公司，没有参与实际诈骗，被告人沈某甲没有诈骗的主观故意和客观行为，不构成犯罪的辩解、辩护意见，本院不予采纳。被告人李某甲、徐某某在共同犯罪中起主要作用，系主犯；被告人沈某甲、李某乙、成某某、李某丙、李某丁、曾某某、朱某某、沈某乙、龚某某、陈某甲、孟某、邢某某、郭某、刘某某在共同犯罪中起次要作用，系从犯。被告人成某某的指定辩护人提出在本案中受到欺诈的被害人明知刷单行为违反淘宝网的相关规定，有一定过错的辩护意见，该辩护意见并不是各被告人犯诈骗罪免责或从轻处罚的正当理由，本院不予采纳。被告人徐某某、刘某某犯罪以后自动投案，并如实供述自己的罪行，系自首。被告人李某甲、沈某甲、李某乙、成某某、李某丙、李某丁、曾某某、朱某某、沈某乙、龚某某、陈某甲、孟某、邢某某、郭某归案后如实供述自己的犯罪事实，除被告人李某甲外的其他各被告人当庭自愿认罪。案发后，被告人李某甲、徐某某、沈某甲、李某乙、李某丙、朱某某、沈某乙、龚某某、陈某甲、孟某、邢某某、郭某、刘某某均有退缴赃款情节。综上量刑情节，依法对被告人徐某某、沈某甲、李某乙、成某某、李某丙、李某丁减轻处罚，对被告人李某甲、曾某某、朱某某、刘某某、沈某乙、龚某某、陈某甲、孟某、邢某某、郭某从轻处罚。对各被告人及其辩护人提出的其他从轻处罚的辩解、辩护意见，本院予以采纳。依照《中华人民共和国刑法》第二百六十六条、第二十五条第一款、第二十六条、第二十七条、第六十七条第一款和第三款、第四十二条、第四十五条、第四十七条、第七十二条、第七十三条、第五十二条、第六十四条的规定，判决如下：

一、被告人李某甲犯诈骗罪，判处有期徒刑十三年，并处罚金人民币五十万元(刑期从判决执行之日起计算。判决执行以前先行羁押的,羁押一日折抵刑期一日,即自2016年8月3日起至2029年8月2日止);

二、被告人徐某某犯诈骗罪,判处有期徒刑八年,并处罚金人民币四十万元(刑期从判决执行之日起计算。判决执行以前先行羁押的,羁押一日折抵刑期一日,即自2016年9月24日起至2024年9月23日止);

三、被告人沈某甲犯诈骗罪,判处有期徒刑四年,并处罚金人民币十万元(刑期从判决执行之日起计算。判决执行以前先行羁押的,羁押一日折抵刑期一日,即自2016年12月21日起至2020年11月23日止);

四、被告人李某乙犯诈骗罪,判处有期徒刑二年八个月,并处罚金人民币三万元(刑期从判决执行之日起计算。判决执行以前先行羁押的,羁押一日折抵刑期一日,即自2016年8月3日起至2019年4月2日止);

五、被告人成某某犯诈骗罪,判处有期徒刑一年六个月,并处罚金人民币三万元(刑期从判决执行之日起计算。判决执行以前先行羁押的,羁押一日折抵刑期一日,即自2016年8月3日起至2018年2月2日止);

六、被告人李某丙犯诈骗罪,判处有期徒刑一年六个月,并处罚金人民币三万元(刑期从判决执行之日起计算。判决执行以前先行羁押的,羁押一日折抵刑期一日,即自2016年8月3日起至2018年2月2日止);

七、被告人李某丁犯诈骗罪,判处有期徒刑一年六个月,缓刑二年六个月,并处罚金人民币三万元(缓刑考验期限,从判决确定之日起计算);

八、被告人曾某某犯诈骗罪,判处有期徒刑一年,缓刑二年,并处罚金人民币一万元(缓刑考验期限,从判决确定之日起计算);

九、被告人朱某某犯诈骗罪,判处有期徒刑十个月,缓刑一年六个月,并处罚金人民币一万元(缓刑考验期限,从判决确定之日起计算);

十、被告人刘某某犯诈骗罪,判处有期徒刑八个月,并处罚金人民币二万元(刑期从判决执行之日起计算。判决执行以前先行羁押的,羁押一日折抵刑期一日,即自2016年12月21日起至2017年7月15日止);

十一、被告人沈某乙犯诈骗罪,判处有期徒刑八个月,缓刑一年六个月,并处罚金人民币一万元(缓刑考验期限,从判决确定之日起计算);

十二、被告人龚某某犯诈骗罪,判处拘役五个月,缓刑十个月,并处罚金人民币一万元(缓刑考验期限,从判决确定之日起计算);

十三、被告人陈某甲犯诈骗罪,判处拘役四个月,缓刑八个月,并处罚金人民

币一万元(缓刑考验期限,从判决确定之日起计算);

十四、被告人孟某犯诈骗罪,判处拘役四个月,缓刑八个月,并处罚金人民币五千元(缓刑考验期限,从判决确定之日起计算);

十五、被告人郭某犯诈骗罪,判处拘役三个月,缓刑六个月,并处罚金人民币一万元(缓刑考验期限,从判决确定之日起计算);

十六、被告人邢某某犯诈骗罪,判处拘役三个月,缓刑六个月,并处罚金人民币二千元(缓刑考验期限,从判决确定之日起计算);

十七、各被告人的违法所得,退赔给被害人;被公安机关查扣的作案工具,予以没收。

上述款项限本判决生效之日缴纳。

如不服本判决,可在接到判决书的第二日起十日内,通过本院或者直接向浙江省丽水市中级人民法院提出上诉。书面上诉的,应当提交上诉状正本一份,副本两份。

审 判 长　黄奇新
人民陪审员　张　云
人民陪审员　徐妙君
二〇一六年十二月二十一日
书 记 员　魏小云

(二)案例二

涉及罪名:诈骗罪

上海市普陀区人民法院
刑事判决书①

(2016)沪 0107 刑初 377 号

公诉机关上海市普陀区人民检察院。

……

上海市普陀区人民检察院以沪普检诉刑诉(2016)313 号起诉书指控被告人董某、谈某某、高某、宋某某犯诈骗罪,于 2016 年 4 月 1 日向本院提起公诉。本院依法适用简易程序,实行独任审判,公开开庭审理了本案。上海市普陀区人民检

① 最高人民检察院指导性案例第 38 号。

察院指派检察员胡某某出庭支持公诉，被告人董某、谈某某、高某、宋某某到庭参加诉讼。现已审理终结。

上海市普陀区人民检察院指控：被告人董某、谈某某、高某、宋某某系“一号专车”注册登记司机。2015年始，四名被告人从费某某（另案处理）或他处购买未实名登记的手机号注册“一号专车”乘客端，虚构用车订单，后用本人或其实际控制的他人司机端账户接单，骗取被害单位上海奇漾信息技术有限公司垫付的用车费用及公司给予司机承接订单的奖励费。其中，被告人董某利用本人、夏某某、顾某某等账号，以上述方法诈骗共计人民币（以下币种均为人民币）40664.94元；被告人谈某某利用本人、王某账号，以上述方法诈骗14211.99元；被告人高某利用本人、侯某某、胡某、叶某、王某某、吴某某、马某、杨某某、张某、潘某某等账号，以上述方法诈骗38943.01元；被告人宋某某利用本人、徐某账号，以上述方法诈骗6627.43元。

2015年9月23日，公安民警在国定路邯郸路洞子张火锅店抓获被告人宋某某、高某；次日在被告人谈某某位于龙华路的暂住处抓获被告人谈某某；上述三名被告人到案后均如实供述罪行；2015年9月26日，被告人董某接通知后至派出所接受调查，到案时未作如实供述，后如实供述诈骗罪行。

上述事实，被告人董某、谈某某、高某、宋某某在开庭审理过程中均无异议，并有证人陈某的证言，证人夏某某、顾某某的证言，证人王某某、叶某的证言，证人徐某的证言，扣押决定书，接受证据清单，手机截屏，订单明细，协助查询财产通知书，被害单位的组织机构代码证、营业执照，涉案司机信息明细、机动车详细信息，汽车租赁服务合作协议3份，相关租赁服务公司的营业执照、组织机构代码证、税务登记证、开户许可证，常住人口基本信息，公安机关出具的工作情况等证据证实，足以认定。

本院认为，被告人董某、谈某某、高某、宋某某以非法占有为目的，采用虚构事实、隐瞒真相的方法，骗取他人钱财，数额较大，其行为已构成诈骗罪，依法应予处罚。上海市普陀区人民检察院指控被告人董某、谈某某、高某、宋某某的犯罪事实清楚，罪名成立。被告人董某、谈某某、高某、宋某某到案后能如实供述自己的罪行，依法可从轻处罚。被告人董某、谈某某、高某、宋某某的家属均已代为全额退赔赃款，可对四名被告人酌情从轻处罚。辩护人提出对被告人从轻处理的辩护意见本院均予采纳，关于减轻及适用缓刑的辩护意见不予采纳。公诉机关的量刑建议，亦可采纳。根据各被告人在共同犯罪中的地位、作用和对社会的危害程度，依照《中华人民共和国刑法》第二百六十六条、第六十七条第三款、第六十四条之规定，判决如下：

一、被告人董某犯诈骗罪，判处有期徒刑一年，并处罚金人民币一千元。

刑期从判决执行之日起计算。判决执行以前先行羁押的，羁押一日折抵刑期一日，即自2015年11月4日起至2016年11月2日止；罚金款应在本判决生效后一个月内缴纳至本院。

二、被告人谈某某犯诈骗罪，判处有期徒刑十个月，并处罚金人民币一千元。

刑期从判决执行之日起计算。判决执行以前先行羁押的，羁押一日折抵刑期一日，即自2015年9月24日起至2016年7月23日止；罚金款应在本判决生效后一个月内缴纳至本院。

三、被告人高某犯诈骗罪，判处有期徒刑一年，并处罚金人民币一千元。

刑期从判决执行之日起计算。判决执行以前先行羁押的，羁押一日折抵刑期一日，即自2015年9月23日起至2016年9月22日止；罚金款应在本判决生效后一个月内缴纳至本院。

四、被告人宋某某犯诈骗罪，判处有期徒刑八个月，并处罚金人民币一千元。

刑期从判决执行之日起计算。判决执行以前先行羁押的，羁押一日折抵刑期一日，即自2015年9月23日起至2016年5月22日止；罚金款应在本判决生效后一个月内缴纳至本院。

五、赃款依法发还被害单位。

如不服本判决，可在接到判决书的第二日起十日内，通过本院或者直接向上海市第二中级人民法院提出上诉。书面上诉的，应当提交上诉状正本一份，副本一份。

审　判　员　董婷婷

二〇一六年四月十八日

书　记　员　殷铁群

第二百七十四条　敲诈勒索罪

一、刑法条文

第二百七十四条【敲诈勒索罪】敲诈勒索公私财物，数额较大或者多次敲诈勒索的，处三年以下有期徒刑、拘役或者管制，并处或者单处罚金；数额巨大或者有其他严重情节的，处三年以上十年以下有期徒刑，并处罚金；数额特别巨大或者有其他特别严重情节的，处十年以上有期徒刑，并处罚金。

二、司法解释

（一）《最高人民法院、最高人民检察院关于办理敲诈勒索刑事案件适用法律若干问题的解释》

法释〔2013〕10号（2013年4月23日发布，2013年4月27日施行）

为依法惩治敲诈勒索犯罪，保护公私财产权利，根据《中华人民共和国刑法》《中华人民共和国刑事诉讼法》的有关规定，现就办理敲诈勒索刑事案件适用法律的若干问题解释如下：

第一条　敲诈勒索公私财物价值二千元至五千元以上、三万元至十万元以上、三十万元至五十万元以上的，应当分别认定为刑法第二百七十四条规定的“数额较大”“数额巨大”“数额特别巨大”。

各省、自治区、直辖市高级人民法院、人民检察院可以根据本地区经济发展状况和社会治安状况，在前款规定的数额幅度内，共同研究确定本地区执行的具体数额标准，报最高人民法院、最高人民检察院批准。

第二条　敲诈勒索公私财物，具有下列情形之一的，“数额较大”的标准可以按照本解释第一条规定标准的百分之五十确定：

（一）曾因敲诈勒索受过刑事处罚的；

（二）一年内曾因敲诈勒索受过行政处罚的；

（三）对未成年人、残疾人、老年人或者丧失劳动能力人敲诈勒索的；

（四）以将要实施放火、爆炸等危害公共安全犯罪或者故意杀人、绑架等严重侵犯公民人身权利犯罪相威胁敲诈勒索的；

（五）以黑恶势力名义敲诈勒索的；

（六）利用或者冒充国家机关工作人员、军人、新闻工作者等特殊身份敲诈勒索的；

（七）造成其他严重后果的。

第三条 二年内敲诈勒索三次以上的，应当认定为刑法第二百七十四条规定的“多次敲诈勒索”。

第四条 敲诈勒索公私财物，具有本解释第二条第三项至第七项规定的情形之一，数额达到本解释第一条规定的“数额巨大”“数额特别巨大”百分之八十的，可以分别认定为刑法第二百七十四条规定的“其他严重情节”“其他特别严重情节”。

第五条 敲诈勒索数额较大，行为人认罪、悔罪，退赃、退赔，并具有下列情形之一的，可以认定为犯罪情节轻微，不起诉或者免予刑事处罚，由有关部门依法予以行政处罚：

（一）具有法定从宽处罚情节的；

（二）没有参与分赃或者获赃较少且不是主犯的；

（三）被害人谅解的；

（四）其他情节轻微、危害不大的。

第六条 敲诈勒索近亲属的财物，获得谅解的，一般不认为是犯罪；认定为犯罪的，应当酌情从宽处理。

被害人对敲诈勒索的发生存在过错的，根据被害人过错程度和案件其他情况，可以对行为人酌情从宽处理；情节显著轻微危害不大的，不认为是犯罪。

第七条 明知他人实施敲诈勒索犯罪，为其提供信用卡、手机卡、通讯工具、通讯传输通道、网络技术支持等帮助的，以共同犯罪论处。

第八条 对犯敲诈勒索罪的被告人，应当在二千元以上、敲诈勒索数额的二倍以下判处罚金；被告人没有获得财物的，应当在二千元以上十万元以下判处罚金。

第九条　本解释公布施行后,《最高人民法院关于敲诈勒索罪数额认定标准问题的规定》(法释〔2000〕11 号)同时废止;此前发布的司法解释与本解释不一致的,以本解释为准。

(二)《最高人民法院、最高人民检察院关于办理利用信息网络实施诽谤等刑事案件适用法律若干问题的解释》

法释〔2013〕21 号 (2013 年 9 月 6 日发布,2013 年 9 月 10 日施行)

……

第六条　以在信息网络上发布、删除等方式处理网络信息为由,威胁、要挟他人,索取公私财物,数额较大,或者多次实施上述行为的,依照刑法第二百七十四条的规定,以敲诈勒索罪定罪处罚。

三、其他法律法规及文件

《最高人民法院办公厅对十二届全国人大五次会议第 5990 号建议的答复意见》

法办函〔2017〕181 号 (2017 年 5 月 19 日发布,2017 年 5 月 19 日实施)

国家工商行政管理总局办公厅:

现就阳国秀等代表提出的关于引导和规范职业打假人的建议提出如下答复意见,供参考。

对于知假买假行为如何处理,知假买假者是否具有消费者身份的问题,《消费者权益保护法》和《食品安全法》并没有做出明确规定,导致这一问题在理论界和实务界都存在争议。我院在《最高人民法院关于审理食品药品纠纷案件适用法律若干问题的规定》(法释〔2013〕28 号)第三条规定:"因食品、药品质量问题发生纠纷,购买者向生产者、销售者主张权利。生产者、销售者以购买者明知食品、药品存在质量问题而仍然购买为理由而进行抗辩的,人民法院不予支持",该条规定从保护人民群众生命健康权出发,明确了在食品、药品领域,消费者即使明知商品为假冒伪劣仍然购买,并以此诉讼索赔时,人民法院不能以其知假买假为由不予支持。因食品、药品是直接关系人体健康,安全的特殊、重要的消费产品,而该司法解释亦产生于地沟油、三聚氰胺奶粉、毒胶囊等一系列重大食品、药品安全事件频繁曝出,群众对食药安全问题反映强烈的大背景之下,是给予特殊背景下的特殊政策考量。

应该说，职业打假人自出现以来，对于增强消费者的权利意识，鼓励百姓运用惩罚性赔偿机制打假，打击经营者的违法侵权行为产生了一定积极作用。但就现阶段情况看，职业打假人群体及其引发的诉讼出现了许多新的发展和变化，其负面影响日益凸显。基于以下考虑，我们认为不宜将食药纠纷的特殊政策推广适用到所有消费者保护领域。

1. 按照《消费者权益保护法》第五十五条的规定，在普通消费产品领域，消费者获得惩罚性赔偿的前提是经营者的欺诈行为。民法上的欺诈，按照《民法通则意见》第六十八条的解释，应为经营者故意告知虚假情况或故意隐瞒真实情况，使消费者作出了错误意思表示。而对于知假买假人而言，不存在其主观上受到欺诈的情形。

2. 从打击的效果来看，由于成本较小，取证相对容易，牟利性打假的对象主要是大型超市和企业，主要集中在产品标识、说明等方面。该类企业往往是同类市场上产品质量相对有保障，管理较为规范的生产经营主体，而对于真正对市场危害较大的假冒伪劣产品及不规范的小规模经营主体打击效果不明显。

3. 从目前消费维权司法实践中，知假买假行为有形成商业化的趋势，出现了越来越多的职业打假人、打假公司（集团），其动机并非为了净化市场，而是利用惩罚性赔偿为自身牟利或借机对商家进行敲诈勒索。更有甚者针对某产品已经胜诉并获得赔偿，又购买该产品以图再次获利。上述行为严重违背诚信原则，无视司法权威，浪费司法资源，我们不支持这种以恶惩恶，饮鸩止渴的治理模式。

因此，考虑食药安全问题的特殊性及现有司法解释和司法实践的具体情况，我们认为目前可以考虑在除购买食品、药品之外的情形，逐步限制职业打假人的牟利性打假行为。我们将根据实际情况，积极考虑阳国秀等代表提出的建议，适时借助司法解释、指导性案例等形式，逐步遏制职业打假人的牟利性打假行为。

中华人民共和国最高人民法院
办公厅
2017 年 5 月 19 日

四、典型案例

涉及罪名:敲诈勒索罪

杭州市滨江区人民法院

刑 事 判 决 书

(2014)杭滨刑初字第169号

公诉机关杭州市滨江区人民检察院。

……

杭州市滨江区人民检察院以滨检公诉刑诉(2014)1118号起诉书指控被告人于某甲犯敲诈勒索罪,于2014年6月5日向本院提起公诉。本院于同日立案,依法适用普通程序,组成合议庭,公开开庭审理了本案。杭州市滨江区人民检察院指派代理检察员孙轶婧出庭支持公诉。被告人于某甲及其辩护人漏志华均到庭参加诉讼。现已审理终结。

公诉机关指控,2013年6月下旬至同年7月底期间,被告人于某甲伙同崔某某(已判刑)等人在"天猫商城"上购买小额商品并向卖家索要发票,并对无法提供发票的卖家进行投诉,事后以有偿撤销投诉的方式敲诈勒索"天猫商城"卖家,共作案50余起,非法获利117000万余元。公诉机关为证实上述所控事实,当庭宣读和出示了被告人的供述与辩解、被害人的陈述、证人证言、辨认笔录、视听资料、电子数据、支付宝支付凭证等书证等证据。公诉机关认为被告人于某甲的行为已构成敲诈勒索罪,同时认定被告人于某甲在共同犯罪中系从犯。提请本院依法惩处。

被告人于某甲辩称,对起诉书指控的敲诈勒索的次数与金额有异议,其有十多天时间因其母生病而未参与敲诈勒索。

辩护人漏志华提出的辩护意见是:1.被告人于某甲因其母生病住院陪护而未参与于某乙及崔某某一起实施的敲诈勒索行为期间的犯罪数额应予扣除。2.被告人于某甲系初犯,又系从犯,能如实供述自己的罪行,认罪态度较好,建议法庭从轻处罚并可适用缓刑。

经审理查明,2013年6月下旬至2013年7月底期间,被告人于某甲伙同于某乙、崔某某(后二人均已判刑)在"天猫商城"上购买小额商品并向卖家索要发票，并对无法提供发票的卖家进行投诉，事后以有偿撤销投诉的方式敲诈勒索“天猫商城”卖家。被告人于某甲等人以上述手段作案50余起，非法获利达117000万余元，成功敲诈勒索“天猫商城”卖家有：祝佳2000元、邓志国2000元、嵇永华1200元、姚静霞2000元、王靓4010元、李孝清500元、张秀礼1000元、朱铁3000元、孙文艳1500元、刘奎浩3000元、黄锦未4000元、朱庆栩2000元、蔡忠钊2000元、刘晓龙1500元、郑钢长1000元、蔡海远2050元、吴小鹿3000元、薛赣3700元、韩善伟2800元、张金星3000元、郭凌雄2500元、余江英2000元、钟升1900元、林晓微2000元、石铁华2000元、蒋盼3000元、陈维箴5000元、汪宏亮1000元、潘林燕1000元、侯春燕3000元、刘俊1500元、沈权1000元、王涛1000元、冯勇1000元、王永仙3000元、凌纪华2500元、韩玲4000元、张露2000元、廖伟学1500元、陈忠贤2000元、蓝爱良2500元、荣磊2000元、马某琼2500元、庄娘卫2310元、黄宏斌2000元、周李英1000元、徐淑兵2000元、金薇2000元、徐有品4000元、杨炎惠1995元、石平安4000元、刘云龙2000元、陈银滨800元。被告人于某甲在上述敲诈勒索犯罪活动中，主要负责在“天猫商城”寻找卖家、索要发票、投诉等。

上述事实有公诉机关举证并经庭审质证的下列证据证实，本院予以认定：

1.被告人于某甲的供述与辩解，证明于某乙伙同其及崔某某利用到“天猫商城”购物索要发票，对无发票的卖家进行投诉，并以有偿撤销投诉的方式对“天猫商城”卖家进行敲诈勒索。其主要负责在旺旺上跟卖家聊天、买东西、索要发票、投诉等，其还帮助于某乙购买了2台电脑。于某乙分给其几千元钱，并给了其20000元用于其母亲治病。

2.被害人祝佳、邓志国、嵇永华、姚静霞、王靓、李孝清、张秀礼、朱铁、孙文艳、刘奎浩、黄锦未、朱庆栩、蔡忠钊、刘晓龙、郑钢长、蔡海远、吴小鹿、薛赣、韩善伟、张金星、郭凌雄、余江英、钟升、林晓微、石铁华、蒋盼、陈维箴、汪宏亮、潘林燕、侯春燕、刘俊、沈权、王涛、冯勇、王永仙、凌纪华、韩玲、张露、廖伟学、陈忠贤、蓝爱良、荣磊、马某琼、庄娘卫、黄宏斌、周李英、徐淑兵、金薇、徐有品、杨炎惠、石平安、刘云龙、陈银滨的陈述，证明各被害人在“天猫商城”被敲诈勒索情况，各被害人共计被敲诈117000万余元。

3.证人于某乙的证言，证明其获知在“天猫商城”上买商品索要发票，对方无发票即可利用投诉和有偿撤销投诉的方式敲诈对方的情况后，即与被告人于某甲合谋进行敲诈，其教会了被告人于某甲敲诈的方法。被告人于某甲还叫了崔某某过来，三人一起通过“天猫商城”进行敲诈。在被告人于某甲的联系下购买了2台电脑用于作案。被告人于某甲负责找卖家、投诉卖家，投诉成功后其负责跟卖家谈价钱，要求对方汇款。共敲诈了约几十万元钱。

4. 证人崔某某的证言，证明其回延寿县与“孟龙”（即于某甲）、于某乙一起通过“天猫商城”敲诈该商城卖家的情况，散伙时于某甲分给其8000元钱。

5. 证人王璐曦的证言，证明其系浙江淘宝网络有限公司信息安全部的工作人员，公司接到很多“天猫商城”卖家的反映被敲诈勒索情况，经过分析，其中叫崔某某、于某甲的人有敲诈勒索“天猫商城”卖家的行为。

6. 证人杨月的证言，证明其系崔某某的女朋友，崔某某2013年7月份后，天天上网，其称系在帮别人刷钻赚钱，其曾接到几个淘宝店的人打电话给崔某某。

7. 各被害人提交的网络截图、聊天记录、交易信息、账户信息等书证，证明各被害人被敲诈勒索的相关情况及金额。

8. 辨认笔录，证明崔某某对被告人于某甲、于某乙的辨认情况。

9. 支付宝交易信息，证明支付宝公司提供的于某甲、崔某某通过支付宝系统作案的支付宝账号的详细信息。

10. 电子数据，证明涉案的支付宝账户详细信息及相应的提现信息。

11. 扣押笔录、清单，证明公安机关扣押了于某甲的银行卡等。

12. 银行交易明细，证明崔某某等人的相关银行卡开户信息及交易明细情况。

13. 刑事判决书，证明与被告人于某甲一同实施敲诈勒索犯罪的于某乙、崔某某均已被判刑。

14. 前科证明，证明被告人于某甲无犯罪前科。

15. 户籍证明、人口信息，证明被告人、被害人、证人身份情况。

16. 抓获经过，证明被告人于某甲被抓获的经过情况。

关于被告人于某甲及其辩护人提出的敲诈勒索次数及犯罪数额方面的辩解和辩护意见，经查，被告人于某甲等人实施敲诈勒索的次数和犯罪数额有在案的被害人陈述、有关涉案的支付宝账户信息的电子数据、支付宝交易信息等证据证实。至于被告人、辩护人提出的被告人于某甲曾有十多天未参与犯罪，此期间的次数及金额不应予以认定的辩解和辩护意见。本院认为，被告人于某甲与于某乙、崔某某等人合谋共同实施本案敲诈勒索犯罪行为，被告人于某甲期间虽有离开未参与具体实施敲诈勒索情形，但一方面其在离开时并未阻止于某乙、崔某某继续实施敲诈勒索行为，且在回来后继续参与实施敲诈勒索行为；另一方面，被告人于某甲参与了本案的分赃，即本案于某乙、崔某某在被告人于某甲离开期间所实施的敲诈勒索行为并未超出被告人于某甲的犯意范围。故被告人于某甲应对在共同犯意支配下的于某乙、崔某某实施的敲诈勒索犯罪行为承担刑事责任。被告人、辩护人的上述辩解和辩护意见，本院不予采纳。

本院认为，被告人于某甲以非法占有为目的，伙同他人以对被害人实施要挟的方法，强行索取公民财物，数额巨大，其行为已构成敲诈勒索罪，且系共同犯罪。公诉机关指控罪名成立。被告人于某甲在本案共同犯罪中起次要作用，系从犯，可以减轻处罚。被告人于某甲归案后如实供述自己及同案犯的罪行，可以从轻处罚。据此，依照《中华人民共和国刑法》第二百七十四条、第二十五条第一款、第二十七条、第六十七条第三款、第五十二条、第五十三条之规定，判决如下：

被告人于某甲犯敲诈勒索罪，判处有期徒刑二年，并处罚金 10000 元(刑期从判决执行之日起计算。判决执行以前先行羁押的，羁押一日折抵刑期一日，即自 2014 年 2 月 20 日起至 2016 年 2 月 19 日止；罚金限本判决生效后一个月内缴纳)。

如不服本判决，可在接到判决书的第二日起十日内，通过本院或者直接向浙江省杭州市中级人民法院提出上诉。书面上诉的，应当提交上诉状正本一份，副本二份。

审　判　长　张晓平
人民陪审员　杜文华
人民陪审员　陆文伟
二〇一四年六月二十三日
书　记　员　叶　铭

第二百七十六条　破坏生产经营罪

一、刑法条文

第二百七十六条【破坏生产经营罪】由于泄愤报复或者其他个人目的，毁坏机器设备、残害耕畜或者以其他方法破坏生产经营的，处三年以下有期徒刑、拘役或者管制；情节严重的，处三年以上七年以下有期徒刑。

二、其他法律法规及文件

《最高人民检察院、公安部关于公安机关管辖的刑事案件立案追诉标准的规定(一)》

公通字〔2008〕36 号（2008 年 6 月 25 日发布，2008 年 6 月 25 日实施）

……

第三十四条［破坏生产经营案(刑法第二百七十六条)］由于泄愤报复或者其他个人目的，毁坏机器设备、残害耕畜或者以其他方法破坏生产经营，涉嫌下列情形之一的，应予立案追诉：

(一)造成公私财物损失五千元以上的；

(二)破坏生产经营三次以上的；

(三)纠集三人以上公然破坏生产经营的；

(四)其他破坏生产经营应予追究刑事责任的情形。

三、典型案例

涉及罪名：破坏生产经营罪

江苏省南京市中级人民法院
刑事判决书

(2016)苏01刑终33号

原公诉机关南京市雨花台区人民检察院。

……

南京市雨花台区人民法院审理南京市雨花台区人民检察院指控原审被告人董某某、谢某某犯破坏生产经营罪一案，于2015年12月18日作出(2015)雨刑二初字第29号刑事判决。原审被告人董某某、谢某某不服，提出上诉。本院依法组成合议庭，公开开庭审理本案。江苏省南京市人民检察院指派代理检察员刘珏出庭履行职务。上诉人董某某及其辩护人杨振兴、上诉人谢某某到庭参加诉讼。现已审理终结。

原审判决认定，2013年9月，北京智齿数汇科技有限公司通过北京万方数据股份有限公司获得万方数据知识资源系统V1.0的使用权，后于2013年11月在淘宝网注册成立名称为“PaperPass论文通行证”的网上店铺，主要经营论文相似度检测业务，由该公司南京分公司即智齿科技南京公司具体负责运营。

2014年4月，在淘宝网经营论文相似度检测业务的被告人董某某为谋取市场竞争优势，雇佣并指使被告人谢某某，多次以同一账号恶意大量购买智齿科技南京公司淘宝网店铺的商品，其中，4月18日凌晨指使被告人谢某某使用同一账号，恶意购买120单商品；4月22日凌晨指使被告人谢某某使用同一账号，恶意购买385单商品；4月23日凌晨指使被告人谢文浩使用同一账号，恶意购买1000单商品。

2014年4月23日，浙江淘宝网络有限公司认定智齿科技南京公司淘宝网店铺从事虚假交易，并对该店铺作出商品搜索降权的处罚，后经智齿科技南京公司线下申诉，于4月28日恢复该店铺商品的搜索排名。被处罚期间，因消费者在数日内无法通过淘宝网搜索栏搜索到智齿科技南京公司淘宝网店铺的商品，严重影响该公司正常经营。经审计，智齿科技南京公司因其淘宝网店铺被商品搜索降权处罚而导致的订单交易额损失为人民币159844.29元。

另查明，被告人谢某某、董某某分别于2014年5月13日、5月16日被公安机关抓获，二被告人归案后均如实供述了自己的犯罪事实。本案侦查期间，被告人董某某已赔偿被害单位智齿科技南京公司经济损失人民币15万元。

原审判决认定的上述事实，有经庭审质证的报案材料、受案登记表、立案决定书、到案经过、扣押清单、《淘宝规则》、浙江淘宝网络有限公司出具的虚假交易处置记录、营业执照、万方数据知识资源系统V1.0合同书、国际域名转让合同、智齿科技南京公司出具的收入损失统计表、收条、被告人户籍资料等书证、物证；证人季龙涛、徐姗姗、林东阳的证言及鉴定人柏渊的当庭证言；搜查笔录、电子证据检查笔录；“PaperPass论文通行证”店铺页面截图、注册信息截图、首次入店来源拍下金额统计截图、董某某淘宝网店铺页面截图、董某某和谢某某的QQ账户截图、QQ聊天记录截图、谢某某和谢玉婷支付宝账户信息及交易记录、林东阳和谢某某财付通的汇款记录截图、智齿科技南京公司拍摄的录像等电子数据；南京金铺铭会计师事务所出具的专项审计报告；被告人董某某、谢某某的供述等证据证实。

原审法院认为，被告人董某某、谢某某出于打击竞争对手的目的，以其他方法破坏生产经营，二被告人的行为均已构成破坏生产经营罪。被告人董某某、谢某某共同故意实施破坏生产经营的犯罪行为，系共同犯罪。被告人董某某、谢某某归案后能如实供述自己的罪行，当庭认罪、悔罪，具有坦白情节，依法予以从轻处罚。被告人董某某、谢某某系初次犯罪，有退赔被害单位经济损失等认罪、悔罪表现，且二被告人所在社区均同意对其实施社区矫正，可对二被告人适用缓刑。依照《中华人民共和国刑法》第二百七十六条、第二十五条第一款、第六十七条第三款、第七十二条第一款、第七十三条第二款和第三款之规定，以破坏生产经营罪判处被告人董某某有期徒刑一年六个月，缓刑二年；判处被告人谢某某有期徒刑一年，缓刑一年二个月。

上诉人董某某上诉提出，其不构成犯罪。其仅仅是刷单行为，没有权力使对方店铺降权。

上诉人董某某的辩护人辩护提出：1.董某某的行为不构成破坏生产经营罪。董某某不具有破坏生产经营罪所要求的“报复泄愤”的主观目的，仅是“打击竞争对手”的商业惯例；董某某的行为不属于破坏生产资料、生产工具、机器设备的经营行为，不属于“以其他方法破坏生产经营”；行为后果并未造成“生产经营活动无法进行”;行为与后果间介入浙江淘宝网络有限公司降权处罚的因素,不具有刑法上的因果关系。2.案件尚未达到此罪刑事立案标准。涉案损失鉴定意见依据审计报告不属于鉴定意见,属于书证,且存在取材错误、论证混乱等问题,无其他证据印证,应不予认定。二审期间提供的证据证明降权期间日平均成交总金额为10万元左右,大于3月20日至4月6日的日平均成交总金额,未导致对方店铺损失。对方店铺损失为可能发生的损失,应通过具备司法鉴定资质的鉴定机构予以鉴定,而非通过审计报告。同时董某某的行为也不符合“破坏生产经营三次以上”的追诉条件。

上诉人谢某某上诉提出,其不构成破坏生产经营罪,只是让对方店铺在淘宝上的搜索流量少一些。一审判决量刑过重。

出庭检察员认为,一审判决认定上诉人董某某、谢某某犯破坏生产经营罪的定性准确,但鉴于二审期间出现新的证据导致一审判决认定被害单位经济损失数额发生变化,建议二审法院维持一审判决定性,公正量刑。

经审理查明,淘宝平台是由浙江淘宝网络有限公司运营的网络交易平台,包括淘宝网以及淘宝启用的其他域名。为维护淘宝正常经营秩序,保障淘宝用户合法权益,浙江淘宝网络有限公司制定了《淘宝规则》,对淘宝用户增加基本义务或者限制基本权利的条款。根据《淘宝规则》,为提升消费者的购物体验,浙江淘宝网络有限公司对于涉嫌通过不正当方式获得商品销量等妨害买家权益的虚假交易的商品,可以给予单个商品淘宝网搜索降权的市场管控措施,即调整该商品在搜索结果中的排序。

北京智齿数汇科技有限公司于2013年11月在淘宝网注册成立名称为“PaperPass论文通行证”的网上店铺,主要经营论文相似度检测业务,由该公司南京分公司即智齿科技南京公司具体负责运营。

2014年4月,在淘宝网经营论文相似度检测业务的上诉人董某某出于报复和自己从中获利的目的,雇佣并指使上诉人谢某某,多次以同一账号恶意大量购买智齿科技南京公司淘宝网店铺的商品,意图使浙江淘宝网络有限公司以涉嫌虚假交易对智齿科技南京公司的商品作出搜索降权等市场管控措施。其中,4月18日凌晨指使上诉人谢某某使用同一账号,恶意购买120单商品;4月22日凌晨指使上诉人谢某某使用同一账号,恶意购买385单商品;4月23日凌晨指使上诉人谢某某使用同一账号,恶意购买1000单商品。

2014年4月23日,浙江淘宝网络有限公司认定智齿科技南京公司淘宝网店铺从事虚假交易，并对该店铺商品作出商品搜索降权的市场管控措施，后经智齿科技南京公司线下申诉，于同年 4 月 28 日恢复该店铺商品的搜索排名。搜索降权期间，消费者在数日内无法通过淘宝网搜索栏搜索到智齿科技南京公司淘宝网店铺的商品，该公司淘宝网店铺正常生产经营遭到破坏。经分析、统计 2014 年 4 月至 5 月智齿科技南京公司每日成交金额及行业成交趋势，智齿科技南京公司因其商品被搜索降权而产生的损失为人民币 10 万余元。

另查明，上诉人谢某某、董某某分别于 2014 年 5 月 13 日、5 月 16 日被公安机关抓获，二上诉人归案后均如实供述了自己的犯罪事实。案件侦查期间，上诉人董某某已赔偿被害单位智齿科技南京公司经济损失人民币 15 万元。

上述事实，有下列证据证实：

1. 上诉人董某某供述，"怀疑自己经营的淘宝店铺受到 PaperPass 的恶意攻击导致降权，所以以牙还牙"，通过 QQ 联系谢某某让谢刷单，目的就是触发淘宝的降权机制，让 PaperPass 经营不下去，自己的店铺从中获益。谢某某的网名是 Mr. SY。通过刷单，对方店铺后来被降权了。

2. 上诉人谢某某供述，2014 年 4 月，董某某通过 QQ 联系其，并给了"PaperPass 论文通行证"的店铺链接，让其恶意刷这个店铺的销量和信誉。其用自己的账号"怪兽笑呵呵"和女友谢玉婷的淘宝账号"差不多-先生 98"多次大量购买该店铺商品，并于刷单后申请退货。其目的是恶意刷销量和信誉，即让淘宝认为该店铺在刷销量和信誉，从而对该淘宝店铺进行降权，使这个店铺在淘宝无法被搜索到，使店铺无法正常经营。

3. 证人季龙涛（智齿科技南京公司负责人）的证言证明，其公司在淘宝店铺是经营论文相似度检测的，店铺名称叫"PaperPass 论文通行证"，在淘宝相应搜索的排名都是前三位。买家在淘宝搜索到公司的店铺，然后购买相应论文字数的检测服务，一般是按字段收钱，一元钱就是 1000 字的检测。2014 年 4 月 22 日，淘宝用户"差不多-先生 98"在其公司店铺拍下了大概几百笔订单，然后就申请退款；第二天淘宝用户"怪兽笑呵呵"在公司店铺拍了 1000 笔订单，导致浙江淘宝网络有限公司在 4 月 23 日对其公司店铺进行降权处罚，公司店铺在淘宝搜索引擎里面搜索不到，也使公司生意无法正常经营，造成很大经济损失。经过申诉，4 月 28 日解除了降权处罚。直到 5 月 4 日，公司的店铺和之前相比才算恢复了正常经营。4 月 23 日到 5 月 4 日，公司在淘宝搜索这一块业务的损失大概是 202283 元。

4. 证人徐珊珊(董某某淘宝店铺的客服)的证言证明,其负责董某某店铺的网上接待。董某某的网店做学生论文检测生意,网店主要有"左岸地带""学海之崖"等。其听董某某说过董雇佣他人恶意去 PaperPass 淘宝直营店刷单的事,就是让人使用一个账号不停地买 PaperPass 淘宝直营店的商品,短时间买很多单,这样淘宝就以为是 PaperPass 淘宝直营店自己在假刷,就会对 PaperPass 淘宝直营店做出处罚,店铺的经营就会受到严重影响。

5. 证人林东阳(淘宝论文检测业务经营者)的证言证明,2014 年初董某某通过其找到谢某某刷单。

6. PaperPass 官网直营店网站截图、营业执照、合同、国际域名转让合同等证明,北京智齿数汇科技有限公司有经营计算机系统服务、数据处理等资质,该公司在淘宝网注册"PaperPass 论文通行证"网店,经营论文检测业务,智齿科技南京公司是北京智齿数汇科技有限公司的分公司,负责该公司网店 "PaperPass 论文通行证"的运营。

7. 董某某的淘宝网店铺"左岸地带"网站截图、其下属代理商"东阳论文检测"网站截图证明,董某某在淘宝网经营论文检测业务,店铺名为"左岸地带",店铺名为"东阳论文检测"的淘宝店铺系其旗下代理商。

8. QQ 账户截图、QQ 聊天记录截图证明,董某某与谢某某(昵称:Mr. SY)互为 QQ 好友。董某某多次雇佣谢某某到"PaperPass 论文通行证"店铺恶意刷单,目的是让该店铺商品被淘宝网降权。4 月 17 日至 18 日凌晨,指使谢某某拍下该店铺 120 单商品;4 月 21 日至 4 月 22 日凌晨,指使谢某某拍下该店铺 400 单商品(实际拍 385 单);4 月 22 日至 4 月 23 日凌晨,指使谢某某拍下该店铺 1000 单商品,并造成该店铺被搜索降权。

9.《淘宝规则》、浙江淘宝网络有限公司出具的对 PaperPass 店铺虚假交易处置记录等证明、淘宝平台运营的基本情况,以及《淘宝规则》第五十七条第三款规定淘宝网对涉嫌虚假交易的商品给予 30 日的单个商品搜索降权。浙江淘宝网络有限公司因 PaperPass 店铺商品虚假交易对该店铺搜索降权,时间自 2014 年 4 月 23 日起至同年 4 月 28 日恢复。

10. 智齿科技南京公司出具的收入损失统计表、网店每日被拍下金额记录等证明,该店铺被降权期间通过淘宝搜索被拍下的每日交易金额明显减少。

11. 浙江淘宝网络有限公司出具的南京反向炒信案件数据及说明证明,智齿科技南京公司淘宝店铺 2014 年 3 月 20 日至 2014 年 5 月 30 日间每日的总成交金额、搜索引导的成交金额、非搜索引导成交金额、确认收货总成交金额、确认收货搜索引导成交金额、确认收货非搜索引导成交金额,智齿科技南京公司降权处罚期间搜索引导成交金额大幅下降。智齿科技南京公司提供的数据是淘宝平台2014年量子恒道平台提供的数据,具有真实性,属于"Top10"来源的拍下订单金额,但未包含全部拍下的订单金额。

12.浙江淘宝网络有限公司出具的案发期间淘宝平台经营论文检测的同类行业搜索的网页浏览量和用户个数波动情况,证明搜索降权处罚期间行业基本呈上升态势,而智齿科技南京公司销售业绩下降明显。

13.收条证明,被害单位智齿科技南京公司收到上诉人董某某退还的经济损失人民币15万元。

14.搜查证、搜查笔录、扣押物品清单证明公安机关扣押董某某、谢某某笔记本电脑、电脑硬盘的情况。

15.书证报案材料、受案登记表、立案决定书、到案经过等证明本案案发及二上诉人归案情况。

16.户籍资料证明二上诉人的自然情况。

上述证据均经庭审质证,证据来源合法有效,内容客观真实,且能相互印证,足以证实案件事实,本院予以采信。

关于检辩双方的意见以及辩护人出示的新证据,本院综合评判如下:

1.关于二上诉人的行为定性。经查,在案证据证实,二上诉人主观上具有报复和从中获利的目的,客观上实施了通过损害被害单位商业信誉的方式破坏被害单位生产经营的行为,被害单位因二上诉人的行为遭受了10万元以上的损失,且二上诉人的行为与损失间存在因果关系,其行为符合破坏生产经营罪的犯罪构成,应以破坏生产经营罪定罪处罚。第三方因素的介入并不影响因果关系的认定。故该相关上诉理由、辩护意见不能成立,本院不予采纳。

2.关于本案损失的认定。经查,在案证据证实,2014年4月至5月,淘宝网论文相似度检测行业被搜索的网络浏览量和用户个数基本处于上升态势,被害单位商品搜索降权期间的日确认收货搜索引导成交金额仅为4019元、419元、70元、19元、23元、4932元,平均额为1578.8元,远远低于其扣除搜索降权期间当年4月份、5月份或4月至5月的平均额18547元、23352元、21216元,损失客观存在,依照有利于上诉人的原则,本院就低认定损失为人民币10万余元。故该辩护意见不能成立,本院不予采纳。

3.关于辩护人出示的有关证据的采信。二审庭审中，辩护人出示了安徽省庐江县公证处出具的公证书及相关书证，证明董某某于2016年1月31日在相关淘宝店铺中购买1000余单名为"全面测试大量购买导致的行为"的商品，该店铺未被淘宝平台处罚，进而证明董某某的行为与智齿科技南京公司的降权无刑法上的因果关系，淘宝平台的处罚具有随意性和不确定性。对此，出庭检察员出示了浙江淘宝网络有限公司出具的说明，证明针对董某某购买"全面测试大量购买导致的行为"的商品，浙江淘宝网络有限公司发现商品类目为"邮费"，因公司规定"邮费链接无评价入口，不计销量"，所以没有搜索排名和流量，不会造成获利。淘宝平台抓取的炒信商品为有评价和销量的正常商品，所以大量购买"邮费"类商品并不会被淘宝平台的相关规则抓取到。经审查认为，辩护人出示的该部分证据所证明的董某某批量购买相关商品的行为与本案中批量购买智齿科技南京公司商品的行为不属于同一性质购买商品或服务的行为，故与本案事实无关联性，本院不予采信。

本院认为，上诉人(原审被告人)董某某、谢某某由于报复和其他目的，以其他方法破坏生产经营，其行为均构成破坏生产经营罪，且系共同犯罪。原审判决认定的二上诉人实施破坏他人生产经营行为的客观事实清楚，证据确实、充分，适用法律正确，审判程序合法。由于二审期间出现新的证据，原审判决认定二上诉人造成的损失数额不当，本院予以纠正。鉴于损失数额变化，本院依法调整二上诉人的量刑。出庭检察员的意见及上诉人谢某某提出的量刑过重的上诉理由成立，本院均予以采纳。上诉人董某某、谢某某归案后能如实供述自己的罪行，依法可以从轻处罚；有退赔被害单位损失的悔罪表现，酌情从轻处罚。根据二上诉人犯罪的事实、性质、情节和对社会的危害程度，本院决定对二上诉人均予以从轻处罚，并对上诉人董某某宣告缓刑。依照《中华人民共和国刑事诉讼法》第二百二十五条第一款第(三)项、《中华人民共和国刑法》第二百七十六条、第二十五条第一款、第六十七条第三款、第七十二条第一款、第七十三条第二款和第三款、第三十七条的规定，判决如下：

一、维持南京市雨花台区人民法院(2015)雨刑二初字第29号刑事判决对上诉人(原审被告人)董某某、谢某某的定罪部分，即上诉人董某某犯破坏生产经营罪，上诉人谢某某犯破坏生产经营罪；

二、撤销南京市雨花台区人民法院(2015)雨刑二初字第29号刑事判决对上诉人(原审被告人)董某某、谢某某的量刑部分，即判处上诉人董某某有期徒刑一年六个月，缓刑二年，判处上诉人谢某某有期徒刑一年，缓刑一年二个月；

三、上诉人（原审被告人）董某某犯破坏生产经营罪，判处有期徒刑一年，缓刑一年；

（缓刑考验期限，从判决确定之日起计算。）

上诉人（原审被告人）谢某某犯破坏生产经营罪，免予刑事处罚。

本判决为终审判决。

审　判　长　王瑞琼

审　判　员　汪　波

审　判　员　刘天虹

二〇一六年十二月十九日

书　记　员　孟鑫鑫

第二百八十条　伪造、变造、买卖国家机关公文、证件、印章罪；盗窃、抢夺、毁灭国家机关公文、证件、印章罪；伪造公司、企业、事业单位、人民团体印章罪；伪造、变造、买卖身份证件罪
第二百八十条之一　使用虚假身份证件、盗用身份证件罪

一、刑法条文

第二百八十条【伪造、变造、买卖国家机关公文、证件、印章罪】【盗窃、抢夺、毁灭国家机关公文、证件、印章罪】伪造、变造、买卖或者盗窃、抢夺、毁灭国家机关的公文、证件、印章的，处三年以下有期徒刑、拘役、管制或者剥夺政治权利，并处罚金；情节严重的，处三年以上十年以下有期徒刑，并处罚金。

【伪造公司、企业、事业单位、人民团体印章罪】伪造公司、企业、事业单位、人民团体的印章的，处三年以下有期徒刑、拘役、管制或者剥夺政治权利，并处罚金。

【伪造、变造、买卖身份证件罪】伪造、变造、买卖居民身份证、护照、社会保障卡、驾驶证等依法可以用于证明身份的证件的，处三年以下有期徒刑、拘役、管制或者剥夺政治权利，并处罚金；情节严重的，处三年以上七年以下有期徒刑，并处罚金。

第二百八十条之一【使用虚假身份证件、盗用身份证件罪】在依照国家规定应当提供身份证明的活动中，使用伪造、变造的或者盗用他人的居民身份证、护照、社会保障卡、驾驶证等依法可以用于证明身份的证件，情节严重的，处拘役或者管制，并处或者单处罚金。

有前款行为，同时构成其他犯罪的，依照处罚较重的规定定罪处罚。

二、其他法律法规及文件

《中华人民共和国居民身份证法》

主席令第五十一号（2011 年 10 月 29 日发布，2012 年 1 月 1 日实施）

第一章　总　则

第一条　为了证明居住在中华人民共和国境内的公民的身份，保障公民的合法权益，便利公民进行社会活动，维护社会秩序，制定本法。

……

第十六条　有下列行为之一的，由公安机关给予警告，并处二百元以下罚款，有违法所得的，没收违法所得：

（一）使用虚假证明材料骗领居民身份证的；

（二）出租、出借、转让居民身份证的；

（三）非法扣押他人居民身份证的。

第十七条　有下列行为之一的，由公安机关处二百元以上一千元以下罚款，或者处十日以下拘留，有违法所得的，没收违法所得：

（一）冒用他人居民身份证或者使用骗领的居民身份证的；

（二）购买、出售、使用伪造、变造的居民身份证的。

伪造、变造的居民身份证和骗领的居民身份证，由公安机关予以收缴。

第十八条　伪造、变造居民身份证的，依法追究刑事责任。

有本法第十六条、第十七条所列行为之一，从事犯罪活动的，依法追究刑事责任。

第十九条　国家机关或者金融、电信、交通、教育、医疗等单位的工作人员泄露在履行职责或者提供服务过程中获得的居民身份证记载的公民个人信息，构成犯罪的，依法追究刑事责任；尚不构成犯罪的，由公安机关处十日以上十五日以下拘留，并处五千元罚款，有违法所得的，没收违法所得。

单位有前款行为，构成犯罪的，依法追究刑事责任；尚不构成犯罪的，由公安机关对其直接负责的主管人员和其他直接责任人员，处十日以上十五日以下拘留，并处十万元以上五十万元以下罚款，有违法所得的，没收违法所得。

有前两款行为，对他人造成损害的，依法承担民事责任。

第二十条　人民警察有下列行为之一的，根据情节轻重，依法给予行政处分；构成犯罪的，依法追究刑事责任：

（一）利用制作、发放、查验居民身份证的便利，收受他人财物或者谋取其他利益的；

（二）非法变更公民身份号码，或者在居民身份证上登载本法第三条第一款规定项目以外的信息或者故意登载虚假信息的；

（三）无正当理由不在法定期限内发放居民身份证的；

（四）违反规定查验、扣押居民身份证，侵害公民合法权益的；

（五）泄露因制作、发放、查验、扣押居民身份证而知悉的公民个人信息，侵害公民合法权益的。

第二百八十五条　非法侵入计算机信息系统罪；非法获取计算机信息系统数据、非法控制计算机信息系统罪；提供侵入、非法控制计算机信息系统程序、工具罪

一、刑法条文

第二百八十五条【非法侵入计算机信息系统罪】违反国家规定，侵入国家事务、国防建设、尖端科学技术领域的计算机信息系统的，处三年以下有期徒刑或者拘役。

【非法获取计算机信息系统数据、非法控制计算机信息系统罪】违反国家规定，侵入前款规定以外的计算机信息系统或者采用其他技术手段，获取该计算机信息系统中存储、处理或者传输的数据，或者对该计算机信息系统实施非法控制，情节严重的，处三年以下有期徒刑或者拘役，并处或者单处罚金；情节特别严重的，处三年以上七年以下有期徒刑，并处罚金。

【提供侵入、非法控制计算机信息系统程序、工具罪】提供专门用于侵入、非法控制计算机信息系统的程序、工具，或者明知他人实施侵入、非法控制计算机信息系统的违法犯罪行为而为其提供程序、工具，情节严重的，依照前款的规定处罚。

单位犯前三款罪的，对单位判处罚金，并对其直接负责的主管人员和其他直接责任人员，依照各该款的规定处罚。

二、司法解释

《最高人民法院、最高人民检察院关于办理危害计算机信息系统安全刑事案件应用法律若干问题的解释》

法释〔2011〕19 号(2011 年 8 月 1 日发布,2011 年 9 月 1 日实施)

为依法惩治危害计算机信息系统安全的犯罪活动,根据《中华人民共和国刑法》《全国人民代表大会常务委员会关于维护互联网安全的决定》的规定,现就办理这类刑事案件应用法律的若干问题解释如下:

第一条　非法获取计算机信息系统数据或者非法控制计算机信息系统,具有下列情形之一的,应当认定为刑法第二百八十五条第二款规定的"情节严重":

(一)获取支付结算、证券交易、期货交易等网络金融服务的身份认证信息十组以上的;

(二)获取第(一)项以外的身份认证信息五百组以上的;

(三)非法控制计算机信息系统二十台以上的;

(四)违法所得五千元以上或者造成经济损失一万元以上的;

(五)其他情节严重的情形。

实施前款规定行为,具有下列情形之一的,应当认定为刑法第二百八十五条第二款规定的"情节特别严重":

(一)数量或者数额达到前款第(一)项至第(四)项规定标准五倍以上的;

(二)其他情节特别严重的情形。

明知是他人非法控制的计算机信息系统,而对该计算机信息系统的控制权加以利用的,依照前两款的规定定罪处罚。

第二条　具有下列情形之一的程序、工具,应当认定为刑法第二百八十五条第三款规定的"专门用于侵入、非法控制计算机信息系统的程序、工具":

(一)具有避开或者突破计算机信息系统安全保护措施,未经授权或者超越授权获取计算机信息系统数据的功能的;

(二)具有避开或者突破计算机信息系统安全保护措施,未经授权或者超越授权对计算机信息系统实施控制的功能的;

(三)其他专门设计用于侵入、非法控制计算机信息系统、非法获取计算机信息系统数据的程序、工具。

第三条　提供侵入、非法控制计算机信息系统的程序、工具，具有下列情形之一的，应当认定为刑法第二百八十五条第三款规定的“情节严重”：

（一）提供能够用于非法获取支付结算、证券交易、期货交易等网络金融服务身份认证信息的专门性程序、工具五人次以上的；

（二）提供第（一）项以外的专门用于侵入、非法控制计算机信息系统的程序、工具二十人次以上的；

（三）明知他人实施非法获取支付结算、证券交易、期货交易等网络金融服务身份认证信息的违法犯罪行为而为其提供程序、工具五人次以上的；

（四）明知他人实施第（三）项以外的侵入、非法控制计算机信息系统的违法犯罪行为而为其提供程序、工具二十人次以上的；

（五）违法所得五千元以上或者造成经济损失一万元以上的；

（六）其他情节严重的情形。

实施前款规定行为，具有下列情形之一的，应当认定为提供侵入、非法控制计算机信息系统的程序、工具“情节特别严重”：

（一）数量或者数额达到前款第（一）项至第（五）项规定标准五倍以上的；

（二）其他情节特别严重的情形。

……

第八条　以单位名义或者单位形式实施危害计算机信息系统安全犯罪，达到本解释规定的定罪量刑标准的，应当依照刑法第二百八十五条、第二百八十六条的规定追究直接负责的主管人员和其他直接责任人员的刑事责任。

第九条　明知他人实施刑法第二百八十五条、第二百八十六条规定的行为，具有下列情形之一的，应当认定为共同犯罪，依照刑法第二百八十五条、第二百八十六条的规定处罚：

（一）为其提供用于破坏计算机信息系统功能、数据或者应用程序的程序、工具，违法所得五千元以上或者提供十人次以上的；

（二）为其提供互联网接入、服务器托管、网络存储空间、通讯传输通道、费用结算、交易服务、广告服务、技术培训、技术支持等帮助，违法所得五千元以上的；

（三）通过委托推广软件、投放广告等方式向其提供资金五千元以上的。

实施前款规定行为，数量或者数额达到前款规定标准五倍以上的，应当认定为刑法第二百八十五条、第二百八十六条规定的“情节特别严重”或者“后果特别严重”。

第十条　对于是否属于刑法第二百八十五条、第二百八十六条规定的"国家事务、国防建设、尖端科学技术领域的计算机信息系统""专门用于侵入、非法控制计算机信息系统的程序、工具""计算机病毒等破坏性程序"难以确定的,应当委托省级以上负责计算机信息系统安全保护管理工作的部门检验。司法机关根据检验结论,并结合案件具体情况认定。

第十一条　本解释所称"计算机信息系统"和"计算机系统",是指具备自动处理数据功能的系统,包括计算机、网络设备、通信设备、自动化控制设备等。

本解释所称"身份认证信息",是指用于确认用户在计算机信息系统上操作权限的数据,包括账号、口令、密码、数字证书等。

本解释所称"经济损失",包括危害计算机信息系统犯罪行为给用户直接造成的经济损失,以及用户为恢复数据、功能而支出的必要费用。

三、其他法律法规及文件

(一)《中华人民共和国网络安全法》

主席令第五十三号(2016 年 11 月 7 日发布,2017 年 6 月 1 日实施)

……

第二十七条　任何个人和组织不得从事非法侵入他人网络、干扰他人网络正常功能、窃取网络数据等危害网络安全的活动;不得提供专门用于从事侵入网络、干扰网络正常功能及防护措施、窃取网络数据等危害网络安全活动的程序、工具;明知他人从事危害网络安全的活动的,不得为其提供技术支持、广告推广、支付结算等帮助。

(二)《全国人民代表大会常务委员会关于维护互联网安全的决定》

(2000 年 12 月 28 日发布,2000 年 12 月 28 日实施)

我国的互联网,在国家大力倡导和积极推动下,在经济建设和各项事业中得到日益广泛的应用,使人们的生产、工作、学习和生活方式已经开始并将继续发生深刻的变化,对于加快我国国民经济、科学技术的发展和社会服务信息化进程具有重要作用。同时,如何保障互联网的运行安全和信息安全问题已经引起全社会的普遍关注。为了兴利除弊,促进我国互联网的健康发展,维护国家安全和社会公共利益,保护个人、法人和其他组织的合法权益,特作如下决定:

一、为了保障互联网的运行安全，对有下列行为之一，构成犯罪的，依照刑法有关规定追究刑事责任：

（一）侵入国家事务、国防建设、尖端科学技术领域的计算机信息系统；

……

七、各级人民政府及有关部门要采取积极措施，在促进互联网的应用和网络技术的普及过程中，重视和支持对网络安全技术的研究和开发，增强网络的安全防护能力。有关主管部门要加强对互联网的运行安全和信息安全的宣传教育，依法实施有效的监督管理，防范和制止利用互联网进行的各种违法活动，为互联网的健康发展创造良好的社会环境。从事互联网业务的单位要依法开展活动，发现互联网上出现违法犯罪行为和有害信息时，要采取措施，停止传输有害信息，并及时向有关机关报告。任何单位和个人在利用互联网时，都要遵纪守法，抵制各种违法犯罪行为和有害信息。人民法院、人民检察院、公安机关、国家安全机关要各司其职，密切配合，依法严厉打击利用互联网实施的各种犯罪活动。要动员全社会的力量，依靠全社会的共同努力，保障互联网的运行安全与信息安全，促进社会主义精神文明和物质文明建设。

（三）《计算机信息网络国际联网安全保护管理办法》

公安部令第33号（1997年12月30日实施，2001年1月8日发布，2001年1月8日实施）

……

第五条　任何单位和个人不得利用国际联网制作、复制、查阅和传播下列信息：

（一）煽动抗拒、破坏宪法和法律、行政法规实施的；

（二）煽动颠覆国家政权，推翻社会主义制度的；

（三）煽动分裂国家、破坏国家统一的；

（四）煽动民族仇恨、民族歧视，破坏民族团结的；

（五）捏造或者歪曲事实，散布谣言，扰乱社会秩序的；

（六）宣扬封建迷信、淫秽、色情、赌博、暴力、凶杀、恐怖，教唆犯罪的；

（七）公然侮辱他人或者捏造事实诽谤他人的；

（八）损害国家机关信誉的；

（九）其他违反宪法和法律、行政法规的。

第六条　任何单位和个人不得从事下列危害计算机信息网络安全的活动：

（一）未经允许，进入计算机信息网络或者使用计算机信息网络资源的；

（二）未经允许，对计算机信息网络功能进行删除、修改或者增加的；

（三）未经允许，对计算机信息网络中存储、处理或者传输的数据和应用程序进行删除、修改或者增加的；

（四）故意制作、传播计算机病毒等破坏性程序的；

（五）其他危害计算机信息网络安全的。

……

第十三条　使用公用账号的注册者应当加强对公用账号的管理，建立账号使用登记制度。用户账号不得转借、转让。

四、典型案例

（一）案例一

涉及罪名：非法获取计算机信息系统数据罪；提供侵入、非法控制计算机信息系统程序、工具罪；侵犯公民个人信息罪；盗窃罪

浙江省诸暨市人民法院

刑 事 判 决 书

（2016）浙 0681 刑初 1102 号

公诉机关诸暨市人民检察院。

……

诸暨市人民检察院以诸检刑诉（2016）1089 号起诉书指控被告人米某某、刘某丙、王某某犯提供侵入、非法控制计算机信息系统程序、工具罪，被告人王某某、程某某、徐某某、童某某、张某某、孟某甲、孟某乙、孟某丙、周某某、蔡某某、康某某、谭某某、王某某、杜某某、陈某甲、闫某某、臧某某、张某甲、原某某、张某乙、林某甲、乔某某、周某甲、何某、彭某、江某某犯侵犯公民个人信息罪，被告人朱某、杨某、袁某某、袁某甲、钱某某、庄某某、张某丙、涂某某、陈某某、钟某某犯非法获取计算机信息系统数据罪，被告人彭某、刘某甲、陈某甲、刘某乙、钱某某犯盗窃罪，于 2016 年 8 月 24 日向本院提起公诉，本院于次日立案受理后，依法组成合议庭进行审理。审理中，因林某甲另涉嫌犯罪，经苍南县人民检察院批准，已

被苍南县公安局逮捕，故本院依法裁定对林某甲中止审理。本案于2016年10月24日公开开庭进行了审理，诸暨市人民检察院指派检察员周锋等出庭支持公诉，上述被告人及其辩护人均到庭参加诉讼。本案经上一级人民法院批准延长审限三个月。现已审理终结。

诸暨市人民检察院指控：

（一）提供侵入、非法控制计算机信息系统程序、工具

1.2014年年底开始，被告人米某某在互联网上根据客户要求编写实名解异常、支付宝找回、淘宝注册、淘宝足迹添加、淘宝UA算法、修改支付宝密码系列软件，软件具有通过重新拨号更换IP地址的方式绕过支付宝安全防火墙以及发送非常规的网络请求扫描他人支付宝账号实名认证状态的功能。被告人米某某将软件销售给张某、刘某、吴某等人，非法获利11000余元。

2.2015年6月份开始，被告人刘某丙、王某某合作编写灵动扫号软件，该软件为系列软件，由多个部分组成，具有尝试登录支付宝、淘宝网站，进而判断账号密码是否正确，自动宽带拨号切换以及自动代理切换技术来绕过安全系统的人机识别功能。被告人王某某通过QQ群将该软件销售给他人。被告人刘某丙、王某某通过销售该软件共计获利7万元左右。经查，被告人王某某转入被告人刘某丙使用的支付宝账户共计49221元。

（二）侵犯公民个人信息

1.2015年六七月份开始，被告人程某某加入买卖支付宝账号的QQ群，向群成员购买支付宝账号、密码、找回方式、公民身份号码、密保问题等公民个人信息数千组，后出售给被告人刘某乙等人1300余组，非法获利3000余元。

2.2014年年底开始，被告人徐某某通过网络向他人购买淘宝账号、密码，支付宝账号、密码，公民身份号码等公民个人信息数千组，后出售给QQ号17×××56、97×××66，昵称为"啊东小号工作室""啊南"等人5000余组，非法获利2万余元。

3.2015年初开始，被告人童某某通过网络向被告人张某丙、"阿某"等人购买淘宝账号、密码，支付宝账号、密码，公民身份号码等公民个人信息2568组，后出售给安某某等人1758组，非法获利6000余元。

4.2015年八九月份开始，被告人王某某通过网络加入买卖淘宝、支付宝账号的QQ群，向群成员购买淘宝账号、密码，支付宝账号、密码等公民个人信息4.7万余组，后出售给他人，非法获利1万余元。

5.2015 年 6 月份开始,被告人张某某通过网络向他人购买淘宝账号、密码,支付宝账号、密码,公民身份号码等公民个人信息 3200 余组,后出售给他人,非法获利 2 万余元。

6.2015 年 5 月份开始,被告人孟某甲通过网络向陈某、楼某某等人购买邮箱账号、密码,淘宝账号、密码,公民身份号码等公民个人信息 1.6 万余组,后出售给他人,非法获利 1.5 万余元。

7.2014 年 12 月份开始,被告人孟某乙通过网络向 QQ 号 94×××35、昵称为“淘宝小小号”等人购买淘宝账号、密码,公民身份号码等公民个人信息 7200 余组,后出售给他人,非法获利 2 万余元。

8.2015 年开始,被告人孟某丙通过网上向他人购买淘宝账号、密码,支付宝账号,邮箱账号,公民身份号码等公民个人信息 2 万余组,后将部分账号出售给他人,非法获利 1000 余元。

9.2015 年 7 月份开始,被告人周某某通过网络上向他人购买淘宝账号、密码,邮箱账号,公民身份号码等公民个人信息 4 万余组,后将部分淘宝账号出售给他人,非法获利 2 万余元。

10.2015 年 5 月份开始,被告人蔡某某通过网络向他人购买林某乙软件、淘淘软件、传奇软件,又向他人购买邮箱账号、密码等原始数据,使用软件批量登录邮箱账号、密码数据碰撞获得淘宝账号、密码,支付宝账号、密码等公民个人信息 2790 多组,销售获利 5000 余元。

11.2015 年 5 月份开始,被告人康某某通过网络向 QQ 号 27×××19、昵称为“暗夜”的用户购买邮箱账号、密码等原始数据和“莊人”扫号软件,又向 QQ 号 89×××90,昵称“三多”的用户购买三多撞密软件,后使用软件批量登录邮箱账号、密码数据碰撞获得淘宝、支付宝账号。至 2015 年 12 月 7 日被公安机关查获,被告人康某某共非法扫号获得 5793 余组淘宝、支付宝账号,已销售 500 余组,非法获利 1 万余元。

12.2015 年 5 月份开始,被告人谭某某通过网络向 QQ 昵称为“陌生人 2”的用户购买淘宝账号、密码,支付宝账号、密码,公民身份号码等公民个人信息 4 万余组,后出售给他人,非法获利 4 万余元。至 2016 年 1 月 17 日被公安机关查获,被告人谭某某电脑里存有上述公民个人信息 1.2 万余组。

13.2015 年 5 月份开始,被告人王某某、杜某某通过网络加入“淘宝小号交流群”,向群成员购买“先行-淘宝小号查询”“扫号”软件,使用软件批量登录邮箱账号、密码数据碰撞获得淘宝账号，又从网上购买支付宝账号、公民身份号码等绑定淘宝账号，非法获取淘宝账号、密码，支付宝账号，公民身份号码等公民个人信息1000多组，已销售600余组，非法获利3000余元。

14.2015年6月份开始，被告人陈某甲通过网络从社工库论坛下载或向龚某及被告人杨某等人购买邮箱账号、密码等原始数据，又从刘某处购买"猜一猜""撞密保"等三多软件，使用软件批量登录邮箱账号、密码数据碰撞获得淘宝账号、密码，支付宝账号、密码等公民个人信息1.8万余组，已销售数千组，非法获利4万余元。

15.2015年七八月份开始，被告人闫某某通过网络向"林某乙""三多"购买撞密软件，又分别向"槿爷"、梁某(已起诉)购买200万条和3个T的邮箱账号、密码等原始数据，使用软件批量登录邮箱账号，密码数据碰撞获得淘宝账号、密码，支付宝账号、密码等公民个人信息1万余组，已销售数500余组，非法获利2000余元。

16.2015年5月份开始，被告人臧某某通过网络加入"三多"QQ群，向群成员购买三多软件和邮箱账号、密码等原始数据，使用软件批量登录邮箱账号、密码数据碰撞获得淘宝账号、密码，支付宝账号、密码等公民个人信息3.8万余组，已销售数800余组，非法获利6000余元。

17.2015年3月份开始，被告人张某甲、原某某通过网络向QQ昵称为"三好"等的用户购买公民身份号码，姓名，邮箱账号、密码等原始数据，又向QQ昵称为"帅总"等的用户购买支付宝注册机、淘大、俊熙等软件，使用软件批量注册支付宝账号、密码、实名认证信息等公民个人信息10万余组，已销售数千组，非法获利3万余元。

18.2014年年底开始，被告人张某乙通过网络向QQ昵称为"买数据找我"的用户购买邮箱账号、密码等原始数据20多万条，又向QQ81×××24的用户购买淘宝状态查询软件，使用软件批量登录邮箱账号、密码数据碰撞获得淘宝账号、密码等公民个人信息4200余组，并到QQ群中贩卖，但未成功交易。

19.2014年八九月份开始，被告人乔某某通过网络加入QQ群，向群成员购买"taobaoscanlala.exe"扫号软件和邮箱账号、密码等原始数据10万条，使用软件批量登录邮箱账号、密码数据碰撞出正确的淘宝账号、密码等公民个人信息数千组，已销售300余组，非法获利2000余元。被告人乔某某又通过网络向QQ号为54×××04、83×××90等的用户购买淘宝账号、密码等公民个人信息3.2

万余组,后出售给他人,非法获利4万余元。

20.2015年12月份,被告人周某甲通过网络下载姓名、公民身份号码等公民个人信息9700余组,欲通过其编写的“支付宝POST注册机”软件批量注册支付宝账号、密码来卖钱,但未成功。另查明,被告人周某甲在网上根据被告人张某丙的要求编写鸿泰软件,该软件具有通过重新拨号更换IP地址的方式绕过支付宝安全防火墙、识别图形验证码以绕过支付宝安全系统的人机验证机制,发送非常规的网络请求登录他人账号和修改密码的功能。被告人周某甲将软件销售给被告人张某丙,非法获利2000余元。

21.2015年5月份开始,被告人何某通过网络购买邮箱账号、密码、公民身份号码等公民个人信息300多万组,再使用自行编辑的“支付宝注册”程序注册出实名支付宝账号240多万组,后出售给他人,非法获利10万余元。

22.2015年8月份开始,被告人彭某通过网上购买三多软件、淘大软件和邮箱账号、密码等原始数据37万余条,使用软件批量登录邮箱账号、密码数据碰撞获得支付宝账号、密码等公民个人信息3000余组,非法销售获利1万余元。

23.2015年6月份开始,被告人江某某通过网络购买邮箱账号、密码、公民身份号码等公民个人信息数千条,再使用网上购买的淘大软件批量关联支付宝账号实名认证2100多组,后出售给他人,非法获利1万元左右。

(三)非法获取计算机信息系统数据

1.2015年10月份开始,被告人朱某通过网络加入QQ群,下载邮箱账号、密码等原始数据,又向QQ为78×××35的用户购买鸿泰扫号软件,使用软件批量登录邮箱账号、密码数据碰撞获得正确的淘宝、支付宝账号和密码。至2016年1月15日被公安机关查获,被告人朱某共非法扫号获得1550余组淘宝、支付宝账号和密码,已销售几十组,非法获利500余元。

2.2015年7月份开始,被告人涂某某通过网络加入QQ群“鸿泰淘宝交流群”,从群主即被告人张某丙处购买鸿泰扫号软件和邮箱账号、密码等原始数据,使用软件批量登录邮箱账号、密码数据碰撞获得正确的淘宝、支付宝账号和密码。至2015年11月20日被公安机关查获,被告人涂某某共非法扫号获得1290余组淘宝、支付宝账号和密码,销售获利5000余元。

3.2015年年初开始,被告人杨某通过网络从社工库、QQ群下载邮箱账号、密码等原始数据,又分别从轻羽、三多QQ群中购买轻羽软件和三多软件,使用软件批量登录邮箱账号、密码数据碰撞获得正确的淘宝、支付宝账号和密码。至

2015 年 12 月 3 日被公安机关查获,被告人杨某共非法扫号获得 13500 余组淘宝、支付宝账号和密码,销售获利 7000 余元。

4.2015 年七八月份开始,被告人袁某某、袁某甲通过网络下载、购买邮箱账号、密码等原始数据,又从精易论坛、QQ 群购买鸿泰软件、灵动软件等,使用软件批量登录邮箱账号、密码数据碰撞获得正确的淘宝、支付宝账号和密码。至 2016 年 1 月 22 日被公安机关查获,被告人袁某某、袁某甲共非法扫号获得 1 万余组淘宝、支付宝账号和密码,销售获利 2 万多元。

5.2015 年 8 月份开始,被告人钱某某通过网络向梁某(已判决)购买邮箱账号、密码等原始数据 500G,又向阮某、张某丙等人购买 MIMI 软件、鸿泰软件、三多软件、好易用软件等,使用软件批量登录邮箱账号、密码数据碰撞获得正确的淘宝、支付宝账号和密码。至 2016 年 1 月 18 日被公安机关查获,被告人钱某某共非法扫号获得 4.98 万余组淘宝、支付宝账号和密码,销售获利 3 万余元。

6.2015 年 8 月份开始,被告人庄某某通过淘宝网购买邮箱账号、密码等原始数据,又从网上购买 MIMI 软件、轻羽软件、林园软件等,使用软件批量登录邮箱账号、密码数据碰撞获得正确的淘宝、支付宝账号和密码。至 2015 年 12 月 11 日被公安机关查获,被告人庄某某共非法扫号获得 4.58 万余组淘宝、支付宝账号和密码,销售获利 3000 余元。

7.2015 年 9 月份开始,被告人张某丙通过网络购买和下载邮箱账号、密码等原始数据 200 多万条,又从网上向周某甲购买鸿泰软件,使用软件批量登录邮箱账号、密码数据碰撞获得正确的淘宝、支付宝账号和密码。至 2015 年 11 月 25 日被公安机关查获,被告人张某丙共非法扫号获得 2700 余组淘宝、支付宝账号和密码,销售获利 4000 余元。

8.2014 年年底开始,被告人陈某某通过网络购买邮箱账号、密码等原始数据 2G,又从网上购买三多软件、优易软件,使用软件批量登录邮箱账号、密码数据碰撞获得正确的淘宝账号和密码。至 2016 年 1 月 20 日被公安机关查获,被告人陈某某共非法扫号获得 800 余组淘宝账号和密码,销售获利 3000 余元。

9.2015 年 3 月份开始,被告人钟某某通过网络购买邮箱账号、密码等原始数据,又从网上购买"懒洋洋"软件、"淘易通解异常"软件,使用软件批量登录邮箱账号、密码数据碰撞获得正确的淘宝账号和密码。至 2015 年 11 月 21 日被公安机关查获,被告人钟某某共非法扫号获得 570 余组淘宝账号和密码,用于其刷单。

(四)盗窃

1.2015 年 8 月至 12 月,被告人彭某利用三多、淘大等软件扫号获得支付宝账号、登录密码数千组,后通过直接转账的方式窃取这些支付宝账号内的余额。至 2015 年 12 月 26 日被公安机关查获,被告人彭某从 fen×××@sohu.com 等 75 个支付宝账号内窃得人民币共计 5652.9 元,全部转入其使用的 ez×××@vip.sohu.com 支付宝账户。

2.2015 年 9 月至 11 月,被告人刘某甲通过网络向被告人闫某某等人购买支付宝账号、登录密码数百组,后通过直接转账的方式窃取这些支付宝账号内的余额。至 2015 年 12 月 11 日被公安机关查获,被告人刘某甲从 zyk×××@gmail.com 等 100 多个支付宝账号内窃得人民币共计 14681 元,全部转入其使用的 liu×××@163.com 支付宝账户。被告人刘某甲从 209×××@qq.com 等 102 个支付宝账号内窃得人民币共计 8683.39 元,全部转入其使用的 109×××@qq.com 支付宝账户。

3.2015 年 9 月开始,被告人刘某乙利用软件扫号获得支付宝账号、登录密码五百多组,后通过直接转账的方式窃取这些支付宝账号内的余额。至 2015 年 12 月 5 日被公安机关查获,被告人刘某乙从 xie×××@163.com 等 15 个支付宝账号内窃得人民币共计 528.1 元,全部转入其使用的 ldp×××@163.com 支付宝账户。

4.2015 年 8 月开始,被告人钱某某利用软件扫号获得支付宝账号、登录密码 4 万多组,后通过直接转账的方式窃取部分支付宝账号内的余额。至 2016 年 1 月 18 日被公安机关查获,被告人钱某某从 zha×××@163.com 等 29 个支付宝账号内窃得人民币共计 506.9 元,全部转入其使用的 523×××@qq.com 支付宝账户。

5.2015 年 6 月份开始,被告人陈某甲利用软件扫号获得支付宝账号、登录密码 1.8 万余组,后通过直接转账的方式窃取部分支付宝账号内的余额。至 2015 年 12 月 25 日,被告人陈某甲从 fbp×××@hotmail.com 等 184 个支付宝账号内窃得人民币共计 9000 余元,全部转入其使用的 lxj×××@sina.com 支付宝账户。

2015 年 12 月 23 日,被告人童某某主动到山西省太原市尖草坪区迎新街责任区刑警队投案,并如实供述犯罪事实。

为证明上述指控,公诉机关向本院提供了上述被告人的供述与辩解、证人王某等人的证言、抓获经过、中国刑事警察学院物证鉴定中心检验报告、福建中证司法鉴定中心电子数据检验报告、户籍证明、人口信息、扣押决定书、扣押清单、支付宝交易记录、QQ聊天记录、浙江省预收款票据、搜查笔录、电脑证据提取记录、辨认笔录及照片、电子数据、电子资料情况说明、指认录像等证据，证实被告人米某某、刘某丙、王某某提供专门用于侵入、非法控制计算机信息系统的程序、工具，其中被告人刘某丙、王某某属情节特别严重，被告人米某某属情节严重，均应当以提供侵入、非法控制计算机信息系统程序、工具罪追究刑事责任，部分系共同犯罪。被告人王某某、程某某、徐某某、童某某、张某某、孟某甲、孟某乙、孟某丙、周某某、蔡某某、康某某、谭某某、王某某、杜某某、陈某甲、闫某某、臧某某、张某甲、原某某、张某乙、乔某某、周某甲、何某、彭某、江某某以其他方法非法获取公民个人信息，情节严重，均应当以侵犯公民个人信息罪追究其刑事责任，部分系共同犯罪。被告人朱某、杨某、袁某某、袁某甲、钱某某、庄某某、张某丙、涂某某、陈某某、钟某某违反国家规定侵入计算机信息系统获取数据，其中被告人杨某、袁某某、袁某甲、钱某某、庄某某、张某丙属情节特别严重，被告人朱某、涂某某、陈某某、钟某某属情节严重，均应当以非法获取计算机信息系统数据罪追究刑事责任，部分系共同犯罪。被告人彭某、刘某甲、陈某甲、刘某乙、钱某某以非法占有为目的，多次秘密窃取他人财物，其中被告人彭某、刘某甲、陈某甲盗窃数额较大，均应当以盗窃罪追究其刑事责任。被告人王某某、彭某、钱某某、陈某甲属一人犯数罪，应予并罚。被告人彭某系累犯，依法应当从重处罚。被告人童某某犯罪后能自首，依法可以从轻或者减轻处罚。公诉机关提请本院对上述被告人分别依照《中华人民共和国刑法》第二百八十五条第二款、第三款，第二百五十三条之一第一款、第三款，第二百六十四条，第二十五条第一款，第六十九条，第六十五条第一款，第六十七条第一款之规定处罚。

……

被告人王某某对起诉书指控的罪名无异议，但认为提供侵入、非法控制计算机信息系统程序、工具罪中其与刘某丙违法所得总计为3万余元，两人五五分成，起诉书指控其转账给刘某丙的其余款项系其向刘某丙定制其余软件支付的定金，对起诉书指控的获利金额不认可。对其余指控事实及罪名无异议。

被告人王某某的辩护人金斌、吕佳凤对起诉书指控的被告人王某某的罪名无异议，提出以下辩护意见：1.起诉书指控的被告人获取公民个人信息4.7万余组与实际不符，大部分是虚构的，也不是公民的真实信息，销售公民个人信息获利实际只有 3000 元;2. 提供侵入、非法控制计算机信息系统程序、工具罪部分,被告人王某某只负责销售,所起的作用较弱,系从犯,犯罪事实中被告人刘某丙起主导作用;3. 被告人王某某系初犯、偶犯,文化程度较低;4. 被告人王某某家属积极主动地退赃,被告人认罪、悔罪态度较好。综上,请求法庭对被告人王志凌从轻或减轻处罚。

……

被告人庄某某的辩护人章雨润对公诉机关指控被告人庄某某的罪名无异议,提出如下辩护意见:1. 对被告人庄某某非法扫号获得的数据数量请法庭进一步审核;2. 被告人庄某某系在校学生;3. 被告人庄某某认罪、悔罪。综上,请求法庭被告人庄某某从轻处罚并宣告缓刑。

……

被告人乔某某辩护人李凌对公诉机关指控被告人乔某某的犯罪事实无异议,提出如下辩护意见:1. 被告人乔某某于 2015 年 9 月前实施了涉嫌侵犯公民个人信息的行为,但侵犯公民个人信息罪系 2015 年 11 月 1 日施行的《刑法修正案(九)》中规定的新罪名,故依据从旧兼从轻原则,被告人乔某某应依照《刑法修正案(七)》中的刑法第二百五十三条之一之规定处罚。2. 被告人乔某某具有自首情节,公诉机关提供的公安机关出具的传唤证、拘留证及扣押清单上的日期系事后补签,传唤证、拘留证及取保候审的相关材料上被告人涉及的罪名系诈骗罪,但被告人的犯罪行为实际不是诈骗,综上被告人系自首。3. 被告人乔某某的主观恶性小、犯罪情节轻微,社会危害性不大。4. 被告人乔某某系初犯、偶犯。5. 被告人悔罪态度良好,积极退赃,当庭认罪,愿意承担罚金。6. 被告人被扣押的物品中有个人手机和电脑,不是作案工具,希望发还。综上,请求法庭对被告人乔某某从轻处罚并适用缓刑。

……

本院经审理查明的事实与公诉机关指控的事实相一致。但与被告人庄某某相关的事实调整为:2015 年 8 月份开始,被告人庄某某通过淘宝网购买邮箱账号、密码等原始数据,又从网上购买 MIMI 软件、轻羽软件、林园软件等,使用软件批量登录邮箱账号、密码数据碰撞获得正确的淘宝、支付宝账号和密码。至 2015 年 12 月 11 日被公安机关查获,被告人庄某某通过非法扫号共获得 15179 组淘宝、支付宝账号和密码,销售获利 3000 余元。

……

针对被告人王某某提出的其与刘某丙共同的违法所得仅3万余元，五五分成，其转账给刘某丙的款项大部分系其向刘某丙定制其他软件的报酬。本院认为，被告人王某某、刘某丙均供述2015年6月份左右开始，由被告人刘某丙开发“灵动扫号软件”(该软件由多款软件构成，具有尝试登录支付宝、淘宝网站，进而判断账号密码是否正确，自动宽带拨号切换以及自动代理切换技术来绕过安全系统的人机识别功能)，被告人王某某负责销售，并约定获利五五分成，被告人王某某通过支付宝转账非法获利给刘某丙。公安机关提取的被告人刘某丙使用的支付宝交易情况显示，2015年6月至12月，被告人王某某通过支付宝向被告人刘某丙支付共计49221元。被告人王某某陈述该款项中仅1万余元系售卖灵动扫号软件的非法获利，其余为其另外向被告人刘某丙定制软件的费用。但经本院当庭询问，被告人刘某丙陈述该款项(49221元)均为被告人王某某销售灵动软件后，其获利分得的一半款项，且否认其曾收受过被告人王某某支付的软件定制费用。鉴于被告人王某某、刘某丙系共同犯罪，且被告人刘某丙自公安机关侦查开始一直稳定供述，该供述亦直接关系到被告人刘某丙自身的定罪量刑，且与支付宝交易等书证相互印证，本院对被告人刘某丙的供述予以认定。对被告人王某某相关辩解，本院不予采信。

针对被告人王某某的辩护人提出的被告人王某某在提供侵入、非法控制计算机信息系统程序、工具罪中属于从犯，侵犯公民个人信息罪非法获利为3000余元的意见。本院认为，被告人王某某与被告人刘某丙的共同犯罪中，非法软件(灵动软件)销售全部由王某某负责，获利与被告人刘某丙平分，不属于在共同犯罪中起次要或者辅助作用，故不应认定为从犯；对被告人王某某侵犯公民个人信息罪中违法所得数额问题，其于2015年12月2日和30日在公安机关处制作的笔录中均明确陈述该部分非法获利1万余元，后在检察机关审查起诉笔录中虽改为非法获利3000余元，但未说明合理理由，本院对翻供后陈述不予采信。对辩护人相应辩护意见，本院不予采纳。

针对被告人乔某某的辩护人提出的被告人乔某某应依照《刑法修正案(七)》中的刑法第二百五十三条之一之规定处罚，被告人乔某某具有自首情节的意见。本院作以下分析：《刑法修正案(九)》(2015年11月1日实施)中规定的第二百五十三条之一第三款规定与原刑法第二百五十三条之一第二款规定内容无异，均系对“窃取或者以其他方法非法获取公民个人信息”的犯罪行为的评价，两者的区别仅是对“罪名”进行修正，原为“非法获取公民个人信息罪”，现为“侵犯公民个人信息罪”,虽《刑法修正案(九)》规定的侵犯公民个人信息罪包含其他罪状,但公诉机关仅对被告人乔某某非法获取公民个人信息的行为作为犯罪行为指控,故以侵犯公民个人信息罪对被告人乔某某定罪量刑并无不妥。针对被告人乔某某的辩护人提出的公诉机关提供的传唤证、扣押清单等证据存在倒签现象,未提供相应证据证明,本院不予采纳。

……

针对被告人杨某、袁某某、袁某甲的辩护人提出的上述三被告人不应按非法获取计算机信息系统数据罪“情节特别严重”刑档量刑,应属于“情节严重”刑档。本院认为,依据最高人民法院、最高人民检察院《关于办理危害计算机信息系统安全刑事案件应用法律若干问题的解释》第一条之规定,根据上述三被告人的犯罪事实,被告人杨某非法扫号共获得1.35万余组淘宝、支付宝账号密码,被告人袁某某、袁某非法扫号获得1万余组淘宝、支付宝账号密码,上述三被告人均应认定为非法获取计算机信息系统数据罪“情节特别严重”(获取2500组以上“身份认证信息”的情形,身份认证信息是指用于确认用户在计算机信息系统上操作权限的数据,包括账号、口令、密码、数字证书等),故上述被告人均应按“情节特别严重”刑档量刑。对相应辩护人的辩护意见,本院不予采纳。根据被告人刘某某的犯罪情节、社会危害性等,不宜适用单处罚金;根据被告人王某某的犯罪情节、社会危害性、认罪、悔罪态度,不宜适用缓刑,对其辩护人相关辩护意见,本院不予采纳。各个辩护人其余从轻处罚意见,本院予以采纳。

本院认为,被告人米某某、刘某丙、王某某提供专门用于侵入、非法控制计算机信息系统的程序、工具,其中被告人刘某丙、王某某属情节特别严重,被告人米某某属情节严重,均应当以提供侵入、非法控制计算机信息系统程序、工具罪追究刑事责任,部分系共同犯罪。被告人米某某、刘某丙归案后能如实供述自己的犯罪行为,本院依法予以从轻处罚。被告人王某某、程某某、徐某某、童某某、张某某、孟某甲、孟某乙、孟某丙、周某某、蔡某某、康某某、谭某某、王某某、杜某某、陈某甲、闫某某、臧某某、张某甲、原某某、张某乙、乔某某、周某甲、何某、彭某、江某某以其他方法非法获取公民个人信息,情节严重,均应当以侵犯公民个人信息罪追究其刑事责任,部分系共同犯罪。上述被告人就侵犯公民个人信息罪部分均能如实供述自己的罪行,本院依法予以从轻处罚。被告人朱某、杨某、袁某某、袁某甲、钱某某、庄某某、张某丙、涂某某、陈某某、钟某某违反国家规定侵入计算机信息系统获取数据,其中被告人杨某、袁某某、袁某甲、钱某某、庄某某、张某丙属情节特别严重，被告人朱某、涂某某、陈某某、钟某某属情节严重，均应当以非法获取计算机信息系统数据罪追究刑事责任，部分系共同犯罪。上述被告人均能如实供述自己的罪行，本院依法予以从轻处罚。被告人彭某、刘某甲、陈某甲、刘某乙、钱某某以非法占有为目的，多次秘密窃取他人财物，其中被告人彭某、刘某甲、陈某甲盗窃数额较大，均应当以盗窃罪追究其刑事责任。被告人彭某、刘某甲、陈某甲、刘某乙、钱某某就盗窃罪均能如实供述自己的罪行，本院依法予以从轻处罚。被告人王某某、彭某、钱某某、陈某甲属一人犯数罪，应予并罚。被告人彭某系累犯，本院依法予以从重处罚。被告人童某某犯罪后能自首，依法从轻处罚。根据各被告人的犯罪情节、社会危害性等，本院依法对米某某、刘某丙、张某丙、谭某某、蔡某某、程某某、庄某某、孟某甲、孟某乙、孟某丙、周某甲、王某某、杜某某、陈某甲、徐某某、闫某某、臧某某、张某某、张某甲、原某某、何某、周某某、陈某某、张某乙、江某某、乔某某、童某某、朱某、涂某某、杨某、钱某某、袁某某、袁某甲、钟某某、刘某乙、刘某甲适用缓刑。上述已退缴违法所得的被告人，本院酌情从轻处罚。依照《中华人民共和国刑法》第二百八十五条第二款、第三款，第二百五十三条之一第一款、第三款，第二百六十四条，第二十五条第一款，第六十九条，第六十五条第一款，第六十七条第一款、第三款，第七十二条第一款、第三款，第六十四条之规定，判决如下：

一、被告人米某某犯提供侵入、非法控制计算机信息系统程序、工具罪，判处有期徒刑一年，缓刑二年，并处罚金人民币六千元（缓刑考验期限自判决确定之日起计算。罚金限判决生效后即缴纳）。

二、被告人王某某犯提供侵入、非法控制计算机信息系统程序、工具罪，判处有期徒刑三年九个月，并处罚金人民币二万五千元；犯侵犯公民个人信息罪，判处有期徒刑一年三个月，并处罚金人民币六千元，决定执行有期徒刑四年，并处罚金人民币三万一千元（刑期从判决执行之日起计算。判决执行前先行羁押的，羁押一日折抵刑期一日，即自 2015 年 12 月 2 日起至 2019 年 12 月 1 日止。罚金限判决生效后即缴纳）。

三、被告人刘某丙犯提供侵入、非法控制计算机信息系统程序、工具罪，判处有期徒刑三年，缓刑五年，并处罚金人民币二万五千元（缓刑考验期限自判决确定之日起计算。罚金限判决生效后即缴纳）。

四、被告人彭某犯侵犯公民个人信息罪，判处有期徒刑一年六个月，并处罚金人民币六千元；犯盗窃罪，判处有期徒刑六个月，并处罚金人民币三千元，决定执行有期徒刑一年八个月，并处罚金人民币九千元（刑期从判决执行之日起计算。判决执行前先行羁押的，羁押一日折抵刑期一日，即自2015年12月27日起至2018年6月13日止。罚金限判决生效后即缴纳）。

五、被告人张某丙犯非法获取计算机信息系统数据罪，判处有期徒刑三年，缓刑五年，并处罚金人民币四千元（缓刑考验期限自判决确定之日起计算。罚金限判决生效后即缴纳）。

六、被告人谭某某犯侵犯公民个人信息罪，判处有期徒刑一年六个月，缓刑二年，并处罚金人民币二万一千元（缓刑考验期限自判决确定之日起计算。罚金限判决生效后即缴纳）。

七、被告人蔡某某犯侵犯公民个人信息罪，判处有期徒刑十个月，缓刑一年，并处罚金人民币三千元（缓刑考验期限自判决确定之日起计算。罚金限判决生效后即缴纳）。

八、被告人程某某犯侵犯公民个人信息罪，判处有期徒刑十一个月，缓刑一年，并处罚金人民币二千元（缓刑考验期限自判决确定之日起计算。罚金限判决生效后即缴纳）。

九、被告人康某某犯侵犯公民个人信息罪，判处有期徒刑一年，并处罚金人民币六千元（刑期从判决执行之日起计算。判决执行前先行羁押的，羁押一日折抵刑期一日，即自2015年12月7日起至2016年12月6日止。罚金限判决生效后十日内缴纳）。

十、被告人庄某某犯非法获取计算机信息系统数据罪，判处有期徒刑三年，缓刑五年，并处罚金人民币二千元（缓刑考验期限自判决确定之日起计算。罚金限判决生效后即缴纳）。

十一、被告人孟某甲犯侵犯公民个人信息罪，判处有期徒刑一年三个月，缓刑一年六个月，并处罚金人民币八千元（缓刑考验期限自判决确定之日起计算。罚金限判决生效后即缴纳）。

十二、被告人孟某乙犯侵犯公民个人信息罪，判处有期徒刑一年三个月，缓刑一年六个月，并处罚金人民币一万二千元（缓刑考验期限自判决确定之日起计算。罚金限判决生效后即缴纳）。

十三、被告人孟某丙犯侵犯公民个人信息罪，判处有期徒刑一年，缓刑一年六个月，并处罚金人民币一千元（缓刑考验期限自判决确定之日起计算。罚金限判决生效后即缴纳）。

十四、被告人周某甲犯侵犯公民个人信息罪，判处有期徒刑九个月，缓刑一年，并处罚金人民币一千五百元（缓刑考验期限自判决确定之日起计算。罚金限判决生效后即缴纳）。

十五、被告人王某某犯侵犯公民个人信息罪，判处有期徒刑八个月，缓刑一年，并处罚金人民币二千元（缓刑考验期限自判决确定之日起计算。罚金限判决生效后即缴纳）。

十六、被告人杜某某犯侵犯公民个人信息罪，判处有期徒刑八个月，缓刑一年，并处罚金人民币二千元（缓刑考验期限自判决确定之日起计算。罚金限判决生效后即缴纳）。

十七、被告人陈某甲犯侵犯公民个人信息罪，判处有期徒刑一年五个月，并处罚金人民币二万一千元；犯盗窃罪，判处有期徒刑十个月，并处罚金人民币五千元，决定执行有期徒刑一年九个月，缓刑二年六个月，并处罚金人民币二万六千元（缓刑考验期限自判决确定之日起计算。罚金限判决生效后即缴纳）。

十八、被告人徐某某犯侵犯公民个人信息罪，判处有期徒刑一年，缓刑一年六个月，并处罚金人民币一万二千元（缓刑考验期限自判决确定之日起计算。罚金限判决生效后即缴纳）。

十九、被告人闫某某犯侵犯公民个人信息罪，判处有期徒刑一年十个月，缓刑二年，并处罚金人民币一千五百元（缓刑考验期限自判决确定之日起计算。罚金限判决生效后即缴纳）。

二十、被告人臧某某犯侵犯公民个人信息罪，判处有期徒刑一年二个月，缓刑一年六个月，并处罚金人民币四千元（缓刑考验期限自判决确定之日起计算。罚金限判决生效后即缴纳）。

二十一、被告人张某某犯侵犯公民个人信息罪，判处有期徒刑一年，缓刑一年六个月，并处罚金人民币一万二千元（缓刑考验期限自判决确定之日起计算。罚金限判决生效后即缴纳）。

二十二、被告人张某甲犯侵犯公民个人信息罪，判处有期徒刑一年八个月，缓刑二年，并处罚金人民币一万元（缓刑考验期限自判决确定之日起计算。罚金限判决生效后即缴纳）。

二十三、被告人原某某犯侵犯公民个人信息罪，判处有期徒刑一年，缓刑一年六个月，并处罚金人民币八千元（缓刑考验期限自判决确定之日起计算。罚金限判决生效后即缴纳）。

二十四、被告人何某犯侵犯公民个人信息罪,判处有期徒刑二年四个月,缓刑三年,并处罚金人民币五万元(缓刑考验期限自判决确定之日起计算。罚金限判决生效后即缴纳)。

二十五、被告人周某某犯侵犯公民个人信息罪,判处有期徒刑一年五个月,缓刑一年六个月,并处罚金人民币一万二千元(缓刑考验期限自判决确定之日起计算。罚金限判决生效后即缴纳)。

二十六、被告人陈某某犯非法获取计算机信息系统数据罪,判处有期徒刑一年,缓刑一年六个月,并处罚金人民币二千元(缓刑考验期限自判决确定之日起计算。罚金限判决生效后即缴纳)。

二十七、被告人张某乙犯侵犯公民个人信息罪,判处有期徒刑一年六个月,缓刑二年,并处罚金人民币一千元(缓刑考验期限自判决确定之日起计算。罚金限判决生效后即缴纳)。

二十八、被告人江某某犯侵犯公民个人信息罪,判处有期徒刑一年,缓刑一年六个月,并处罚金人民币六千元(缓刑考验期限自判决确定之日起计算。罚金限判决生效后即缴纳)。

二十九、被告人乔某某犯侵犯公民个人信息罪,判处有期徒刑一年十个月,缓刑二年,并处罚金人民币二万五千元(缓刑考验期限自判决确定之日起计算。罚金限判决生效后即缴纳)。

三十、被告人童某某犯侵犯公民个人信息罪,判处有期徒刑六个月,缓刑一年,并处罚金人民币四千元(缓刑考验期限自判决确定之日起计算。罚金限判决生效后即缴纳)。

三十一、被告人钱某某犯非法获取计算机信息系统数据罪,判处有期徒刑三年,并处罚金人民币一万七千元;犯盗窃罪,判处拘役五个月,并处罚金人民币一千元,决定执行有期徒刑三年,缓刑五年,并处罚金人民币一万八千元(缓刑考验期限自判决确定之日起计算。罚金限判决生效后即缴纳)。

三十二、被告人朱某犯非法获取计算机信息系统数据罪,判处有期徒刑一年六个月,缓刑二年,并处罚金人民币一千元(缓刑考验期限自判决确定之日起计算。罚金限判决生效后即缴纳)。

三十三、被告人涂某某犯非法获取计算机信息系统数据罪,判处有期徒刑一年八个月,缓刑二年,并处罚金人民币三千元(缓刑考验期限自判决确定之日起计算。罚金限判决生效后即缴纳)。

三十四、被告人杨某犯非法获取计算机信息系统数据罪，判处有期徒刑三年，缓刑五年，并处罚金人民币四千元（缓刑考验期限自判决确定之日起计算。罚金限判决生效后即缴纳）。

三十五、被告人袁某某犯非法获取计算机信息系统数据罪，判处有期徒刑三年，缓刑五年，并处罚金人民币六千元（缓刑考验期限自判决确定之日起计算。罚金限判决生效后即缴纳）。

三十六、被告人袁某甲犯非法获取计算机信息系统数据罪，判处有期徒刑三年，缓刑五年，并处罚金人民币六千元（缓刑考验期限自判决确定之日起计算。罚金限判决生效后即缴纳）。

三十七、被告人钟某某犯非法获取计算机信息系统数据罪，判处有期徒刑六个月，缓刑一年，并处罚金人民币一千元（缓刑考验期限自判决确定之日起计算。罚金限判决生效后即缴纳）。

三十八、被告人刘某某犯盗窃罪，判处拘役四个月，缓刑八个月，并处罚金人民币一千元（缓刑考验期限自判决确定之日起计算。罚金限判决生效后即缴纳）。

三十九、被告人刘某甲犯盗窃罪，判处有期徒刑一年十个月，缓刑二年，并处罚金人民币一万四千元（缓刑考验期限自判决确定之日起计算。罚金限判决生效后即缴纳）。

……

如不服本判决，可在接到判决书的第二日起十日内，通过本院或者直接向浙江省绍兴市中级人民法院提出上诉。书面上诉的，应当提交上诉状正本一份，副本二份。

审　判　长　周灵锋

人民陪审员　石莎娜

人民陪审员　朱赛飞

二〇一六年十一月二十四日

书　记　员　赵学旦

(二)案例二

涉及罪名:非法控制计算机信息系统罪

湖北省武汉市江岸区人民法院
刑 事 判 决 书

(2015)鄂江岸刑初字第01531号

公诉机关武汉市江岸区人民检察院。

……

武汉市江岸区人民检察院以武岸检岸诉刑诉(2015)1575号起诉书指控被告人张某某、焦某犯非法控制计算机信息系统罪,于2015年9月23日向本院提起公诉。本院依法组成合议庭,公开开庭审理了本案。武汉市江岸区人民检察院指派检察员张春出庭支持公诉,被告人张某某及其辩护人刘旸、李娟,被告人焦某均到庭参加了诉讼。现已审理终结。

武汉市江岸区人民检察院指控:2014年1月至2014年12月间,被告人张某某雇佣被告人焦某为其上线"核对"(身份待查)收集可以进行分布式网络攻击(也称为ddos攻击)的"肉鸡"(被非法植入了木马程序并被控制的计算机信息系统,也叫"被控端")和可以被调用的网络流量。张某某、焦某在网络上发布信息寻找下线,两人在网上联系了罗某和黄某甲等下线,由下线将木马程序植入其各自获取的有漏洞的电脑服务器中,使电脑服务器成为"肉鸡"。张某某和焦某通过测试"肉鸡"的可控网络流量的大小来支付相应的费用给下线。而后,张某某和焦某将"肉鸡"的控制权交给"核对"并获取"核对"给予的资金。2014年11月至同年12月期间,张某某和焦某获取了"核对"提供的资金共计人民币40.11万元。

2014年5月11日,武汉市盛趣游网络科技有限公司的服务器被"ddos攻击",部分服务器设备瘫痪,造成用户无法登录。公安人员在该公司的服务器防火墙上发现了一个攻击的IP地址(××.××.24),是位于本市江岸区科技馆路中国联通武汉分公司核心网机房中的服务器,随后公安人员从中国联通武汉分公司服务器中提取了"被控程序"(俗称木马程序)iptablex,iptables。木马程序中的控制端的IP地址是位于广东省佛山市的一台服务器(以下简称佛山服务器),公安人员从佛山服务器上提取了"主控程序"以及"登录日志"和"主控列表"等数据。公安人员在"登录日志"中找到了登录佛山服务器并进行控制的动态IP地址，该动态IP地址对应的网络装机地址为辽宁省锦州市凌海市农电新村C区19号1单元301室，宽带账号：gp0n××，宽带登记人为王某(王某系张某某的女友)。“主控列表”中显示，主控端已控制了609个IP地址，其中有我国境内的IP地址217个。(每个IP地址对应的是一台被控制的计算机信息系统，也就是一台“肉鸡”)。

2014年12月，被告人焦某主动向公安机关提供了另一台位于美国的主控服务器的IP地址及用户名和密码。公安人员在该服务器上提取了相应的“主控程序”以及“登录日志”和“主控列表”等数据。“主控列表”显示共控制了240个IP地址，其中有我国境内的IP地址31个。

公安人员依据“主控列表”抽查了10台计算机信息系统，均发现了这些计算机信息系统被植入了木马程序，成为“肉鸡”。

经鉴定：在linux下的木马程序getsetup. hb安装运行后该木马以iptablex, iptables进程的形式存在，主动发起与主控程序client. exe的网络连接。在windows系统下的木马getsetup. exe运行后也主动发起与主控程序client. exe的网络连接。通过主控端程序client. exe能显示上述两台被控计算机的IP地址，填写被攻击目标IP后，即可调用被控计算机对目标发起分布式拒绝服务攻击。

鉴定结论：该组程序(client. exe、getsetup. hb、getsetup. exe)能完成分布式拒绝服务攻击，主控程序能控制其列表中在线的计算机(这种计算机俗称“肉鸡”)。

对指控的上述犯罪事实，公诉机关当庭宣读和出示了被告人张某某、焦某的供述及辩解；抓获经过、破案报告、情况说明；证人曹某、王某、郭某乙、李某、黄某乙、杨某、黄某丙、郭某乙、刘某、易某、张某甲、张某乙、张某丙、罗某、黄某丙的证言；搜查笔录、扣押清单；勘查笔录、物证照片、鉴定结论、视听资料；银行交易明细清单、网上银行交易记录、财富通交易记录等证据材料。

公诉机关认为，被告人张某某、焦某非法控制计算机信息系统，情节特别严重，其行为已构成非法控制计算机信息系统罪。被告人焦某系从犯、具有坦白情节。提请本院依照《中华人民共和国刑法》第二百八十五条第二款、第二十七条、第六十七条的规定，予以惩处。

被告人张某某当庭表示对起诉书指控的犯罪事实有异议，其辩称：1. 自己和焦某是朋友关系，不是雇佣和被雇佣的关系，两人在一起是为了开游戏私服；2.

焦某转给自己的钱是帮“核对”转的,自己帮“核对”租境外的服务器,从中赚取差价,对于收购流量和发送木马程序都是不知情的。

被告人张某某的辩护人刘旸、李娟提出以下几点辩护意见:1.起诉书指控被告人张某某雇佣被告人焦某实施犯罪缺乏事实依据,被告人张某某在本案中实施的行为主要为介绍上线“核对”与被告人焦某认识,只是起到了居间、介绍作用;2.起诉书指控被告人张某某、焦某非法控制609台计算机尚属事实不清、证据不足,“核对”和其他下线也知道佛山服务器的账号和密码,且公安机关提取的609台电脑对应的8个端口均不属于被告人张某某和焦某;3.被告人张某某不知晓美国服务器的账号密码,故被告人焦某控制该计算机的行为与被告人张某某无关;4.被告人张某某系初犯,且父母年迈多病,孩子尚小。请求法院对被告人张某某从轻处罚。

被告人焦某当庭表示对起诉书指控的犯罪事实无异议,并当庭表示自愿认罪。但辩称佛山服务器的登录账号和密码还有其他人知悉,主控端中的609个IP地址并不都是自己控制的。

经审理查明,2014年1月至2014年12月期间,被告人张某某雇佣被告人焦某为其上线“核对”(另案处理)收集可以进行分布式拒绝服务攻击(也称为ddos攻击)的“肉鸡”(被非法植入了木马程序并被控制的计算机信息系统,也叫“被控端”)和可以被调用的网络流量。被告人张某某、焦某在网络上发布广告寻找下线,两人在网上联系了罗某和黄某甲等下线,由下线将木马程序植入其各自获取漏洞的计算机信息系统中,使计算机信息系统成为“肉鸡”。被告人张某某、焦某通过测试“肉鸡”的可控网络流量的大小来支付相应的费用给下线。同时,被告人张某某和焦某将“肉鸡”的控制权交给“核对”并获取“核对”给予的资金,从中赚取差价。2014年11月至同年12月期间,被告人张某某、焦某获取了“核对”支付的用于收购流量的现金共计人民币40.11万元。

2014年5月11日,武汉市盛趣游网络科技有限公司的服务器遭遇ddos攻击,部分服务器设备瘫痪,造成用户无法登录。公安人员在该公司的服务器防火墙上发现了一个攻击服务器IP地址(××.××.24),IP地址对应的服务器位于本市江岸区科技馆路中国联合网络通信有限公司武汉市分公司核心网机房中,随后公安人员从中国联合网络通信有限公司武汉市分公司服务器中提取了“被控程序”(俗称木马程序)iptablex,iptables。木马程序中的控制端的IP地址是位于广东省佛山市的一台服务器(以下简称佛山服务器,IP地址为××.××.

138)，公安人员从佛山服务器上提取了“主控程序”以及“登录日志”“主控列表”等电子数据。公安人员在“登录日志”中找到了登录和控制佛山服务器的动态IP地址，该动态IP地址对应的网络装机地址为辽宁省锦州市凌海市农电新村C区19号1单元301室，宽带账号为gp0n××，宽带登记人为王某(王某系被告人张某某的女友)。“主控列表”中显示，主控端已控制了609个IP地址，其中位于我国境内的IP地址为217个(每个IP地址对应的是一台被控制的计算机信息系统，也就是一台“肉鸡”)。

2014年12月16日，公安人员在辽宁省沈阳市铁西区新华南街58-23号万达公寓将被告人张某某抓获归案；同日，公安人员在辽宁省锦州市凌海市紫金花园将被告人焦某抓获归案。

被告人焦某归案后主动向公安机关提供了另一台位于美国的主控服务器的IP地址、用户名和密码。公安人员在该服务器上提取了相应的“主控程序”以及“登录日志”和“主控列表”等电子数据。“主控列表”中显示，主控端已控制了240个IP地址，其中位于我国境内的IP地址为31个。

公安人员依据提取的“主控列表”抽查了10台计算机信息系统，发现这些计算机信息系统均被植入了木马程序，成为“肉鸡”。

经鉴定：在linux下的木马程序getsetup.hb安装运行后该木马以iptablex，iptables进程的形式存在，主动发起与主控程序client.exe的网络连接。在windows系统下的木马getsetup.exe运行后也主动发起与主控程序client.exe的网络连接。通过主控端程序client.exe能显示上述两台被控计算机的IP地址，填写被攻击目标IP后，即可调用被控计算机对目标发起分布式拒绝服务攻击。

鉴定结论：该组程序(client.exe，getsetup.hb，getsetup.exe)能完成分布式拒绝服务攻击，主控程序能控制其列表中在线的计算机(这种计算机俗称“肉鸡”)。

上述事实，由公诉机关提交，并经法庭质证、认证的下列证据予以证明：

1.武汉市公安局网络安全保卫支队二大队出具的抓获经过、破案经过、沈阳市铁西区看守所出具的羁押证明、辽宁省凌海市看守所出具的羁押证明，证实了被告人张某某、焦某的归案情况。

2.被害单位武汉市盛趣游网络科技有限公司出具的报案材料、企业法人营业执照、证人裴某和高某的证言、防火墙日志、在线用户明细表、服务器安全日志截图，证实武汉市盛趣游网络科技有限公司运营网络游戏的服务器于 2014 年 5 月 11 日受到大流量网络攻击，造成线路及设备瘫痪，给公司及用户造成了巨大的经济损失。

3. 证人王某的证言，王某系被告人张某某的女友。其证言证实：2012 年底我在佳木斯市认识了张某某，当时他是租服务器开“传奇”游戏卖装备的，我不是很懂网络。到 2013 年我们搬到锦州，直到 2014 年 9 月我们才搬到了沈阳。张某某在认识我之后去过澳门四五次，每次去一星期。张某某于 2014 年年初买了一台宝马 730，然后四五月份卖掉换了台奔驰，后来因为在澳门赌博输了钱，9 月份把奔驰也卖了。2013 年张某某将佳木斯市的房子卖掉，手上有些钱，再就是这两年开“传奇”游戏赚的钱，具体有多少我不知道，他没有别的收入，我每个月在外面帮别人卖衣服有三四千元的收入。他每个月平均给我 6000 元生活费，沈阳万达公馆的房子是我租的，月租 3000 元。

4. 证人曹某的证言，曹某系被告人焦某的妻子。其证言证实：我和焦某 2006 年结婚，焦某以前替别人开车，2013 年 12 月至今没有出去工作，在家玩游戏挣钱，一个月能挣多少我不知道，每次没钱了焦某把银行卡给我，我去取钱。家里的两台电脑平时主要是焦某用，我基本不用。

5. 证人郭某乙的证言，郭某乙系被告人焦某的朋友，其证言证实：我和焦某是初中同学，2014 年七八月份我看到焦某在电脑上通过 QQ 和别人聊天谈到收购流量的事情，还看到他的 QQ 群里有 ddos 群。我问他收流量干什么，他说为了玩网络游戏。后来我自己在互联网上搜索“ddos”的意思，知道了“ddos”是攻击别人服务器的意思。

6. 证人李某的证言，武汉市公安局网络安全保卫支队二大队出具的现场勘验检查工作记录、物证照片，中国联合网络通信有限公司武汉市分公司出具的报案材料。证人李某系弘浩明传科技股份有限公司接入网工程师，负责维护位于中国联合网络通信有限公司武汉市分公司核心网机房的一台服务器（IP 地址为××.××.24），其证言证实这台服务器对全网公开，近段时间运行异常，向外发送非正常的流量包。李某也作为见证人，参与了公安人员对服务器的勘验，公安人员在服务器提取了木马程序 iptablex，iptables，这两个木马程序控制了该台服务器，不停向外发送数据包，对别人进行流量攻击。通过勘验，攻击指令是由 IP 地址为××.××.167 和××.××.138 下达的。

证人黄某乙的证言，黄某乙系中国联合网络通信有限公司武汉市分公司核心网机房主管，负责核心网机房日常运行，其证言与证人李某的证言相互印证。

7. 证人张某丙的证言，武汉市公安网监司法鉴定中心出具的鉴定意见、物证照片，武汉市公安局网络安全保卫支队二大队出具的情况说明，被控服务器 IP 列表。证人张某丙系广东省东莞市锐讯网络有限公司网络维护主管，其证言证实 IP 地址为××.××.138 的服务器属于锐讯网络有限公司，服务器位于广东省佛山市顺德电信机房，已于 2013 年年底至 2014 年 10 月出租给 QQ 号为 22××××63 的客户，在此期间只有这一个客户租用。2014 年 7 月 10 日公安人员到公司调查，我们在服务器上发现了用来进行 ddos 攻击的主控端程序。我们已将登录这台服务器的日志、ddos 主控程序、被控计算机的 IP 地址、服务器的网络配置等进行提取，并截图保存后提供给了公安人员。还证实公安人员对从该主控服务器的主控列表提取的记录条目信息进行统计，列表中共有 609 条 IP 地址记录，对应 609 台被控计算机设备，对应端口号分别为 202、203、204、205、206、207、208、209 共 8 个端口，不同端口号是为了区分不同流量的卖家，并方便进行流量交易结算。

8. 证人李某、黄某乙、杨某、黄某丙、郭某乙、刘某、尹某、张某甲、张某乙的证言，武汉市公安局网络安全保卫支队二大队出具的现场勘验检查工作记录、物证照片，证实公安人员依据提取到的“主控列表”，从中抽取了 10 台计算机信息系统，赴计算机系统所在地，现场对计算机系统进行了勘验检查，发现了这些计算信息系统中均被植入了木马程序 iptablex，iptables，成为“被控端”（俗称“肉鸡”），上述证人均为计算机信息系统的维护人员，参与并见证了勘验检查过程，证人证言与勘验检查工作记录相互印证。

9. 证人黄某甲的证言，黄某甲系焦某的下线（即提供流量的卖家），其证言证实：收流量的人在 QQ 群里发广告，通过 gt（美国谷歌公司的聊天软件）联系后就开始卖给他流量，他传给我一个木马程序，我装在我控制的电脑里面，然后他就用佛山的防火墙来测试流量，就按照测试的流量来结算，价格先是每天 150 元/G，后来每天按 100 元/G 收。通过 gt 聊天，他给我一个网盘链接，我从中下载压缩包就得到了木马程序，然后我就将木马程序传送到我控制的电脑里。从 2014 年 11 月开始，前后经历了 1 个月左右，每天一笔，每天的金额约有 200—300 元，卖流量的钱都是通过网上直接转账到我的财付通账号里，我的交易记录中显示购买流量的人一个叫“谢胡屋”，一个叫“奚弘奇”。“谢胡屋”“奚弘奇”应该是同一个人，因为收购流量的人一直很正常地通过财付通在给我打款，我也只是查看钱是否到账，没有注意到付款的财付通账号变化了，我想其他人不会无故给我汇款，我只向一个人卖流量，所以我说两个财付通账号是同一个人使用。

证人罗某的证言，罗某系被告人焦某的另一位下线，其证言同证人黄某甲的证言相互印证。

10. 武汉市公安局网络安全保卫支队二大队出具的远程勘验检查工作记录，证实公安人员远程登录美国主控服务器（IP 地址为××.××.30），提取到了主控程序“client.exe”和“系统日志”。“主控列表”显示共控制了 240 个 IP 地址，其中我国境内的 IP 地址为 31 个。其还证实公安人员通过香港 vps 服务器（IP 地址为××.××.61），登录 IP 地址为××.××.136 的服务器，公安人员从两台服务器中提取了存储的攻击软件、“系统日志”、主机名、gt 聊天记录、木马安装命令等。

11. 武汉市公安局网络安全保卫支队二大队出具的情况说明、锦州市公安局网络安全保卫支队出具的情况说明，证实公安人员从佛山服务器“登录日志”上找到部分 IP 地址，IP 地址在一定时间内对应的使用者系唯一用户，经查询，其中部分 IP 地址对应的装机地址为锦州市凌海市农电新村 C 区 19 号楼 1 单元 301 室，宽带账号为 gp0n××，宽带登记人为王某；另一部分 IP 地址对应的装机地址为锦州市凌海市金城镇紫金花园 1 号楼 3 单元 4 楼西，宽带账号为 04×××17，宽带登记人为焦某。

12. 武汉市公安网监司法鉴定中心出具的电子数据鉴定报告书，经鉴定，在 linux 下的木马程序 getsetup.hb 安装运行后该木马以 iptablex，iptables 进程的形式存在，主动发起与主控程序 client.exe 的网络连接。在 windows 系统下的木马 getsetup.exe 运行后也主动发起与主控程序 client.exe 的网络连接。通过主控端程序 client.exe 能显示上述两台被控计算机的 IP 地址，填写被攻击目标 IP 后，即可调用被控计算机对目标发起分布式拒绝服务攻击。鉴定结论为该组程序（client.exe，getsetup.hb，getsetup.exe）能完成分布式拒绝服务攻击，主控程序能控制其列表中在线的计算机（这种计算机俗称“肉鸡”），列表中每一个 IP 地址对应一台被控计算机。

13. 搜查笔录、扣押清单、银行交易明细清单、财付通交易记录、“核对”给焦某的转款明细、焦某给张某某的转款明细、武汉市公安网监司法鉴定中心出具的电子数据鉴定报告书、武汉市公安局网络安全保卫支队二大队出具的情况说明、网络聊天记录及截图、“结算.txt”文档内容等，证实被告人张某某雇佣被告人焦某帮“核对”收购流量，两名被告人均知道收购流量的事情及具体步骤，还证实两名被告人在2014年11月23日至同年12月15日通过收购流量牟利的具体账目、相应的转款记录、木马程序的端口号及对应的被控计算机数量和流量记录，记录显示每天被控制的计算机数量均在一千台以上，流量均在100G以上。

14.被告人张某某的供述及辩解。(1)其当庭辩称：自己和焦某是朋友关系，不是雇佣和被雇佣的关系，两人在一起是为了开游戏私服。焦某转给自己的钱是帮“核对”转的，自己帮“核对”租境外的服务器，从中赚取差价，对于收购流量和发送木马程序都是不知情的。(2)其曾在公安机关供称：我收购流量是为了赚钱，我在QQ群里喊话“收购流量100元1G”，并留下QQ号和gt号，那些有流量的人就主动和我联系，我就把“核对”交给我的程序通过QQ传给那些卖流量的人，让他们按照“核对”的要求，把程序安装好，并让他们把他们服务器IP地址、账号、密码告诉我，然后我转告“核对”。“核对”搞完后便告诉我多少G(测试流量的标准)多少钱。他按130元1G付钱给我，我按100元1G付钱给那些卖流量的人，我赚取这个30元的差价。到月底我还会额外给那些卖流量的人一些钱，我大概从2014年1月开始为“核对”收购流量，1个月后我让焦某帮我收购流量，我就什么都不管了。“核对”向我的建设银行卡汇钱，至于什么方式我也不清楚，他每次汇钱的数额不等，有时候5万，最少2万。最近几个月“核对”将钱汇给焦某，焦某留下自己的工资后，把剩下的钱都汇给我。我是通过财付通向那些卖流量的人汇钱的，我现在不记得财付通的用户名和密码，都是由焦某向那些卖流量的人汇钱。刚开始每天能收到5G左右，后来慢慢多了，有时候能够收购到100G。我雇佣焦某，他替我打工干活，我支付他工资，从每月5000元涨到每月2万元。我不知道“核对”收购流量干什么，也不记得收购流量赚了多少钱，赚来的钱都花光了。

15.被告人焦某的供述及辩解，其供称：(1)我和张某某是在网上玩游戏认识的，2013年他来凌海，在农电新村B19号楼一单元租了个房子，当时他带了女朋友过来，房子租了一年，经常来凌海住，住几天就外出几天再回来，租到2014年八九月份到期后就走了。我以前做过私服，总受到黑客流量攻击。2012年年底张某某告诉我流量攻击挺赚钱的，他能找到上家，由上家出钱来收攻击的流量，我就和他一起开始干了。张某某的上家是网名叫“核对”的人，也可能是几个人的小组，他们手里有控制服务器的木马程序，可是他们不知道服务器的漏洞，网上还有另外一些人知道服务器的漏洞但控制不了服务器，我就起一个桥梁作用，将木马交由信得过的掌握服务器漏洞的网上业务伙伴，由他们植入自己掌握的漏洞中,我就可以控制这些服务器了,我将这些被控制的服务器调试好,再将控制权交给"核对","核对"就给我钱,我再将钱给掌握漏洞的人,赚其中的差价。张某某负责和"核对"联系,就是负责联系买家,我负责找掌握漏洞的人,就是负责联系下家。张某某和我都有"核对"的 gt(美国谷歌公司的聊天软件),这是外国的聊天软件,比 QQ 保密,不容易被发现,张某某特地租了一台香港的 vps 服务器,专门供我和他自己登录 gt。我用 gt 传控制服务器的木马程序,也是为了安全。(2)我在家里登录和使用过佛山主控(IP 地址为××.××.138),也使用过美国主控(IP 地址为××.××.30),还使用过别的就记不得了,总共使用过 3 个主控。"核对"每天晚上 11 点左右,要我将自己控制的服务器按照"核对"的要求去测流量,根据流量多少给钱,"核对"收我的流量价格是 130 元到 150 元 1G,我收的价是 100 元到 130 元 1G。我提供的流量一般占到"核对"的 1/3,"核对"每三四天打 5 万元到我账上,我和下线每天把账结清。一般每天卖流量的有 10 人左右,有客户编号 201、301、702、706、707、708 等,这些编号是"核对"给我的木马程序编号,我把木马程序交给这些人后也将他们按这些编号备注。一个端口号对应唯一一个木马,也对应唯一一个下线。(3)我和张某某在为"核对"收购流量这件事情上是雇佣关系,张某某是我的雇主,他给我每个月开工资,最先是 5000 元一个月,到现在是 1 万元一个月。这些钱从那些我赚取的差价中支付,多余的钱我全部通过网银转账给张某某。我和张某某一般通过 QQ 联系,在 QQ 上谈论有关收购流量的事情,包括收购多少、测试多少、结算情况等等。(4)2014 年 11 月 22 日到 12 月 23 日共有九笔钱通过网上银行汇进我的账户,这些汇款都是"核对"汇给我的,使用了不同户名的账户共汇给我 40.5 万元。2014 年 12 月 2 日有一笔 1 万元汇到我老婆曹某的工商银行账户,这笔钱是我 11 月份的工资。2014 年 11 月 22 日至 12 月 14 日,我通过网上银行向张某某建设银行账户汇款 4 次共计 20 万元整,这些都是我收购流量赚取差价的总和减去我的工资后剩下的钱。

对于被告人张某某的辩解意见及其辩护人的相关辩护意见,经查,证人证言、搜查笔录、扣押清单、银行交易明细清单、财付通交易记录、"核对"给焦某的转款明细、焦某给张某某的转款明细、武汉市公安网监司法鉴定中心出具的电子数据鉴定报告书、武汉市公安局网络安全保卫支队二大队出具的勘验检查工作记录、情况说明、网络聊天记录及截图、"结算.txt"文档等书证与被告人焦某的供述相互印证,足以认定。被告人张某某在雇佣被告人焦某为"核对"收购流量期间,每个月支付其固定的报酬,两名被告人主观上具有非法控制计算机信息系统的故意，客观上也通过发送木马程序给下线，对大量的计算机信息系统实施了非法控制，一个月内违法所得就达到了人民币40.11万元，其行为均已构成非法控制计算机信息系统罪，故被告人张某某的辩解意见及其辩护人的第1、3项辩护意见，因与庭审查明的事实不符，本院不予采纳。

本院认为，被告人张某某、焦某违反国家法律规定，对计算机信息系统实施非法控制，情节特别严重，其行为均已构成非法控制计算机信息系统罪。武汉市江岸区人民检察院指控被告人张某某、焦某犯罪的事实清楚，证据确实、充分，指控罪名成立，本院予以确认。在共同犯罪中，被告人张某某起主要作用，系主犯；被告人焦某起次要作用，系从犯，依法应当减轻处罚。被告人焦某归案后如实交代犯罪事实，是坦白；且在本院审理期间，能自愿认罪，可酌情从轻处罚。被告人焦某的辩解意见及被告人张某某的辩护人提出的其他辩护意见，本院予以采纳。依照《中华人民共和国刑法》第二百八十五条第二款、第二十五条第一款、第二十六条、第二十七条、第六十七条第三款及《最高人民法院、最高人民检察院关于办理危害计算机信息系统安全刑事案件应用法律若干问题的解释》第一条第一款和第二款之规定，判决如下：

一、被告人张某某犯非法控制计算机信息系统罪，判处有期徒刑五年，并处罚金人民币一万元。（刑期从判决执行之日起计算。判决执行以前先行羁押的，羁押一日折抵刑期一日，即自2014年12月16日起至2019年12月15日止。罚金于本判决生效之日起十日内缴纳。）

二、被告人焦某犯非法控制计算机信息系统罪，判处有期徒刑二年六个月，并处罚金人民币五千元。（刑期从判决执行之日起计算。判决执行以前先行羁押的，羁押一日折抵刑期一日，即自2014年12月16日起至2017年6月15日止。罚金于本判决生效之日起十日内缴纳。）

如不服本判决，可在接到判决书的第二日起十日内，通过本院或者直接向湖北省武汉市中级人民法院提出上诉。书面上诉的，应当提交上诉状正本一份，副本二份。

审 判 长　高　波
代理审判员　马　鑫
人民陪审员　董向荣
二〇一五年十二月二十一日
书 记 员　杜高杰

(三)案例三

涉及罪名:非法侵入计算机信息系统罪

深圳市罗湖区人民法院

刑 事 判 决 书

(2016)粤 0303 刑初 2236 号

公诉机关深圳市罗湖区人民检察院。

……

控辩意见

深圳市罗湖区人民检察院以深罗检刑诉(2016)2166 号起诉书指控:2016 年 7 月,被告人张某甲在网络上向他人购买黑客软件“蜘蛛池”“菜刀”以及网址,同时其又通过非法渠道购买了 11 张银行卡,用于侵入其他网站植入出售假发票的广告信息。之后被告人张某甲在其住处深圳市罗湖区凤凰路海珑华苑海天阁 802 房使用“蜘蛛池”“菜刀”软件对甘肃农业大学、山西省太原市交警大队网站系统实施控制,植入出售发票的广告。7 月底,被告人张某甲纠集被告人张某乙一起使用上述方法控制网站植入发票销售广告。截至 2016 年 8 月 30 日,被告人张某甲、张某乙通过上述手段非法销售发票获利人民币 34550 元。2016 年 8 月 30 日公安机关根据线索,在深圳市罗湖区凤凰路海珑华苑海天阁 802 房抓获被告人张某甲、张某乙,缴获作案工具台式电脑 2 台、笔记本电脑 1 台、4G 上网终端 3 个、电话卡 8 张、银行卡 11 张、笔记本 2 本。经过广东安证计算机司法鉴定所检测,上述缴获的 2 台台式电脑硬盘中检出用于入侵计算机系统的黑客软件“XISEWBMS 管理 V8.88+(20160715 版)”远程入侵网站服务器的“48”条连接记录,去重后有“37”条。公诉机关认为,被告人张某甲的行为已构成非法侵入计算机信息系统罪、妨害信用卡管理罪,张某乙的行为已构成非法侵入计算机信息系统罪,建议判处一年以下有期徒刑或者拘役,并处罚金。

被告人张某乙在法庭上对指控的上述事实及本案证据无异议,承认控罪,对公诉机关的量刑建议无异议;被告人张某甲对本案证据无异议,承认控罪,但辩称非法销售发票获利应当扣除为作案所购买的电脑、银行卡、软件等费用,实际获利仅 1 万多元,对其他事实无异议。张某甲的辩护人辩称:1. 被告人张某甲坦白认罪、系初犯偶犯、未对被侵入网站造成实质损失;2. 获利金额应扣除为作案所购买的设备、银行卡、软件等费用，实际获利仅1万多元，不属于情节特别严重；3.其家庭系特困低保户、其父亲张某丙瘫痪卧床需照顾；请求对被告人张某甲从轻处罚。

审理认定

本院适用普通程序，经开庭审理，对公诉机关指控的上述事实予以确认。另查明，所指控的获利人民币34550元系假发票的售价扣除购买成本的差额，被告人张某甲为实施犯罪行为所购买的电脑、他人银行卡、非法软件等所投入的资金并非必然和直接的成本，不应从获利金额中扣除。本院认为被告人张某甲的行为已构成非法侵入计算机信息系统罪、妨害信用卡管理罪，应予数罪并罚，其有坦白认罪的从轻处罚情节；被告人张某乙的行为已构成非法侵入计算机信息系统罪，其有从犯、坦白认罪的从轻处罚情节。辩护人及被告人张某甲关于实际获利应扣除购买设备等费用、非法侵入计算机信息系统行为不属于情节特别严重的辩护意见，缺乏事实和法律依据，不予采纳；其他相关辩护意见，予以采纳。

判决

依照《中华人民共和国刑法》第二百八十五条第二款、第一百七十七条之一、第二十五条、第二十六条、第二十七条、第六十七条第三款、第六十九条、第七十二条、第七十三条之规定，判决如下：

一、被告人张某甲犯非法侵入计算机信息系统罪，判处有期徒刑三年，并处罚金人民币一万元；犯妨害信用卡管理罪，判处有期徒刑八个月，罚金人民币二万元；合并执行有期徒刑三年零四个月，罚金人民币三万元（刑期自判决执行之日起计算。判决执行以前先行羁押的，羁押一日折抵刑期一日。即自2016年8月30日起至2019年12月29日止；罚金自本判决生效之日起一个月内缴纳）。

二、被告人张某乙犯非法侵入计算机信息系统罪，判处有期徒刑一年零六个月，缓刑二年，并处罚金人民币一万元（缓刑考验期限，自判决确定之日起算。罚金已缴纳）。

三、缴获的作案工具电脑2台、笔记本电脑1台、4G上网终端3个、电话卡8张、银行卡11张、笔记本2本，予以没收，由公安机关依法处理。

如不服本判决，可于接到判决书的第二日起十日内，通过本院或者直接向广东省深圳市中级人民法院提起上诉。书面上诉的,应当提交上诉状正本一份、副本二份。

审　判　长　林根志
人民陪审员　刘明理
人民陪审员　颜敬民
二〇一六年十二月二十九日
书　记　员　吴恩玉

(四)案例四

涉及罪名:提供侵入、非法控制计算机信息系统程序、工具罪

山西省太原市迎泽区人民法院
刑 事 判 决 书

(2017)晋0106刑初583号

公诉机关山西省太原市迎泽区人民检察院

……

太原市迎泽区人民检察院以并迎检公诉刑诉(2017)521号起诉书指控被告人任某某、张某、陈某某犯提供侵入、非法控制计算机信息系统程序、工具罪,于2017年8月15日向本院提起公诉。本院受理后,依法组成合议庭,适用普通程序,公开开庭审理了本案。太原市迎泽区人民检察院检察员王丽芳出庭支持公诉,被告人任某某、张某、陈某某及辩护人向东、张卓越、胡晓颐、刘佳、许祺祥均到庭参加诉讼。现已审理终结。

太原市迎泽区人民检察院指控:2014年年初,被告人任某某通过自己建立的针对小米官网手机进行秒杀的QQ群结识被告人张某,后二人商量由张某开发一款"黑米"软件用于抢购小米官网手机,进而推广牟利,并协商非法获利五五分成。因使用效果不佳,二人又在网上找到被告人陈某某帮其做了黑米抢购软件官方网站出售该软件,并由陈某某作为该抢购软件销售代理之一。后二人又陆续开发了黑米华为、黑米魅族抢购软件,并在2015年开发了专门针对天猫网站的黑米天猫(淘宝)抢购软件,在其官方网站上大量销售。被告人任某某、张某通过出售黑米天猫(淘宝)抢购软件赚取买家抢购成功商品部分差价的方式非法获利110708元。被告人陈某某通过建立并维护"黑米"系列抢购软件销售网站,代理销售该抢购软件共非法获利6500余元。经中国刑事警察学院物证鉴定中心

检验,黑米天猫软件为恶意程序,具有以非常规的方式构造网络请求发送给淘宝网站服务器,具有模拟用户手动登录淘宝账号并进行批量下单的功能,同时具有通过调用第三方打码平台发送非常规图形验证码绕过淘宝安全防护系统的人机识别验证机制的功能,还具有通过重新拨号更换 IP 地址以绕过淘宝安全防火墙对同一 IP 地址不能频繁发送网络请求的限制。

针对上述指控,公诉机关向法庭提供了被告人任某某、张某、陈某某的庭前供述、被害人的陈述、鉴定意见、书证、物证、辨认笔录、勘验检查、侦查实验笔录、电子数据等证据。据此,公诉机关认为,被告人任某某、张某、陈某某的行为触犯《中华人民共和国刑法》第二百八十五条,犯罪事实清楚,证据确实充分,应当以提供侵入、非法控制计算机信息系统程序、工具罪追究三被告人的刑事责任。被告人任某某、张某、陈某某如实供述犯罪事实,适用《中华人民共和国刑法》第六十七条第三款,可以从轻处罚。被告人陈某某在共同犯罪中起次要作用,系从犯,适用《中华人民共和国刑法》第二十七条,应当从轻减轻处罚。故依据《中华人民共和国刑事诉讼法》第一百七十二条之规定,特提起公诉,请依法判处。

被告人任某某、张某、陈某某对公诉机关指控的犯罪事实及罪名均不持异议。

被告人任某某的辩护人的辩护意见是:对起诉书指控的犯罪事实及涉案的数额无异议。提出以下从轻处罚的建议:1.本案被告人提供的软件只是给他人提供一个机会,没有给被害单位造成实际损失。2.软件的范围有限,只是针对天猫,对其他的网站没有危害性;其次,在手机上不适用,危害的范围有限,危害的方式较小,该行为与侵入国家机关的网站及制作计算机病毒的软件有明显的区别。3.被告人任某某的认罪态度极好,其工商卡上有 200 多万元,涉案金额为 11 余万元,由于任某某和张某是五五分,具体到任某某是 5.5 万余元,我们认为扣除工商卡上 5.5 万元后的钱应该发还被告人任某某。综上,建议合议庭对任某某适用缓刑。

被告人张某的辩护人的辩护意见是:1.被告人张某主观恶意不大,张某制造的软件区别于黑客等软件,只是实现了操作的机动化,他并未绕过后台对相关数据进行修改,与黑客程序不同;2.社会的危害后果很小,事实上只是获取了交易的机会,该软件仅仅是剥夺了其他人的交易机会,并不是必然的,是偶然的,仅仅是让第三人抢到机会购买手机,是否能买上手机不确定,淘宝不是本案的适格被害人,并未给淘宝造成实际损失;3.希望合议庭综合考虑,及本案在地域范围内的量刑意见,建议合议庭对张某适用缓刑。

被告人陈某某的辩护人的辩护意见是:同意第一、第二辩护人的意见。补充几点:1.关于定性问题,对起诉书指控的罪名无异议,但陈某某在共同犯罪中处于次要作用,属于从犯;2.关于本案的后果,被告人陈某某犯罪情节轻微,就本案而言,本案的犯罪行为影响其他顾客抢购手机,本案没有造成严重的社会后果;3.在辩护人会见陈某某时,得知他受过高等教育,但是他当时并未意识到其行为是犯罪,他的主观恶性较小,是初犯、偶犯;4.认罪态度较好。从被公安采取强制措施到今天开庭,他认罪态度很好,也认罪悔罪,综上,希望法庭对陈某某从轻减轻处罚,并适用缓刑。

经审理查明:2014年年初,被告人任某某通过自己建立的针对小米官网手机进行秒杀的QQ群结识被告人张某。后二人商量由张某开发一款“黑米”软件用于抢购小米官网手机,进而推广牟利,并商定非法获利五五分成。因使用效果不佳,二人又在网上找到被告人陈某某帮其做了黑米抢购软件官方网站并出售该软件,并由陈某某作为该抢购软件销售代理之一。后二人又陆续开发了黑米华为、黑米魅族抢购软件,并在2015年开发了专门针对天猫网站的黑米天猫(淘宝)抢购软件,在其官方网站上大量销售。被告人任某某、张某通过出售黑米天猫(淘宝)抢购软件赚取买家抢购成功商品部分差价的方式共非法获利110708元。被告人陈某某通过建立并维护“黑米”系列抢购软件销售网站,代理销售该抢购软件共非法获利6500余元。经中国刑事警察学院物证鉴定中心检验,黑米天猫软件为恶意程序。该程序具有以非常规的方式构造网络请求并发送给淘宝网站服务器,实现模拟用户手动登录淘宝账号并进行批量下单的功能。同时,该程序具有通过调用第三方打码平台发送非常规图形验证码绕过淘宝安全防护系统的人机识别验证机制的功能,还具有通过重新拨号的方式更换IP地址以绕过淘宝安全防火墙对同一IP地址不能频繁发送网络请求的限制。

本案案发后,侦查机关扣押被告人任某某作案用的白色主机一台,thinkpad笔记本电脑、神舟笔记本电脑各一台。黑色手机卡管理器一个,黑色扫描枪一个。尾数为2523的工商银行卡一张,扣押被告人张某黑色联想K29笔记本电脑一台,扣押被告人陈某某黑色组装电脑主机一台。

在本案审理过程中,被告人任某某的亲属代其主动退缴非法所得款人民币55350元。被告人张某的亲属代其主动退缴非法所得款人民币55350元。被告人陈某某的亲属代其主动退缴非法所得款人民币6500元。

上述事实,被告人任某某、张某、陈某某在开庭审理过程中亦无异议,且有被告人任某某、张某、陈某某的庭前供述,淘宝(中国)软件有限公司报案材料及对其诉讼代表人王大鹏的询问笔录，任某某、张某、陈某某的户籍证明，抓获经过，检验报告，黑米软件运行图，黑米天猫（淘宝）软件全部扣点、返点统计截图，黑米天猫（淘宝）软件所有用户逃费点统计表，淘宝（中国）软件有限公司出具的情况说明，公安机关出具的情况说明，协助查询、冻结财产通知书，查询清单，提取笔录，对案照片、对案表，扣押清单，作案工具照片，违法犯罪嫌疑人前科劣迹调查表，入所健康检查登记表等证据证实，证据间能够相互印证，足以认定。

本院认为：被告人任某某、张某违反国家规定，提供专门用于侵入、非法控制计算机信息系统的程序、工具，情节特别严重。被告人陈某某明知被告人任某某、张某实施侵入、非法控制计算机信息系统的违法犯罪行为而为其二人提供程序、工具，情节严重。三被告人的行为均侵犯了计算机信息系统的安全和管理秩序，其行为均构成提供侵入、非法控制计算机信息系统的程序、工具罪。公诉机关指控的犯罪事实和罪名成立。被告人任某某、张某、陈某某如实供述自己的罪行，自愿认罪，可从轻处罚。被告人陈某某的犯罪行为系帮助任某某、张某的犯罪行为，在共同犯罪中起次要作用，系从犯，应当减轻处罚。三被告人的亲属均代其退缴全部非法所得款，并均主动接受财产刑处罚，均可酌情从轻处罚。三辩护人的辩护意见，本院酌情予以考虑。依照《中华人民共和国刑法》第二百八十五条第二款、第三款，第五十二条，第二十五条第一款，第二十七条，第六十七条第三款，第六十四条，第六十一条，第七十二条第一款、第三款，《最高人民法院、最高人民检察院关于办理危害计算机信息系统安全刑事案件应用法律若干问题的解释》第一条、第二条、第三条的规定，判决如下：

一、被告人任某某犯提供侵入、非法控制计算机信息系统程序、工具罪，判处有期徒刑三年，缓刑四年，并处罚金人民币一万元。（已缴纳）

二、被告人张某犯提供侵入、非法控制计算机信息系统程序、工具罪，判处有期徒刑三年，缓刑四年，并处罚金人民币一万元。（已缴纳）

三、被告人陈某某犯提供侵入、非法控制计算机信息系统程序、工具罪，判处有期徒刑二年，缓刑三年，并处罚金人民币六千元。（已缴纳）

四、被告人任某某、张某、陈某某分别退缴至本院的非法所得款人民币共五万五千三百五十元、五万五千三百五十元、六千五百元，予以没收，上缴国库；扣押在案的被告人任某某、张某、陈某某作案用工具，予以没收，上缴国库；扣押在案的被告人任某某尾数为2523的中国工商银行卡一张，发还被告人任某某。

如不服本判决,可在接到判决书的第二日起十日内,通过本院或直接向太原市中级人民法院提起上诉。书面上诉的,应提交上诉状正本一份,副本二份。

审 判 长 董作江
人民陪审员 高鑫伟
人民陪审员 高红赞
二〇一七年十一月二日
书 记 员 陈 艺
速 录 员 张 茜

第二百八十六条　破坏计算机信息系统罪；拒不履行信息网络安全管理义务罪

一、刑法条文

第二百八十六条【破坏计算机信息系统罪】违反国家规定，对计算机信息系统功能进行删除、修改、增加、干扰，造成计算机信息系统不能正常运行，后果严重的，处五年以下有期徒刑或者拘役；后果特别严重的，处五年以上有期徒刑。

违反国家规定，对计算机信息系统中存储、处理或者传输的数据和应用程序进行删除、修改、增加的操作，后果严重的，依照前款的规定处罚。

故意制作、传播计算机病毒等破坏性程序，影响计算机系统正常运行，后果严重的，依照第一款的规定处罚。

单位犯前三款罪的，对单位判处罚金，并对其直接负责的主管人员和其他直接责任人员，依照第一款的规定处罚。

第二百八十六条之一【拒不履行信息网络安全管理义务罪】网络服务提供者不履行法律、行政法规规定的信息网络安全管理义务，经监管部门责令采取改正措施而拒不改正，有下列情形之一的，处三年以下有期徒刑、拘役或者管制，并处或者单处罚金：

（一）致使违法信息大量传播的；

（二）致使用户信息泄露，造成严重后果的；

（三）致使刑事案件证据灭失，情节严重的；

（四）有其他严重情节的。

单位犯前款罪的，对单位判处罚金，并对其直接负责的主管人员和其他直接责任人员，依照前款的规定处罚。

有前两款行为，同时构成其他犯罪的，依照处罚较重的规定定罪处罚。

二、司法解释

《最高人民法院、最高人民检察院关于办理危害计算机信息系统安全刑事案件应用法律若干问题的解释》

法释〔2011〕19号(2011年8月1日发布,2011年9月1日实施)

为依法惩治危害计算机信息系统安全的犯罪活动,根据《中华人民共和国刑法》《全国人民代表大会常务委员会关于维护互联网安全的决定》的规定,现就办理这类刑事案件应用法律的若干问题解释如下:

……

第四条 破坏计算机信息系统功能、数据或者应用程序,具有下列情形之一的,应当认定为刑法第二百八十六条第一款和第二款规定的"后果严重":

(一)造成十台以上计算机信息系统的主要软件或者硬件不能正常运行的;

(二)对二十台以上计算机信息系统中存储、处理或者传输的数据进行删除、修改、增加操作的;

(三)违法所得五千元以上或者造成经济损失一万元以上的;

(四)造成为一百台以上计算机信息系统提供域名解析、身份认证、计费等基础服务或者为一万以上用户提供服务的计算机信息系统不能正常运行累计一小时以上的;

(五)造成其他严重后果的。

实施前款规定行为,具有下列情形之一的,应当认定为破坏计算机信息系统"后果特别严重":

(一)数量或者数额达到前款第(一)项至第(三)项规定标准五倍以上的;

(二)造成为五百台以上计算机信息系统提供域名解析、身份认证、计费等基础服务或者为五万以上用户提供服务的计算机信息系统不能正常运行累计一小时以上的;

(三)破坏国家机关或者金融、电信、交通、教育、医疗、能源等领域提供公共服务的计算机信息系统的功能、数据或者应用程序,致使生产、生活受到严重影响或者造成恶劣社会影响的;

(四)造成其他特别严重后果的。

第五条 具有下列情形之一的程序,应当认定为刑法第二百八十六条第三款规定的“计算机病毒等破坏性程序”：

（一）能够通过网络、存储介质、文件等媒介，将自身的部分、全部或者变种进行复制、传播，并破坏计算机系统功能、数据或者应用程序的；

（二）能够在预先设定条件下自动触发，并破坏计算机系统功能、数据或者应用程序的；

（三）其他专门设计用于破坏计算机系统功能、数据或者应用程序的程序。

第六条　故意制作、传播计算机病毒等破坏性程序，影响计算机系统正常运行，具有下列情形之一的，应当认定为刑法第二百八十六条第三款规定的“后果严重”：

（一）制作、提供、传输第五条第（一）项规定的程序，导致该程序通过网络、存储介质、文件等媒介传播的；

（二）造成二十台以上计算机系统被植入第五条第（二）、（三）项规定的程序的；

（三）提供计算机病毒等破坏性程序十人次以上的；

（四）违法所得五千元以上或者造成经济损失一万元以上的；

（五）造成其他严重后果的。

实施前款规定行为，具有下列情形之一的，应当认定为破坏计算机信息系统“后果特别严重”：

（一）制作、提供、传输第五条第（一）项规定的程序，导致该程序通过网络、存储介质、文件等媒介传播，致使生产、生活受到严重影响或者造成恶劣社会影响的；

（二）数量或者数额达到前款第（二）项至第（四）项规定标准五倍以上的；

（三）造成其他特别严重后果的。

……

第八条　以单位名义或者单位形式实施危害计算机信息系统安全犯罪，达到本解释规定的定罪量刑标准的，应当依照刑法第二百八十五条、第二百八十六条的规定追究直接负责的主管人员和其他直接责任人员的刑事责任。

第九条　明知他人实施刑法第二百八十五条、第二百八十六条规定的行为，具有下列情形之一的，应当认定为共同犯罪，依照刑法第二百八十五条、第二百八十六条的规定处罚：

（一）为其提供用于破坏计算机信息系统功能、数据或者应用程序的程序、工具，违法所得五千元以上或者提供十人次以上的；

（二）为其提供互联网接入、服务器托管、网络存储空间、通讯传输通道、费用结算、交易服务、广告服务、技术培训、技术支持等帮助，违法所得五千元以上的；

（三）通过委托推广软件、投放广告等方式向其提供资金五千元以上的。

实施前款规定行为，数量或者数额达到前款规定标准五倍以上的，应当认定为刑法第二百八十五条、第二百八十六条规定的“情节特别严重”或者“后果特别严重”。

第十条　对于是否属于刑法第二百八十五条、第二百八十六条规定的“国家事务、国防建设、尖端科学技术领域的计算机信息系统”“专门用于侵入、非法控制计算机信息系统的程序、工具”“计算机病毒等破坏性程序”难以确定的，应当委托省级以上负责计算机信息系统安全保护管理工作的部门检验。司法机关根据检验结论，并结合案件具体情况认定。

第十一条　本解释所称“计算机信息系统”和“计算机系统”，是指具备自动处理数据功能的系统，包括计算机、网络设备、通信设备、自动化控制设备等。

本解释所称“身份认证信息”，是指用于确认用户在计算机信息系统上操作权限的数据，包括账号、口令、密码、数字证书等。

本解释所称“经济损失”，包括危害计算机信息系统犯罪行为给用户直接造成的经济损失，以及用户为恢复数据、功能而支出的必要费用。

三、其他法律法规及文件

（一）《中华人民共和国网络安全法》

主席令第五十三号（2016 年 11 月 7 日发布，2017 年 6 月 1 日实施）

……

第二十七条　任何个人和组织不得从事非法侵入他人网络、干扰他人网络正常功能、窃取网络数据等危害网络安全的活动；不得提供专门用于从事侵入网络、干扰网络正常功能及防护措施、窃取网络数据等危害网络安全活动的程序、工具；明知他人从事危害网络安全的活动的，不得为其提供技术支持、广告推广、支付结算等帮助。

(二)《全国人民代表大会常务委员会关于维护互联网安全的决定》

(2000年12月28日发布,2000年12月28日实施)

我国的互联网,在国家大力倡导和积极推动下,在经济建设和各项事业中得到日益广泛的应用,使人们的生产、工作、学习和生活方式已经开始并将继续发生深刻的变化,对于加快我国国民经济、科学技术的发展和社会服务信息化进程具有重要作用。同时,如何保障互联网的运行安全和信息安全问题已经引起全社会的普遍关注。为了兴利除弊,促进我国互联网的健康发展,维护国家安全和社会公共利益,保护个人、法人和其他组织的合法权益,特作如下决定:

一、为了保障互联网的运行安全,对有下列行为之一,构成犯罪的,依照刑法有关规定追究刑事责任:

……

(二)故意制作、传播计算机病毒等破坏性程序,攻击计算机系统及通信网络,致使计算机系统及通信网络遭受损害;

(三)违反国家规定,擅自中断计算机网络或者通信服务,造成计算机网络或者通信系统不能正常运行。

……

七、各级人民政府及有关部门要采取积极措施,在促进互联网的应用和网络技术的普及过程中,重视和支持对网络安全技术的研究和开发,增强网络的安全防护能力。有关主管部门要加强对互联网的运行安全和信息安全的宣传教育,依法实施有效的监督管理,防范和制止利用互联网进行的各种违法活动,为互联网的健康发展创造良好的社会环境。从事互联网业务的单位要依法开展活动,发现互联网上出现违法犯罪行为和有害信息时,要采取措施,停止传输有害信息,并及时向有关机关报告。任何单位和个人在利用互联网时,都要遵纪守法,抵制各种违法犯罪行为和有害信息。人民法院、人民检察院、公安机关、国家安全机关要各司其职,密切配合,依法严厉打击利用互联网实施的各种犯罪活动。要动员全社会的力量,依靠全社会的共同努力,保障互联网的运行安全与信息安全,促进社会主义精神文明和物质文明建设。

四、典型案例

(一)案例一

涉及罪名:破坏计算机信息系统罪

上海市浦东新区人民法院
刑 事 判 决 书

(2015)浦刑初字第1460号

公诉机关上海市浦东新区人民检察院。

……

上海市浦东新区人民检察院以沪浦检张江院刑诉(2015)1079号起诉书指控被告人付某某、黄某犯破坏计算机信息系统罪,于2015年4月2日向本院提起公诉。本院于同日立案后,依法适用普通程序,组成合议庭,公开开庭审理了本案。上海市浦东新区人民检察院指派检察员杨某某出庭支持公诉,被告人付某某、黄某及辩护人杨虹亮、马朗到庭参加诉讼。现已审理终结。

经审理查明,2013年底至2014年10月,被告人付某某、黄某等人租赁多台服务器,使用恶意代码修改互联网用户路由器的DNS设置,进而使用户登录"2345.com"等导航网站时跳转至其设置的"5w.com"导航网站,被告人付某某、黄某等人再将获取的互联网用户流量出售给杭州久尚科技有限公司(系"5w.com"导航网站所有者),违法所得合计人民币754762.34元。

2014年11月17日,被告人付某某接民警电话通知后自动至公安机关,到案后如实供述了上述犯罪事实。后被告人付某某让其母亲熊某某打电话劝被告人黄某投案,2014年11月17日,被告人黄某主动投案并如实供述了上述犯罪事实。

案发后,公安机关扣押了计算机硬盘一只。

本院审理期间,被告人付某某、黄某在亲友的帮助下退缴违法所得人民币754762.34元。

上述事实,被告人付某某、黄某在开庭审理过程中均无异议,且有经庭审质证属实的被害单位员工康某某、于某某的陈述笔录,扣押决定书、扣押笔录、扣押清单、照片,聊天记录、收益账户、收入统计表、代码截图等,由被害人签名的情况说明、上海二三四五网络科技有限责任公司提供的相关情况,调取证据通知书、调取证据清单、由支付宝公司提供的光盘及相关支付宝账户明细，证人姜某、黄某甲的证言笔录，证人汪某某的证言笔录、杭州久尚科技有限公司提供的付款证明，上有“1209代码”字样光盘、上海辰星电子数据司法鉴定中心司法鉴定检验报告书、补充鉴定书，公安机关出具的案发经过、关于被告人付某某、黄某的到案情况说明，被告人付某某、黄某的供述笔录等证据证实，足以认定。

本院认为，被告人付某某、黄某违反国家规定，对计算机信息系统中存储的数据进行修改，后果特别严重，依照《中华人民共和国刑法》第二百八十六条、第二十五条第一款的规定，均已构成破坏计算机信息系统罪，分别应处五年以上有期徒刑。公诉机关指控被告人付某某、黄某犯破坏计算机信息系统罪的事实清楚，证据确实、充分，罪名成立。被告人付某某、黄某具有自首情节，依照《中华人民共和国刑法》第六十七条第一款的规定，均可以减轻处罚。被告人付某某让其母亲劝说被告人黄某投案，可以酌情从轻处罚。依照《中华人民共和国刑法》第七十二条第一款和第七十三条第二款、第三款的规定，对被告人付某某、黄某均可以宣告缓刑。辩护人的相关辩护意见本院予以采纳。依照《中华人民共和国刑法》第六十四条的规定，扣押在案的作案工具以及退缴在案的违法所得应予没收。本院为维护社会公共秩序，判决如下：

一、被告人付某某犯破坏计算机信息系统罪，判处有期徒刑三年，缓刑三年。

（缓刑考验期限，从判决确定之日起计算。）

二、被告人黄某犯破坏计算机信息系统罪，判处有期徒刑三年，缓刑三年。

（缓刑考验期限，从判决确定之日起计算。）

三、扣押在案的作案工具以及退缴在案的违法所得予以没收。

付某某、黄某回到社区后，应当遵守法律、法规，服从公安、社区矫正等部门的监督管理，接受教育，完成公益劳动，做一名有益社会的公民。

如不服本判决，可在接到判决书的第二日起十日内，通过本院或者直接向上海市第一中级人民法院提出上诉。书面上诉的，应当提交上诉状正本一份，副本二份。

审 判 长　李　俊

代理审判员　白艳利

人民陪审员　朱根初

二〇一五年五月二十日

书 记 员　张小延

(二)案例二

涉及罪名:破坏计算机信息系统罪

杭州市余杭区人民法院

刑 事 判 决 书

(2015)杭余刑初字第754号

公诉机关浙江省杭州市余杭区人民检察院。

……

杭州市余杭区人民检察院以杭余检公诉刑诉(2015)370号起诉书指控被告人吴某犯破坏计算机信息系统罪,于2015年6月11日向本院提起公诉。本院依法适用普通程序,公开开庭审理了本案。杭州市余杭区人民检察院指派代理检察员李圣洁出庭支持公诉。被告人吴某及其辩护人王军、李健勇到庭参加诉讼。现已审理终结。

杭州市余杭区人民检察院指控:2014年10月,被告人吴某编写swf文件后上传至淘宝店铺等相关页面,当淘宝用户登录访问插入该swf文件的网页时,该文件能够自动触发,加载其配置文件中的推送数据并在未经用户确认的情况下实现相应的推送商品、优惠券,添加商品或店铺收藏等功能,并将该swf文件插入访问者的店铺,以实现自我复制和传播。

同年10月底至11月初,被告人吴某以网络营销为名,将上述推送功能出售给多个淘宝卖家,非法获利共计7万余元。截至案发,吴某通过该方式共计添加品牌关注、店铺和商品收藏212081次,发送优惠券32925971张,添加购物车4267664次,刷聚划算30163次。

据以指控的证据有证人证言、户籍证明等书证、远程勘验工作记录等勘验检查笔录、电子数据、被告人吴某的供述和辩解等。公诉机关认为,被告人吴某的行为已构成破坏计算机信息系统罪,提请本院依照《中华人民共和国刑法》第二百八十六条之规定惩处。

被告人吴某辩称:第一,其所编写的程序不具有破坏性,并非病毒。第二,其编写的程序是通过淘宝网提供的技术接口写入,而上述接口已经被淘宝网及其他第三方运用,其认为其行为不会导致淘宝网运行不正常。

辩护人提出:第一,被告人吴某编写的程序虽然对计算机信息系统中存储的优惠券数据、店铺收藏数据、聚划算提醒数据、购物车货物数据等做了增加操作,但上述“增加操作”并不是刑法意义上的“破坏”，故该程序不是司法解释定义的“计算机病毒”；且被告人吴某作为一个专业编程人员，在编写和传播上述程序时没有隐瞒身份、使用其妻子的实名支付宝账户收款等行为表明被告人吴某并不认为其编写的程序是病毒，故被告人吴某并无编写计算机病毒程序破坏淘宝系统和数据的故意。第二，被告人吴某编写的程序实际上没有导致淘宝硬件或系统软件运行不正常，即未造成《中华人民共和国刑法》第二百八十六条第一款规定的“造成计算机信息系统不能正常运行”的后果。第三，《中华人民共和国刑法》第二百八十六条第二款中虽未表述要求造成“计算机系统不能正常运行”的后果才构成犯罪，但并不等于不要求有任何破坏的结果，因为破坏计算机信息系统罪是“破坏”性犯罪，不能是行为犯，必然要求破坏的后果。综上，被告人吴某的行为不构成犯罪。退一步讲，如果被告人吴某的行为构成犯罪，在量刑时亦应考虑淘宝存在安全漏洞，对本案的发生存在重大过错，且被告人吴某的行为对社会秩序和计算机系统安全并不会产生恶劣的影响等情节，并对被告人吴某的获利中存在的合法获利及非法获利予以区分。

经审理查明：

2014 年 10 月，被告人吴某以非法获利为目的，编写 swf 文件后上传至淘宝店铺等相关页面，当淘宝用户登录访问插入该 swf 文件的网页时，该文件能够自动触发，加载其配置文件中的推送数据并在未经用户确认的情况下实现相应的推送商品、优惠券，添加商品或店铺收藏等功能，并将该 swf 文件插入访问者的店铺，以实现自我复制和传播。同年 10 月底至 11 月初，被告人吴某以网络营销为名，将上述推送功能出售给多个淘宝卖家，非法获利共计 7 万余元。

另查明，案发后，侦查机关从被告人吴某处查获作案工具 MacBook 笔记本电脑一台、iPhone 手机一部，现扣押于杭州市公安局余杭区分局；侦查机关冻结了被告人吴某存于户主姓名为康某的支付宝账户（账号为 186×××2110）内的违法所得人民币 20674.39 元。

证明以上事实并经庭审质证的证据有：

1. 证人谢某的证言，证实 2014 年 11 月 2 日，淘宝（中国）软件有限公司在日常工作中发现某淘宝店铺销售的某件商品的被收藏次数极多，后在该店铺的源码中发现一个 swf 文件，经过对 swf 代码分析，发现该 swf 的功能就是通过非法获取淘宝用户的 Token（淘宝用户登录后系统分配的一个用于防止跨站伪造请求攻击的参数，在用户下线之前，携带该 Token 可以访问收藏夹、购物车、交易详情等)往用户的收藏夹和购物车内添加商品,同时还具有自我复制功能,如果有用户访问被植入 swf 的淘宝店铺,swf 会自动植入该用户的店铺源码中。经统计,截止到 11 月 5 日,共有 1.5 万家左右的店铺被植入上述 swf,有大约 200 万淘宝用户的收藏夹或者购物车被恶意添加了商品;经调查发现,被放到购物车和收藏夹内的商品均来源于 20 余家淘宝店铺,而上述店铺近期内都向收款账号为 hiksoft、注册人为吴某的支付宝账号汇过款,以及添加何种商品是按照 swf 中的变量的值来确定的,上述变量的值是通过被告人吴某租用的一台阿里云服务器(服务器 IP 地址为××.××.199)以及域名为 www.edm××.com 的服务器中存储的 jsp 程序自动获取的事实。

2.证人严某的证言、接受证据清单,证实 2014 年 11 月 2 日下午,其发现自己的淘宝购物车内被强行添加了一件卖家为"濮××毛衫"的男式羊毛衫,其丈夫的淘宝购物车内被强行添加了两件羊毛衫(卖家分别为"微笑××""哈××服饰")、三只包(其中两只卖家为"朱××旗舰店"、一只卖家为"辛德瑞拉××")、一件童装(卖家为"蕾××旗舰店")、一件女士外套(卖家为"异××男装")、三件男装(其中两件卖家为"兴××2013"、一件卖家为"木××"),并提供了购物车内上述商品信息截图的事实。

3.证人易某的证言,证实 2014 年 11 月 2 日,其发现自己的淘宝购物车内被强行添加了一件羊毛衫(卖家为"濮××毛衫")、一只包(卖家为"宾××旗舰店"),并提供了购物车内上述商品信息截图的事实。

4.证人吴某甲(嘉兴嘉贸电子商务有限公司的法定代表人)的证言,证实被告人吴某是其堂弟,在其任法定代表人的嘉兴嘉贸电子商务有限公司上班并拥有部分股份。其在淘宝网上开设了一家店名为"范××旗舰店"的店铺,曾有淘宝客户向其反映其店铺内的商品会自动加入到客户的购物车内,但其不清楚是何原因造成上述情况发生,以及其公司有一个网址为 www.edm××.com 的网站,网站的服务器是被告人吴某负责管理的事实。

5.证人赖某的证言、个人网上银行凭证,证实其开设了店名为"奇××旗舰店"的淘宝店铺;2014 年 10 月,其通过"联盟 2"QQ 群得知账号为"技术主管"的人可以帮忙将商品添加到购物车内,联系对方后使用对方提供的用户名和密码登录了网址为 http:// ××.199/251.199/my××.jsp 的网站,该网站上有聚划算开团提醒、加关注、加购物等功能,每项功能收费不同,其遂将自己店内的"奇××男鞋 1143"的商品 ID 添加到"购物车"推广栏项目中,之后其在同年 11 月 2

日、3 日分别通过支付宝转账 1000 元、2000 元至对方账户(对方支付宝账号为 186×××2110,名称是康某),同年 11 月 4 日又通过银行汇款 3500 元(提供的个人网上银行凭证显示收款人户名为吴某,开户行为中国建设银行嘉兴分行,账号为 62×××36,摘要栏中备注 200 万优惠券及 1500 收藏购物车)给对方,之后其还在上述网站上设置过 8 个推广商品,除"奇××旗舰店"的 5 款男鞋外,还有"娇××服饰旗舰店"的 2 个商品、"壹××旗舰店"的 1 个商品,另外在同年 10 月 9 日,其通过支付宝转账 25 元给对方用于店铺收藏业务的事实。

6. 证人冯某的证言,证实其开设了店名为"卡×××旗舰店"的淘宝店铺;2014 年 10 月底,公司员工董某某告诉其可以通过刷购物车的方式进行"双十一"营销推广以提升网店排名,之后是董某某具体联系了可以进行上述操作的人,据其所知,董某某通过支付宝于同年 11 月 2 日、4 日分别转账 1000 元、500 元给对方(对方支付宝账户为 186×××2110,名称是康某),并使用对方提供的账号、密码登录某网站后将需要进行推广的商品 ID 添加至购物车推广栏下;同年 11 月 10 日 17 时许,其网店销售的 3 款钱包、3 款手提包突然被淘宝下架,通过联系淘宝客服得知是因为上述商品在放入购物车时发生异常,其认为可能是董某某联系的刷购物车营销引起的事实。

7. 证人汪某的证言,证实其公司开设了店名为"千××旗舰店"的淘宝网店;2014 年 10 月中旬,其通过 QQ 联系上 QQ 名为"技术主管"的人进行"双十一"前的产品推广,并通过支付宝支付了 6000 元钱给对方(对方支付宝账号名包含"贝贝"两字),后使用从对方处获得的用户名和密码登录了对方提供的某网站,将"千××旗舰店"销售的 3 款商品的 ID 添加到"购物车"推广栏中,其共推送了 2000 条左右的 ID 至购物车内的事实。

8. 证人念某的证言、杭州曼××服饰有限公司的企业法人营业执照、支付宝交易记录,证实其工作的杭州曼××服饰有限公司开设了店名为"爱××服饰旗舰店"的淘宝网店,2014 年 8 月左右,其通过 QQ 群认识一自称掌握大量旺旺号,可以帮网店推广产品的人,为了刷店铺关注推广产品,其于 2014 年 8 月 22 日、9 月 22 日分别向对方提供的支付宝账户打款 1398 元、495 元;10 月底,对方称组织了一个商家联合推广活动,其使用对方提供的用户名和密码登录了网址为 http:// ××.199/251.199/my××.jsp 的网站,并将网店销售的 2 款羽绒服的商品 ID 添加到"购物车"推广栏项目中,之后其发现网店商品添加入购物车的记录有增加;同年 11 月 5 日左右,天猫客服通知其因购物车有异常而将网店降级,

2个推广商品也被删除的事实。

9.证人朱某的证言,证实其开设了“古×旗舰店”和“稻××内衣旗舰店”二家淘宝网店;2014年11月7日,淘宝公司以店铺有违规刷商品购物车的行为为由将“古×旗舰店”销售的2款内衣和“稻××内衣旗舰店”销售的10款内衣下架,事后其了解到是其雇佣的网店运营人员游某为了多拿佣金而进行了商品购物车推广的事实。

10.证人田某的证言、营业执照、支付宝交易记录,证实其是淘宝网店“宫×旗舰店”的店长;2014年10月底,其通过“联盟2”QQ群找到做购物车营销的“技术主管”,对方称可以将商品放入淘宝用户的购物车内以提高店铺在淘宝“双十一”活动时的流量,谈定价格后,其通过支付宝于10月27日、10月30日、10月31日、11月1日、11月3日分别向对方支付1000元(用于发优惠券)、500元、500元、5000元、7500元(对方账户为186×××2110,名称是康某),并使用对方提供的用户名和密码登录了某网站,并将网店销售的3款女包的商品ID添加到“购物车”推广栏项目中;过了几天,天猫官方通知其等人网店的购物车数据异常,其等人认为是刷购物车导致,故于同年11月4日向对方申请退款6000元,对方将6000元钱退回的事实。

11.证人梁某的证言、营业执照、支付宝交易记录,证实其工作的保定白沟宾×皮具有限公司在淘宝网开设了“宾××旗舰店”,其任店长;2014年10月底,其通过“联盟2”QQ群找到一做“双十一”购物车营销的“技术主管”,对方称可以将商品放入淘宝用户的购物车内以提高店铺在淘宝“双十一”活动中的流量,其于2014年11月2日通过支付宝向对方支付了2000元(对方账户为186×××2110,名称是康某),并使用对方提供的用户名和密码登录某网站,并将网店销售的几款女包ID输入购物车推送栏进行推广,但在“双十一”前,上述商品的链接被天猫删除的事实。

12.证人石某的证言、营业执照、支付宝交易记录,证实其和妻子经营的广州菲××皮具有限公司开设了店名为“朱×旗舰店”的淘宝网店;2014年10月底,其得知有人可以将商品放入淘宝用户的购物车内以提高店铺在淘宝“双十一”活动中的流量,其遂于同年10月26日、10月30日分别通过支付宝向购物车营销人员“技术主管”的账户(账户为186×××2110,名称是康某)支付了1000元(用于发放优惠券)、10350元,并使用用户名和密码登录某网站,将网店销售的20余款女包的ID输入购物车推送栏进行推广,但同年11月9日左右,上述商品的链接被天猫删除的事实。

13.证人潘某的证言、营业执照、支付宝交易记录，证实其任法定代表人的上海舒×服饰有限公司开设了店名为“shue××旗舰店”的淘宝网店；2014 年 10 月底，网店员工通过 QQ 群找到一做购物车营销的“技术主管”，对方称可以将商品放入淘宝用户的购物车内以提高店铺在淘宝“双十一”活动中的流量，其通过支付宝于同年 10 月 31 日、11 月 2 日、11 月 3 日、11 月 4 日分别向对方(账户为 186××××2110，名称是康某)支付 100 元、1000 元、1600 元、2000 元，并使用对方提供的用户名和密码登录某网站，将网店销售的 3 款女装的 ID 输入购物车推送栏进行推广，但同年 11 月 10 日左右，上述商品链接被天猫删除的事实。

14.证人沈某的证言、营业执照、支付宝交易记录，证实其和丈夫经营的上海韩至贸易有限公司开设了店名为“kiz×××旗舰店”“kiz×××环球美包”二家网店；2014 年 10 月底，其公司的运营人员通过 QQ 群找到一采用提高商品加购数以提高网店在“双十一”活动前的流量、提升网店排名的方式进行购物车营销的人员，其通过支付宝分别于同年 10 月 26 日、11 月 2 日向对方(账户为 186×××2110，名称是康某)支付 8888 元、5000 元，并使用对方提供的用户名和密码登录某网站，将网店销售的四五款女包的商品 ID 添加到购物车推广栏项目中；同年 11 月 6 日晚，因网店私自向淘宝用户的购物车添加商品，上述商品链接被淘宝删除，以及在同年 9 月，其也向对方支付过 120 元、15 元，但上述钱款应该不是用于购物车推广的事实。

15.证人胡某的证言、营业执照、支付宝交易记录，证实其任法定代表人的黄山××服饰有限公司开设了店名为“木×服饰旗舰店”的淘宝网店；2014 年 10 月底左右，因得知“联盟 2”QQ 群内一账号为“技术主管”的人有办法提高网店的排名，且“朱×旗舰店”等几家网店确实通过“技术主管”提升了排名，其网店客服胡伟遂联系了对方，之后其分别于同年 10 月 30 日、11 月 1 日、11 月 2 日通过支付宝向对方(账户为 186×××2110，名称康某)支付 2000 元、5440 元、10000 元，并使用对方提供的用户名和密码登录网址为 http:// ××.199/251.199/my××.jsp 的网站，将网店销售的 10 余款商品的 ID 添加到“购物车”推广栏项目中，以及该网站上还有聚划算开团提醒、加关注等功能，每项功能收费不同的事实。

16.证人伍某的证言、营业执照、支付宝交易记录，证实其在 2014 年 10 月左右通过 QQ 找到被告人吴某帮其网店做推广，后通过支付宝分别于同年 10 月 26 日、10 月 30 日、11 月 3 日向对方(账户为 186×××2110，名称是康某)支付 1000

元、3000元、5000元,并使用对方提供的用户名和密码登录某网站,将网店销售的2款商品的ID添加到"购物车"推广栏项目中,以及该网站上还有聚划算开团提醒、加关注等功能,每项功能收费不同的事实。

17. 调取证据通知书、阿里云计算机有限公司出具的情况说明、光盘,证实侦查人员从阿里云计算机有限公司调取IP地址为××.××.199阿里云服务器的租用信息、服务器的镜像文件等,显示该服务器的租用人是吴某(对应的注册邮箱是kevin@×××.com,注册手机号为186×××9702),该IP下面有3台云服务器,IP地址分别为××.××.65、××.××.187、××.××.216,服务器上的web程序打包文件名为"ROOT.zip",刻盘文件名为"ROOT.zip",以及该人还租用了IP地址为××.××.233的阿里云服务器作为数据库服务器(对应的注册邮箱是kevin@×××.com,注册手机号为186×××9702),数据库账号为root,数据库导出为"mycb.sql",刻盘文件名为"mycb.sql"的事实。

18. 远程勘验笔录、光盘,证实2014年11月10日21时10分至23时,侦查人员对http://××.199/××.199/admin.jsp和http://××.199/××.199/myevent.jsp进行远程勘验,其中打开http://××.199/251.199/myevent.jsp,使用账号、密码登录后,网页上显示有账户余额、优惠券推送、聚划算提醒推送、购物车推送等项目的价格表、推送界面等,在购物车推送一栏下标注"双十一会场严打,购物车功能暂时关闭";打开http://××.199/××.199/admin.jsp,使用账号、密码登录,显示该网站有"用户账户""埋点推广"等功能栏目,点击"用户账户"显示有174个账号,点击"埋点推广"的"部署统计"显示22条记录(即该网站能实现有关淘宝的优惠券推送、聚划算提醒推送、品牌关注推送、购物车推送等功能,网站下建有174个会员账号)等事实。

19. 阿里云计算有限公司出具的分析说明、光盘,证实阿里云计算有限公司对获取的源文件http://img01.taobaocdn.com/tfscom/TBlurzWG××.biXp××进行分析后,发现该文件会获取http://tadget.taobao.com/notActive.htmy页面中的csrf_token和用户的user_ID,然后加载另外一个nt.html的flash文件,反编译分析nt.html文件,发现可以获取用户的相关信息和需要被刷的店铺ID,然后在店铺装修代码内嵌入恶意flash文件,通过该文件加载的链接文件重定向到一个伪装成jpg文件,但实际为swf文件的文件,并通过相应的操作实现偷取用户的交易记录、偷取用户的个人信息、给用户发消息、给用户的好友发消息传播,使用户的好友也添加相应文件等的事实。

20.调取证据通知书、光盘、协助冻结财产通知书(回执),证实侦查人员从支付宝(中国)网络技术有限公司调取了支付宝账号186×××2110、186×××9702的相关信息、交易记录(虽无交易对方的具体信息,但金额上可以印证证人冯某等人向该账户的打款记录)等,其中支付宝账号186×××2110的登记人姓名为康某,该账户于2014年11月12日被杭州市公安局余杭区分局冻结,截至2014年11月10日,该支付宝账户余额为20674.39元,以及该账户的交易记录等事实。

21.扣押笔录、扣押决定书、扣押清单及照片,证实侦查人员从被告人吴某处扣押其随身携带的MacBook笔记本电脑1台、iPhone手机1部、银行卡5张(其中有卡号为62×××36的建行卡)的事实。

22.调取证据通知书、账户信息、交易明细,证实侦查人员从中国建设银行股份有限公司桐乡濮院支行调取账号为62×××36的账户信息、交易记录(虽无交易对方的具体信息,但金额上可以印证证人赖某的部分打款记录)等,其中该账户的开户人为被告人吴某等事实。

23.抓获、破案经过,证实本案的侦破经过,以及被告人吴某系被抓获归案的事实。

24.户籍证明,证实被告人吴某的身份情况。

25.被告人吴某的供述和辩解,证实其从2013年开始加入"联盟2"QQ群做管理员,平时有人会询问其可否采用批量的方式自动给商家做推广,其遂研究了淘宝网站代码信息,在发现淘宝有公开的接口可以实现自动给淘宝用户领优惠券、将商品放到收藏夹、购物车后,其自己编写了swf源文件,如开设有淘宝店铺的客户访问已加载了该文件的网店,该客户的店铺也会自动插入上述文件,即该文件具有自我复制和传播功能;2014年10月初,其租用了一台IP地址为××.××.199的阿里云服务器(该服务器下面还有3台服务器用作数据处理),将用苹果air笔记本电脑编写的swf源文件上传至该服务器,另外其还租用了一台服务器作为数据库服务器(里面保存了其自己的开店数据、刷收藏及购物车的数据);欲购买软件的客户联系(一般是通过手机QQ与其联系的,其使用的是苹果5S手机)其后,其会先给予一定的免费金额,之后即需要向其支付宝账户(账号为186×××2110)或者建行账户(账号62×××36)打款以继续使用上述功能,其会在服务器后台给客户开设一个账户,设定相应额度的消费金额,再将密码告诉客户,让客户自行到网址为http://××.199/251.199/myevent.jsp的网站进行设置，客户可以自行设置优惠券推送、聚划算提醒推送、品牌关注推送、购物车推送等项目，每个项目均有相应的推送价格，客户将店铺地址或者商品 IP 提交保存后，店铺的源代码就会与其租用的服务器上的 swf 文件进行匹配，有淘宝用户访问该网店后，淘宝用户的账号就能收到网店的各项推送服务，如果网店启用了购物车推送功能，淘宝用户的购物车内就会出现所推送的相关商品；具体的客户数目可以通过网页的后台管理界面 http://××.199/××.199/admin.jsp 的用户账户栏目下面的角色“ROLE-SPREAD”查询，具体的账号操作可在埋点推广界面下看到，其数据库服务器中记录淘宝卖家账号信息的表单名为“account”，记录具体推广任务的表为“taobaotaskevent”；向其购买服务的客户有“宫×服饰”“香××旗舰店”“千××旗舰店”等，其还曾向客户“游×”“宫×”“D××”等退款 14000 元的事实。

上述证据确实充分且相互印证，足以认定。

本院认为，被告人吴某违反国家规定，对计算机信息系统中存储、处理或者传输的数据和应用程序进行修改、增加的操作，后果严重，其行为已构成破坏计算机信息系统罪。公诉机关指控的罪名成立。但公诉机关指控被告人吴某编写的 swf 文件系计算机病毒的依据不足，本院不予认定。被告人吴某的相关辩解及辩护人的相关辩护意见，本院酌情予以采纳。但辩护人关于《中华人民共和国刑法》第二百八十六条第二款中虽未表述要求造成“计算机系统不能正常运行”的后果才构成犯罪，但并不等于不要求有任何破坏的结果，因为破坏计算机信息系统罪是“破坏”性犯罪，不能是行为犯，必然要求破坏的后果的辩护意见与法律规定不符，本院不予采纳。被告人吴某的行为是否导致淘宝网运行不正常不影响对本案的定性和处理，被告人吴某的相关辩解及辩护人的相关辩护意见，本院均不予采纳。不论淘宝是否存在安全漏洞均不能成为被告人吴某实施犯罪的理由，辩护人关于淘宝存在安全漏洞，对本案的发生存在重大过错的辩护意见，本院不予采纳。辩护人关于被告人吴某的行为对社会秩序和计算机系统安全并不会产生恶劣的影响的辩护意见与审理查明的被告人吴某编写的文件能自行复制、传播，并对不特定的淘宝用户强行推送商品、优惠券，添加商品或店铺收藏的事实不符，本院不予采纳。据此，依照《中华人民共和国刑法》第二百八十六条第一款、第二款，第五十二条，第五十三条第一款，第六十四条以及《最高人民法院、最高人民检察院关于办理危害计算机信息系统安全刑事案件应用法律若干问题的解释》第四条第一款第（三）项、第二款第（一）项，第十一条，《最高人民法院关于适用财产刑若干问题的规定》第一条、第二条第一款之规定，判决如下：

一、被告人吴某犯破坏计算机信息系统罪，判处有期徒刑五年三个月，并处罚金人民币五万五千元(刑期自判决执行之日起计算。判决执行前先行羁押的，羁押一日折抵刑期一日。即自2014年11月10日起至2020年2月9日止。罚金限判决生效后十日内缴纳)。

二、扣押于杭州市公安局余杭区分局，未随案移送的被告人吴某的作案工具MacBook笔记本电脑一台、iPhone手机一部，均予以没收，由杭州市公安局余杭区分局上缴国库。

三、被告人吴某存于户主姓名为康某的支付宝账户(账号为18×××10)内的违法所得人民币二万零六百七十四元三角九分，予以追缴，由杭州市公安局余杭区分局上缴国库。

如不服本判决，可在接到判决书的第二日起十日内，通过本院或直接向浙江省杭州市中级人民法院提出上诉。书面上诉的，应交上诉状正本一份，副本二份。

审　判　长　俞　潇
人民陪审员　郑秋娇
人民陪审员　章　燕
二〇一五年十二月十日
书　记　员　沈　瑜

(三)案例三

涉及罪名：破坏计算机信息系统罪

浙江省杭州市中级人民法院
刑事裁定书[①]

(2015)浙杭刑终字第311号

原公诉机关杭州市滨江区人民检察院。

……

杭州市滨江区人民法院审理杭州市滨江区人民检察院指控原审被告人李某某犯破坏计算机信息系统罪、原审被告人胡某犯出售公民个人信息罪、原审被告

① 最高人民检察院指导性案例第34号。

人董某、黄某、王某甲犯非法获取公民个人信息罪一案,于2015年1月12日作出(2014)杭滨刑初字第106号刑事判决。原审被告人董某不服,提出上诉。本院依法组成合议庭,经过阅卷,讯问原审被告人,认为本案事实清楚,决定不开庭审理。现已审理终结。

原判认定,2011年5月至2012年12月期间,被告人李某某在位于本市滨江区滨盛路1505号银丰大厦杭州畅唐科技有限公司及其家中,单独或伙同"张某某"(另案处理)等人通过QQ聊天工具联系需要修改中差评的淘宝卖家,并从被告人黄某等人处购买需要修改的淘宝买家个人信息,冒用淘宝买家身份骗取淘宝账号密码重置后,非法登录淘宝评价系统从而删除、修改淘宝买家的中差评347个,从中获利9万余元。

2012年8月至12月期间,被告人胡某利用其在江西省九江市公安局工作的便利,先后多次违规将获得的公民个人信息900余条分别出售给被告人董某及王某甲,共计非法获利18000余元。2012年期间,被告人董某先后多次从"十年"(另案处理)及被告人胡某处购买公民个人信息并转卖给被告人黄某等人。其中,2012年8月至2012年12月期间,被告人董某从被告人胡某处购买公民个人信息800余条;同年7月至8月期间,被告人董某将购买的公民个人信息120余条转卖给被告人黄某,非法获利2000余元。2011年至2012年期间,被告人黄某先后多次单独或伙同被告人王某甲从"慕容秋雪"(另案处理)、被告人董某及胡某等人处购买公民个人信息并转卖给被告人李某某等人。其中,被告人黄某转卖给被告人李某某公民个人信息330余条,非法获利16000余元。

原判另认定,原审审理期间,被告人李某某、胡某、董某、黄某分别退还违法所得。

原判认为,被告人李某某违反国家规定,单独或伙同他人对计算机信息系统中存储的数据进行删除或修改,违法所得9万余元,后果特别严重,其行为已构成破坏计算机信息系统罪,且部分系共同犯罪。被告人胡某作为国家机关工作人员,违反国家规定,将在本单位获取的公民个人信息出售给他人,情节严重,其行为已构成出售公民个人信息罪。被告人董某、黄某、王某甲单独或共同非法获取公民个人信息,情节严重,三被告人的行为均已构成非法获取公民个人信息罪,且部分系共同犯罪。被告人李某某、胡某、董某、黄某、王某甲归案后均如实供述了自己的罪行并退还违法所得,均予以从轻处罚。

原审以破坏计算机信息系统罪,判处被告人李某某有期徒刑五年。以出售公民个人信息罪，判处被告人胡某有期徒刑十个月，并处罚金人民币二万元。以非法获取公民个人信息罪，分别判处被告人董某有期徒刑八个月，缓刑一年，并处罚金人民币一万元；判处被告人黄某有期徒刑六个月，缓刑一年，并处罚金人民币一万元；判处被告人王某甲拘役三个月，缓刑六个月，并处罚金人民币五千元。并判令将扣押在案的作案工具台式电脑主机六台、笔记本电脑一台、电脑包一只等，均予以没收，将各被告人退出的违法所得人民币十二万六千元予以追缴，上缴国库。

上诉人董某上诉称，原判量刑过重，请求从轻处罚。

经审理查明，原判认定上诉人董某，原审被告人黄某、王某甲非法获取公民个人信息，原审被告人李某某破坏计算机信息系统，原审被告人胡某出售公民个人信息的事实，有证人盖某、徐某、俞某、王某乙、于某、裴某、应某的证言，李某某修改淘宝中差评数量确认，李某某、黄某非法获取公民个人信息数量确认，调取证据通知书及调取证据清单，搜查笔录及扣押物品、文件清单，电子证物检查工作记录，支付宝交易记录，电话记录，提取电子证据清单及光盘，电子数据检验报告，浙江淘宝网络有限公司出具的情况说明，公安机关出具的抓获经过等情况说明，户籍证明等证据予以证实。上诉人董某，原审被告人李某某、胡某、黄某、王某甲亦有供述在案，所供情节均能相互印证，并与上述证据所反映的事实相符。上述证据均经原审庭审举证、质证，本院予以确认。原判认定的事实清楚，证据确实、充分。

关于上诉人董某的上诉理由，经查，上诉人董某非法获取公民个人信息 800 余条，并将购买的公民个人信息 120 余条转卖他人谋利，原判根据其犯罪事实和情节，判处其有期徒刑八个月，缓刑一年，并处罚金人民币 10000 元，并无过重，其原判量刑过重的上诉理由，依据不足，本院不予采信，对其从轻处罚的请求，本院不予支持。

本院认为，原判认定上诉人董某，原审被告人黄某、王某甲犯非法获取公民个人信息罪，原审被告人李某某犯破坏计算机信息系统罪，原审被告人胡某犯出售公民个人信息罪，定罪及适用法律正确，量刑适当。原审审判程序合法。据此，依照《中华人民共和国刑法》第二百八十六条第二款，第二百五十三条之一第一款、第二款，第二十五条第一款，第五十二条，第七十二条第一款、第三款，第七十三条，第六十七条第三款，第六十四条及《最高人民法院、最高人民检察院关于办理危害计算机信息系统安全刑事案件应用法律若干问题的解释》第四条第二款第（一）项和《中华人民共和国刑事诉讼法》第二百二十五条第一款第（一）项之规定，裁定如下：

一、驳回上诉人董某之上诉；

二、维持原判。

本裁定为终审裁定。

审　判　长　钱安定
代理审判员　闫诗萌
代理审判员　张茂鑫
二〇一五年四月二十三日
书　记　员　陈　俊

第二百八十七条　利用计算机实施犯罪的提示性规定；
第二百八十七条之一　非法利用信息网络罪；
第二百八十七条之二　帮助信息网络犯罪活动罪

一、刑法条文

第二百八十七条【利用计算机实施犯罪的提示性规定】利用计算机实施金融诈骗、盗窃、贪污、挪用公款、窃取国家秘密或者其他犯罪的，依照本法有关规定定罪处罚。

第二百八十七条之一【非法利用信息网络罪】利用信息网络实施下列行为之一，情节严重的，处三年以下有期徒刑或者拘役，并处或者单处罚金：

(一)设立用于实施诈骗、传授犯罪方法、制作或者销售违禁物品、管制物品等违法犯罪活动的网站、通讯群组的；

(二)发布有关制作或者销售毒品、枪支、淫秽物品等违禁物品、管制物品或者其他违法犯罪信息的；

(三)为实施诈骗等违法犯罪活动发布信息的。

单位犯前款罪的，对单位判处罚金，并对其直接负责的主管人员和其他直接责任人员，依照第一款的规定处罚。

有前两款行为，同时构成其他犯罪的，依照处罚较重的规定定罪处罚。

第二百八十七条之二【帮助信息网络犯罪活动罪】明知他人利用信息网络实施犯罪，为其犯罪提供互联网接入、服务器托管、网络存储、通讯传输等技术支持，或者提供广告推广、支付结算等帮助，情节严重的，处三年以下有期徒刑或者

拘役，并处或者单处罚金。

单位犯前款罪的，对单位判处罚金，并对其直接负责的主管人员和其他直接责任人员，依照第一款的规定处罚。

有前两款行为，同时构成其他犯罪的，依照处罚较重的规定定罪处罚。

二、司法解释

《最高人民法院、最高人民检察院关于办理侵犯公民个人信息刑事案件适用法律若干问题的解释》

法释〔2017〕10号（2017年5月8日发布，2017年6月1日实施）

……

第八条　设立用于实施非法获取、出售或者提供公民个人信息违法犯罪活动的网站、通讯群组，情节严重的，应当依照刑法第二百八十七条之一的规定，以非法利用信息网络罪定罪处罚；同时构成侵犯公民个人信息罪的，依照侵犯公民个人信息罪定罪处罚。

三、其他法律法规及文件

（一）《中华人民共和国网络安全法》

主席令第五十三号（2016年11月7日发布，2017年6月1日实施）

……

第二十七条　任何个人和组织不得从事非法侵入他人网络、干扰他人网络正常功能、窃取网络数据等危害网络安全的活动；不得提供专门用于从事侵入网络、干扰网络正常功能及防护措施、窃取网络数据等危害网络安全活动的程序、工具；明知他人从事危害网络安全的活动的，不得为其提供技术支持、广告推广、支付结算等帮助。

……

第四十六条　任何个人和组织应当对其使用网络的行为负责，不得设立用于实施诈骗，传授犯罪方法，制作或者销售违禁物品、管制物品等违法犯罪活动的网站、通讯群组，不得利用网络发布涉及实施诈骗，制作或者销售违禁物品、管制物品以及其他违法犯罪活动的信息。

(二)《互联网群组信息服务管理规定》

（2017 年 9 月 7 日发布，2017 年 10 月 8 日实施）

……

第十条　互联网群组信息服务提供者和使用者不得利用互联网群组传播法律法规和国家有关规定禁止的信息内容。

(三)《互联网用户公众账号信息服务管理规定》

（2017 年 9 月 7 日发布，2017 年 10 月 8 日实施）

……

第十一条　互联网用户公众账号信息服务使用者不得通过公众账号发布法律法规和国家有关规定禁止的信息内容。

互联网用户公众账号信息服务提供者应加强对本平台公众账号的监测管理，发现有发布、传播违法信息的，应当立即采取消除等处置措施，防止传播扩散，保存有关记录，并向有关主管部门报告。

(四)《最高人民法院、最高人民检察院、公安部关于办理电信网络诈骗等刑事案件适用法律若干问题的意见》

法发〔2016〕32 号（2016 年 12 月 19 日发布，2016 年 12 月 19 日实施）

……

（七）实施刑法第二百八十七条之一、第二百八十七条之二规定之行为，构成非法利用信息网络罪、帮助信息网络犯罪活动罪，同时构成诈骗罪的，依照处罚较重的规定定罪处罚。

四、典型案例

涉及罪名：帮助信息网络犯罪活动罪

江西省吉安县人民法院

刑 事 判 决 书

(2015)吉刑初字第 204 号

公诉机关吉安县人民检察院。

……

吉安县人民检察院以吉检公诉刑诉(2015)179号起诉书指控被告人刘某甲、苏某甲犯诈骗罪，于2015年9月28日向本院提起公诉。本院受理后，依法组成合议庭，适用普通程序，公开开庭审理了本案。吉安县人民检察院指派代检察员张望出庭支持公诉，被告人刘某甲、苏某甲及辩护人黄涛、文宗森、王建宁、曹勇到庭参加诉讼。现已审理终结。

吉安县人民检察院指控：

2014年11月至2015年3月中旬，被告人刘某甲、苏某甲先后注册成立厦门通满弘网络科技有限公司和厦门亿先文化传媒有限公司，搭建销售游戏、话费充值卡的虚假交易网站"迎客松""绿色2015"商城，建成支付宝、环讯付款接口，通过各种方式联系实施"兼职刷信誉返佣金"诈骗的人员，并向诈骗人员提供网站链接，被害人依链接进入网站购买充值卡后，卡号卡密即被诈骗人员利用网站功能获取，然后将卡号卡密销赃。同时被告人刘某甲还构建"创世纪"收卡平台低价回收赃卡，安排苏某乙、刘某乙向诈骗人员推广网址链接、提供订单查询、资金结算等帮助，刘某甲、苏某甲从中赚取差价获利。

被害人被诈骗人员骗至"绿色2015"网站购卡，金额现已查实共计110160元，具体情况如下：

1.2015年3月1日，被害人康某被骗人民币5400元。

2.2015年3月17日，被害人沈某被骗人民币43200元。

3.2015年2月8日，被害人张某被骗人民币19872元。

4.2015年2月5日、6日，被害人马某被骗人民币7128元。

5.2015年2月9日，被害人梁某被骗人民币34560元。

对指控的事实，公诉机关向法庭宣读和出示了以下证据：1.书证：常住人口信息查询、归案说明、前科证明、刑事判决书、扣押发还物品清单、笔录情况说明、聊天记录、转账交易记录等；2.证人苏某乙、刘某乙、陈某的证言；3.被害人康某、沈某、马某、张某的陈述；4.被告人苏某甲、刘某甲的供述与辩解；5.鉴定意见；6.勘验、侦查实验笔录；7.电子数据。

指控认为，被告人刘某甲、苏某甲以非法占有为目的，明知他人实施诈骗犯罪，仍为诈骗人员提供网络技术支持、费用结算帮助，从中牟利，其行为均已构成诈骗罪，且被告人刘某甲属累犯，应依照《中华人民共和国刑法》第二百六十六条、第二十五条、第六十五条之规定，依法分别判处。

被告人刘某甲、苏某甲辩称：1.拘留的时间是2015年3月13日，而非起诉书认定的3月17日；2."迎客松"和"绿色2015"不是虚假交易网站；3.没有安排苏某乙、刘某乙向诈骗人员提供网站链接、订单查询和资金结算服务；4.指控沈某资金被骗的事实发生在被拘留后，与二被告人没有关系；5.没有非法占有的目的。

四辩护人均提出，没有证据证明被告人刘某甲、苏某甲实施或帮助诈骗人员实施诈骗行为，公诉机关的指控事实不清，证据不足，应宣告被告人刘某甲、苏某甲无罪。

经审理查明：

2014年11月26日，被告人苏某甲注册成立了厦门通满弘网络科技有限公司，2014年12月5日，被告人刘某甲注册成立厦门亿先文化传媒有限公司。至2015年3月中旬，被告人刘某甲、苏某甲先后利用注册成立的厦门通满弘网络科技有限公司和厦门亿先文化传媒有限公司，搭建网上销售话费充值卡、游戏点卡的卡号卡密交易网站"迎客松""绿色2015"商城，并建成银行、支付宝、环讯付款等支付方式接口。同时在2014年8月间，被告人刘某甲还建立了"创世纪"收卡平台回收充值卡卡号和卡密。

被告人刘某甲、苏某甲明知"迎客松""绿色2015"商城网站有实施"兼职刷信誉返佣金"诈骗的人员诱骗被害人依链接进入网站购买充值卡后，卡号卡密会随即被诈骗人员利用网站自助服务界面功能获取，然后将卡号和卡密销赃获利，仍然为在网络上实施诈骗的人员提供网络帮助。致使被害人康某于2015年3月1日在"绿色2015"商城被骗人民币5400元，被害人张某于2015年2月8日在"绿色2015"网站被骗人民币19872元，被害人梁某依链接网址于2015年2月9日被骗人民币34560元。

认定上述事实的证据有：

1.被害人康某的陈述，证实2015年3月1日，有一个QQ号为245×××55的网友发布了一条招聘兼职信息，有意者与QQ号602×××78联系，其加为好友后询问做兼职是买充值卡帮移动代理商刷信誉，完成后会返还本金及佣金，每单540元返还本金外同时给佣金30元。其注册成为兼职工作人员后，对方发了一个链接过来，网站名称叫"绿色2015"，网站地址是www.592ka×××.com，其按照要求填写了购买数量、个人邮箱、查询密码后，点击购买，网站跳转到一个支付页面，上面有讯付支付、支付宝支付和网上银行直接购买的方式，其通过支付宝购买了540元充值卡，并将支付成功的页面截图通过QQ发给对方，对方看完后发给第二单任务也是540元，其购买后网站查询为错误，其以为没有购买成功，于是又购买了一次，共计花费了1080元。接着对方将第三单1620元的购买任务发过来，见对方没有把前面的钱返还过来，就询问对方，答复说完成第三单任务后就会返还，于是又买了第三单。完成后，对方说卡单了，要重新完成第三单才可以返还本金和佣金，所以又重新做了第三单购买1620元的任务。完成后，对方说现在已完成兼职任务的98%，达到100%就会把之前的钱和佣金全部返还，并发了新一单540元的任务。其购买后，对方提示已完成99%的任务，只需完成最后一单3240元的购买任务就可以了，这时其才发现受骗了，没有再继续做下去，立即报案，一共被骗了5400元。

2.被害人张某的陈述、聊天记录及支付凭证，证实2015年2月8日晚上8点多，添加了一个QQ号为912××03、网名“林雨欣”的人为好友，对方询问愿不愿做兼职代刷商品，赚取佣金，并发来“2015刷客兼职工作流程图”，其同意后按对方要求提供了姓名、性别、年龄、支付宝账号等信息给“林雨欣”，“林雨欣”发消息过来说安排了任务，任务的端口链接www.q99789.com/×××，要其点开链接开始对上面的100元充值卡进行支付，每个100元移动充值卡的价格是108元。其按链接第一次支付了108元，过了10分钟左右，对方就往其农业银行卡打了113元钱过来，第二次对方发过来支付324元的任务，按照第一次支付方式支付后，对方往农业银行卡打了339元钱过来，这时“林雨欣”说太晚了要其明天继续。第二天上午10时左右通过QQ联系“林雨欣”，对方发来之前的链接，其第三次在那个网页上支付了324元，对方往其农业银行卡打了339元钱。第四次支付了540元，对方打了565元钱到农业银行卡。第五次支付了1080元，对方给其打了1135元。第六次其支付了3240元，对方说是网络卡，就没有打钱过来，接着发了个链接过来，要其继续支付。于是第七次支付对方3240元，对方还是说网络原因没有打钱过来，并让其继续支付。因农业银行卡里没有钱了，其让朋友往支付宝充好钱后，第八次又继续支付给对方3240元，对方还是没有打钱过来。第九次支付对方2160元后，对方依然没有打钱过来。第十次“林雨欣”还是发链接过来要其付钱购买充值卡，说是网络原因，要其再付一次钱才能激活，同时发过来的链接要其购买74个价格108元的充值卡，价值7992元。第十次支付7992元给对方后，对方没有给其卡上打钱，这时才意识到被骗，立即报案，一共被骗了19872元钱。聊天记录及支付凭证证实被骗的事实。

3.被害人梁某的自述材料，其在网上根据被告人提供的链接地址www.

q99789.com/×××,购买充值卡被骗的事实。

4.证人苏某乙的证言,证实在2014年9月,苏某甲带其至厦门做销售充值卡网站的客服。当时做的网站名称是叫“迎客松”充值卡商城网站,2015年2月27日回来后过了一两天的样子,网站改称“绿色2015”充值卡商城,并注册为厦门亿先文化传媒有限公司,网站内容没有改变,“绿色2015”的网站地址变成www.592ka×××.com。网站开始是苏某甲和刘某甲在做,后网站改为“绿色2015”,2015年3月9日刘某乙也来到公司做客服,是刘某甲叫他过来做的。

进入网站后点击购买的充值卡类型,会跳转到另外一个页面,在上面填写购买数量、姓名、收货邮箱以及查询密码后即可,点击确定后会跳转到支付页面,里面有第三方支付(分支付宝支付和讯付支付)和网上银行支付,支付完成后充值卡卡号和卡密码会发到填写的邮箱里或点击自助服务板块,在网页上看到购买的卡号和卡密码。每天大概有十几个到几十个人来网站购买充值卡。其知道有一大部分是被骗到网站中购买的,每天都有几个到十几个人来投诉说做兼职刷好评被骗,网站一开始就有投诉且每天都有。对于投诉刘某甲和苏某甲在电脑里有固定的模板来答复,根据卖东西的提问调取相应的答复,主要是做一个澄清,说网站没有刷信誉,没有评分评价系统,不需要刷单、刷好评等等。网站的充值卡都是刘某甲、苏某甲从SUP卡易售平台进的货。

刘某甲、苏某甲还通过安徽讯银网络公司做充值卡回收代理业务,洽谈好后,安徽讯银网络公司就发来代理业务后台管理账户,建立了一个名字叫“创世纪”卡回收平台分站,是“易收卡”平台下面的一个代理,“创世纪”平台收到的卡会直接被“易收卡”平台回收。那些想卖充值卡的人可以通过“创世纪”平台把卡卖给被告人,移动充值卡100元面值的是97.1元回收,电信和联通充值卡100元面值的是96.6元回收,游戏卡100元面值的是86.5元回收。回收后安徽讯银提供的平台会对回收的充值卡进行处理,通过安徽讯银财物审核后把钱转给卖卡的人,这个业务由刘某甲负责。

2014年9月开始做客服的时候,由刘某甲、苏某甲告知网站的运作方式,他们两个会联系实施诈骗的人骗受害者来网站中买卡,购卡的款项会打到公司账户上,然后这些诈骗的人会得到网站上售出的充值卡的卡号和卡密码,因为公司有一个“创世纪”的收卡平台,诈骗的人会发信息询问收卡平台的网站,最后有些实施诈骗的人会将卡号和卡密码卖给公司。还有些实施诈骗的人会主动加QQ询问“迎客松”“绿色2015”的网址,知道地址后,会骗人到公司网址购买充值卡,所以其 QQ 好友里有实施诈骗的人的 QQ 号。从一开始做客服的时候，刘某甲、苏某甲就告诉其这些情况。其曾私下通过 QQ 问过实施诈骗的人，诈骗的人会要求购卡的人填写网址的购卡信息，指姓名、收货邮箱、查询密码，只要受害人支付成功，诈骗的人会在第一时间通过网站自助服务界面，依据受害人填写的信息提取卡号和卡密，然后会把卡号、卡密卖给“创世纪”平台。

刘某甲还拷贝了一个名叫“我用”的 TXT 文本，里面有几个“找肉网址”，这些网址里面有很多发布兼职信息的广告，要其用昵称“创世纪”“沙漠”两个 QQ 加发布兼职信息的人，把充值卡商城、创世纪平台的网站发给这些人。这些发布兼职招聘信息的人当中有一部分是骗受害者来类似“迎客松”“绿色 2015”充值卡商城买卡的骗子，刘某甲、苏某甲就是要其去找这些骗子把充值卡商城——“创世纪”平台的网站发给他们。

同时证实在“易收卡□已认证”的聊天记录中，QQ 昵称“googlechrome”的用户向公司人员询问中所说的“鸟”，就是指被诈骗到“绿色 2015”充值卡商城购买点卡的受害人，“googlechrome”就是诈骗人员，但具体是谁不清楚。昵称“钞票来”也是直接对受害者实施诈骗的人，但真实情况不清楚。在“创世纪”平台注册用户名为 jz1388，jz8888 的用户，有很多客服 QQ，经常骗受害者在“迎客松”商城购买充值卡，并要帮忙查询受害者是否付款。在 2014 年 12 月 5 日，“钞票来”发错两条信息，内容一条是“大商城业务，专业代刷信誉，从不拖欠兼职工资”，一条是“不能私底下和兼职员密谋完成任务”，可以确定“钞票来”是在诈骗，而且诈骗来的充值卡会卖到“创世纪”平台。还证实 QQ 昵称“赚钱辛苦呀”的用户就是刘某甲，QQ 昵称“易收卡□已认证”的账号其和刘某甲都会使用。

5. 证人刘某乙的证言，证实“绿色 2015”网站的地址是 www.592ka×××.com，这是一个出售移动、电信、联通充值卡、游戏点卡的网站。其是 2015 年 3 月 9 日开始在“绿色 2015”网站做“创世纪”客服工作，具体是做移动、电信、联通充值卡、游戏点卡的回收工作。但是在网站上看到 100 元的充值卡卖 108 元就觉得是诈骗网站，怀疑刘某甲在骗钱。“创世纪”平台是“易收卡”下面的代理，卖卡人在网站上注册一个账号，通过填写充值卡卡号、卡密码提交就可以，钱是从“易收卡”转到卖卡人注册的网站账号里，“创世纪”平台注册的人员中有一部分人是诈骗人员。

6. 证人陈某的证言，证实其在 2015 年 2 月份通过电话主动联系“迎客松”商城的代理，并给其开通了一个下级代理的网站，然后其会在网上找到那些发布招聘兼职刷信誉的信息，以打电话或加QQ的方式联系说有充值卡、点卡商城，要他们叫兼职人员来买卡。在“迎客松”商城做了几天代理赚了四千多元。那些发布招聘兼职刷信誉的人是以此为幌子骗受害者到商城买卡的骗子。包括该商城都会发布公告说商城不会招聘兼职人员，这其实是为规避法律责任，迷惑受害人的手段。同时证实在做“迎客松”商城代理用的QQ号是248×××68，该号中的好友都是其在推广过程中加的诈骗人员，他们会骗受害者来其商城购买充值卡。

7. 现场勘验笔录及照片证实作案现场情况。

8. 侦查实验笔录证实“绿色2015”网站购买充值卡会被骗的事实。

9. 远程勘验笔录及固定电子证据证实“绿色2015”网站网页的内容及康某购买充值卡交易情况。

10. 支付宝交易记录及购买卡号、卡密交易记录证实康某在厦门亿先文化传媒有限公司购买充值卡的属实。

11. 交易记录、支付记录证实马某在www.tong×××.com/×××/default.aspx网站购买充值卡的事实，同时还证实支付购买充值卡金额的事实。

12. 聊天记录、支付宝交易记录及购买充值卡交易明细证实张某在厦门通满弘网络科技有限公司购买充值卡的事实。

13. 吉安县公安局公共信息网络安全监察大队的情况说明证实张某购买充值卡的网站链接www.q99789.com/×××指向“绿色2015”网站的充值页面。

14. 支付宝交易记录证实梁某某购买充值卡34560元被骗的事实。

15. 鉴定意见证实康某使用的远程服务器是网址为www.tong×××.com和www.592ka×××.com的网站后台服务器，远程服务器内数据库(98ka)是“安逸综合管理系统”(www.tong×××.com/a2a9f56a271c/Login.aspx)的后台数据库。同时证实固定的数据中QQ名为“易收卡□已认证”的用户有帮助诈骗人员提供技术支持的事实。

16. 常住人口信息查询证实被告人刘某甲、苏某甲的身份信息。

17. 归案说明证实被告人刘某甲、苏某甲系抓获归案的。

18. 前科证明、刑事判决书证实被告人苏某甲无犯罪记录，被告人刘某甲曾因诈骗被判刑的事实。

19. 扣押发还物品清单证实扣押物品情况及发还部分物品的事实。

20. 笔录情况说明证实被害人马某、张某、沈某的陈述笔录的取得情况。

21. 公司营业执照等相关凭证证实被告人刘某甲、苏某甲登记成立了厦门通满弘网络科技有限公司、厦门亿先文化传媒有限公司的事实。

22.被告人刘某甲的供述和辩解，证实2014年下半年和苏某甲合伙做了一个充值卡网址，是苏某乙帮助建好的，名称叫“迎客松”，网址是yks.jiu×××.net。做了两个多月后久优卡公司收回了代理权。后和苏某甲决定自己单干，苏某甲注册了一个通满弘网络科技有限公司，买了一个域名（www.tong×××.net），然后找人建了一个“迎客松”充值网站。大约两周后，其也注册了厦门亿先文化传媒有限公司，“迎客松”网站没有使用厦门亿先文化传媒有限公司的名称。大约2015年1月，因为有人投诉“迎客松”网站涉嫌诈骗，支付宝公司将网站的支付宝通道撤销了。于是以厦门亿先文化传媒有限公司的名义继续做充值网站，并把网站名称改为“绿色2015”，网站网址是www.592ka×××.com。买家进入网站后选择购买的商品数量、姓名、收货邮箱以及查询密码后就可以，点击进入支付页面，买家通过第三方支付通道支付，平台就会发货，商品主要是充值卡号和充值卡密码。2014年下半年做充值卡代理时只有其和苏某甲，其负责客服，后苏某甲叫了苏某乙来网站做客服，其也叫刘某乙来做客服。客服内容是买家问网站是否有兼职，就说没有，如果说被骗了，就通知他们查看有没有收到货，如果收到充值卡号和充值卡密码就跟商城没有关系，客服事先都有准备好的回答模板。除了做充值卡业务外，还和安徽讯银传媒文化有限公司洽谈代理充值卡回收业务，由安徽讯银传媒文化有限公司给一个代理管理账号，并建立了一个叫“创世纪”卡盟的分站，由其负责。

23.被告人苏某甲的供述与辩解：2014年8月和刘某甲合伙做了一个充值卡网址，是其找苏某乙帮忙建好的，上家给了一个网站域名，名称叫“迎客松”，网址是yks.jiu×××.net。做了一个多月后上家把网站域名收回去了。2014年11月份，和苏某甲决定自己单干，其注册了一个通满弘网络科技有限公司，并买了一个域名（www.tong×××.net），然后找人专门建了一个“迎客松”充值网站，网站支付宝和环讯快捷支付通道是其申请及管理。大约两周后，刘某甲也注册了一个厦门亿先文化传媒有限公司，但“迎客松”网站没有使用厦门亿先文化传媒有限公司的名称。“迎客松”网站运行两个多月，大约2015年1月，因为有人投诉“迎客松”网站涉嫌诈骗，支付宝公司将网站的支付宝通道撤销了。于是其提出以厦门亿先文化传媒有限公司的名义继续做充值网站，并把网站名称改为“绿色2015”，网站网址是www.592ka×××.com。“迎客松”网站商城和“绿色2015”网站商城没有什么区别，两个商城的管理后台、服务器都是同一个，服务器的 IP 地址是××.××.26,端口号 80,服务器是租用重庆安逸公司的,每个月的租金是 1500 元。在运营期间是用重庆安逸软件公司提供的"安逸综合管理系统"进行费用结算和管理的。网站的销售方法是买家进入网站后选择购买的商品数量、姓名、收货邮箱以及查询密码后,点击进入支付页面,买家通过第三方支付通道支付,平台就会发货,商品主要是充值卡号和充值卡密码。买家购买的充值卡号和充值卡密码提供登录网站后台数据是可以看到的。2014 年下半年做充值卡代理时只有其和刘某甲,其负责客服,后其叫了苏某乙来网站做客服,刘某甲也叫刘某乙来做客服。客服内容是买家问网站是否有兼职,就说没有,如果买家说被骗了,就通知他们查看有没有收到货,如果收到充值卡号和充值卡密码就跟商城没有关系,客服事先都有准备好的回答模板。在推广过程中,会经常在百度贴吧、58 同城等网站发布广告,内容是网站可以提供充值卡卡号和卡密,并留下网址和联系 QQ,加 QQ 的人有二种,一种是做兼职刷信誉被骗的人,做了任务没有返还本金和佣金;一种是骗受害者来网站购买充值卡的人,这些人关心的是卡号卡密失效问题。其知道大部分在其网站上购买充值卡的人是受害者,是被人骗来网上商城购买充值卡的。2014 年 9 月份商城运营几天就有人投诉说在商城做兼职被骗,其就知道购买充值卡的人大部分是受害人。对受害者的询问回答,苏某乙发了一份 TXT 文档,内容是遇到受害者投诉被骗的回答。受害者在商城购买充值卡后,只要骗子知道受害者填写的邮箱号、查询密码等信息就能提供商城的自助服务获取这批卡号卡密,之后骗子会将充值卡卖到各种收卡平台。卖卡人在收卡平台注册账号并填写银行卡号,将充值卡卡号、密码添加并提交,系统检验通过后会将钱打到卖卡人的注册账号上。公司在经营过程中,就有人加 QQ 或打电话要做代理,就会让他们在商城注册一个会员,然后通过后台将会员直接改成代理商,并给代理商注册一个域名,每人收 200 元域名费,这些人就可以自己去推广及卖充值卡和游戏点卡。商城大约有 20 多个代理商会员,但这些人的真实身份不知道。代理商卖出去的钱都会存在公司的支付宝或环讯账户里,代理商通过审核后可以在商城提现。公司除了做充值卡业务外,还建立了一个叫"创世纪"充值卡回收平台,是"易收卡"平台的代理,由刘某甲负责。在商城运营期间其用了 2 个 QQ 号,昵称与 QQ 号分别是"砖石"932×××88、"投诉"226×××99,"绿色 2015"871×××99 是苏某乙在用。

以上证据,均经当庭举证、质证,经审核其来源合法,内容客观真实,本院予以确认。

本院认为,被告人刘某甲、苏某甲明知他人可能在利用自己建立的购物网站实施诈骗犯罪,仍为其犯罪提供网络上的帮助,从中牟取利益,情节严重,按照《最高人民法院、最高人民检察院关于办理诈骗刑事案件具体应用法律若干问题的解释》之规定,被告人刘某甲、苏某甲的行为本应以诈骗共犯论处,但由于《中华人民共和国刑法修正案(九)》第二十九条已将帮助信息网络犯罪的行为由共同犯罪行为中的帮助行为单独作为犯罪定罪处罚,且新的刑法对该犯罪行为的处刑轻于旧的刑法处刑,根据从旧兼从轻的原则,应适用新的刑法对被告人刘某甲、苏某甲的犯罪行为定罪处罚,据此,被告人刘某甲、苏某甲的行为构成帮助信息网络犯罪活动罪。吉安县人民检察院对被告人刘某甲、苏某甲的指控事实清楚,证据充分,但适用法律不当,应予纠正。二被告人在共同犯罪中作用相当,无明显主从区别,按一般共同犯罪认定。

公诉机关指控被害人沈某被骗取财物的时间发生在2015年3月17日,而公安机关已于2015年3月13日就对被告人刘某甲、苏某甲采取拘留强制措施,客观上被告人刘某甲、苏某甲无法实施帮助诈骗被害人沈某财物的行为,故公诉机关该事实指控与审理查明的事实不符,不予认定。此外,公诉机关提供的被害人马某的陈述及支付宝交易记录均无法证实马某是在被告人刘某甲、苏某甲开设的"迎客松"或"绿色2015"网上商城或依网址链接进入"迎客松"或"绿色2015"网上商城购买充值卡被骗,故公诉机关该事实指控证据不足,不予认定。

公诉机关提供的鉴定报告内容中有从被告人刘某甲、苏某甲处查扣的电脑里导出的QQ聊天内容及证人苏某乙的证言,足以证实被告人刘某甲、苏某甲是明知"迎客松""绿色2015"商城网站中存在利用信息网络实施诈骗犯罪的人员,仍然利用"迎客松""绿色2015"商城网站上的网络信息,为他人实施诈骗提供帮助,被告人及其辩护人提出公诉机关指控被告人刘某甲、苏某甲的犯罪事实不清、证据不足的意见与查明的事实和认定的证据不符,不予采信。

被告人刘某甲曾因犯罪被判处刑罚,刑满释放后五年内重新故意犯罪,并应判处有期徒刑以上刑罚,系累犯,应从重处罚。据此依照《中华人民共和国刑法》第二百八十七条之二、第六十五条第一款、第二十五条第一款、第六十四条、第六十一条之规定,判决如下:

一、被告人刘某甲犯帮助信息网络犯罪活动罪,判处有期徒刑一年,并处罚金五万元;

(刑期从判决执行之日起计算。判决执行以前先行羁押的,羁押一日折抵刑期一日，即自 2015 年 3 月 13 日起至 2016 年 3 月 12 日止。罚金限判决生效后一个月内缴纳。）

二、被告人苏某甲犯帮助信息网络犯罪活动罪，判处有期徒刑十个月，并处罚金四万元。

（刑期从判决执行之日起计算。判决执行以前先行羁押的，羁押一日折抵刑期一日，即自 2015 年 3 月 13 日起至 2016 年 1 月 12 日止。罚金限判决生效后一个月内缴纳。）

三、公安机关暂扣作案工具予以没收。

如不服本判决，可在接到判决书的第二日起十日内，通过本院或直接向江西省吉安市中级人民法院提出上诉。书面上诉的，应当提交上诉状正本一份，副本四份。

审　判　长　彭洪基

代理审判员　罗丽群

人民陪审员　梁圣根

二〇一五年十二月九日

书　记　员　匡慧英

第二百八十八条　扰乱无线电管理秩序罪

一、刑法条文

第二百八十八条【扰乱无线电管理秩序罪】违反国家规定，擅自设置、使用无线电台(站)，或者擅自使用无线电频率，干扰无线电通讯秩序，情节严重的，处三年以下有期徒刑、拘役或者管制，并处或者单处罚金；情节特别严重的，处三年以上七年以下有期徒刑，并处罚金。

单位犯前款罪的，对单位判处罚金，并对其直接负责的主管人员和其他直接责任人员，依照前款的规定处罚。

二、司法解释

《最高人民法院、最高人民检察院关于办理扰乱无线电通讯管理秩序等刑事案件适用法律若干问题的解释》

法释〔2017〕11号（2017年6月27日发布，2017年7月1日实施）

为依法惩治扰乱无线电通讯管理秩序犯罪，根据《中华人民共和国刑法》《中华人民共和国刑事诉讼法》的有关规定，现就办理此类刑事案件适用法律的若干问题解释如下：

第一条　具有下列情形之一的，应当认定为刑法第二百八十八条第一款规定的“擅自设置、使用无线电台(站)，或者擅自使用无线电频率，干扰无线电通讯秩序”：

(一)未经批准设置无线电广播电台(以下简称“黑广播”)，非法使用广播电视专用频段的频率的；

（二）未经批准设置通信基站（以下简称“伪基站”），强行向不特定用户发送信息，非法使用公众移动通信频率的；

（三）未经批准使用卫星无线电频率的；

（四）非法设置、使用无线电干扰器的；

（五）其他擅自设置、使用无线电台（站），或者擅自使用无线电频率，干扰无线电通讯秩序的情形。

第二条　违反国家规定，擅自设置、使用无线电台（站），或者擅自使用无线电频率，干扰无线电通讯秩序，具有下列情形之一的，应当认定为刑法第二百八十八条第一款规定的“情节严重”：

（一）影响航天器、航空器、铁路机车、船舶专用无线电导航、遇险救助和安全通信等涉及公共安全的无线电频率正常使用的；

（二）自然灾害、事故灾难、公共卫生事件、社会安全事件等突发事件期间，在事件发生地使用“黑广播”“伪基站”的；

（三）举办国家或者省级重大活动期间，在活动场所及周边使用“黑广播”“伪基站”的；

（四）同时使用三个以上“黑广播”“伪基站”的；

（五）“黑广播”的实测发射功率五百瓦以上，或者覆盖范围十公里以上的；

（六）使用“伪基站”发送诈骗、赌博、招嫖、木马病毒、钓鱼网站链接等违法犯罪信息，数量在五千条以上，或者销毁发送数量等记录的；

（七）雇佣、指使未成年人、残疾人等特定人员使用“伪基站”的；

（八）违法所得三万元以上的；

（九）曾因扰乱无线电通讯管理秩序受过刑事处罚，或者二年内曾因扰乱无线电通讯管理秩序受过行政处罚，又实施刑法第二百八十八条规定的行为的；

（十）其他情节严重的情形。

第三条　违反国家规定，擅自设置、使用无线电台（站），或者擅自使用无线电频率，干扰无线电通讯秩序，具有下列情形之一的，应当认定为刑法第二百八十八条第一款规定的“情节特别严重”：

（一）影响航天器、航空器、铁路机车、船舶专用无线电导航、遇险救助和安全通信等涉及公共安全的无线电频率正常使用，危及公共安全的；

（二）造成公共秩序混乱等严重后果的；

（三）自然灾害、事故灾难、公共卫生事件和社会安全事件等突发事件期间，在事件发生地使用“黑广播”“伪基站”，造成严重影响的；

（四）对国家或者省级重大活动造成严重影响的；

（五）同时使用十个以上“黑广播”“伪基站”的；

（六）“黑广播”的实测发射功率三千瓦以上，或者覆盖范围二十公里以上的；

（七）违法所得十五万元以上的；

（八）其他情节特别严重的情形。

……

第五条　单位犯本解释规定之罪的，对单位判处罚金，并对直接负责的主管人员和其他直接责任人员，依照本解释规定的自然人犯罪的定罪量刑标准定罪处罚。

第六条　擅自设置、使用无线电台（站），或者擅自使用无线电频率，同时构成其他犯罪的，按照处罚较重的规定定罪处罚。

明知他人实施诈骗等犯罪，使用“黑广播”“伪基站”等无线电设备为其发送信息或者提供其他帮助，同时构成其他犯罪的，按照处罚较重的规定定罪处罚。

……

第八条　为合法经营活动，使用“黑广播”“伪基站”或者实施其他扰乱无线电通讯管理秩序的行为，构成扰乱无线电通讯管理秩序罪，但不属于“情节特别严重”，行为人系初犯，并确有悔罪表现的，可以认定为情节轻微，不起诉或者免予刑事处罚；确有必要判处刑罚的，应当从宽处罚。

第九条　对案件所涉的有关专门性问题难以确定的，依据司法鉴定机构出具的鉴定意见，或者下列机构出具的报告，结合其他证据作出认定：

（一）省级以上无线电管理机构、省级无线电管理机构依法设立的派出机构、地市级以上广播电视主管部门就是否系“伪基站”“黑广播”出具的报告；

（二）省级以上广播电视主管部门及其指定的检测机构就“黑广播”功率、覆盖范围出具的报告；

（三）省级以上航空、铁路、船舶等主管部门就是否干扰导航、通信等出具的报告。

对移动终端用户受影响的情况，可以依据相关通信运营商出具的证明，结合被告人供述、终端用户证言等证据作出认定。

第二百九十三条　寻衅滋事罪

一、刑法条文

第二百九十三条【寻衅滋事罪】有下列寻衅滋事行为之一，破坏社会秩序的，处五年以下有期徒刑、拘役或者管制：

(一)随意殴打他人，情节恶劣的；

(二)追逐、拦截、辱骂、恐吓他人，情节恶劣的；

(三)强拿硬要或者任意损毁、占用公私财物，情节严重的；

(四)在公共场所起哄闹事，造成公共场所秩序严重混乱的。

纠集他人多次实施前款行为，严重破坏社会秩序的，处五年以上十年以下有期徒刑，可以并处罚金。

二、司法解释

《最高人民法院、最高人民检察院关于办理利用信息网络实施诽谤等刑事案件适用法律若干问题的解释》

法释〔2013〕21号(2013年9月6日发布，2013年9月10日实施)

……

第五条　利用信息网络辱骂、恐吓他人，情节恶劣，破坏社会秩序的，依照刑法第二百九十三条第一款第(二)项的规定，以寻衅滋事罪定罪处罚。

编造虚假信息，或者明知是编造的虚假信息，在信息网络上散布，或者组织、指使人员在信息网络上散布，起哄闹事，造成公共秩序严重混乱的，依照刑法第二百九十三条第一款第(四)项的规定，以寻衅滋事罪定罪处罚。

三、其他法律法规及文件

《最高人民检察院、公安部关于公安机关管辖的刑事案件立案追诉标准的规定(一)的补充规定》

公通字〔2017〕12号(2017年4月27日发布,2017年4月27日实施)

……

八、将《立案追诉标准(一)》第三十七条修改为:[寻衅滋事案(刑法第二百九十三条)]随意殴打他人,破坏社会秩序,涉嫌下列情形之一的,应予立案追诉:

(一)致一人以上轻伤或者二人以上轻微伤的;

(二)引起他人精神失常、自杀等严重后果的;

(三)多次随意殴打他人的;

(四)持凶器随意殴打他人的;

(五)随意殴打精神病人、残疾人、流浪乞讨人员、老年人、孕妇、未成年人,造成恶劣社会影响的;

(六)在公共场所随意殴打他人,造成公共场所秩序严重混乱的;

(七)其他情节恶劣的情形。

追逐、拦截、辱骂、恐吓他人,破坏社会秩序,涉嫌下列情形之一的,应予立案追诉:

(一)多次追逐、拦截、辱骂、恐吓他人,造成恶劣社会影响的;

(二)持凶器追逐、拦截、辱骂、恐吓他人的;

(三)追逐、拦截、辱骂、恐吓精神病人、残疾人、流浪乞讨人员、老年人、孕妇、未成年人,造成恶劣社会影响的;

(四)引起他人精神失常、自杀等严重后果的;

(五)严重影响他人的工作、生活、生产、经营的;

(六)其他情节恶劣的情形。

强拿硬要或者任意损毁、占用公私财物,破坏社会秩序,涉嫌下列情形之一的,应予立案追诉:

(一)强拿硬要公私财物价值一千元以上,或者任意损毁、占用公私财物价值二千元以上的;

(二)多次强拿硬要或者任意损毁、占用公私财物,造成恶劣社会影响的;

(三)强拿硬要或者任意损毁、占用精神病人、残疾人、流浪乞讨人员、老年人、孕妇、未成年人的财物,造成恶劣社会影响的;

(四)引起他人精神失常、自杀等严重后果的;

(五)严重影响他人的工作、生活、生产、经营的;

(六)其他情节严重的情形。

在车站、码头、机场、医院、商场、公园、影剧院、展览会、运动场或者其他公共场所起哄闹事,应当根据公共场所的性质、公共活动的重要程度、公共场所的人数、起哄闹事的时间、公共场所受影响的范围与程度等因素,综合判断是否造成公共场所秩序严重混乱。

第二百九十五条　传授犯罪方法罪

一、刑法条文

第二百九十五条【传授犯罪方法罪】传授犯罪方法的，处五年以下有期徒刑、拘役或者管制；情节严重的，处五年以上十年以下有期徒刑；情节特别严重的，处十年以上有期徒刑或者无期徒刑。

二、其他法律法规及文件

《中华人民共和国网络安全法》

主席令第五十三号(2016 年 11 月 7 日发布，2017 年 6 月 1 日实施)

……

第四十六条　任何个人和组织应当对其使用网络的行为负责，不得设立用于实施诈骗，传授犯罪方法，制作或者销售违禁物品、管制物品等违法犯罪活动的网站、通讯群组，不得利用网络发布涉及实施诈骗，制作或者销售违禁物品、管制物品以及其他违法犯罪活动的信息。

三、典型案例

涉及罪名：传授犯罪方法罪

浙江省诸暨市人民法院
刑事判决书

(2016)浙0681刑初1477号

公诉机关浙江省诸暨市人民检察院。

……

浙江省诸暨市人民检察院以诸检刑诉(2016)1473号起诉书指控被告人林某某犯传授犯罪方法罪,被告人吴某甲、周某甲犯传授犯罪方法罪、诈骗罪,被告人方某甲、李某甲、余某甲、余某乙、翁某某、吕某某、王某甲、徐某、叶某某、李某乙、张某某、方某乙、张某甲、江某某、胡某甲、吴某乙、周某乙、黄某、蓝某某、黎某某、鲁某某、罗某甲、郑某某、马某、杨某、杨某甲、欧某某某、欧某某、杨某某、刘某甲、涂某某、花某某、隗某、苏某犯诈骗罪,于2016年11月26日向本院提起公诉,本院于12月1日立案受理后,决定适用普通程序,并组成合议庭。审理中,因被告人花某某涉嫌其他犯罪被安徽省蚌埠市公安局刑事拘留,本院依法裁定对花某某中止审理。本案于2017年2月13日、14日公开开庭进行了审理,诸暨市人民检察院指派代理检察员孙某甲等出庭支持公诉,上述被告人及其辩护人均到庭参加诉讼。本案经绍兴市中级人民法院批准,延长审限三个月。现已审理终结。

浙江省诸暨市人民检察院指控:传授犯罪方法。

1.2015年8月份左右,被告人林某某(QQ号75×××59,昵称"涅槃")在网上看到很多人购买具有变更付款指向功能的"支付宝超强助手"钓鱼软件用于诈骗,遂决定破解该软件并出售牟利,后被告人林某某雇佣他人破解该软件,并命名为"涅槃超强助手"(后改名为"涅槃重生助手"),使用"飘零网络验证系统金盾版"控制软件账号、密码和使用期限,招募被告人吴某甲(QQ号36×××26,昵称"重生")及刘某甲(另案处理,QQ号25×××89,昵称"美美")作为软件代理在QQ群(群号457×××03、365×××42,群名称"涅槃重生售后群";群号483×××96,群名称"涅槃重生推广群")中以每月300元或400元的价格销售给被告人方某甲等数百人用于诈骗;2016年年初,被告人林某某又从"绝情"处购买"绝情拦截助手"钓鱼软件,并改名为"涅槃重生助手"以同样的方式销售。期间,被告人吴某甲及刘某甲负责在QQ群中解答软件使用中的疑难问题并反馈故障,被告人林某某雇佣他人更新软件解决故障,并要求被告人吴某甲及刘某甲制作了如何操作软件进行钓鱼诈骗的视频教程"非法600秒""兴业扫码教程""招商最新源代码教程”“指定支付宝充值教程”等，并上传到QQ群共享或直接发给买家。

2016年3月14日，被告人吴某甲主动到公安机关投案，并如实供述了主要犯罪事实，后被告人林某某将软件改名为“智能侦探”，并使用“智能侦探-最佳选择”QQ群等继续出售钓鱼软件，同年4月20日，被告人林某某被公安机关抓获归案。经查，被告人方某甲等数百人使用“涅槃超强助手”“涅槃重生助手”“智能侦探”钓鱼软件以刷单为名骗取被害人远程支付的刷单款数百万元，被告人林某某、吴某甲等人销售软件共获利10万余元。

2.2016年3月份，被告人周某甲为非法获利，仿照“涅槃重生助手”钓鱼软件编写了具有变更付款指向功能的“蘑菇助手”钓鱼软件(后改名为“装X助手”“月光宝盒”)，后招募李某、吴某(另案处理)等人作为代理在QQ群(“蘑菇助手推广群”“蘑菇助手内部群”)中以100—500元不等的价格向被告人周某甲等百余人销售，被告人周某甲负责解答软件使用中的问题和更新软件，并制作了如何使用软件进行钓鱼诈骗的视频教程上传至QQ群中，共计非法获利2万余元。2016年4月28日，被告人周某甲被公安机关抓获归案。

……

为证明上述指控，公诉机关提供了相应证据，认为被告人林某某、吴某甲、周某甲传授犯罪方法，情节严重，犯罪事实清楚，证据确实充分，应当以传授犯罪方法罪追究刑事责任，部分系共同犯罪；被告人吴某甲、周某甲又以非法占有为目的，采用虚构事实、隐瞒真相的方法骗取他人财物，数额较大，犯罪事实清楚，证据确实充分，应当以诈骗罪追究刑事责任。被告人黄某、隗某、苏某以非法占有为目的，采用虚构事实、隐瞒真相的方法骗取他人财物，数额巨大，犯罪事实清楚，证据确实充分。被告人方某甲、李某甲、余某甲、余某乙、翁某某、吕某某、王某甲、徐某、叶某某、李某乙、张某某、方某乙、张某甲、江某某、胡某甲、吴某乙、周某乙、蓝某某、黎某某、鲁某某、罗某甲、郑某某、马某、杨某、杨某甲、欧某某某、欧某某、杨某某、刘某甲、涂某某以非法占有为目的，采用虚构事实、隐瞒真相的方法骗取他人财物，数额较大，均应当以诈骗罪追究刑事责任，部分系共同犯罪。被告人余某乙、李某甲、李某乙、欧某某、刘某甲犯罪后能自首，依法可从轻或减轻处罚。被告人隗某、苏某系从犯，依法应当从轻或减轻处罚。故对被告人林某某、吴某甲、周某甲、方某甲、李某甲、余某甲、余某乙、翁某某、吕某某、王某甲、徐某、叶某某、李某乙、张某某、方某乙、张某甲、江某某、胡某甲、吴某乙、周某乙、黄某、蓝某某、黎某某、鲁某某、罗某甲、郑某某、马某、杨某、杨某甲、欧某某某、欧某某、杨某某、刘某甲、涂某某、花某某、隗某、苏某应分别依照《中华人民共和国刑法》第二百六十六条、第二十五条第一款、第二十七条、第六十七条第一款之规定处罚。庭审中,公诉人变更指控被告人李某甲、余某甲、余某乙、翁某某、吕某某、方某乙、张某甲、江某某,吴某乙,周某乙、蓝某某、黎某某、鲁某某、杨某某、刘某甲均为诈骗数额巨大,被告人翁某某、吕某某系自首,被告人余某甲、余某乙、翁某某、吕某某系从犯。

被告人林某某对起诉书指控的购买软件的人数有异议,认为人数过多,且其只是提议吴某甲和刘某甲制作钓鱼软件的教学视频,并没有安排制作,被告人吴某甲转账给其的款项并非都是买软件的钱,其中有两三万借款,有两三万是销售网站的款项,其总共因销售钓鱼软件获利四万余元。被告人吴某甲认为其没有实际参与与张某某相关部分的诈骗。被告人周某甲认为起诉书指控的李某、吴某卖出的软件与其无关。被告人王某甲认为其具有立功情节。被告人胡某甲认为其诈骗开始时间为 2015 年 8 月而非 2015 年 7 月。被告人黎某某认为其诈骗犯罪的数额为 2.5 万元左右,不是 3 万余元。被告人周某乙认为系其主动投案,系当地公安机关因其他事情电话通知其到公安机关,其到公安机关后被抓获。其余被告人对起诉书指控的事实、罪名均无异议。

被告人林某某的辩护人许立提出如下辩护意见:1. 公诉机关指控的"数百"人使用林某某、吴某甲、刘某甲销售的软件骗取数百万元是不能成立的,两个数百认定情节严重证据不足。2. 起诉书指控林某某要求或指派吴某甲、刘某甲制作教程的问题,在庭审中,林某某承认仅是提出了解决问题的一个想法(可以制作诈骗软件的视频教程),并不是一个指挥或者要求的行为,是吴某甲、刘某甲为了利益的最大化,为了多销售软件,制作了视频并上传了网络,认定林某某与他们为共犯是不能成立的。3. 以支付宝转账记录来认定获利情况辩护人也是不认可的。4. 公诉机关对"情节严重"刑档的指控属于事实不清、证据不足。

被告人吴某甲的辩护人金国锋对公诉机关指控的被告人诈骗罪的犯罪事实无异议,对指控的传授犯罪方法罪的罪名提出异议:1. 被告人吴某甲的犯罪情节与事实应当认定为提供侵入、非法控制计算机信息系统的程序、工具罪更为恰当,理由如下:视频在被告人参与案件前就已经在网络上流传,该视频不是被告人发明的,即便认定传授犯罪方法罪,其恶性也未达到情节严重的程度。2. 被告人吴某甲具有自首情节,被告人在出售软件的犯罪过程中属于从犯,本案中因为被告人吴某甲在公安机关的如实供述，并且提供了其他犯罪线索。3.被告人归案后如实供述，认罪悔罪态度较好。4.被告人属于初犯、偶犯，被告人的主观恶性不大，且积极退赃，弥补了被害人的损失。综上，希望法庭对被告人从轻、减轻处罚。

被告人周某甲的辩护人吴太勇对公诉机关指控周某甲犯诈骗罪的罪名及事实无异议，对公诉机关指控被告人周某甲犯传授犯罪方法罪及部分犯罪事实有异议，提出以下辩护意见：1.公诉机关认为其构成诈骗罪的共犯，但犯罪金额无法确定，应不予认定。2.被告人周某甲编写提供“蘑菇助手软件”构成了提供侵入、非法控制计算机信息系统程序工具罪，而不构成传授犯罪方法罪，周某甲没有对购买软件的人传授具体的犯罪方法，购买软件的人不需要周某甲传授诈骗的方法，江某某、胡某甲、吴某乙当庭陈述在购买“蘑菇软件”之前他们早已经掌握了利用钓鱼软件进行诈骗的犯罪方法，他们缺乏的是一种钓鱼软件。3.被告人录制如何使用软件的视频是为钓鱼软件的使用方法进行的说明，相当于钓鱼软件的使用说明书，而不是具体的犯罪方法的传授，两者具有本质区别。4.周某甲具有以下从轻的情节：如实供述自己的犯罪行为，认罪态度较好，具有悔罪表现。系初犯，没有犯罪前科，愿意退赔并缴纳罚金。

……

公诉机关为证明指控的事实，向本院提供上述被告人的供述与辩解、扣押物品清单及照片、交易记录、户籍证明归案经过、被害人冯某等人的陈述、搜查笔录、提取笔录、提取录像、交易记录刻盘等证据。经质证，各被告人、辩护人对相应证据三性均无异议，本院经查证属实予以认定。

经审理查明：

1.2015年8月份左右，被告人林某某(QQ号75×××59，昵称“涅槃”)在网上看到很多人购买具有变更付款指向功能的“支付宝超强助手”钓鱼软件用于诈骗，遂决定破解该软件并出售牟利，后被告人林某某雇佣他人破解该软件，并命名为“涅槃超强助手”(后改名为“涅槃重生助手”)，使用“飘零网络验证系统金盾版”控制软件账号、密码和使用期限，由被告人吴某甲(QQ号36×××26，昵称“重生”)及刘某甲(另案处理，QQ号25×××89，昵称“美美”)在QQ群(群号457×××03、365×××42，群名称“涅槃重生售后群”；群号483×××96，群名称“涅槃重生推广群”)中以每月300元或400元的价格将该钓鱼软件的账号密码(有效使用期限一般为一个月)销售给他人用于诈骗；2016年年初，被告人林某某又从“绝情”处购买“绝情拦截助手”钓鱼软件，并改名为“涅槃重生助手”以同样的方式销售。期间，被告人吴某甲及刘某甲负责在QQ群中解答软件使用中的疑难问题并反馈故障，被告人林某某负责进行软件更新及提供软件使用技术咨询、售后等。后被告人林某某要求被告人吴某甲及刘某甲制作了如何操作软件进行钓鱼诈骗的视频教程“非法600秒”“兴业扫码教程”“招商最新源代码教程”“指定支付宝充值教程”等，并上传到QQ群共享或直接发给买家。

2016年3月14日，被告人吴某甲主动到公安机关投案，并如实供述了主要犯罪事实。吴某甲投案后，被告人林某某将软件改名为“智能侦探”，并使用“智能侦探-最佳选择”QQ群等继续出售钓鱼软件，同年4月20日，被告人林某某被公安机关抓获归案。经查，被告人林某某、吴某甲、刘某甲等人销售软件共获利10万余元。

2.2016年3月份，被告人周某甲为非法获利，仿照“涅槃重生助手”钓鱼软件编写了具有变更付款指向功能的“蘑菇助手”钓鱼软件(后改名为“装X助手”“月光宝盒”)，后由李某(另案处理)等人在QQ群(“蘑菇助手推广群”“蘑菇助手内部群”)中以100—500元不等的价格向被告人周某甲等人销售，被告人周某甲负责解答软件使用中的问题和更新软件，并制作了如何使用软件进行钓鱼诈骗的视频教程上传至QQ群中，共计非法获利2万余元。2016年4月28日，被告人周某甲被公安机关抓获归案。

其余审理查明的犯罪事实与公诉机关指控的事实一致。

……

针对被告人林某某、吴某甲、周某甲是否构成传授犯罪方法罪的问题，本院认为，被告人林某某、吴某甲、周某甲明知其销售的软件系用于电信网络诈骗，仍通过QQ群等在网络上对大众进行销售，并制作钓鱼软件使用说明的相关视频，亦提供钓鱼软件的使用、售后咨询服务。而软件购买者使用钓鱼软件即可进行电信网络诈骗，且使用该软件诈骗成功的概率非常大，严重危害社会管理秩序。根据法律规定，传授犯罪方法罪，是指用语言、文字、动作或者其他方法，将实施犯罪的具体做法、经验传授给他人的行为。犯罪方法，是指实施犯罪的技术、步骤、办法等。据此，被告人林某某、吴某甲、周某甲的行为系将实施诈骗的技术、方法以出售钓鱼软件的方式向他人传授，符合传授犯罪方法罪的构成要件，而被传授人是否实施了传授人所传授的犯罪方法不影响本罪的成立，被告人实施传授行为即构成既遂，上述被告人的销售获利数额则在量刑时予以考虑。

关于辩护人提出的被告人林某某、吴某甲、周某甲构成提供侵入、非法控制计算机信息系统程序、工具罪的意见。本院认为，根据《最高人民法院、最高人民检察院关于办理危害计算机信息系统安全刑事案件应用法律若干问题的解释》第二条对“专门用于侵入、非法控制计算机信息系统的程序、工具”作出说明，本案的钓鱼软件不符合《解释》的规定，且本案钓鱼软件属于实施诈骗犯罪的刷手在自己的电脑上使用的程序，故不属于“专门用于侵入、非法控制计算机信息系统的程序、工具”。综上，被告人林某某、吴某甲、周某甲的行为不构成提供侵入、非法控制计算机信息系统程序、工具罪。退一步讲，即使本案中的钓鱼软件属于“专门用于侵入、非法控制计算机信息系统的程序、工具”，该三名被告人具有向他人提供非法控制计算机信息系统程序、工具的行为，因该软件仅有用于诈骗犯罪的作用，钓鱼软件的购买者等获得软件后大部分均实施诈骗犯罪，故该罪名亦不能充分评价该三名被告人的行为。综上，对该三名被告人应以传授犯罪方法罪定罪。另需要说明的是，该三名被告人明知软件购买者系用于电信网络诈骗仍向社会大众销售软件，故其行为亦构成诈骗的共同犯罪。鉴于本案中，购买软件人员信息及诈骗情况未能全部查清，诈骗犯罪者所使用的软件与出售者的一一对应关系未能查清，相关证据不足以认定软件出售者的诈骗犯罪金额，故亦未以诈骗罪定罪处罚。综上，被告人林某某、吴某甲、周某甲的行为构成传授犯罪方法罪，对相关辩护人的相应意见，本院不予采信。公诉机关指控该三名被告人传授犯罪方法情节严重，就“情节严重”缺乏相应依据，本院对“情节严重”刑档不予认定。对相应辩护人意见，本院予以采纳。

针对被告人林某某提出的起诉书指控的从他本人处、吴某甲、刘某甲处购买钓鱼软件的人数及购买者诈骗数额的问题，因公诉机关就此未提供充分的证据证明，本院在查明事实中不予认定。对于被告人林某某辩解的其没有要求被告人吴某甲、刘某甲制作钓鱼软件教学视频，其获利共计 4 万余元的意见，本院认为，关于被告人林某某的获利问题，被告人林某某明知钓鱼软件系用于电信网络诈骗，仍破解软件并将软件出售牟利，且其招募吴某甲、刘某甲销售软件(对此被告人林某某在多次笔录中均有供述，与吴某甲、刘某甲的笔录亦能相互印证)，吴某甲、刘某甲本身从事网络相关职业，亦明知林某某销售的钓鱼软件的性质、作用，被告人林某某、吴某甲、刘某甲在同一 QQ 群中销售软件，由吴某甲、刘某甲主要负责销售软件，制作钓鱼软件的使用视频，提供咨询服务，被告人林某某则负责软件更新、提供技术支持等，所得钓鱼软件销售款由吴某甲、刘某甲与林某某按约定分赃，故被告人林某某与被告人吴某甲、被告人刘某甲具有犯罪的共同故意。被告人林某某在公安机关的不同笔录中四次陈述系其授意，要求吴某甲、刘某甲制作钓鱼软件的教学视频并发到QQ群共享，其中林某某在2016年5月20日的笔录中陈述“到2016年年初的时候，软件出现的问题多了，来问问题的买家太多了，为了方便，我就让‘美美’和‘重生’制作了教学视频和教程，并发到群内让买家自行下载学习”，且其详细回答了公安民警提出的“为什么要‘美美’和‘重生’制作教学视频和教程”，被告人林某某的该供述与被告人吴某甲、刘某甲的供述亦能相互印证，故对此事实，本院依法予以认定。另根据被告人林某某亦供述其控制钓鱼软件的销售系统即“飘零网络验证系统金盾版”管理系统。综上，被告人林某某与吴某甲、刘某甲系共同犯罪，被告人林某某提供钓鱼软件，控制软件销售系统，分得大部分赃款，故吴某甲、刘某甲销售钓鱼软件的共计收入亦应属于林某某的犯罪违法所得。结合被告人林某某、吴某甲、刘某甲的支付宝交易记录，被告人吴某甲共计通过支付宝向被告人林某某支付9万余元。被告人吴某甲陈述有1.8万元系其借款给林某某(林某某陈述其向吴某甲借款2万多元)，另林某某制作的网站销售款1000多元，其余均为销售钓鱼软件后其向林某某支付的获利，另其自己获利三四万元。被告人刘某甲共计通过支付宝向林某某支付3万余元，被告人刘某甲供述其自己另获利两三万元，经计算，被告人林某某从被告人吴某甲、刘某甲处获得销售款为10万余元，加上被告人吴某甲、刘某甲分得的共计5万至7万元及林某某自己销售所得，以有利于被告人的原则，起诉书指控被告人林某某、吴某甲、刘某甲共计销售钓鱼软件获利10余万元符合事实，该事实由被告人林某某、吴某甲、刘某甲的供述、支付宝交易记录、购买软件的人员与被告人之间的聊天记录、支付宝交易记录等予以证实，已经形成完整的证据链，本院予以认定。虽林某某辩解其仅获得钓鱼软件销售款4万余元，与现有证据不符，其亦不能提供相应反驳证据，本院不予采信。被告人林某某辩称吴某甲向其支付宝转账的款项中另有其为别人做网页等的款项，共计两三万元，经庭审中林某某与吴某甲对质，吴某甲予以否认，并陈述支付宝转账中1000元系林某某为别人做网站的销售款，1.8万元为借款，其余均为软件销售款。鉴于被告人吴某甲与林某某系同案犯，被告人吴某甲的上述陈述关系其自己的定罪量刑，其仍作出不利于自己的陈述，证明力强，且被告人林某某不能就其辩解提供相应证据。综上，对被告人林某某及其辩护人的上述辩解不予采信。

针对被告人吴某甲的辩护人提出的被告人吴某甲系从犯的辩护意见，本院认为，被告人吴某甲本系淘宝相关业务网络工作人员且熟知刷单业务，仍积极主动销售用于刷手诈骗的钓鱼软件，提供销售咨询，制作钓鱼软件使用视频并发布，且分得部分赃款，不属于次要或者辅助作用的人员，不应认定为从犯。针对被告人吴某甲提出的其没有实际参与起诉书指控的与张某某相关部分的诈骗的意见，本院认为，被告人吴某甲与张某某共同利用钓鱼软件诈骗违法所得 3000 余元，由被告人吴某甲、张某某的供述、双方聊天记录、被害人陈述、支付宝交易记录等予以证实，故被告人吴某甲的辩解与事实不符。综上，对被告人吴某甲、辩护人上述意见，本院不予采纳。

针对各被告人、辩护人提出的诈骗数额刑档应按浙江省高级人民法院规定的六千元，十万元，五十万元为数额较大、数额巨大、数额特别巨大标准的意见，本院认为，根据《最高人民法院、最高人民检察院关于办理诈骗刑事案件具体应用法律若干问题的解释》的规定，诈骗公私财物价值三千元至一万元以上、三万元至十万元以上、五十万元以上的，应当分别认定为刑法第二百六十六条规定的数额较大、数额巨大、数额特别巨大。2016 年 12 月 20 日实施的两高一部《关于办理电信网络诈骗等刑事案件适用法律若干问题的意见》(以下简称为《意见》)中对电信网络诈骗犯罪数额的规定并未突破上述司法解释规定的范围，且《意见》不具有独立的溯及力。另电信网络诈骗犯罪涉案人数众多，涉及地域遍及全国各地，在本案中充分显现，应以统一的标准定罪量刑。综上，本院依法以《意见》相应规定认定各被告人的诈骗刑档问题。故对各被告人、辩护人相应意见，本院不予采纳。

针对被告人周某甲提出的其招募的代理卖出的钓鱼软件与其无关的意见，本院认为，被告人周某甲明知钓鱼软件系用于电信网络诈骗犯罪，仍编写钓鱼软件并出售牟利，并在 QQ 群中招募“代理”“代理人员”为其销售钓鱼软件，并在被告人创建的钓鱼软件销售、售后群中进行软件售后等，双方按约分赃，故被告人周某甲与其招募的钓鱼软件销售人员有共同销售钓鱼软件、传授犯罪方法的故意，代理人员销售获利款应计算入被告人周某甲的犯罪数额中。对被告人周某甲的辩解，本院不予采信。

……

本院认为，被告人林某某、吴某甲、周某甲传授犯罪方法，均应当以传授犯罪方法罪追究刑事责任，部分系共同犯罪。被告人吴某甲、周某甲又以非法占有为目的，采用虚构事实、隐瞒真相的方法骗取他人财物，数额较大，其行为已构成诈骗罪。被告人吴某甲、周某甲一人犯数罪，依法应予以并罚。被告人李某甲、余某甲、翁某某、吕某某、方某乙、张某甲、江某某、胡某甲、吴某乙、周某乙、黄某、蓝某某、黎某某、鲁某某、杨某某、刘某甲、隗某、苏某以非法占有为目的，采用虚构事实、隐瞒真相的方法骗取他人财物，数额巨大，被告人方某甲、余某乙、王某甲、徐某、叶某某、李某乙、张某某、罗某甲、郑某某、马某、杨某、杨某甲、欧某某某、欧某某、涂某某以非法占有为目的，采用虚构事实、隐瞒真相的方法骗取他人财物，数额较大，其行为均已构成诈骗罪，部分系共同犯罪。公诉机关指控的罪名成立，本院予以支持。被告人李某甲、李某乙、欧某某、刘某甲犯罪后能自首，本院依法对被告人李某乙、欧某某予以从轻处罚，对被告人李某甲、刘某甲予以减轻处罚。被告人吴某甲主动投案，并就传授犯罪方法罪事实如实供述，系自首，故本院对被告人吴某甲传授犯罪方法罪予以从轻处罚。对诈骗罪部分，被告人吴某甲归案后未即时进行供述，后公安机关通过同案犯张某某的供述、支付宝交易情况等已掌握被告人吴某甲诈骗犯罪的事实，吴某甲再就诈骗事实进行供述，故诈骗部分属于坦白，本院依法予以从轻处罚。被告人余某乙、翁某某、吕某某系自首又系从犯，本院依法予以减轻处罚。被告人余某甲、隗某、苏某系从犯，本院依法予以减轻处罚。其余被告人均能如实供述自己的主要犯罪事实，本院依法予以从轻处罚。对于已退缴违法所得的被告人，本院依据各被告人的退赃情况，在量刑时酌情予以从轻处罚。根据各被告人的犯罪情节、社会危害性、认罪悔罪态度等，本院在量刑时综合予以考虑。对各辩护人提出的其余从轻处罚意见，本院酌情予以采纳。依照《中华人民共和国刑法》第二百九十五条，第二百六十六条，第二十五条第一款，第六十九条，第二十七条，第六十七条第一款、第三款，第七十二条第一款、第三款，第六十四条之规定，判决如下：

一、被告人林某某犯传授犯罪方法罪，判处有期徒刑四年六个月（刑期从判决执行之日起计算，判决执行以前先行羁押的，羁押一日折抵刑期一日，即自2016年4月22日起至2020年10月21日止）；

二、被告人吴某甲犯传授犯罪方法罪，判处有期徒刑二年四个月；犯诈骗罪，判处有期徒刑十个月，并处罚金人民币六千元，决定执行有期徒刑二年八个月，并处罚金人民币六千元（刑期从判决执行之日起计算，判决执行以前先行羁押的，羁押一日折抵刑期一日，即自2016年3月14日起至2018年11月13日止；罚金限判决生效之日起十日内缴纳）；

三、被告人周某甲犯传授犯罪方法罪，判处有期徒刑二年六个月；犯诈骗罪，判处有期徒刑二年，并处罚金人民币一万三千元，决定执行有期徒刑四年，并处罚金人民币一万三千元（刑期从判决执行之日起计算，判决执行以前先行羁押的，羁押一日折抵刑期一日，即自2016年4月28日起至2020年4月27日止；罚金限判决生效之日起十日内缴纳）；

……

如不服本判决，可在接到判决书的第二日起十日内，通过本院或者直接向浙江省绍兴市中级人民法院提出上诉。书面上诉的，应当提交上诉状正本一份，副本二份。

审 判 长　周灵锋
人民陪审员　徐黎明
人民陪审员　朱赛飞
二〇一七年五月十五日
书 记 员　赵学旦

第三百零三条　赌博罪

一、刑法条文

第三百零三条【赌博罪】以营利为目的，聚众赌博或者以赌博为业的，处三年以下有期徒刑、拘役或者管制，并处罚金。

【开设赌场罪】开设赌场的，处三年以下有期徒刑、拘役或者管制，并处罚金；情节严重的，处三年以上十年以下有期徒刑，并处罚金。

二、其他法律法规及文件

《最高人民法院、最高人民检察院、公安部关于办理网络赌博犯罪案件适用法律若干问题的意见》

公通字〔2010〕40 号（2010 年 8 月 31 日发布，2010 年 8 月 31 日实施）

各省、自治区、直辖市高级人民法院、人民检察院、公安厅、局，新疆维吾尔自治区高级人民法院生产建设兵团分院、新疆生产建设兵团人民检察院、公安局：

为依法惩治网络赌博犯罪活动，根据《中华人民共和国刑法》《中华人民共和国刑事诉讼法》和《最高人民法院、最高人民检察院关于办理赌博刑事案件具体应用法律若干问题的解释》等有关规定，结合司法实践，现就办理网络赌博犯罪案件适用法律的若干问题，提出如下意见：

一、关于网上开设赌场犯罪的定罪量刑标准

利用互联网、移动通讯终端等传输赌博视频、数据，组织赌博活动，具有下列情形之一的，属于刑法第三百零三条第二款规定的“开设赌场”行为：

（一）建立赌博网站并接受投注的；

（二）建立赌博网站并提供给他人组织赌博的；

（三）为赌博网站担任代理并接受投注的；

（四）参与赌博网站利润分成的。

实施前款规定的行为，具有下列情形之一的，应当认定为刑法第三百零三条第二款规定的“情节严重”：

（一）抽头渔利数额累计达到 3 万元以上的；

（二）赌资数额累计达到 30 万元以上的；

（三）参赌人数累计达到 120 人以上的；

（四）建立赌博网站后通过提供给他人组织赌博，违法所得数额在 3 万元以上的；

（五）参与赌博网站利润分成，违法所得数额在 3 万元以上的；

（六）为赌博网站招募下级代理，由下级代理接受投注的；

（七）招揽未成年人参与网络赌博的；

（八）其他情节严重的情形。

二、关于网上开设赌场共同犯罪的认定和处罚

明知是赌博网站，而为其提供下列服务或者帮助的，属于开设赌场罪的共同犯罪，依照刑法第三百零三条第二款的规定处罚：

（一）为赌博网站提供互联网接入、服务器托管、网络存储空间、通讯传输通道、投放广告、发展会员、软件开发、技术支持等服务，收取服务费数额在 2 万元以上的；

（二）为赌博网站提供资金支付结算服务，收取服务费数额在 1 万元以上或者帮助收取赌资 20 万元以上的；

（三）为 10 个以上赌博网站投放与网址、赔率等信息有关的广告或者为赌博网站投放广告累计 100 条以上的。

实施前款规定的行为，数量或者数额达到前款规定标准 5 倍以上的，应当认定为刑法第三百零三条第二款规定的“情节严重”。

实施本条第一款规定的行为，具有下列情形之一的，应当认定行为人“明知”，但是有证据证明确实不知道的除外：

（一）收到行政主管机关书面等方式的告知后，仍然实施上述行为的；

（二）为赌博网站提供互联网接入、服务器托管、网络存储空间、通讯传输通道、投放广告、软件开发、技术支持、资金支付结算等服务，收取服务费明显异

常的；

（三）在执法人员调查时，通过销毁、修改数据、账本等方式故意规避调查或者向犯罪嫌疑人通风报信的；

（四）其他有证据证明行为人明知的。

如果有开设赌场的犯罪嫌疑人尚未到案，但是不影响对已到案共同犯罪嫌疑人、被告人的犯罪事实认定的，可以依法对已到案者定罪处罚。

三、关于网络赌博犯罪的参赌人数、赌资数额和网站代理的认定

赌博网站的会员账号数可以认定为参赌人数，如果查实一个账号多人使用或者多个账号一人使用的，应当按照实际使用的人数计算参赌人数。

赌资数额可以按照在网络上投注或者赢取的点数乘以每一点实际代表的金额认定。

对于将资金直接或间接兑换为虚拟货币、游戏道具等虚拟物品，并用其作为筹码投注的，赌资数额按照购买该虚拟物品所需资金数额或者实际支付资金数额认定。

对于开设赌场犯罪中用于接收、流转赌资的银行账户内的资金，犯罪嫌疑人、被告人不能说明合法来源的，可以认定为赌资。向该银行账户转入、转出资金的银行账户数量可以认定为参赌人数。如果查实一个账户多人使用或多个账户一人使用的，应当按照实际使用的人数计算参赌人数。

有证据证明犯罪嫌疑人在赌博网站上的账号设置有下级账号的，应当认定其为赌博网站的代理。

四、关于网络赌博犯罪案件的管辖

网络赌博犯罪案件的地域管辖，应当坚持以犯罪地管辖为主、被告人居住地管辖为辅的原则。

"犯罪地"包括赌博网站服务器所在地、网络接入地，赌博网站建立者、管理者所在地，以及赌博网站代理人、参赌人实施网络赌博行为地等。

公安机关对侦办跨区域网络赌博犯罪案件的管辖权有争议的，应本着有利于查清犯罪事实、有利于诉讼的原则，认真协商解决。经协商无法达成一致的，报共同的上级公安机关指定管辖。对即将侦查终结的跨省（自治区、直辖市）重大网络赌博案件，必要时可由公安部商最高人民法院和最高人民检察院指定管辖。

为保证及时结案，避免超期羁押，人民检察院对于公安机关提请审查逮捕、

移送审查起诉的案件，人民法院对于已进入审判程序的案件，犯罪嫌疑人、被告人及其辩护人提出管辖异议或者办案单位发现没有管辖权的，受案人民检察院、人民法院经审查可以依法报请上级人民检察院、人民法院指定管辖，不再自行移送有管辖权的人民检察院、人民法院。

五、关于电子证据的收集与保全

侦查机关对于能够证明赌博犯罪案件真实情况的网站页面、上网记录、电子邮件、电子合同、电子交易记录、电子账册等电子数据，应当作为刑事证据予以提取、复制、固定。

侦查人员应当对提取、复制、固定电子数据的过程制作相关文字说明，记录案由、对象、内容以及提取、复制、固定的时间、地点、方法，电子数据的规格、类别、文件格式等，并由提取、复制、固定电子数据的制作人、电子数据的持有人签名或者盖章，附所提取、复制、固定的电子数据一并随案移送。

对于电子数据存储在境外的计算机上的，或者侦查机关从赌博网站提取电子数据时犯罪嫌疑人未到案的，或者电子数据的持有人无法签字或者拒绝签字的，应当由能够证明提取、复制、固定过程的见证人签名或者盖章，记明有关情况。必要时，可对提取、复制、固定有关电子数据的过程拍照或者录像。

第三百一十二条　掩饰、隐瞒犯罪所得、犯罪所得收益罪

一、刑法条文

第三百一十二条【掩饰、隐瞒犯罪所得、犯罪所得收益罪】明知是犯罪所得及其产生的收益而予以窝藏、转移、收购、代为销售或者以其他方法掩饰、隐瞒的，处三年以下有期徒刑、拘役或者管制，并处或者单处罚金；情节严重的，处三年以上七年以下有期徒刑，并处罚金。

单位犯前款罪的，对单位判处罚金，并对其直接负责的主管人员和其他直接责任人员，依照前款的规定处罚。

二、司法解释

(一)《最高人民法院关于审理掩饰、隐瞒犯罪所得、犯罪所得收益刑事案件适用法律若干问题的解释》

法释〔2015〕11号(2015年5月29日发布，2015年6月1日实施)

为依法惩治掩饰、隐瞒犯罪所得、犯罪所得收益犯罪活动，根据刑法有关规定，结合人民法院刑事审判工作实际，现就审理此类案件具体适用法律的若干问题解释如下：

第一条　明知是犯罪所得及其产生的收益而予以窝藏、转移、收购、代为销售或者以其他方法掩饰、隐瞒，具有下列情形之一的，应当依照刑法第三百一十二条第一款的规定，以掩饰、隐瞒犯罪所得、犯罪所得收益罪定罪处罚：

(一)掩饰、隐瞒犯罪所得及其产生的收益价值三千元至一万元以上的；

(二)一年内曾因掩饰、隐瞒犯罪所得及其产生的收益行为受过行政处罚，又

实施掩饰、隐瞒犯罪所得及其产生的收益行为的；

(三)掩饰、隐瞒的犯罪所得系电力设备、交通设施、广播电视设施、公用电信设施、军事设施或者救灾、抢险、防汛、优抚、扶贫、移民、救济款物的；

(四)掩饰、隐瞒行为致使上游犯罪无法及时查处，并造成公私财物损失无法挽回的；

(五)实施其他掩饰、隐瞒犯罪所得及其产生的收益行为，妨害司法机关对上游犯罪进行追究的。

各省、自治区、直辖市高级人民法院可以根据本地区经济社会发展状况，并考虑社会治安状况，在本条第一款第(一)项规定的数额幅度内，确定本地执行的具体数额标准，报最高人民法院备案。

司法解释对掩饰、隐瞒涉及计算机信息系统数据、计算机信息系统控制权的犯罪所得及其产生的收益行为构成犯罪已有规定的，审理此类案件依照该规定。

依照全国人民代表大会常务委员会《关于〈中华人民共和国刑法〉第三百四十一条、第三百一十二条的解释》，明知是非法狩猎的野生动物而收购，数量达到五十只以上的，以掩饰、隐瞒犯罪所得罪定罪处罚。

第二条 掩饰、隐瞒犯罪所得及其产生的收益行为符合本解释第一条的规定，认罪、悔罪并退赃、退赔，且具有下列情形之一的，可以认定为犯罪情节轻微，免予刑事处罚：

(一)具有法定从宽处罚情节的；

(二)为近亲属掩饰、隐瞒犯罪所得及其产生的收益，且系初犯、偶犯的；

(三)有其他情节轻微情形的。

行为人为自用而掩饰、隐瞒犯罪所得，财物价值刚达到本解释第一条第一款第(一)项规定的标准，认罪、悔罪并退赃、退赔的，一般可不认为是犯罪；依法追究刑事责任的，应当酌情从宽。

第三条 掩饰、隐瞒犯罪所得及其产生的收益，具有下列情形之一的，应当认定为刑法第三百一十二条第一款规定的“情节严重”：

(一)掩饰、隐瞒犯罪所得及其产生的收益价值总额达到十万元以上的；

(二)掩饰、隐瞒犯罪所得及其产生的收益十次以上，或者三次以上且价值总额达到五万元以上的；

(三)掩饰、隐瞒的犯罪所得系电力设备、交通设施、广播电视设施、公用电信设施、军事设施或者救灾、抢险、防汛、优抚、扶贫、移民、救济款物，价值总额达到五万元以上的；

（四）掩饰、隐瞒行为致使上游犯罪无法及时查处，并造成公私财物重大损失无法挽回或其他严重后果的；

（五）实施其他掩饰、隐瞒犯罪所得及其产生的收益行为，严重妨害司法机关对上游犯罪予以追究的。

司法解释对掩饰、隐瞒涉及机动车、计算机信息系统数据、计算机信息系统控制权的犯罪所得及其产生的收益行为认定“情节严重”已有规定的，审理此类案件依照该规定。

第四条　掩饰、隐瞒犯罪所得及其产生的收益的数额，应当以实施掩饰、隐瞒行为时为准。收购或者代为销售财物的价格高于其实际价值的，以收购或者代为销售的价格计算。

多次实施掩饰、隐瞒犯罪所得及其产生的收益行为，未经行政处罚，依法应当追诉的，犯罪所得、犯罪所得收益的数额应当累计计算。

第五条　事前与盗窃、抢劫、诈骗、抢夺等犯罪分子通谋，掩饰、隐瞒犯罪所得及其产生的收益的，以盗窃、抢劫、诈骗、抢夺等犯罪的共犯论处。

第六条　对犯罪所得及其产生的收益实施盗窃、抢劫、诈骗、抢夺等行为，构成犯罪的，分别以盗窃罪、抢劫罪、诈骗罪、抢夺罪等定罪处罚。

第七条　明知是犯罪所得及其产生的收益而予以掩饰、隐瞒，构成刑法第三百一十二条规定的犯罪，同时构成其他犯罪的，依照处罚较重的规定定罪处罚。

第八条　认定掩饰、隐瞒犯罪所得、犯罪所得收益罪，以上游犯罪事实成立为前提。上游犯罪尚未依法裁判，但查证属实的，不影响掩饰、隐瞒犯罪所得、犯罪所得收益罪的认定。

上游犯罪事实经查证属实，但因行为人未达到刑事责任年龄等原因依法不予追究刑事责任的，不影响掩饰、隐瞒犯罪所得、犯罪所得收益罪的认定。

第九条　盗用单位名义实施掩饰、隐瞒犯罪所得及其产生的收益行为，违法所得由行为人私分的，依照刑法和司法解释有关自然人犯罪的规定定罪处罚。

第十条　通过犯罪直接得到的赃款、赃物，应当认定为刑法第三百一十二条规定的“犯罪所得”。上游犯罪的行为人对犯罪所得进行处理后得到的孳息、租金等，应当认定为刑法第三百一十二条规定的“犯罪所得产生的收益”。

明知是犯罪所得及其产生的收益而采取窝藏、转移、收购、代为销售以外的方法，如居间介绍买卖，收受，持有，使用，加工，提供资金账户，协助将财物转换为现金、金融票据、有价证券，协助将资金转移、汇往境外等，应当认定为刑法第三百一十二条规定的“其他方法”。

第十一条　掩饰、隐瞒犯罪所得、犯罪所得收益罪是选择性罪名，审理此类案件，应当根据具体犯罪行为及其指向的对象，确定适用的罪名。

(二)《最高人民法院、最高人民检察院关于办理危害计算机信息系统安全刑事案件应用法律若干问题的解释》

法释〔2011〕19号（2011年8月1日发布，2011年9月1日实施）

……

第七条　明知是非法获取计算机信息系统数据犯罪所获取的数据、非法控制计算机信息系统犯罪所获取的计算机信息系统控制权，而予以转移、收购、代为销售或者以其他方法掩饰、隐瞒，违法所得五千元以上的，应当依照刑法第三百一十二条第一款的规定，以掩饰、隐瞒犯罪所得罪定罪处罚。

实施前款规定行为，违法所得五万元以上的，应当认定为刑法第三百一十二条第一款规定的“情节严重”。

单位实施第一款规定行为的，定罪量刑标准依照第一款、第二款的规定执行。

三、其他法律法规及文件

《最高人民法院、最高人民检察院、公安部关于办理电信网络诈骗等刑事案件适用法律若干问题的意见》

法发〔2016〕32号（2016年12月19日发布，2016年12月19日实施）

为依法惩治电信网络诈骗等犯罪活动，保护公民、法人和其他组织的合法权益，维护社会秩序，根据《中华人民共和国刑法》《中华人民共和国刑事诉讼法》等法律和有关司法解释的规定，结合工作实际，制定本意见。

……

（五）明知是电信网络诈骗犯罪所得及其产生的收益，以下列方式之一予以转账、套现、取现的，依照刑法第三百一十二条第一款的规定，以掩饰、隐瞒犯罪所得、犯罪所得收益罪追究刑事责任。但有证据证明确实不知道的除外：

1.通过使用销售点终端机具（POS机）刷卡套现等非法途径，协助转换或者转移财物的；

2. 帮助他人将巨额现金散存于多个银行账户，或在不同银行账户之间频繁划转的；

3. 多次使用或者使用多个非本人身份证明开设的信用卡、资金支付结算账户或者多次采用遮蔽摄像头、伪装等异常手段，帮助他人转账、套现、取现的；

4. 为他人提供非本人身份证明开设的信用卡、资金支付结算账户后，又帮助他人转账、套现、取现的；

5. 以明显异于市场的价格，通过手机充值、交易游戏点卡等方式套现的。

实施上述行为，事前通谋的，以共同犯罪论处。

实施上述行为，电信网络诈骗犯罪嫌疑人尚未到案或案件尚未依法裁判，但现有证据足以证明该犯罪行为确实存在的，不影响掩饰、隐瞒犯罪所得、犯罪所得收益罪的认定。

实施上述行为，同时构成其他犯罪的，依照处罚较重的规定定罪处罚。法律和司法解释另有规定的除外。

第三百四十七条　走私、贩卖、运输、制造毒品罪；第三百五十条　非法生产、买卖、运输制毒物品、走私制毒物品罪

一、刑法条文

第三百四十七条【走私、贩卖、运输、制造毒品罪】走私、贩卖、运输、制造毒品，无论数量多少，都应当追究刑事责任，予以刑事处罚。

走私、贩卖、运输、制造毒品，有下列情形之一的，处十五年有期徒刑、无期徒刑或者死刑，并处没收财产：

（一）走私、贩卖、运输、制造鸦片一千克以上、海洛因或者甲基苯丙胺五十克以上或者其他毒品数量大的；

（二）走私、贩卖、运输、制造毒品集团的首要分子；

（三）武装掩护走私、贩卖、运输、制造毒品的；

（四）以暴力抗拒检查、拘留、逮捕，情节严重的；

（五）参与有组织的国际贩毒活动的。

走私、贩卖、运输、制造鸦片二百克以上不满一千克、海洛因或者甲基苯丙胺十克以上不满五十克或者其他毒品数量较大的，处七年以上有期徒刑，并处罚金。

走私、贩卖、运输、制造鸦片不满二百克、海洛因或者甲基苯丙胺不满十克或者其他少量毒品的，处三年以下有期徒刑、拘役或者管制，并处罚金；情节严重的，处三年以上七年以下有期徒刑，并处罚金。

单位犯第二款、第三款、第四款罪的，对单位判处罚金，并对其直接负责的主管人员和其他直接责任人员，依照各该款的规定处罚。

利用、教唆未成年人走私、贩卖、运输、制造毒品，或者向未成年人出售毒品

的，从重处罚。

对多次走私、贩卖、运输、制造毒品，未经处理的，毒品数量累计计算。

第三百五十条【非法生产、买卖、运输制毒物品、走私制毒物品罪】违反国家规定，非法生产、买卖、运输醋酸酐、乙醚、三氯甲烷或者其他用于制造毒品的原料、配剂，或者携带上述物品进出境，情节较重的，处三年以下有期徒刑、拘役或者管制，并处罚金；情节严重的，处三年以上七年以下有期徒刑，并处罚金；情节特别严重的，处七年以上有期徒刑，并处罚金或者没收财产。

明知他人制造毒品而为其生产、买卖、运输前款规定的物品的，以制造毒品罪的共犯论处。

单位犯前两款罪的，对单位判处罚金，并对其直接负责的主管人员和其他直接责任人员，依照前两款的规定处罚。

第三百五十八条 组织卖淫罪、强迫卖淫罪、协助组织卖淫罪；
第三百五十九条 引诱、容留、介绍卖淫罪；
第三百六十三条 制作、复制、出版、贩卖、传播淫秽物品牟利罪；为他人提供书号出版淫秽书刊罪；
第三百六十四条 传播淫秽物品罪、组织播放淫秽音像制品罪

一、刑法条文

第三百五十八条【组织卖淫罪】【强迫卖淫罪】组织、强迫他人卖淫的，处五年以上十年以下有期徒刑，并处罚金；情节严重的，处十年以上有期徒刑或者无期徒刑，并处罚金或者没收财产。

组织、强迫未成年人卖淫的，依照前款的规定从重处罚。

犯前两款罪，并有杀害、伤害、强奸、绑架等犯罪行为的，依照数罪并罚的规定处罚。

【协助组织卖淫罪】为组织卖淫的人招募、运送人员或者有其他协助组织他人卖淫行为的，处五年以下有期徒刑，并处罚金；情节严重的，处五年以上十年以下有期徒刑，并处罚金。

第三百五十九条【引诱、容留、介绍卖淫罪】引诱、容留、介绍他人卖淫的，处五年以下有期徒刑、拘役或者管制，并处罚金；情节严重的，处五年以上有期徒刑，并处罚金。

【引诱幼女卖淫罪】引诱不满十四周岁的幼女卖淫的，处五年以上有期徒刑，

并处罚金。

第三百六十三条【制作、复制、出版、贩卖、传播淫秽物品牟利罪】以牟利为目的，制作、复制、出版、贩卖、传播淫秽物品的，处三年以下有期徒刑、拘役或者管制，并处罚金；情节严重的，处三年以上十年以下有期徒刑，并处罚金；情节特别严重的，处十年以上有期徒刑或者无期徒刑，并处罚金或者没收财产。

【为他人提供书号出版淫秽书刊罪】为他人提供书号，出版淫秽书刊的，处三年以下有期徒刑、拘役或者管制，并处或者单处罚金；明知他人用于出版淫秽书刊而提供书号的，依照前款的规定处罚。

第三百六十四条【传播淫秽物品罪】传播淫秽的书刊、影片、音像、图片或者其他淫秽物品，情节严重的，处二年以下有期徒刑、拘役或者管制。

【组织播放淫秽音像制品罪】组织播放淫秽的电影、录像等音像制品的，处三年以下有期徒刑、拘役或者管制，并处罚金；情节严重的，处三年以上十年以下有期徒刑，并处罚金。

制作、复制淫秽的电影、录像等音像制品组织播放的，依照第二款的规定从重处罚。

向不满十八周岁的未成年人传播淫秽物品的，从重处罚。

第四百三十一条　非法获取军事秘密罪；为境外窃取、刺探、收买、非法提供军事秘密罪；第四百三十二条　故意泄露军事秘密罪、过失泄露军事秘密罪；第四百三十九条　非法出卖、转让武器装备罪；第四百四十二条　擅自出卖、转让军队房地产罪

一、刑法条文

第四百三十一条【非法获取军事秘密罪】以窃取、刺探、收买方法，非法获取军事秘密的，处五年以下有期徒刑；情节严重的，处五年以上十年以下有期徒刑；情节特别严重的，处十年以上有期徒刑。

【为境外窃取、刺探、收买、非法提供军事秘密罪】为境外的机构、组织、人员窃取、刺探、收买、非法提供军事秘密的，处十年以上有期徒刑、无期徒刑或者死刑。

第四百三十二条【故意泄露军事秘密罪】【过失泄露军事秘密罪】违反保守国家秘密法规，故意或者过失泄露军事秘密，情节严重的，处五年以下有期徒刑或者拘役；情节特别严重的，处五年以上十年以下有期徒刑。

战时犯前款罪的，处五年以上十年以下有期徒刑；情节特别严重的，处十年以上有期徒刑或者无期徒刑。

第四百三十九条【非法出卖、转让武器装备罪】非法出卖、转让军队武器装备

的，处三年以上十年以下有期徒刑；出卖、转让大量武器装备或者有其他特别严重情节的，处十年以上有期徒刑、无期徒刑或者死刑。

第四百四十二条【擅自出卖、转让军队房地产罪】违反规定，擅自出卖、转让军队房地产，情节严重的，对直接责任人员，处三年以下有期徒刑或者拘役；情节特别严重的，处三年以上十年以下有期徒刑。

第二编
程序法资料

《最高人民法院、最高人民检察院、公安部关于办理网络犯罪案件适用刑事诉讼程序若干问题的意见》

公通字〔2014〕10号（2014年5月4日发布，2014年5月4日实施）

各省、自治区、直辖市高级人民法院，人民检察院，公安厅、局，新疆维吾尔自治区高级人民法院生产建设兵团分院，新疆生产建设兵团人民检察院、公安局：

为解决近年来公安机关、人民检察院、人民法院在办理网络犯罪案件中遇到的新情况、新问题，依法惩治网络犯罪活动，根据《中华人民共和国刑法》《中华人民共和国刑事诉讼法》及有关司法解释的规定，结合侦查、起诉、审判实践，现就办理网络犯罪案件适用刑事诉讼程序问题提出以下意见：

一、关于网络犯罪案件的范围

1.本意见所称网络犯罪案件包括：

(1)危害计算机信息系统安全犯罪案件；

(2)通过危害计算机信息系统安全实施的盗窃、诈骗、敲诈勒索等犯罪案件；

(3)在网络上发布信息或者设立主要用于实施犯罪活动的网站、通讯群组，针对或者组织、教唆、帮助不特定多数人实施的犯罪案件；

(4)主要犯罪行为在网络上实施的其他案件。

二、关于网络犯罪案件的管辖

2.网络犯罪案件由犯罪地公安机关立案侦查。必要时，可以由犯罪嫌疑人居住地公安机关立案侦查。

网络犯罪案件的犯罪地包括用于实施犯罪行为的网站服务器所在地，网络接入地，网站建立者、管理者所在地，被侵害的计算机信息系统或其管理者所在地，犯罪嫌疑人、被害人使用的计算机信息系统所在地，被害人被侵害时所在地，以及被害人财产遭受损失地等。

涉及多个环节的网络犯罪案件,犯罪嫌疑人为网络犯罪提供帮助的,其犯罪地或者居住地公安机关可以立案侦查。

3.有多个犯罪地的网络犯罪案件,由最初受理的公安机关或者主要犯罪地公安机关立案侦查。有争议的,按照有利于查清犯罪事实、有利于诉讼的原则,由共同上级公安机关指定有关公安机关立案侦查。需要提请批准逮捕、移送审查起诉、提起公诉的,由该公安机关所在地的人民检察院、人民法院受理。

4.具有下列情形之一的,有关公安机关可以在其职责范围内并案侦查,需要提请批准逮捕、移送审查起诉、提起公诉的,由该公安机关所在地的人民检察院、人民法院受理:

(1)一人犯数罪的;

(2)共同犯罪的;

(3)共同犯罪的犯罪嫌疑人、被告人还实施其他犯罪的;

(4)多个犯罪嫌疑人、被告人实施的犯罪存在关联,并案处理有利于查明案件事实的。

5.对因网络交易、技术支持、资金支付结算等关系形成多层级链条、跨区域的网络犯罪案件,共同上级公安机关可以按照有利于查清犯罪事实、有利于诉讼的原则,指定有关公安机关一并立案侦查,需要提请批准逮捕、移送审查起诉、提起公诉的,由该公安机关所在地的人民检察院、人民法院受理。

6.具有特殊情况,由异地公安机关立案侦查更有利于查清犯罪事实、保证案件公正处理的跨省(自治区、直辖市)重大网络犯罪案件,可以由公安部商最高人民检察院和最高人民法院指定管辖。

7.人民检察院对于公安机关移送审查起诉的网络犯罪案件,发现犯罪嫌疑人还有犯罪被其他公安机关立案侦查的,应当通知移送审查起诉的公安机关。

人民法院受理案件后,发现被告人还有犯罪被其他公安机关立案侦查的,可以建议人民检察院补充侦查。人民检察院经审查,认为需要补充侦查的,应当通知移送审查起诉的公安机关。

经人民检察院通知,有关公安机关根据案件具体情况,可以对犯罪嫌疑人所犯其他犯罪并案侦查。

8.为保证及时结案,避免超期羁押,人民检察院对于公安机关提请批准逮捕、移送审查起诉的网络犯罪案件,第一审人民法院对于已经受理的网络犯罪案件，经审查发现没有管辖权的，可以依法报请共同上级人民检察院、人民法院指定管辖。

9.部分犯罪嫌疑人在逃，但不影响对已到案共同犯罪嫌疑人、被告人的犯罪事实认定的网络犯罪案件，可以依法先行追究已到案共同犯罪嫌疑人、被告人的刑事责任。在逃的共同犯罪嫌疑人、被告人归案后，可以由原公安机关、人民检察院、人民法院管辖其所涉及的案件。

三、关于网络犯罪案件的初查

10.对接受的案件或者发现的犯罪线索，在审查中发现案件事实或者线索不明，需要经过调查才能够确认是否达到犯罪追诉标准的，经办案部门负责人批准，可以进行初查。

初查过程中，可以采取询问、查询、勘验、检查、鉴定、调取证据材料等不限制初查对象人身、财产权利的措施，但不得对初查对象采取强制措施和查封、扣押、冻结财产。

四、关于网络犯罪案件的跨地域取证

11.公安机关跨地域调查取证的，可以将办案协作函和相关法律文书及凭证电传或者通过公安机关信息化系统传输至协作地公安机关。协作地公安机关经审查确认，在传来的法律文书上加盖本地公安机关印章后，可以代为调查取证。

12.询(讯)问异地证人、被害人以及与案件有关联的犯罪嫌疑人的，可以由办案地公安机关通过远程网络视频等方式进行询(讯)问并制作笔录。

远程询(讯)问的，应当由协作地公安机关事先核实被询(讯)问人的身份。办案地公安机关应当将询(讯)问笔录传输至协作地公安机关。询(讯)问笔录经被询(讯)问人确认并逐页签名、捺指印后，由协作地公安机关协作人员签名或者盖章，并将原件提供给办案地公安机关。询(讯)问人员收到笔录后，应当在首页右上方写明“于某年某月某日收到”，并签名或者盖章。

远程询(讯)问的，应当对询(讯)问过程进行录音录像，并随案移送。

异地证人、被害人以及与案件有关联的犯罪嫌疑人亲笔书写证词、供词的，参照本条第二款规定执行。

五、关于电子数据的取证与审查

13.收集、提取电子数据，应当由二名以上具备相关专业知识的侦查人员进行。取证设备和过程应当符合相关技术标准，并保证所收集、提取的电子数据的完整性、客观性。

14.收集、提取电子数据，能够获取原始存储介质的，应当封存原始存储介质，并制作笔录，记录原始存储介质的封存状态，由侦查人员、原始存储介质持有人签名或者盖章；持有人无法签名或者拒绝签名的，应当在笔录中注明，由见证人签名或者盖章。有条件的，侦查人员应当对相关活动进行录像。

15.具有下列情形之一，无法获取原始存储介质的，可以提取电子数据，但应当在笔录中注明不能获取原始存储介质的原因、原始存储介质的存放地点等情况，并由侦查人员、电子数据持有人、提供人签名或者盖章；持有人、提供人无法签名或者拒绝签名的，应当在笔录中注明，由见证人签名或者盖章；有条件的，侦查人员应当对相关活动进行录像：

(1)原始存储介质不便封存的；

(2)提取计算机内存存储的数据、网络传输的数据等不是存储在存储介质上的电子数据的；

(3)原始存储介质位于境外的；

(4)其他无法获取原始存储介质的情形。

16.收集、提取电子数据应当制作笔录，记录案由、对象、内容，收集、提取电子数据的时间、地点、方法、过程，电子数据的清单、规格、类别、文件格式、完整性校验值等，并由收集、提取电子数据的侦查人员签名或者盖章。远程提取电子数据的，应当说明原因，有条件的，应当对相关活动进行录像。通过数据恢复、破解等方式获取被删除、隐藏或者加密的电子数据的，应当对恢复、破解过程和方法作出说明。

17.收集、提取的原始存储介质或者电子数据，应当以封存状态随案移送，并制作电子数据的复制件一并移送。

对文档、图片、网页等可以直接展示的电子数据，可以不随案移送电子数据打印件，但应当附有展示方法说明和展示工具；人民法院、人民检察院因设备等条件限制无法直接展示电子数据的，公安机关应当随案移送打印件。

对侵入、非法控制计算机信息系统的程序、工具以及计算机病毒等无法直接展示的电子数据，应当附有电子数据属性、功能等情况的说明。

对数据统计数量、数据同一性等问题，公安机关应当出具说明。

18.对电子数据涉及的专门性问题难以确定的，由司法鉴定机构出具鉴定意见，或者由公安部指定的机构出具检验报告。

六、关于网络犯罪案件的其他问题

19.采取技术侦查措施收集的材料作为证据使用的，应当随案移送批准采取技术侦查措施的法律文书和所收集的证据材料。使用有关证据材料可能危及有关人员的人身安全，或者可能产生其他严重后果的，应当采取不暴露有关人员身份、技术方法等保护措施，必要时，可以由审判人员在庭外进行核实。

20.对针对或者组织、教唆、帮助不特定多数人实施的网络犯罪案件，确因客观条件限制无法逐一收集相关言词证据的，可以根据记录被害人数、被侵害的计算机信息系统数量、涉案资金数额等犯罪事实的电子数据、书证等证据材料，在慎重审查被告人及其辩护人所提辩解、辩护意见的基础上，综合全案证据材料，对相关犯罪事实作出认定。

《最高人民法院、最高人民检察院、公安部关于办理刑事案件收集提取和审查判断电子数据若干问题的规定》

法发〔2016〕22号(2016年9月9日发布,2016年10月1日实施)

为规范电子数据的收集提取和审查判断,提高刑事案件办理质量,根据《中华人民共和国刑事诉讼法》等有关法律规定,结合司法实际,制定本规定。

一、一般规定

第一条　电子数据是案件发生过程中形成的,以数字化形式存储、处理、传输的,能够证明案件事实的数据。

电子数据包括但不限于下列信息、电子文件:

(一)网页、博客、微博客、朋友圈、贴吧、网盘等网络平台发布的信息;

(二)手机短信、电子邮件、即时通信、通讯群组等网络应用服务的通信信息;

(三)用户注册信息、身份认证信息、电子交易记录、通信记录、登录日志等信息;

(四)文档、图片、音视频、数字证书、计算机程序等电子文件。

以数字化形式记载的证人证言、被害人陈述以及犯罪嫌疑人、被告人供述和辩解等证据,不属于电子数据。确有必要的,对相关证据的收集、提取、移送、审查,可以参照适用本规定。

第二条　侦查机关应当遵守法定程序,遵循有关技术标准,全面、客观、及时地收集、提取电子数据;人民检察院、人民法院应当围绕真实性、合法性、关联性审查判断电子数据。

第三条　人民法院、人民检察院和公安机关有权依法向有关单位和个人收集、调取电子数据。有关单位和个人应当如实提供。

第四条　电子数据涉及国家秘密、商业秘密、个人隐私的,应当保密。

第五条　对作为证据使用的电子数据,应当采取以下一种或者几种方法保护电子数据的完整性：

（一）扣押、封存电子数据原始存储介质；

（二）计算电子数据完整性校验值；

（三）制作、封存电子数据备份；

（四）冻结电子数据；

（五）对收集、提取电子数据的相关活动进行录像；

（六）其他保护电子数据完整性的方法。

第六条　初查过程中收集、提取的电子数据，以及通过网络在线提取的电子数据，可以作为证据使用。

二、电子数据的收集与提取

第七条　收集、提取电子数据，应当由二名以上侦查人员进行。取证方法应当符合相关技术标准。

第八条　收集、提取电子数据，能够扣押电子数据原始存储介质的，应当扣押、封存原始存储介质，并制作笔录，记录原始存储介质的封存状态。

封存电子数据原始存储介质，应当保证在不解除封存状态的情况下，无法增加、删除、修改电子数据。封存前后应当拍摄被封存原始存储介质的照片，清晰反映封口或者张贴封条处的状况。

封存手机等具有无线通信功能的存储介质，应当采取信号屏蔽、信号阻断或者切断电源等措施。

第九条　具有下列情形之一，无法扣押原始存储介质的，可以提取电子数据，但应当在笔录中注明不能扣押原始存储介质的原因、原始存储介质的存放地点或者电子数据的来源等情况，并计算电子数据的完整性校验值：

（一）原始存储介质不便封存的；

（二）提取计算机内存数据、网络传输数据等不是存储在存储介质上的电子数据的；

（三）原始存储介质位于境外的；

（四）其他无法扣押原始存储介质的情形。

对于原始存储介质位于境外或者远程计算机信息系统上的电子数据，可以通过网络在线提取。

为进一步查明有关情况，必要时，可以对远程计算机信息系统进行网络远程勘验。进行网络远程勘验，需要采取技术侦查措施的，应当依法经过严格的批准手续。

第十条　由于客观原因无法或者不宜依据第八条、第九条的规定收集、提取电子数据的，可以采取打印、拍照或者录像等方式固定相关证据，并在笔录中说明原因。

第十一条　具有下列情形之一的，经县级以上公安机关负责人或者检察长批准，可以对电子数据进行冻结：

（一）数据量大，无法或者不便提取的；

（二）提取时间长，可能造成电子数据被篡改或者灭失的；

（三）通过网络应用可以更为直观地展示电子数据的；

（四）其他需要冻结的情形。

第十二条　冻结电子数据，应当制作协助冻结通知书，注明冻结电子数据的网络应用账号等信息，送交电子数据持有人、网络服务提供者或者有关部门协助办理。解除冻结的，应当在三日内制作协助解除冻结通知书，送交电子数据持有人、网络服务提供者或者有关部门协助办理。

冻结电子数据，应当采取以下一种或者几种方法：

（一）计算电子数据的完整性校验值；

（二）锁定网络应用账号；

（三）其他防止增加、删除、修改电子数据的措施。

第十三条　调取电子数据，应当制作调取证据通知书，注明需要调取电子数据的相关信息，通知电子数据持有人、网络服务提供者或者有关部门执行。

第十四条　收集、提取电子数据，应当制作笔录，记录案由、对象、内容，收集、提取电子数据的时间、地点、方法、过程，并附电子数据清单，注明类别、文件格式、完整性校验值等，由侦查人员、电子数据持有人（提供人）签名或者盖章；电子数据持有人（提供人）无法签名或者拒绝签名的，应当在笔录中注明，由见证人签名或者盖章。有条件的，应当对相关活动进行录像。

第十五条　收集、提取电子数据，应当根据《刑事诉讼法》的规定，由符合条件的人员担任见证人。由于客观原因无法由符合条件的人员担任见证人的，应当在笔录中注明情况，并对相关活动进行录像。

针对同一现场多个计算机信息系统收集、提取电子数据的，可以由一名见证人见证。

第十六条　对扣押的原始存储介质或者提取的电子数据，可以通过恢复、破解、统计、关联、比对等方式进行检查。必要时,可以进行侦查实验。

电子数据检查,应当对电子数据存储介质拆封过程进行录像,并将电子数据存储介质通过写保护设备接入到检查设备进行检查;有条件的,应当制作电子数据备份,对备份进行检查;无法使用写保护设备且无法制作备份的,应当注明原因,并对相关活动进行录像。

电子数据检查应当制作笔录,注明检查方法、过程和结果,由有关人员签名或者盖章。进行侦查实验的,应当制作侦查实验笔录,注明侦查实验的条件、经过和结果,由参加实验的人员签名或者盖章。

第十七条 对电子数据涉及的专门性问题难以确定的,由司法鉴定机构出具鉴定意见,或者由公安部指定的机构出具报告。对于人民检察院直接受理的案件,也可以由最高人民检察院指定的机构出具报告。

具体办法由公安部、最高人民检察院分别制定。

三、电子数据的移送与展示

第十八条 收集、提取的原始存储介质或者电子数据,应当以封存状态随案移送,并制作电子数据的备份一并移送。

对网页、文档、图片等可以直接展示的电子数据,可以不随案移送打印件;人民法院、人民检察院因设备等条件限制无法直接展示电子数据的,侦查机关应当随案移送打印件,或者附展示工具和展示方法说明。

对冻结的电子数据,应当移送被冻结电子数据的清单,注明类别、文件格式、冻结主体、证据要点、相关网络应用账号,并附查看工具和方法的说明。

第十九条 对侵入、非法控制计算机信息系统的程序、工具以及计算机病毒等无法直接展示的电子数据,应当附电子数据属性、功能等情况的说明。

对数据统计量、数据同一性等问题,侦查机关应当出具说明。

第二十条 公安机关报请人民检察院审查批准逮捕犯罪嫌疑人,或者对侦查终结的案件移送人民检察院审查起诉的,应当将电子数据等证据一并移送人民检察院。人民检察院在审查批准逮捕和审查起诉过程中发现应当移送的电子数据没有移送或者移送的电子数据不符合相关要求的,应当通知公安机关补充移送或者进行补正。

对于提起公诉的案件,人民法院发现应当移送的电子数据没有移送或者移送的电子数据不符合相关要求的,应当通知人民检察院。

公安机关、人民检察院应当自收到通知后三日内移送电子数据或者补充有关材料。

第二十一条　控辩双方向法庭提交的电子数据需要展示的，可以根据电子数据的具体类型，借助多媒体设备出示、播放或者演示。必要时，可以聘请具有专门知识的人进行操作，并就相关技术问题作出说明。

四、电子数据的审查与判断

第二十二条　对电子数据是否真实，应当着重审查以下内容：

（一）是否移送原始存储介质；在原始存储介质无法封存、不便移动时，有无说明原因，并注明收集、提取过程及原始存储介质的存放地点或者电子数据的来源等情况；

（二）电子数据是否具有数字签名、数字证书等特殊标识；

（三）电子数据的收集、提取过程是否可以重现；

（四）电子数据如有增加、删除、修改等情形的，是否附有说明；

（五）电子数据的完整性是否可以保证。

第二十三条　对电子数据是否完整，应当根据保护电子数据完整性的相应方法进行验证：

（一）审查原始存储介质的扣押、封存状态；

（二）审查电子数据的收集、提取过程，查看录像；

（三）比对电子数据完整性校验值；

（四）与备份的电子数据进行比较；

（五）审查冻结后的访问操作日志；

（六）其他方法。

第二十四条　对收集、提取电子数据是否合法，应当着重审查以下内容：

（一）收集、提取电子数据是否由二名以上侦查人员进行，取证方法是否符合相关技术标准；

（二）收集、提取电子数据，是否附有笔录、清单，并经侦查人员、电子数据持有人（提供人）、见证人签名或者盖章；没有持有人（提供人）签名或者盖章的，是否注明原因；对电子数据的类别、文件格式等是否注明清楚；

（三）是否依照有关规定由符合条件的人员担任见证人，是否对相关活动进行录像；

（四）电子数据检查是否将电子数据存储介质通过写保护设备接入到检查设备；有条件的，是否制作电子数据备份，并对备份进行检查；无法制作备份且无法使用写保护设备的，是否附有录像。

第二十五条 认定犯罪嫌疑人、被告人的网络身份与现实身份的同一性，可以通过核查相关IP地址、网络活动记录、上网终端归属、相关证人证言以及犯罪嫌疑人、被告人供述和辩解等进行综合判断。

认定犯罪嫌疑人、被告人与存储介质的关联性，可以通过核查相关证人证言以及犯罪嫌疑人、被告人供述和辩解等进行综合判断。

第二十六条 公诉人、当事人或者辩护人、诉讼代理人对电子数据鉴定意见有异议，可以申请人民法院通知鉴定人出庭作证。人民法院认为鉴定人有必要出庭的，鉴定人应当出庭作证。

经人民法院通知，鉴定人拒不出庭作证的，鉴定意见不得作为定案的根据。对没有正当理由拒不出庭作证的鉴定人，人民法院应当通报司法行政机关或者有关部门。

公诉人、当事人或者辩护人、诉讼代理人可以申请法庭通知有专门知识的人出庭，就鉴定意见提出意见。

对电子数据涉及的专门性问题的报告，参照适用前三款规定。

第二十七条 电子数据的收集、提取程序有下列瑕疵，经补正或者作出合理解释的，可以采用；不能补正或者作出合理解释的，不得作为定案的根据：

（一）未以封存状态移送的；

（二）笔录或者清单上没有侦查人员、电子数据持有人（提供人）、见证人签名或者盖章的；

（三）对电子数据的名称、类别、格式等注明不清的；

（四）有其他瑕疵的。

第二十八条 电子数据具有下列情形之一的，不得作为定案的根据：

（一）电子数据系篡改、伪造或者无法确定真伪的；

（二）电子数据有增加、删除、修改等情形，影响电子数据真实性的；

（三）其他无法保证电子数据真实性的情形。

五、附则

第二十九条 本规定中下列用语的含义：

（一）存储介质，是指具备数据信息存储功能的电子设备、硬盘、光盘、优盘、记忆棒、存储卡、存储芯片等载体。

（二）完整性校验值，是指为防止电子数据被篡改或者破坏，使用散列算法等特定算法对电子数据进行计算，得出的用于校验数据完整性的数据值。

（三）网络远程勘验，是指通过网络对远程计算机信息系统实施勘验，发现、提取与犯罪有关的电子数据，记录计算机信息系统状态，判断案件性质，分析犯罪过程，确定侦查方向和范围，为侦查破案、刑事诉讼提供线索和证据的侦查活动。

（四）数字签名，是指利用特定算法对电子数据进行计算，得出的用于验证电子数据来源和完整性的数据值。

（五）数字证书，是指包含数字签名并对电子数据来源、完整性进行认证的电子文件。

（六）访问操作日志，是指为审查电子数据是否被增加、删除或者修改，由计算机信息系统自动生成的对电子数据访问、操作情况的详细记录。

第三十条　本规定自 2016 年 10 月 1 日起施行。之前发布的规范性文件与本规定不一致的，以本规定为准。

第三编
其他重要法律文件

《中华人民共和国消费者权益保护法》

(1994年1月1日实施,2013年10月25日修订,2014年3月15日实施)

1993年10月31日第八届全国人民代表大会常务委员会第四次会议通过 根据2009年8月27日第十一届全国人民代表大会常务委员会第十次会议《关于修改部分法律的决定》第一次修正 根据2013年10月25日第十二届全国人民代表大会常务委员会第五次会议《关于修改〈中华人民共和国消费者权益保护法〉的决定》第二次修正。

第一章 总 则

第一条 为保护消费者的合法权益,维护社会经济秩序,促进社会主义市场经济健康发展,制定本法。

第二条 消费者为生活消费需要购买、使用商品或者接受服务,其权益受本法保护;本法未作规定的,受其他有关法律、法规保护。

第三条 经营者为消费者提供其生产、销售的商品或者提供服务,应当遵守本法;本法未作规定的,应当遵守其他有关法律、法规。

第四条 经营者与消费者进行交易,应当遵循自愿、平等、公平、诚实信用的原则。

第五条 国家保护消费者的合法权益不受侵害。

国家采取措施,保障消费者依法行使权利,维护消费者的合法权益。

国家倡导文明、健康、节约资源和保护环境的消费方式,反对浪费。

第六条 保护消费者的合法权益是全社会的共同责任。

国家鼓励、支持一切组织和个人对损害消费者合法权益的行为进行社会监督。

大众传播媒介应当做好维护消费者合法权益的宣传,对损害消费者合法权益的行为进行舆论监督。

第二章 消费者的权利

第七条 消费者在购买、使用商品和接受服务时享有人身、财产安全不受损害的权利。

消费者有权要求经营者提供的商品和服务，符合保障人身、财产安全的要求。

第八条 消费者享有知悉其购买、使用的商品或者接受的服务的真实情况的权利。

消费者有权根据商品或者服务的不同情况，要求经营者提供商品的价格、产地、生产者、用途、性能、规格、等级、主要成分、生产日期、有效期限、检验合格证明、使用方法说明书、售后服务，或者服务的内容、规格、费用等有关情况。

第九条 消费者享有自主选择商品或者服务的权利。

消费者有权自主选择提供商品或者服务的经营者，自主选择商品品种或者服务方式，自主决定购买或者不购买任何一种商品、接受或者不接受任何一项服务。

消费者在自主选择商品或者服务时，有权进行比较、鉴别和挑选。

第十条 消费者享有公平交易的权利。

消费者在购买商品或者接受服务时，有权获得质量保障、价格合理、计量正确等公平交易条件，有权拒绝经营者的强制交易行为。

第十一条 消费者因购买、使用商品或者接受服务受到人身、财产损害的，享有依法获得赔偿的权利。

第十二条 消费者享有依法成立维护自身合法权益的社会组织的权利。

第十三条 消费者享有获得有关消费和消费者权益保护方面的知识的权利。

消费者应当努力掌握所需商品或者服务的知识和使用技能，正确使用商品，提高自我保护意识。

第十四条 消费者在购买、使用商品和接受服务时，享有人格尊严、民族风俗习惯得到尊重的权利，享有个人信息依法得到保护的权利。

第十五条 消费者享有对商品和服务以及保护消费者权益工作进行监督的权利。

消费者有权检举、控告侵害消费者权益的行为和国家机关及其工作人员在保护消费者权益工作中的违法失职行为，有权对保护消费者权益工作提出批评、建议。

第三章　经营者的义务

第十六条　经营者向消费者提供商品或者服务，应当依照本法和其他有关法律、法规的规定履行义务。

经营者和消费者有约定的，应当按照约定履行义务，但双方的约定不得违背法律、法规的规定。

经营者向消费者提供商品或者服务，应当恪守社会公德，诚信经营，保障消费者的合法权益；不得设定不公平、不合理的交易条件，不得强制交易。

第十七条　经营者应当听取消费者对其提供的商品或者服务的意见，接受消费者的监督。

第十八条　经营者应当保证其提供的商品或者服务符合保障人身、财产安全的要求。对可能危及人身、财产安全的商品和服务，应当向消费者作出真实的说明和明确的警示，并说明和标明正确使用商品或者接受服务的方法以及防止危害发生的方法。

宾馆、商场、餐馆、银行、机场、车站、港口、影剧院等经营场所的经营者，应当对消费者尽到安全保障义务。

第十九条　经营者发现其提供的商品或者服务存在缺陷，有危及人身、财产安全危险的，应当立即向有关行政部门报告和告知消费者，并采取停止销售、警示、召回、无害化处理、销毁、停止生产或者服务等措施。采取召回措施的，经营者应当承担消费者因商品被召回支出的必要费用。

第二十条　经营者向消费者提供有关商品或者服务的质量、性能、用途、有效期限等信息，应当真实、全面，不得作虚假或者引人误解的宣传。

经营者对消费者就其提供的商品或者服务的质量和使用方法等问题提出的询问，应当作出真实、明确的答复。

经营者提供商品或者服务应当明码标价。

第二十一条　经营者应当标明其真实名称和标记。

租赁他人柜台或者场地的经营者，应当标明其真实名称和标记。

第二十二条　经营者提供商品或者服务，应当按照国家有关规定或者商业惯例向消费者出具发票等购货凭证或者服务单据；消费者索要发票等购货凭证或者服务单据的，经营者必须出具。

第二十三条　经营者应当保证在正常使用商品或者接受服务的情况下其提供的商品或者服务应当具有的质量、性能、用途和有效期限；但消费者在购买该商品或者接受该服务前已经知道其存在瑕疵，且存在该瑕疵不违反法律强制性规定的除外。

经营者以广告、产品说明、实物样品或者其他方式表明商品或者服务的质量状况的，应当保证其提供的商品或者服务的实际质量与表明的质量状况相符。

经营者提供的机动车、计算机、电视机、电冰箱、空调器、洗衣机等耐用商品或者装饰装修等服务，消费者自接受商品或者服务之日起六个月内发现瑕疵，发生争议的，由经营者承担有关瑕疵的举证责任。

第二十四条　经营者提供的商品或者服务不符合质量要求的，消费者可以依照国家规定、当事人约定退货，或者要求经营者履行更换、修理等义务。没有国家规定和当事人约定的，消费者可以自收到商品之日起七日内退货；七日后符合法定解除合同条件的，消费者可以及时退货，不符合法定解除合同条件的，可以要求经营者履行更换、修理等义务。

依照前款规定进行退货、更换、修理的，经营者应当承担运输等必要费用。

第二十五条　经营者采用网络、电视、电话、邮购等方式销售商品，消费者有权自收到商品之日起七日内退货，且无需说明理由，但下列商品除外：

（一）消费者定作的；

（二）鲜活易腐的；

（三）在线下载或者消费者拆封的音像制品、计算机软件等数字化商品；

（四）交付的报纸、期刊。

除前款所列商品外，其他根据商品性质并经消费者在购买时确认不宜退货的商品，不适用无理由退货。

消费者退货的商品应当完好。经营者应当自收到退回商品之日起七日内返还消费者支付的商品价款。退回商品的运费由消费者承担；经营者和消费者另有约定的，按照约定。

第二十六条　经营者在经营活动中使用格式条款的，应当以显著方式提请消费者注意商品或者服务的数量和质量、价款或者费用、履行期限和方式、安全注意事项和风险警示、售后服务、民事责任等与消费者有重大利害关系的内容，并按照消费者的要求予以说明。

经营者不得以格式条款、通知、声明、店堂告示等方式，作出排除或者限制消费者权利、减轻或者免除经营者责任、加重消费者责任等对消费者不公平、不合理的规定，不得利用格式条款并借助技术手段强制交易。

格式条款、通知、声明、店堂告示等含有前款所列内容的，其内容无效。

第二十七条　经营者不得对消费者进行侮辱、诽谤，不得搜查消费者的身体及其携带的物品，不得侵犯消费者的人身自由。

第二十八条　采用网络、电视、电话、邮购等方式提供商品或者服务的经营者，以及提供证券、保险、银行等金融服务的经营者，应当向消费者提供经营地址、联系方式、商品或者服务的数量和质量、价款或者费用、履行期限和方式、安全注意事项和风险警示、售后服务、民事责任等信息。

第二十九条　经营者收集、使用消费者个人信息，应当遵循合法、正当、必要的原则，明示收集、使用信息的目的、方式和范围，并经消费者同意。经营者收集、使用消费者个人信息，应当公开其收集、使用规则，不得违反法律、法规的规定和双方的约定收集、使用信息。

经营者及其工作人员对收集的消费者个人信息必须严格保密，不得泄露、出售或者非法向他人提供。经营者应当采取技术措施和其他必要措施，确保信息安全，防止消费者个人信息泄露、丢失。在发生或者可能发生信息泄露、丢失的情况时，应当立即采取补救措施。

经营者未经消费者同意或者请求，或者消费者明确表示拒绝的，不得向其发送商业性信息。

第四章　国家对消费者合法权益的保护

第三十条　国家制定有关消费者权益的法律、法规、规章和强制性标准，应当听取消费者和消费者协会等组织的意见。

第三十一条　各级人民政府应当加强领导，组织、协调、督促有关行政部门做好保护消费者合法权益的工作，落实保护消费者合法权益的职责。

各级人民政府应当加强监督，预防危害消费者人身、财产安全行为的发生，及时制止危害消费者人身、财产安全的行为。

第三十二条　各级人民政府工商行政管理部门和其他有关行政部门应当依照法律、法规的规定，在各自的职责范围内，采取措施，保护消费者的合法权益。

有关行政部门应当听取消费者和消费者协会等组织对经营者交易行为、商品和服务质量问题的意见，及时调查处理。

第三十三条 有关行政部门在各自的职责范围内，应当定期或者不定期对经营者提供的商品和服务进行抽查检验，并及时向社会公布抽查检验结果。

有关行政部门发现并认定经营者提供的商品或者服务存在缺陷，有危及人身、财产安全危险的，应当立即责令经营者采取停止销售、警示、召回、无害化处理、销毁、停止生产或者服务等措施。

第三十四条 有关国家机关应当依照法律、法规的规定，惩处经营者在提供商品和服务中侵害消费者合法权益的违法犯罪行为。

第三十五条 人民法院应当采取措施，方便消费者提起诉讼。对符合《中华人民共和国民事诉讼法》起诉条件的消费者权益争议，必须受理，及时审理。

第五章 消费者组织

第三十六条 消费者协会和其他消费者组织是依法成立的对商品和服务进行社会监督的保护消费者合法权益的社会组织。

第三十七条 消费者协会履行下列公益性职责：

（一）向消费者提供消费信息和咨询服务，提高消费者维护自身合法权益的能力，引导文明、健康、节约资源和保护环境的消费方式；

（二）参与制定有关消费者权益的法律、法规、规章和强制性标准；

（三）参与有关行政部门对商品和服务的监督、检查；

（四）就有关消费者合法权益的问题，向有关部门反映、查询，提出建议；

（五）受理消费者的投诉，并对投诉事项进行调查、调解；

（六）投诉事项涉及商品和服务质量问题的，可以委托具备资格的鉴定人鉴定，鉴定人应当告知鉴定意见；

（七）就损害消费者合法权益的行为，支持受损害的消费者提起诉讼或者依照本法提起诉讼；

（八）对损害消费者合法权益的行为，通过大众传播媒介予以揭露、批评。

各级人民政府对消费者协会履行职责应当予以必要的经费等支持。

消费者协会应当认真履行保护消费者合法权益的职责，听取消费者的意见和建议，接受社会监督。

依法成立的其他消费者组织依照法律、法规及其章程的规定，开展保护消费者合法权益的活动。

第三十八条　消费者组织不得从事商品经营和营利性服务，不得以收取费用或者其他牟取利益的方式向消费者推荐商品和服务。

第六章　争议的解决

第三十九条　消费者和经营者发生消费者权益争议的，可以通过下列途径解决：

（一）与经营者协商和解；

（二）请求消费者协会或者依法成立的其他调解组织调解；

（三）向有关行政部门投诉；

（四）根据与经营者达成的仲裁协议提请仲裁机构仲裁；

（五）向人民法院提起诉讼。

第四十条　消费者在购买、使用商品时，其合法权益受到损害的，可以向销售者要求赔偿。销售者赔偿后，属于生产者的责任或者属于向销售者提供商品的其他销售者的责任的，销售者有权向生产者或者其他销售者追偿。

消费者或者其他受害人因商品缺陷造成人身、财产损害的，可以向销售者要求赔偿，也可以向生产者要求赔偿。属于生产者责任的，销售者赔偿后，有权向生产者追偿。属于销售者责任的，生产者赔偿后，有权向销售者追偿。

消费者在接受服务时，其合法权益受到损害的，可以向服务者要求赔偿。

第四十一条　消费者在购买、使用商品或者接受服务时，其合法权益受到损害，因原企业分立、合并的，可以向变更后承受其权利义务的企业要求赔偿。

第四十二条　使用他人营业执照的违法经营者提供商品或者服务，损害消费者合法权益的，消费者可以向其要求赔偿，也可以向营业执照的持有人要求赔偿。

第四十三条　消费者在展销会、租赁柜台购买商品或者接受服务，其合法权益受到损害的，可以向销售者或者服务者要求赔偿。展销会结束或者柜台租赁期满后，也可以向展销会的举办者、柜台的出租者要求赔偿。展销会的举办者、柜台的出租者赔偿后，有权向销售者或者服务者追偿。

第四十四条　消费者通过网络交易平台购买商品或者接受服务，其合法权益受到损害的，可以向销售者或者服务者要求赔偿。网络交易平台提供者不能提供销售者或者服务者的真实名称、地址和有效联系方式的，消费者也可以向网络交易平台提供者要求赔偿;网络交易平台提供者作出更有利于消费者的承诺的,应当履行承诺。网络交易平台提供者赔偿后,有权向销售者或者服务者追偿。

网络交易平台提供者明知或者应知销售者或者服务者利用其平台侵害消费者合法权益,未采取必要措施的,依法与该销售者或者服务者承担连带责任。

第四十五条　消费者因经营者利用虚假广告或者其他虚假宣传方式提供商品或者服务,其合法权益受到损害的,可以向经营者要求赔偿。广告经营者、发布者发布虚假广告的,消费者可以请求行政主管部门予以惩处。广告经营者、发布者不能提供经营者的真实名称、地址和有效联系方式的,应当承担赔偿责任。

广告经营者、发布者设计、制作、发布关系消费者生命健康商品或者服务的虚假广告,造成消费者损害的,应当与提供该商品或者服务的经营者承担连带责任。

社会团体或者其他组织、个人在关系消费者生命健康商品或者服务的虚假广告或者其他虚假宣传中向消费者推荐商品或者服务,造成消费者损害的,应当与提供该商品或者服务的经营者承担连带责任。

第四十六条　消费者向有关行政部门投诉的,该部门应当自收到投诉之日起七个工作日内,予以处理并告知消费者。

第四十七条　对侵害众多消费者合法权益的行为,中国消费者协会以及在省、自治区、直辖市设立的消费者协会,可以向人民法院提起诉讼。

第七章　法律责任

第四十八条　经营者提供商品或者服务有下列情形之一的,除本法另有规定外,应当依照其他有关法律、法规的规定,承担民事责任:

(一)商品或者服务存在缺陷的;

(二)不具备商品应当具备的使用性能而出售时未作说明的;

(三)不符合在商品或者其包装上注明采用的商品标准的;

(四)不符合商品说明、实物样品等方式表明的质量状况的;

(五)生产国家明令淘汰的商品或者销售失效、变质的商品的;

(六)销售的商品数量不足的;

(七)服务的内容和费用违反约定的;

(八)对消费者提出的修理、重作、更换、退货、补足商品数量、退还货款和服务费用或者赔偿损失的要求，故意拖延或者无理拒绝的；

（九）法律、法规规定的其他损害消费者权益的情形。

经营者对消费者未尽到安全保障义务，造成消费者损害的，应当承担侵权责任。

第四十九条　经营者提供商品或者服务，造成消费者或者其他受害人人身伤害的，应当赔偿医疗费、护理费、交通费等为治疗和康复支出的合理费用，以及因误工减少的收入。造成残疾的，还应当赔偿残疾生活辅助具费和残疾赔偿金。造成死亡的，还应当赔偿丧葬费和死亡赔偿金。

第五十条　经营者侵害消费者的人格尊严、侵犯消费者人身自由或者侵害消费者个人信息依法得到保护的权利的，应当停止侵害、恢复名誉、消除影响、赔礼道歉，并赔偿损失。

第五十一条　经营者有侮辱诽谤、搜查身体、侵犯人身自由等侵害消费者或者其他受害人人身权益的行为，造成严重精神损害的，受害人可以要求精神损害赔偿。

第五十二条　经营者提供商品或者服务，造成消费者财产损害的，应当依照法律规定或者当事人约定承担修理、重作、更换、退货、补足商品数量、退还货款和服务费用或者赔偿损失等民事责任。

第五十三条　经营者以预收款方式提供商品或者服务的，应当按照约定提供。未按照约定提供的，应当按照消费者的要求履行约定或者退回预付款；并应当承担预付款的利息、消费者必须支付的合理费用。

第五十四条　依法经有关行政部门认定为不合格的商品，消费者要求退货的，经营者应当负责退货。

第五十五条　经营者提供商品或者服务有欺诈行为的，应当按照消费者的要求增加赔偿其受到的损失，增加赔偿的金额为消费者购买商品的价款或者接受服务的费用的三倍；增加赔偿的金额不足五百元的，为五百元。法律另有规定的，依照其规定。

经营者明知商品或者服务存在缺陷，仍然向消费者提供，造成消费者或者其他受害人死亡或者健康严重损害的，受害人有权要求经营者依照本法第四十九条、第五十一条等法律规定赔偿损失，并有权要求所受损失二倍以下的惩罚性赔偿。

第五十六条　经营者有下列情形之一，除承担相应的民事责任外，其他有关法律、法规对处罚机关和处罚方式有规定的，依照法律、法规的规定执行；法律、法规未作规定的，由工商行政管理部门或者其他有关行政部门责令改正，可以根据情节单处或者并处警告、没收违法所得、处以违法所得一倍以上十倍以下的罚款，没有违法所得的，处以五十万元以下的罚款；情节严重的，责令停业整顿、吊销营业执照：

（一）提供的商品或者服务不符合保障人身、财产安全要求的；

（二）在商品中掺杂、掺假，以假充真，以次充好，或者以不合格商品冒充合格商品的；

（三）生产国家明令淘汰的商品或者销售失效、变质的商品的；

（四）伪造商品的产地，伪造或者冒用他人的厂名、厂址，篡改生产日期，伪造或者冒用认证标志等质量标志的；

（五）销售的商品应当检验、检疫而未检验、检疫或者伪造检验、检疫结果的；

（六）对商品或者服务作虚假或者引人误解的宣传的；

（七）拒绝或者拖延有关行政部门责令对缺陷商品或者服务采取停止销售、警示、召回、无害化处理、销毁、停止生产或者服务等措施的；

（八）对消费者提出的修理、重作、更换、退货、补足商品数量、退还货款和服务费用或者赔偿损失的要求，故意拖延或者无理拒绝的；

（九）侵害消费者人格尊严、侵犯消费者人身自由或者侵害消费者个人信息依法得到保护的权利的；

（十）法律、法规规定的对损害消费者权益应当予以处罚的其他情形。

经营者有前款规定情形的，除依照法律、法规规定予以处罚外，处罚机关应当记入信用档案，向社会公布。

第五十七条　经营者违反本法规定提供商品或者服务，侵害消费者合法权益，构成犯罪的，依法追究刑事责任。

第五十八条　经营者违反本法规定，应当承担民事赔偿责任和缴纳罚款、罚金，其财产不足以同时支付的，先承担民事赔偿责任。

第五十九条　经营者对行政处罚决定不服的，可以依法申请行政复议或者提起行政诉讼。

第六十条　以暴力、威胁等方法阻碍有关行政部门工作人员依法执行职务的，依法追究刑事责任；拒绝、阻碍有关行政部门工作人员依法执行职务，未使用暴力、威胁方法的，由公安机关依照《中华人民共和国治安管理处罚法》的规定处罚。

第六十一条　国家机关工作人员玩忽职守或者包庇经营者侵害消费者合法权益的行为的，由其所在单位或者上级机关给予行政处分；情节严重，构成犯罪的，依法追究刑事责任。

第八章　附　则

第六十二条　农民购买、使用直接用于农业生产的生产资料，参照本法执行。

第六十三条　本法自1994年1月1日起施行。

《中华人民共和国广告法》

（1995 年 2 月 1 日发布，2018 年 10 月 26 日发布，2018 年 10 月 26 日实施）

《中华人民共和国广告法》已由中华人民共和国第十二届全国人民代表大会常务委员会第十四次会议于 2015 年 4 月 24 日修订通过，现将修订后的《中华人民共和国广告法》公布，自 2015 年 9 月 1 日起施行。

第一章　总　则

第一条　为了规范广告活动，保护消费者的合法权益，促进广告业的健康发展，维护社会经济秩序，制定本法。

第二条　在中华人民共和国境内，商品经营者或者服务提供者通过一定媒介和形式直接或者间接地介绍自己所推销的商品或者服务的商业广告活动，适用本法。

本法所称广告主，是指为推销商品或者服务，自行或者委托他人设计、制作、发布广告的自然人、法人或者其他组织。

本法所称广告经营者，是指接受委托提供广告设计、制作、代理服务的自然人、法人或者其他组织。

本法所称广告发布者，是指为广告主或者广告主委托的广告经营者发布广告的自然人、法人或者其他组织。

本法所称广告代言人，是指广告主以外的，在广告中以自己的名义或者形象对商品、服务作推荐、证明的自然人、法人或者其他组织。

第三条　广告应当真实、合法，以健康的表现形式表达广告内容，符合社会主义精神文明建设和弘扬中华民族优秀传统文化的要求。

第四条　广告不得含有虚假或者引人误解的内容，不得欺骗、误导消费者。

广告主应当对广告内容的真实性负责。

第五条　广告主、广告经营者、广告发布者从事广告活动，应当遵守法律、法规，诚实信用，公平竞争。

第六条　国务院工商行政管理部门主管全国的广告监督管理工作，国务院有关部门在各自的职责范围内负责广告管理相关工作。

县级以上地方工商行政管理部门主管本行政区域的广告监督管理工作，县级以上地方人民政府有关部门在各自的职责范围内负责广告管理相关工作。

第七条　广告行业组织依照法律、法规和章程的规定，制定行业规范，加强行业自律，促进行业发展，引导会员依法从事广告活动，推动广告行业诚信建设。

第二章　广告内容准则

第八条　广告中对商品的性能、功能、产地、用途、质量、成分、价格、生产者、有效期限、允诺等或者对服务的内容、提供者、形式、质量、价格、允诺等有表示的，应当准确、清楚、明白。

广告中表明推销的商品或者服务附带赠送的，应当明示所附带赠送商品或者服务的品种、规格、数量、期限和方式。

法律、行政法规规定广告中应当明示的内容，应当显著、清晰表示。

第九条　广告不得有下列情形：

（一）使用或者变相使用中华人民共和国的国旗、国歌、国徽，军旗、军歌、军徽；

（二）使用或者变相使用国家机关、国家机关工作人员的名义或者形象；

（三）使用"国家级""最高级""最佳"等用语；

（四）损害国家的尊严或者利益，泄露国家秘密；

（五）妨碍社会安定，损害社会公共利益；

（六）危害人身、财产安全，泄露个人隐私；

（七）妨碍社会公共秩序或者违背社会良好风尚；

（八）含有淫秽、色情、赌博、迷信、恐怖、暴力的内容；

（九）含有民族、种族、宗教、性别歧视的内容；

（十）妨碍环境、自然资源或者文化遗产保护；

（十一）法律、行政法规规定禁止的其他情形。

第十条　广告不得损害未成年人和残疾人的身心健康。

第十一条　广告内容涉及的事项需要取得行政许可的，应当与许可的内容相符合。

广告使用数据、统计资料、调查结果、文摘、引用语等引证内容的,应当真实、准确,并表明出处。引证内容有适用范围和有效期限的,应当明确表示。

第十二条 广告中涉及专利产品或者专利方法的,应当标明专利号和专利种类。

未取得专利权的,不得在广告中谎称取得专利权。

禁止使用未授予专利权的专利申请和已经终止、撤销、无效的专利作广告。

第十三条 广告不得贬低其他生产经营者的商品或者服务。

第十四条 广告应当具有可识别性,能够使消费者辨明其为广告。

大众传播媒介不得以新闻报道形式变相发布广告。通过大众传播媒介发布的广告应当显著标明"广告",与其他非广告信息相区别,不得使消费者产生误解。

广播电台、电视台发布广告,应当遵守国务院有关部门关于时长、方式的规定,并应当对广告时长作出明显提示。

第十五条 麻醉药品、精神药品、医疗用毒性药品、放射性药品等特殊药品,药品类易制毒化学品,以及戒毒治疗的药品、医疗器械和治疗方法,不得作广告。

前款规定以外的处方药,只能在国务院卫生行政部门和国务院药品监督管理部门共同指定的医学、药学专业刊物上作广告。

第十六条 医疗、药品、医疗器械广告不得含有下列内容:

(一)表示功效、安全性的断言或者保证;

(二)说明治愈率或者有效率;

(三)与其他药品、医疗器械的功效和安全性或者其他医疗机构比较;

(四)利用广告代言人作推荐、证明;

(五)法律、行政法规规定禁止的其他内容。

药品广告的内容不得与国务院药品监督管理部门批准的说明书不一致,并应当显著标明禁忌、不良反应。处方药广告应当显著标明"本广告仅供医学药学专业人士阅读",非处方药广告应当显著标明"请按药品说明书或者在药师指导下购买和使用"。

推荐给个人自用的医疗器械的广告,应当显著标明"请仔细阅读产品说明书或者在医务人员的指导下购买和使用"。医疗器械产品注册证明文件中有禁忌内容、注意事项的,广告中应当显著标明"禁忌内容或者注意事项详见说明书"。

第十七条 除医疗、药品、医疗器械广告外,禁止其他任何广告涉及疾病治疗功能，并不得使用医疗用语或者易使推销的商品与药品、医疗器械相混淆的用语。

第十八条　保健食品广告不得含有下列内容：

（一）表示功效、安全性的断言或者保证；

（二）涉及疾病预防、治疗功能；

（三）声称或者暗示广告商品为保障健康所必需；

（四）与药品、其他保健食品进行比较；

（五）利用广告代言人作推荐、证明；

（六）法律、行政法规规定禁止的其他内容。

保健食品广告应当显著标明“本品不能代替药物”。

第十九条　广播电台、电视台、报刊音像出版单位、互联网信息服务提供者不得以介绍健康、养生知识等形式变相发布医疗、药品、医疗器械、保健食品广告。

第二十条　禁止在大众传播媒介或者公共场所发布声称全部或者部分替代母乳的婴儿乳制品、饮料和其他食品广告。

第二十一条　农药、兽药、饲料和饲料添加剂广告不得含有下列内容：

（一）表示功效、安全性的断言或者保证；

（二）利用科研单位、学术机构、技术推广机构、行业协会或者专业人士、用户的名义或者形象作推荐、证明；

（三）说明有效率；

（四）违反安全使用规程的文字、语言或者画面；

（五）法律、行政法规规定禁止的其他内容。

第二十二条　禁止在大众传播媒介或者公共场所、公共交通工具、户外发布烟草广告。禁止向未成年人发送任何形式的烟草广告。

禁止利用其他商品或者服务的广告、公益广告，宣传烟草制品名称、商标、包装、装潢以及类似内容。

烟草制品生产者或者销售者发布的迁址、更名、招聘等启事中，不得含有烟草制品名称、商标、包装、装潢以及类似内容。

第二十三条　酒类广告不得含有下列内容：

（一）诱导、怂恿饮酒或者宣传无节制饮酒；

（二）出现饮酒的动作；

（三）表现驾驶车、船、飞机等活动；

（四）明示或者暗示饮酒有消除紧张和焦虑、增加体力等功效。

第二十四条 教育、培训广告不得含有下列内容：

（一）对升学、通过考试、获得学位学历或者合格证书，或者对教育、培训的效果作出明示或者暗示的保证性承诺；

（二）明示或者暗示有相关考试机构或者其工作人员、考试命题人员参与教育、培训；

（三）利用科研单位、学术机构、教育机构、行业协会、专业人士、受益者的名义或者形象作推荐、证明。

第二十五条 招商等有投资回报预期的商品或者服务广告，应当对可能存在的风险以及风险责任承担有合理提示或者警示，并不得含有下列内容：

（一）对未来效果、收益或者与其相关的情况作出保证性承诺，明示或者暗示保本、无风险或者保收益等，国家另有规定的除外；

（二）利用学术机构、行业协会、专业人士、受益者的名义或者形象作推荐、证明。

第二十六条 房地产广告，房源信息应当真实，面积应当表明为建筑面积或者套内建筑面积，并不得含有下列内容：

（一）升值或者投资回报的承诺；

（二）以项目到达某一具体参照物的所需时间表示项目位置；

（三）违反国家有关价格管理的规定；

（四）对规划或者建设中的交通、商业、文化教育设施以及其他市政条件作误导宣传。

第二十七条 农作物种子、林木种子、草种子、种畜禽、水产苗种和种养殖广告关于品种名称、生产性能、生长量或者产量、品质、抗性、特殊使用价值、经济价值、适宜种植或者养殖的范围和条件等方面的表述应当真实、清楚、明白，并不得含有下列内容：

（一）作科学上无法验证的断言；

（二）表示功效的断言或者保证；

（三）对经济效益进行分析、预测或者作保证性承诺；

（四）利用科研单位、学术机构、技术推广机构、行业协会或者专业人士、用户的名义或者形象作推荐、证明。

第二十八条　广告以虚假或者引人误解的内容欺骗、误导消费者的，构成虚假广告。

广告有下列情形之一的，为虚假广告：

（一）商品或者服务不存在的；

（二）商品的性能、功能、产地、用途、质量、规格、成分、价格、生产者、有效期限、销售状况、曾获荣誉等信息，或者服务的内容、提供者、形式、质量、价格、销售状况、曾获荣誉等信息，以及与商品或者服务有关的允诺等信息与实际情况不符，对购买行为有实质性影响的；

（三）使用虚构、伪造或者无法验证的科研成果、统计资料、调查结果、文摘、引用语等信息作证明材料的；

（四）虚构使用商品或者接受服务的效果的；

（五）以虚假或者引人误解的内容欺骗、误导消费者的其他情形。

第三章　广告行为规范

第二十九条　广播电台、电视台、报刊出版单位从事广告发布业务的，应当设有专门从事广告业务的机构，配备必要的人员，具有与发布广告相适应的场所、设备，并向县级以上地方工商行政管理部门办理广告发布登记。

第三十条　广告主、广告经营者、广告发布者之间在广告活动中应当依法订立书面合同。

第三十一条　广告主、广告经营者、广告发布者不得在广告活动中进行任何形式的不正当竞争。

第三十二条　广告主委托设计、制作、发布广告，应当委托具有合法经营资格的广告经营者、广告发布者。

第三十三条　广告主或者广告经营者在广告中使用他人名义或者形象的，应当事先取得其书面同意；使用无民事行为能力人、限制民事行为能力人的名义或者形象的，应当事先取得其监护人的书面同意。

第三十四条　广告经营者、广告发布者应当按照国家有关规定，建立、健全广告业务的承接登记、审核、档案管理制度。

广告经营者、广告发布者依据法律、行政法规查验有关证明文件，核对广告内容。对内容不符或者证明文件不全的广告，广告经营者不得提供设计、制作、代理服务，广告发布者不得发布。

第三十五条　广告经营者、广告发布者应当公布其收费标准和收费办法。

第三十六条　广告发布者向广告主、广告经营者提供的覆盖率、收视率、点击率、发行量等资料应当真实。

第三十七条　法律、行政法规规定禁止生产、销售的产品或者提供的服务，以及禁止发布广告的商品或者服务，任何单位或者个人不得设计、制作、代理、发布广告。

第三十八条　广告代言人在广告中对商品、服务作推荐、证明，应当依据事实，符合本法和有关法律、行政法规规定，并不得为其未使用过的商品或者未接受过的服务作推荐、证明。

不得利用不满十周岁的未成年人作为广告代言人。

对在虚假广告中作推荐、证明受到行政处罚未满三年的自然人、法人或者其他组织，不得利用其作为广告代言人。

第三十九条　不得在中小学校、幼儿园内开展广告活动，不得利用中小学生和幼儿的教材、教辅材料、练习册、文具、教具、校服、校车等发布或者变相发布广告，但公益广告除外。

第四十条　在针对未成年人的大众传播媒介上不得发布医疗、药品、保健食品、医疗器械、化妆品、酒类、美容广告，以及不利于未成年人身心健康的网络游戏广告。

针对不满十四周岁的未成年人的商品或者服务的广告不得含有下列内容：

（一）劝诱其要求家长购买广告商品或者服务；

（二）可能引发其模仿不安全行为。

第四十一条　县级以上地方人民政府应当组织有关部门加强对利用户外场所、空间、设施等发布户外广告的监督管理，制定户外广告设置规划和安全要求。

户外广告的管理办法，由地方性法规、地方政府规章规定。

第四十二条　有下列情形之一的，不得设置户外广告：

（一）利用交通安全设施、交通标志的；

（二）影响市政公共设施、交通安全设施、交通标志、消防设施、消防安全标志使用的；

（三）妨碍生产或者人民生活，损害市容市貌的；

（四）在国家机关、文物保护单位、风景名胜区等的建筑控制地带，或者县级以上地方人民政府禁止设置户外广告的区域设置的。

第四十三条　任何单位或者个人未经当事人同意或者请求，不得向其住宅、交通工具等发送广告，也不得以电子信息方式向其发送广告。

以电子信息方式发送广告的，应当明示发送者的真实身份和联系方式，并向接收者提供拒绝继续接收的方式。

第四十四条　利用互联网从事广告活动，适用本法的各项规定。

利用互联网发布、发送广告，不得影响用户正常使用网络。在互联网页面以弹出等形式发布的广告，应当显著标明关闭标志，确保一键关闭。

第四十五条　公共场所的管理者或者电信业务经营者、互联网信息服务提供者对其明知或者应知的利用其场所或者信息传输、发布平台发送、发布违法广告的，应当予以制止。

第四章　监督管理

第四十六条　发布医疗、药品、医疗器械、农药、兽药和保健食品广告，以及法律、行政法规规定应当进行审查的其他广告，应当在发布前由有关部门(以下称广告审查机关)对广告内容进行审查；未经审查，不得发布。

第四十七条　广告主申请广告审查，应当依照法律、行政法规向广告审查机关提交有关证明文件。

广告审查机关应当依照法律、行政法规规定作出审查决定，并应当将审查批准文件抄送同级工商行政管理部门。广告审查机关应当及时向社会公布批准的广告。

第四十八条　任何单位或者个人不得伪造、变造或者转让广告审查批准文件。

第四十九条　工商行政管理部门履行广告监督管理职责，可以行使下列职权：

(一)对涉嫌从事违法广告活动的场所实施现场检查；

(二)询问涉嫌违法当事人或者其法定代表人、主要负责人和其他有关人员，对有关单位或者个人进行调查；

(三)要求涉嫌违法当事人限期提供有关证明文件；

(四)查阅、复制与涉嫌违法广告有关的合同、票据、账簿、广告作品和其他有关资料；

(五)查封、扣押与涉嫌违法广告直接相关的广告物品、经营工具、设备等财物；

（六）责令暂停发布可能造成严重后果的涉嫌违法广告；

（七）法律、行政法规规定的其他职权。

工商行政管理部门应当建立健全广告监测制度，完善监测措施，及时发现和依法查处违法广告行为。

第五十条　国务院工商行政管理部门会同国务院有关部门，制定大众传播媒介广告发布行为规范。

第五十一条　工商行政管理部门依照本法规定行使职权，当事人应当协助、配合，不得拒绝、阻挠。

第五十二条　工商行政管理部门和有关部门及其工作人员对其在广告监督管理活动中知悉的商业秘密负有保密义务。

第五十三条　任何单位或者个人有权向工商行政管理部门和有关部门投诉、举报违反本法的行为。工商行政管理部门和有关部门应当向社会公开受理投诉、举报的电话、信箱或者电子邮件地址，接到投诉、举报的部门应当自收到投诉之日起七个工作日内，予以处理并告知投诉、举报人。

工商行政管理部门和有关部门不依法履行职责的，任何单位或者个人有权向其上级机关或者监察机关举报。接到举报的机关应当依法作出处理，并将处理结果及时告知举报人。

有关部门应当为投诉、举报人保密。

第五十四条　消费者协会和其他消费者组织对违反本法规定，发布虚假广告侵害消费者合法权益，以及其他损害社会公共利益的行为，依法进行社会监督。

第五章　法律责任

第五十五条　违反本法规定，发布虚假广告的，由工商行政管理部门责令停止发布广告，责令广告主在相应范围内消除影响，处广告费用三倍以上五倍以下的罚款，广告费用无法计算或者明显偏低的，处二十万元以上一百万元以下的罚款；两年内有三次以上违法行为或者有其他严重情节的，处广告费用五倍以上十倍以下的罚款，广告费用无法计算或者明显偏低的，处一百万元以上二百万元以下的罚款，可以吊销营业执照，并由广告审查机关撤销广告审查批准文件、一年内不受理其广告审查申请。

医疗机构有前款规定违法行为，情节严重的，除由工商行政管理部门依照本法处罚外，卫生行政部门可以吊销诊疗科目或者吊销医疗机构执业许可证。

广告经营者、广告发布者明知或者应知广告虚假仍设计、制作、代理、发布的，由工商行政管理部门没收广告费用，并处广告费用三倍以上五倍以下的罚款，广告费用无法计算或者明显偏低的，处二十万元以上一百万元以下的罚款；两年内有三次以上违法行为或者有其他严重情节的，处广告费用五倍以上十倍以下的罚款，广告费用无法计算或者明显偏低的，处一百万元以上二百万元以下的罚款，并可以由有关部门暂停广告发布业务、吊销营业执照、吊销广告发布登记证件。

广告主、广告经营者、广告发布者有本条第一款、第三款规定行为，构成犯罪的，依法追究刑事责任。

第五十六条　违反本法规定，发布虚假广告，欺骗、误导消费者，使购买商品或者接受服务的消费者的合法权益受到损害的，由广告主依法承担民事责任。广告经营者、广告发布者不能提供广告主的真实名称、地址和有效联系方式的，消费者可以要求广告经营者、广告发布者先行赔偿。

关系消费者生命健康的商品或者服务的虚假广告，造成消费者损害的，其广告经营者、广告发布者、广告代言人应当与广告主承担连带责任。

前款规定以外的商品或者服务的虚假广告，造成消费者损害的，其广告经营者、广告发布者、广告代言人，明知或者应知广告虚假仍设计、制作、代理、发布或者作推荐、证明的，应当与广告主承担连带责任。

第五十七条　有下列行为之一的，由工商行政管理部门责令停止发布广告，对广告主处二十万元以上一百万元以下的罚款，情节严重的，并可以吊销营业执照，由广告审查机关撤销广告审查批准文件、一年内不受理其广告审查申请；对广告经营者、广告发布者，由工商行政管理部门没收广告费用，处二十万元以上一百万元以下的罚款，情节严重的，并可以吊销营业执照、吊销广告发布登记证件：

（一）发布有本法第九条、第十条规定的禁止情形的广告的；

（二）违反本法第十五条规定发布处方药广告、药品类易制毒化学品广告、戒毒治疗的医疗器械和治疗方法广告的；

（三）违反本法第二十条规定，发布声称全部或者部分替代母乳的婴儿乳制品、饮料和其他食品广告的；

（四）违反本法第二十二条规定发布烟草广告的；

（五）违反本法第三十七条规定，利用广告推销禁止生产、销售的产品或者提供的服务，或者禁止发布广告的商品或者服务的；

（六）违反本法第四十条第一款规定，在针对未成年人的大众传播媒介上发布医疗、药品、保健食品、医疗器械、化妆品、酒类、美容广告，以及不利于未成年人身心健康的网络游戏广告的。

第五十八条　有下列行为之一的，由工商行政管理部门责令停止发布广告，责令广告主在相应范围内消除影响，处广告费用一倍以上三倍以下的罚款，广告费用无法计算或者明显偏低的，处十万元以上二十万元以下的罚款；情节严重的，处广告费用三倍以上五倍以下的罚款，广告费用无法计算或者明显偏低的，处二十万元以上一百万元以下的罚款，可以吊销营业执照，并由广告审查机关撤销广告审查批准文件、一年内不受理其广告审查申请：

（一）违反本法第十六条规定发布医疗、药品、医疗器械广告的；

（二）违反本法第十七条规定，在广告中涉及疾病治疗功能，以及使用医疗用语或者易使推销的商品与药品、医疗器械相混淆的用语的；

（三）违反本法第十八条规定发布保健食品广告的；

（四）违反本法第二十一条规定发布农药、兽药、饲料和饲料添加剂广告的；

（五）违反本法第二十三条规定发布酒类广告的；

（六）违反本法第二十四条规定发布教育、培训广告的；

（七）违反本法第二十五条规定发布招商等有投资回报预期的商品或者服务广告的；

（八）违反本法第二十六条规定发布房地产广告的；

（九）违反本法第二十七条规定发布农作物种子、林木种子、草种子、种畜禽、水产苗种和种养殖广告的；

（十）违反本法第三十八条第二款规定，利用不满十周岁的未成年人作为广告代言人的；

（十一）违反本法第三十八条第三款规定，利用自然人、法人或者其他组织作为广告代言人的；

（十二）违反本法第三十九条规定，在中小学校、幼儿园内或者利用与中小学生、幼儿有关的物品发布广告的；

（十三）违反本法第四十条第二款规定，发布针对不满十四周岁的未成年人的商品或者服务的广告的；

（十四）违反本法第四十六条规定，未经审查发布广告的。

医疗机构有前款规定违法行为，情节严重的，除由工商行政管理部门依照本法处罚外，卫生行政部门可以吊销诊疗科目或者吊销医疗机构执业许可证。

广告经营者、广告发布者明知或者应知有本条第一款规定违法行为仍设计、制作、代理、发布的，由工商行政管理部门没收广告费用，并处广告费用一倍以上三倍以下的罚款，广告费用无法计算或者明显偏低的，处十万元以上二十万元以下的罚款；情节严重的，处广告费用三倍以上五倍以下的罚款，广告费用无法计算或者明显偏低的，处二十万元以上一百万元以下的罚款，并可以由有关部门暂停广告发布业务、吊销营业执照、吊销广告发布登记证件。

第五十九条　有下列行为之一的，由工商行政管理部门责令停止发布广告，对广告主处十万元以下的罚款：

（一）广告内容违反本法第八条规定的；

（二）广告引证内容违反本法第十一条规定的；

（三）涉及专利的广告违反本法第十二条规定的；

（四）违反本法第十三条规定，广告贬低其他生产经营者的商品或者服务的。

广告经营者、广告发布者明知或者应知有前款规定违法行为仍设计、制作、代理、发布的，由工商行政管理部门处十万元以下的罚款。

广告违反本法第十四条规定，不具有可识别性的，或者违反本法第十九条规定，变相发布医疗、药品、医疗器械、保健食品广告的，由工商行政管理部门责令改正，对广告发布者处十万元以下的罚款。

第六十条　违反本法第二十九条规定，广播电台、电视台、报刊出版单位未办理广告发布登记，擅自从事广告发布业务的，由工商行政管理部门责令改正，没收违法所得，违法所得一万元以上的，并处违法所得一倍以上三倍以下的罚款；违法所得不足一万元的，并处五千元以上三万元以下的罚款。

第六十一条　违反本法第三十四条规定，广告经营者、广告发布者未按照国家有关规定建立、健全广告业务管理制度的，或者未对广告内容进行核对的，由工商行政管理部门责令改正，可以处五万元以下的罚款。

违反本法第三十五条规定，广告经营者、广告发布者未公布其收费标准和收费办法的，由价格主管部门责令改正，可以处五万元以下的罚款。

第六十二条　广告代言人有下列情形之一的，由工商行政管理部门没收违法所得，并处违法所得一倍以上二倍以下的罚款：

（一）违反本法第十六条第一款第四项规定，在医疗、药品、医疗器械广告中作推荐、证明的；

（二）违反本法第十八条第一款第五项规定，在保健食品广告中作推荐、证明的；

（三）违反本法第三十八条第一款规定，为其未使用过的商品或者未接受过的服务作推荐、证明的；

（四）明知或者应知广告虚假仍在广告中对商品、服务作推荐、证明的。

第六十三条　违反本法第四十三条规定发送广告的，由有关部门责令停止违法行为，对广告主处五千元以上三万元以下的罚款。

违反本法第四十四条第二款规定，利用互联网发布广告，未显著标明关闭标志，确保一键关闭的，由工商行政管理部门责令改正，对广告主处五千元以上三万元以下的罚款。

第六十四条　违反本法第四十五条规定，公共场所的管理者和电信业务经营者、互联网信息服务提供者，明知或者应知广告活动违法不予制止的，由工商行政管理部门没收违法所得，违法所得五万元以上的，并处违法所得一倍以上三倍以下的罚款，违法所得不足五万元的，并处一万元以上五万元以下的罚款；情节严重的，由有关部门依法停止相关业务。

第六十五条　违反本法规定，隐瞒真实情况或者提供虚假材料申请广告审查的，广告审查机关不予受理或者不予批准，予以警告，一年内不受理该申请人的广告审查申请；以欺骗、贿赂等不正当手段取得广告审查批准的，广告审查机关予以撤销，处十万元以上二十万元以下的罚款，三年内不受理该申请人的广告审查申请。

第六十六条　违反本法规定，伪造、变造或者转让广告审查批准文件的，由工商行政管理部门没收违法所得，并处一万元以上十万元以下的罚款。

第六十七条　有本法规定的违法行为的，由工商行政管理部门记入信用档案，并依照有关法律、行政法规规定予以公示。

第六十八条　广播电台、电视台、报刊音像出版单位发布违法广告，或者以新闻报道形式变相发布广告，或者以介绍健康、养生知识等形式变相发布医疗、药品、医疗器械、保健食品广告，工商行政管理部门依照本法给予处罚的，应当通报新闻出版广电部门以及其他有关部门。新闻出版广电部门以及其他有关部门应当依法对负有责任的主管人员和直接责任人员给予处分；情节严重的，并可以暂停媒体的广告发布业务。

新闻出版广电部门以及其他有关部门未依照前款规定对广播电台、电视台、报刊音像出版单位进行处理的，对负有责任的主管人员和直接责任人员，依法给予处分。

第六十九条　广告主、广告经营者、广告发布者违反本法规定，有下列侵权行为之一的，依法承担民事责任：

（一）在广告中损害未成年人或者残疾人的身心健康的；

（二）假冒他人专利的；

（三）贬低其他生产经营者的商品、服务的；

（四）在广告中未经同意使用他人名义或者形象的；

（五）其他侵犯他人合法民事权益的。

第七十条　因发布虚假广告，或者有其他本法规定的违法行为，被吊销营业执照的公司、企业的法定代表人，对违法行为负有个人责任的，自该公司、企业被吊销营业执照之日起三年内不得担任公司、企业的董事、监事、高级管理人员。

第七十一条　违反本法规定，拒绝、阻挠工商行政管理部门监督检查，或者有其他构成违反治安管理行为的，依法给予治安管理处罚；构成犯罪的，依法追究刑事责任。

第七十二条　广告审查机关对违法的广告内容作出审查批准决定的，对负有责任的主管人员和直接责任人员，由任免机关或者监察机关依法给予处分；构成犯罪的，依法追究刑事责任。

第七十三条　工商行政管理部门对在履行广告监测职责中发现的违法广告行为或者对经投诉、举报的违法广告行为，不依法予以查处的，对负有责任的主管人员和直接责任人员，依法给予处分。

工商行政管理部门和负责广告管理相关工作的有关部门的工作人员玩忽职守、滥用职权、徇私舞弊的，依法给予处分。

有前两款行为，构成犯罪的，依法追究刑事责任。

第六章　附　则

第七十四条　国家鼓励、支持开展公益广告宣传活动，传播社会主义核心价值观，倡导文明风尚。

大众传播媒介有义务发布公益广告。广播电台、电视台、报刊出版单位应当按照规定的版面、时段、时长发布公益广告。公益广告的管理办法，由国务院工商行政管理部门会同有关部门制定。

第七十五条　本法自2015年9月1日起施行。

《中华人民共和国网络安全法》

（2016年11月7日发布，2017年6月1日实施）

第一章 总 则

第一条 为了保障网络安全，维护网络空间主权和国家安全、社会公共利益，保护公民、法人和其他组织的合法权益，促进经济社会信息化健康发展，制定本法。

第二条 在中华人民共和国境内建设、运营、维护和使用网络，以及网络安全的监督管理，适用本法。

第三条 国家坚持网络安全与信息化发展并重，遵循积极利用、科学发展、依法管理、确保安全的方针，推进网络基础设施建设和互联互通，鼓励网络技术创新和应用，支持培养网络安全人才，建立健全网络安全保障体系，提高网络安全保护能力。

第四条 国家制定并不断完善网络安全战略，明确保障网络安全的基本要求和主要目标，提出重点领域的网络安全政策、工作任务和措施。

第五条 国家采取措施，监测、防御、处置来源于中华人民共和国境内外的网络安全风险和威胁，保护关键信息基础设施免受攻击、侵入、干扰和破坏，依法惩治网络违法犯罪活动，维护网络空间安全和秩序。

第六条 国家倡导诚实守信、健康文明的网络行为，推动传播社会主义核心价值观，采取措施提高全社会的网络安全意识和水平，形成全社会共同参与促进网络安全的良好环境。

第七条 国家积极开展网络空间治理、网络技术研发和标准制定、打击网络违法犯罪等方面的国际交流与合作，推动构建和平、安全、开放、合作的网络空间，建立多边、民主、透明的网络治理体系。

第八条 国家网信部门负责统筹协调网络安全工作和相关监督管理工作。

国务院电信主管部门、公安部门和其他有关机关依照本法和有关法律、行政法规的规定，在各自职责范围内负责网络安全保护和监督管理工作。

县级以上地方人民政府有关部门的网络安全保护和监督管理职责，按照国家有关规定确定。

第九条 网络运营者开展经营和服务活动，必须遵守法律、行政法规，尊重社会公德，遵守商业道德，诚实信用，履行网络安全保护义务，接受政府和社会的监督，承担社会责任。

第十条 建设、运营网络或者通过网络提供服务，应当依照法律、行政法规的规定和国家标准的强制性要求，采取技术措施和其他必要措施，保障网络安全、稳定运行，有效应对网络安全事件，防范网络违法犯罪活动，维护网络数据的完整性、保密性和可用性。

第十一条 网络相关行业组织按照章程，加强行业自律，制定网络安全行为规范，指导会员加强网络安全保护，提高网络安全保护水平，促进行业健康发展。

第十二条 国家保护公民、法人和其他组织依法使用网络的权利，促进网络接入普及，提升网络服务水平，为社会提供安全、便利的网络服务，保障网络信息依法有序自由流动。

任何个人和组织使用网络应当遵守宪法法律，遵守公共秩序，尊重社会公德，不得危害网络安全，不得利用网络从事危害国家安全、荣誉和利益，煽动颠覆国家政权、推翻社会主义制度，煽动分裂国家、破坏国家统一，宣扬恐怖主义、极端主义，宣扬民族仇恨、民族歧视，传播暴力、淫秽色情信息，编造、传播虚假信息扰乱经济秩序和社会秩序，以及侵害他人名誉、隐私、知识产权和其他合法权益等活动。

第十三条 国家支持研究开发有利于未成年人健康成长的网络产品和服务，依法惩治利用网络从事危害未成年人身心健康的活动，为未成年人提供安全、健康的网络环境。

第十四条 任何个人和组织有权对危害网络安全的行为向网信、电信、公安等部门举报。收到举报的部门应当及时依法作出处理；不属于本部门职责的，应当及时移送有权处理的部门。

有关部门应当对举报人的相关信息予以保密，保护举报人的合法权益。

第二章　网络安全支持与促进

第十五条　国家建立和完善网络安全标准体系。国务院标准化行政主管部门和国务院其他有关部门根据各自的职责，组织制定并适时修订有关网络安全管理以及网络产品、服务和运行安全的国家标准、行业标准。

国家支持企业、研究机构、高等学校、网络相关行业组织参与网络安全国家标准、行业标准的制定。

第十六条　国务院和省、自治区、直辖市人民政府应当统筹规划，加大投入，扶持重点网络安全技术产业和项目，支持网络安全技术的研究开发和应用，推广安全可信的网络产品和服务，保护网络技术知识产权，支持企业、研究机构和高等学校等参与国家网络安全技术创新项目。

第十七条　国家推进网络安全社会化服务体系建设，鼓励有关企业、机构开展网络安全认证、检测和风险评估等安全服务。

第十八条　国家鼓励开发网络数据安全保护和利用技术，促进公共数据资源开放，推动技术创新和经济社会发展。

国家支持创新网络安全管理方式，运用网络新技术，提升网络安全保护水平。

第十九条　各级人民政府及其有关部门应当组织开展经常性的网络安全宣传教育，并指导、督促有关单位做好网络安全宣传教育工作。

大众传播媒介应当有针对性地面向社会进行网络安全宣传教育。

第二十条　国家支持企业和高等学校、职业学校等教育培训机构开展网络安全相关教育与培训，采取多种方式培养网络安全人才，促进网络安全人才交流。

第三章　网络运行安全

第一节　一般规定

第二十一条　国家实行网络安全等级保护制度。网络运营者应当按照网络安全等级保护制度的要求，履行下列安全保护义务，保障网络免受干扰、破坏或者未经授权的访问，防止网络数据泄露或者被窃取、篡改：

(一)制定内部安全管理制度和操作规程，确定网络安全负责人，落实网络安全保护责任；

（二）采取防范计算机病毒和网络攻击、网络侵入等危害网络安全行为的技术措施；

（三）采取监测、记录网络运行状态、网络安全事件的技术措施，并按照规定留存相关的网络日志不少于六个月；

（四）采取数据分类、重要数据备份和加密等措施；

（五）法律、行政法规规定的其他义务。

第二十二条　网络产品、服务应当符合相关国家标准的强制性要求。网络产品、服务的提供者不得设置恶意程序；发现其网络产品、服务存在安全缺陷、漏洞等风险时，应当立即采取补救措施，按照规定及时告知用户并向有关主管部门报告。

网络产品、服务的提供者应当为其产品、服务持续提供安全维护；在规定或者当事人约定的期限内，不得终止提供安全维护。

网络产品、服务具有收集用户信息功能的，其提供者应当向用户明示并取得同意；涉及用户个人信息的，还应当遵守本法和有关法律、行政法规关于个人信息保护的规定。

第二十三条　网络关键设备和网络安全专用产品应当按照相关国家标准的强制性要求，由具备资格的机构安全认证合格或者安全检测符合要求后，方可销售或者提供。国家网信部门会同国务院有关部门制定、公布网络关键设备和网络安全专用产品目录，并推动安全认证和安全检测结果互认，避免重复认证、检测。

第二十四条　网络运营者为用户办理网络接入、域名注册服务，办理固定电话、移动电话等入网手续，或者为用户提供信息发布、即时通讯等服务，在与用户签订协议或者确认提供服务时，应当要求用户提供真实身份信息。用户不提供真实身份信息的，网络运营者不得为其提供相关服务。

国家实施网络可信身份战略，支持研究开发安全、方便的电子身份认证技术，推动不同电子身份认证之间的互认。

第二十五条　网络运营者应当制定网络安全事件应急预案，及时处置系统漏洞、计算机病毒、网络攻击、网络侵入等安全风险；在发生危害网络安全的事件时，立即启动应急预案，采取相应的补救措施，并按照规定向有关主管部门报告。

第二十六条　开展网络安全认证、检测、风险评估等活动，向社会发布系统漏洞、计算机病毒、网络攻击、网络侵入等网络安全信息，应当遵守国家有关规定。

第二十七条　任何个人和组织不得从事非法侵入他人网络、干扰他人网络正常功能、窃取网络数据等危害网络安全的活动；不得提供专门用于从事侵入网络、干扰网络正常功能及防护措施、窃取网络数据等危害网络安全活动的程序、工具；明知他人从事危害网络安全的活动的，不得为其提供技术支持、广告推广、支付结算等帮助。

第二十八条　网络运营者应当为公安机关、国家安全机关依法维护国家安全和侦查犯罪的活动提供技术支持和协助。

第二十九条　国家支持网络运营者之间在网络安全信息收集、分析、通报和应急处置等方面进行合作，提高网络运营者的安全保障能力。

有关行业组织建立健全本行业的网络安全保护规范和协作机制，加强对网络安全风险的分析评估，定期向会员进行风险警示，支持、协助会员应对网络安全风险。

第三十条　网信部门和有关部门在履行网络安全保护职责中获取的信息，只能用于维护网络安全的需要，不得用于其他用途。

第二节　关键信息基础设施的运行安全

第三十一条　国家对公共通信和信息服务、能源、交通、水利、金融、公共服务、电子政务等重要行业和领域，以及其他一旦遭到破坏、丧失功能或者数据泄露，可能严重危害国家安全、国计民生、公共利益的关键信息基础设施，在网络安全等级保护制度的基础上，实行重点保护。关键信息基础设施的具体范围和安全保护办法由国务院制定。

国家鼓励关键信息基础设施以外的网络运营者自愿参与关键信息基础设施保护体系。

第三十二条　按照国务院规定的职责分工，负责关键信息基础设施安全保护工作的部门分别编制并组织实施本行业、本领域的关键信息基础设施安全规划，指导和监督关键信息基础设施运行安全保护工作。

第三十三条　建设关键信息基础设施应当确保其具有支持业务稳定、持续运行的性能，并保证安全技术措施同步规划、同步建设、同步使用。

第三十四条　除本法第二十一条的规定外，关键信息基础设施的运营者还应当履行下列安全保护义务：

（一）设置专门安全管理机构和安全管理负责人，并对该负责人和关键岗位的人员进行安全背景审查；

（二）定期对从业人员进行网络安全教育、技术培训和技能考核；

（三）对重要系统和数据库进行容灾备份；

（四）制定网络安全事件应急预案，并定期进行演练；

（五）法律、行政法规规定的其他义务。

第三十五条　关键信息基础设施的运营者采购网络产品和服务，可能影响国家安全的，应当通过国家网信部门会同国务院有关部门组织的国家安全审查。

第三十六条　关键信息基础设施的运营者采购网络产品和服务，应当按照规定与提供者签订安全保密协议，明确安全和保密义务与责任。

第三十七条　关键信息基础设施的运营者在中华人民共和国境内运营中收集和产生的个人信息和重要数据应当在境内存储。因业务需要，确需向境外提供的，应当按照国家网信部门会同国务院有关部门制定的办法进行安全评估；法律、行政法规另有规定的，依照其规定。

第三十八条　关键信息基础设施的运营者应当自行或者委托网络安全服务机构对其网络的安全性和可能存在的风险每年至少进行一次检测评估，并将检测评估情况和改进措施报送相关负责关键信息基础设施安全保护工作的部门。

第三十九条　国家网信部门应当统筹协调有关部门对关键信息基础设施的安全保护采取下列措施：

（一）对关键信息基础设施的安全风险进行抽查检测，提出改进措施，必要时可以委托网络安全服务机构对网络存在的安全风险进行检测评估；

（二）定期组织关键信息基础设施的运营者进行网络安全应急演练，提高应对网络安全事件的水平和协同配合能力；

（三）促进有关部门、关键信息基础设施的运营者以及有关研究机构、网络安全服务机构等之间的网络安全信息共享；

（四）对网络安全事件的应急处置与网络功能的恢复等，提供技术支持和协助。

第四章　网络信息安全

第四十条　网络运营者应当对其收集的用户信息严格保密，并建立健全用户信息保护制度。

第四十一条　网络运营者收集、使用个人信息，应当遵循合法、正当、必要的原则，公开收集、使用规则，明示收集、使用信息的目的、方式和范围，并经被收集者同意。

网络运营者不得收集与其提供的服务无关的个人信息，不得违反法律、行政法规的规定和双方的约定收集、使用个人信息，并应当依照法律、行政法规的规定和与用户的约定，处理其保存的个人信息。

第四十二条　网络运营者不得泄露、篡改、毁损其收集的个人信息；未经被收集者同意，不得向他人提供个人信息。但是，经过处理无法识别特定个人且不能复原的除外。

网络运营者应当采取技术措施和其他必要措施，确保其收集的个人信息安全，防止信息泄露、毁损、丢失。在发生或者可能发生个人信息泄露、毁损、丢失的情况时，应当立即采取补救措施，按照规定及时告知用户并向有关主管部门报告。

第四十三条　个人发现网络运营者违反法律、行政法规的规定或者双方的约定收集、使用其个人信息的，有权要求网络运营者删除其个人信息；发现网络运营者收集、存储的其个人信息有错误的，有权要求网络运营者予以更正。网络运营者应当采取措施予以删除或者更正。

第四十四条　任何个人和组织不得窃取或者以其他非法方式获取个人信息，不得非法出售或者非法向他人提供个人信息。

第四十五条　依法负有网络安全监督管理职责的部门及其工作人员，必须对在履行职责中知悉的个人信息、隐私和商业秘密严格保密，不得泄露、出售或者非法向他人提供。

第四十六条　任何个人和组织应当对其使用网络的行为负责，不得设立用于实施诈骗，传授犯罪方法，制作或者销售违禁物品、管制物品等违法犯罪活动的网站、通讯群组，不得利用网络发布涉及实施诈骗，制作或者销售违禁物品、管制物品以及其他违法犯罪活动的信息。

第四十七条　网络运营者应当加强对其用户发布的信息的管理，发现法律、行政法规禁止发布或者传输的信息的，应当立即停止传输该信息，采取消除等处置措施，防止信息扩散，保存有关记录，并向有关主管部门报告。

第四十八条　任何个人和组织发送的电子信息、提供的应用软件，不得设置恶意程序，不得含有法律、行政法规禁止发布或者传输的信息。

电子信息发送服务提供者和应用软件下载服务提供者，应当履行安全管理义务，知道其用户有前款规定行为的，应当停止提供服务，采取消除等处置措施，保存有关记录，并向有关主管部门报告。

第四十九条　网络运营者应当建立网络信息安全投诉、举报制度，公布投诉、举报方式等信息，及时受理并处理有关网络信息安全的投诉和举报。

网络运营者对网信部门和有关部门依法实施的监督检查，应当予以配合。

第五十条　国家网信部门和有关部门依法履行网络信息安全监督管理职责，发现法律、行政法规禁止发布或者传输的信息的，应当要求网络运营者停止传输，采取消除等处置措施，保存有关记录；对来源于中华人民共和国境外的上述信息，应当通知有关机构采取技术措施和其他必要措施阻断传播。

第五章　监测预警与应急处置

第五十一条　国家建立网络安全监测预警和信息通报制度。国家网信部门应当统筹协调有关部门加强网络安全信息收集、分析和通报工作，按照规定统一发布网络安全监测预警信息。

第五十二条　负责关键信息基础设施安全保护工作的部门，应当建立健全本行业、本领域的网络安全监测预警和信息通报制度，并按照规定报送网络安全监测预警信息。

第五十三条　国家网信部门协调有关部门建立健全网络安全风险评估和应急工作机制，制定网络安全事件应急预案，并定期组织演练。

负责关键信息基础设施安全保护工作的部门应当制定本行业、本领域的网络安全事件应急预案，并定期组织演练。

网络安全事件应急预案应当按照事件发生后的危害程度、影响范围等因素对网络安全事件进行分级，并规定相应的应急处置措施。

第五十四条　网络安全事件发生的风险增大时，省级以上人民政府有关部门应当按照规定的权限和程序，并根据网络安全风险的特点和可能造成的危害，采取下列措施：

（一）要求有关部门、机构和人员及时收集、报告有关信息，加强对网络安全风险的监测；

（二）组织有关部门、机构和专业人员，对网络安全风险信息进行分析评估，预测事件发生的可能性、影响范围和危害程度；

（三）向社会发布网络安全风险预警，发布避免、减轻危害的措施。

第五十五条　发生网络安全事件，应当立即启动网络安全事件应急预案，对网络安全事件进行调查和评估，要求网络运营者采取技术措施和其他必要措施，消除安全隐患，防止危害扩大，并及时向社会发布与公众有关的警示信息。

第五十六条　省级以上人民政府有关部门在履行网络安全监督管理职责中，发现网络存在较大安全风险或者发生安全事件的，可以按照规定的权限和程序对该网络的运营者的法定代表人或者主要负责人进行约谈。网络运营者应当按照要求采取措施，进行整改，消除隐患。

第五十七条　因网络安全事件，发生突发事件或者生产安全事故的，应当依照《中华人民共和国突发事件应对法》《中华人民共和国安全生产法》等有关法律、行政法规的规定处置。

第五十八条　因维护国家安全和社会公共秩序，处置重大突发社会安全事件的需要，经国务院决定或者批准，可以在特定区域对网络通信采取限制等临时措施。

第六章　法律责任

第五十九条　网络运营者不履行本法第二十一条、第二十五条规定的网络安全保护义务的，由有关主管部门责令改正，给予警告；拒不改正或者导致危害网络安全等后果的，处一万元以上十万元以下罚款，对直接负责的主管人员处五千元以上五万元以下罚款。

关键信息基础设施的运营者不履行本法第三十三条、第三十四条、第三十六条、第三十八条规定的网络安全保护义务的，由有关主管部门责令改正，给予警告；拒不改正或者导致危害网络安全等后果的，处十万元以上一百万元以下罚款，对直接负责的主管人员处一万元以上十万元以下罚款。

第六十条　违反本法第二十二条第一款、第二款和第四十八条第一款规定，有下列行为之一的，由有关主管部门责令改正，给予警告；拒不改正或者导致危害网络安全等后果的，处五万元以上五十万元以下罚款，对直接负责的主管人员处一万元以上十万元以下罚款：

（一）设置恶意程序的；

（二）对其产品、服务存在的安全缺陷、漏洞等风险未立即采取补救措施，或者未按照规定及时告知用户并向有关主管部门报告的；

（三）擅自终止为其产品、服务提供安全维护的。

第六十一条　网络运营者违反本法第二十四条第一款规定，未要求用户提供真实身份信息，或者对不提供真实身份信息的用户提供相关服务的，由有关主管部门责令改正；拒不改正或者情节严重的，处五万元以上五十万元以下罚款，并可以由有关主管部门责令暂停相关业务、停业整顿、关闭网站、吊销相关业务许可证或者吊销营业执照，对直接负责的主管人员和其他直接责任人员处一万元以上十万元以下罚款。

第六十二条　违反本法第二十六条规定，开展网络安全认证、检测、风险评估等活动，或者向社会发布系统漏洞、计算机病毒、网络攻击、网络侵入等网络安全信息的，由有关主管部门责令改正，给予警告；拒不改正或者情节严重的，处一万元以上十万元以下罚款，并可以由有关主管部门责令暂停相关业务、停业整顿、关闭网站、吊销相关业务许可证或者吊销营业执照，对直接负责的主管人员和其他直接责任人员处五千元以上五万元以下罚款。

第六十三条　违反本法第二十七条规定，从事危害网络安全的活动，或者提供专门用于从事危害网络安全活动的程序、工具，或者为他人从事危害网络安全的活动提供技术支持、广告推广、支付结算等帮助，尚不构成犯罪的，由公安机关没收违法所得，处五日以下拘留，可以并处五万元以上五十万元以下罚款；情节较重的，处五日以上十五日以下拘留，可以并处十万元以上一百万元以下罚款。

单位有前款行为的，由公安机关没收违法所得，处十万元以上一百万元以下罚款，并对直接负责的主管人员和其他直接责任人员依照前款规定处罚。

违反本法第二十七条规定，受到治安管理处罚的人员，五年内不得从事网络安全管理和网络运营关键岗位的工作；受到刑事处罚的人员，终身不得从事网络安全管理和网络运营关键岗位的工作。

第六十四条　网络运营者、网络产品或者服务的提供者违反本法第二十二条第三款、第四十一条至第四十三条规定，侵害个人信息依法得到保护的权利的，由有关主管部门责令改正，可以根据情节单处或者并处警告、没收违法所得、处违法所得一倍以上十倍以下罚款，没有违法所得的，处一百万元以下罚款，对直接负责的主管人员和其他直接责任人员处一万元以上十万元以下罚款；情节严重的，并可以责令暂停相关业务、停业整顿、关闭网站、吊销相关业务许可证或者吊销营业执照。

违反本法第四十四条规定，窃取或者以其他非法方式获取、非法出售或者非法向他人提供个人信息，尚不构成犯罪的，由公安机关没收违法所得，并处违法所得一倍以上十倍以下罚款，没有违法所得的，处一百万元以下罚款。

第六十五条　关键信息基础设施的运营者违反本法第三十五条规定，使用未经安全审查或者安全审查未通过的网络产品或者服务的，由有关主管部门责令停止使用，处采购金额一倍以上十倍以下罚款；对直接负责的主管人员和其他直接责任人员处一万元以上十万元以下罚款。

第六十六条　关键信息基础设施的运营者违反本法第三十七条规定，在境外存储网络数据，或者向境外提供网络数据的，由有关主管部门责令改正，给予警告，没收违法所得，处五万元以上五十万元以下罚款，并可以责令暂停相关业务、停业整顿、关闭网站、吊销相关业务许可证或者吊销营业执照；对直接负责的主管人员和其他直接责任人员处一万元以上十万元以下罚款。

第六十七条　违反本法第四十六条规定，设立用于实施违法犯罪活动的网站、通讯群组，或者利用网络发布涉及实施违法犯罪活动的信息，尚不构成犯罪的，由公安机关处五日以下拘留，可以并处一万元以上十万元以下罚款；情节较重的，处五日以上十五日以下拘留，可以并处五万元以上五十万元以下罚款。关闭用于实施违法犯罪活动的网站、通讯群组。

单位有前款行为的，由公安机关处十万元以上五十万元以下罚款，并对直接负责的主管人员和其他直接责任人员依照前款规定处罚。

第六十八条　网络运营者违反本法第四十七条规定，对法律、行政法规禁止发布或者传输的信息未停止传输、采取消除等处置措施、保存有关记录的，由有关主管部门责令改正，给予警告，没收违法所得；拒不改正或者情节严重的，处十万元以上五十万元以下罚款，并可以责令暂停相关业务、停业整顿、关闭网站、吊销相关业务许可证或者吊销营业执照，对直接负责的主管人员和其他直接责任人员处一万元以上十万元以下罚款。

电子信息发送服务提供者、应用软件下载服务提供者，不履行本法第四十八条第二款规定的安全管理义务的，依照前款规定处罚。

第六十九条　网络运营者违反本法规定，有下列行为之一的，由有关主管部门责令改正；拒不改正或者情节严重的，处五万元以上五十万元以下罚款，对直接负责的主管人员和其他直接责任人员，处一万元以上十万元以下罚款：

(一)不按照有关部门的要求对法律、行政法规禁止发布或者传输的信息，采取停止传输、消除等处置措施的；

（二）拒绝、阻碍有关部门依法实施的监督检查的；

（三）拒不向公安机关、国家安全机关提供技术支持和协助的。

第七十条　发布或者传输本法第十二条第二款和其他法律、行政法规禁止发布或者传输的信息的，依照有关法律、行政法规的规定处罚。

第七十一条　有本法规定的违法行为的，依照有关法律、行政法规的规定记入信用档案，并予以公示。

第七十二条　国家机关政务网络的运营者不履行本法规定的网络安全保护义务的，由其上级机关或者有关机关责令改正；对直接负责的主管人员和其他直接责任人员依法给予处分。

第七十三条　网信部门和有关部门违反本法第三十条规定，将在履行网络安全保护职责中获取的信息用于其他用途的，对直接负责的主管人员和其他直接责任人员依法给予处分。

网信部门和有关部门的工作人员玩忽职守、滥用职权、徇私舞弊，尚不构成犯罪的，依法给予处分。

第七十四条　违反本法规定，给他人造成损害的，依法承担民事责任。

违反本法规定，构成违反治安管理行为的，依法给予治安管理处罚；构成犯罪的，依法追究刑事责任。

第七十五条　境外的机构、组织、个人从事攻击、侵入、干扰、破坏等危害中华人民共和国的关键信息基础设施的活动，造成严重后果的，依法追究法律责任；国务院公安部门和有关部门并可以决定对该机构、组织、个人采取冻结财产或者其他必要的制裁措施。

第七章　附　则

第七十六条　本法下列用语的含义：

（一）网络，是指由计算机或者其他信息终端及相关设备组成的按照一定的规则和程序对信息进行收集、存储、传输、交换、处理的系统。

（二）网络安全，是指通过采取必要措施，防范对网络的攻击、侵入、干扰、破坏和非法使用以及意外事故，使网络处于稳定可靠运行的状态，以及保障网络数据的完整性、保密性、可用性的能力。

（三）网络运营者，是指网络的所有者、管理者和网络服务提供者。

（四）网络数据，是指通过网络收集、存储、传输、处理和产生的各种电子数据。

（五）个人信息，是指以电子或者其他方式记录的能够单独或者与其他信息结合识别自然人个人身份的各种信息，包括但不限于自然人的姓名、出生日期、身份证件号码、个人生物识别信息、住址、电话号码等。

第七十七条　存储、处理涉及国家秘密信息的网络的运行安全保护，除应当遵守本法外，还应当遵守保密法律、行政法规的规定。

第七十八条　军事网络的安全保护，由中央军事委员会另行规定。

第七十九条　本法自 2017 年 6 月 1 日起施行。

《网络视听节目内容审核通则》

（2017年6月30日发布，2017年6月30日实施）

第一章　总　则

第一条　为规范网络视听节目内容审核工作，服务网络视听节目创作，促进网络视听节目行业健康发展，根据《互联网视听节目服务管理规定》，中国网络视听节目服务协会（以下简称协会）发起制定本通则。

第二条　本通则所称网络视听节目，具体包括：

（一）网络剧、微电影、网络电影、影视类动画片、纪录片；

（二）文艺、娱乐、科技、财经、体育、教育等专业类网络视听节目；

（三）其他网络原创视听节目。

第三条　互联网视听节目服务相关单位应当认真遵守本通则的规定，积极传播本通则倡导的内容，不得传播本通则禁止的内容。

第二章　审核原则

第四条　本通则所称内容审核，是指从事互联网视听节目服务相关单位在播出网络视听节目前，对拟播出的视听节目作品和用于宣传、介绍作品等目的而制作的图文及视频内容的审核。具体审核要素包括：

（一）政治导向、价值导向和审美导向；

（二）情节、画面、台词、歌曲、音效、人物、字幕等。

第五条　互联网视听节目服务相关单位在网络视听节目内容审核方面，坚持如下原则：

（一）先审后播原则

互联网视听节目服务相关单位应建立内容播前审核制度、审核意见留存制度及工作程序，配备与业务发展需要相适应的审核员，及相应的审看设施。互联网视听节目服务相关单位播出的网络视听节目必须经过审核员审核认定。

(二)审核到位原则

1. 审核员审核节目时应完整审看包括片头片尾在内的全部内容,不得快进和遗漏,每部网络剧、微电影、网络电影、影视类动画片、纪录片应由不少于三人的审核员审核,每期(条)专业类网络视听节目应由不少于两人的审核员审核。

2. 审核员应客观、公正地提出书面的节目审核意见,审核意见应明确指出需要修改的问题、是否同意播出,并说明理由。

3. 审核员应具有高度的社会责任感、较高的文化修养、良好的职业道德,熟悉国家相关法律法规、方针政策;审核员应经过节目内容审核业务培训,考核通过后从事节目内容审核工作。

第三章　导向要求

第六条　互联网视听节目服务相关单位应坚持正确的政治方向,围绕中心,服务大局,坚持“二为”方向和“双百”方针,努力传播体现当代中国价值观念、体现中华文化精神、反映中国人审美追求,思想性、艺术性、观赏性有机统一的优秀作品。

(一)坚持以人民为中心的创作导向,把人民作为表现的主体,展示奋斗人生,刻画最美人物,反映人民心声,为人民抒写、为人民抒情、为人民抒怀,把满足人民精神文化需求作为出发点和落脚点;

(二)坚持以社会主义核心价值观为引领,大力弘扬革命文化和社会主义先进文化,大力弘扬以爱国主义为核心的民族精神和以改革创新为核心的时代精神,歌唱祖国、赞美英雄、讴歌时代,引导人民树立和坚持正确的历史观、民族观、国家观、文化观;

(三)坚持以现实题材为主,贴近实际、贴近生活、贴近群众,记录时代发展和社会进步;

(四)大力弘扬中国优秀传统文化。以史为鉴、传承文明,激励中华儿女自尊、自信、自强。深入阐发讲仁爱、重民本、守诚信、崇正义、尚和合、求大同等核心思想理念;

(五)弘扬真善美,传播正能量。牢记社会责任,持续颂扬自强不息、敬业乐群、扶危济困、见义勇为、孝老爱亲等传统美德,引导人们增强道德判断力和道德荣誉感;

（六）努力讲好中国故事，弘扬中国精神，凝聚中国力量，为实现中华民族伟大复兴的中国梦作出贡献；

（七）坚持把社会效益放在首位，努力传播既能在思想上、艺术上取得成功，又能在市场上受到欢迎，社会效益和经济效益相统一的作品；

（八）牢固树立精品意识，下大力气提升品质，提高原创能力，努力传播思想精深、艺术精湛、制作精良的优秀作品。在剧情设计上要弘扬正气、伸张正义，传播真善美、鞭笞假恶丑，体现积善成德、明德惟馨的道德导向。

第四章　节目内容审核标准

第七条　互联网视听节目服务相关单位要坚持正确的政治导向、价值导向和审美导向，禁止制作、播放含有下列内容的网络视听节目：

（一）违反宪法确定的基本原则，煽动抗拒或者破坏宪法、法律、行政法规实施的；

（二）危害国家统一、主权和领土完整，泄露国家秘密，危害国家安全，损害国家尊严、荣誉和利益，宣扬恐怖主义、极端主义的；

（三）诋毁民族优秀文化传统，煽动民族仇恨、民族歧视，侵害民族风俗习惯，歪曲民族历史和民族历史人物，伤害民族感情，破坏民族团结的；

（四）煽动破坏国家宗教政策，宣扬宗教狂热，危害宗教和睦，伤害信教公民宗教感情，破坏信教公民和不信教公民团结，宣扬邪教、迷信的；

（五）危害社会公德，扰乱社会秩序，破坏社会稳定，宣扬淫秽、赌博、吸毒，渲染暴力、恐怖，教唆犯罪或者传授犯罪方法的；

（六）侵害未成年人合法权益或者损害未成年人身心健康的；

（七）侮辱、诽谤他人或者散布他人隐私，侵害他人合法权益的；

（八）法律、行政法规禁止的其他内容。

第八条　网络视听节目中含有下列内容或情节的，应予以剪截、删除后播出；问题严重的，整个节目不得播出：

（一）不符合国情和社会制度，有损国家形象，危害国家统一和社会稳定：

1. 贬损国家形象、国家制度和方针政策；

2. 贬损、恶搞、损害革命领袖、英雄人物的形象、名誉；

3. 损害人民军队、武装警察、国安、公安、司法人员等特定职业、群体，以及社会组织、团体的公众形象；

4. 宣扬消极、颓废的人生观、世界观和价值观，渲染、夸大社会问题，过分表现、展示社会阴暗面；

5. 贬低人民群众推动历史发展的作用；

6. 以反面角色为主要表现对象，或为反动的、落后的、邪恶的、非法的社会势力、社会组织和人物立传、歌功颂德，着重表现其积极的一面；

7. 宣扬中国历史上封建王朝对外的武力征服；

8. 宣扬带有殖民主义色彩的台词、称谓、画面等；

9. 脱离国情，缺乏基本的现实生活依据，宣扬奢华生活等。

（二）有损民族团结：

1. 含有伤害民族感情的情节、台词、称谓、人物形象、画面、音效等；

2. 对独特的民族习俗和宗教信仰猎奇渲染，甚至丑化侮辱；

3. 表现伤害民族感情的民族战争、历史事件；

4. 将历史上民族间的征伐表现成国与国之间的战争等。

（三）违背国家宗教政策：

1. 宣扬宗教极端主义和邪教；

2. 不恰当地比较不同宗教、教派的优劣，可能引发宗教、教派之间矛盾和冲突；

3. 过多展示和宣扬宗教教义、教规、仪式等内容；

4. 歪曲、诋毁或歧视宗教观念、宗教信仰和宗教称谓；

5. 对宗教内容戏说和调侃等。

（四）宣扬封建迷信，违背科学精神：

1. 宣扬灵魂附体、转世轮回、巫术作法等封建迷信思想；

2. 宣扬愚昧、邪恶、怪诞等封建文化糟粕。

（五）渲染恐怖暴力，展示丑恶行为，甚至可能诱发犯罪：

1. 渲染暴力、凶杀，表现黑恶势力的猖狂；

2. 细致展现凶暴、残酷的犯罪过程，及肉体、精神虐待；

3. 暴露侦查手段、侦破细节，可诱导罪犯掌握反侦查手段；

4. 表现离奇、怪诞的犯罪案件；

5. 对真假、善恶、美丑的价值判断模糊不清，混淆正义与非正义的基本界限；

6. 详细展示吸毒、酗酒、赌博等不良行为；

7. 展现过度的惊悚恐怖、生理痛苦、歇斯底里，造成强烈感官、精神刺激并可致人身心不适的画面、台词、音乐及音效等；

8. 为宣扬以暴制暴，宣扬极端的复仇心理和行为。

（六）渲染淫秽色情和庸俗低级趣味：

1. 具体展现卖淫、嫖娼、淫乱、强奸、自慰等情节；

2. 表现和展示非正常的性关系、性行为，如乱伦、同性恋、性变态、性侵犯、性虐待及性暴力等；

3. 展示和宣扬不健康的婚恋观和婚恋状态，如婚外恋、一夜情、性自由、换妻等；

4. 较长时间或较多给人以感官刺激的床上镜头、接吻、爱抚、淋浴，类似的与性行为有关的间接表现或暗示；

5. 有明显的性挑逗、性骚扰、性侮辱或类似效果的画面、台词、音乐及音效等；

6. 展示男女性器官，或仅用肢体掩盖或用很小的遮盖物掩盖人体等隐秘部位及衣着过分暴露等；

7. 含有未成年人不宜接受的涉性画面、台词、音乐、音效等；

8. 使用粗俗语言等；

9. 以成人电影、情色电影、三级片、偷拍、走光、露点及各种挑逗性文字或图片作为视频节目标题、分类或宣传推广。

（七）侮辱或者诽谤他人：

1. 损害重要历史人物及其他真实人物的形象、名誉，造成不良社会影响；

2. 贬损他人的职业身份、社会地位或身体特征。

（八）歪曲贬低民族优秀文化传统：

1. 渲染、夸大或集中展示民族愚昧或社会落后方面；

2. 违背基本史实，为已有定论的历史人物、历史事件"翻案"，或为尚存争议的历史人物、历史事件"正名"；

3. 篡改名著，歪曲原著的精神实质；

4. 违背基本的历史常识，缺乏基本的历史依据，任意曲解历史，不尊重人类文明、他国文明和风俗习惯等；

5. 对历史尤其是革命历史进行过度娱乐和游戏式表现。

（九）危害社会公德，对未成年人造成不良影响的：

1. 以恶搞方式描绘重大自然灾害、意外事故、恐怖事件、战争等灾难场面；

2.以肯定、赞许的基调或引入模仿的方式表现打架斗殴、羞辱他人、污言秽语等；

3.表现未成年人早恋、抽烟酗酒、打架斗殴、滥用毒品等不良行为；

4.违反国务院广播影视行政部门有关规定的吸烟镜头和吸烟场景；

5.人物造型过分夸张怪异，对未成年人有不良影响；

6.展示未成年人或者未成年人形象的动画、动漫人物的性行为等；

7.含有其他有违社会公德的不文明行为。

（十）法律、法规和国家规定禁止的其他内容：

1.违反国家有关规定，公开展示某专项工作的内部制度、程序；

2.可能引发国际纠纷或造成不良国际影响；

3.违反国家有关规定，滥用、错用特定标识、呼号、称谓、用语；

4.节目中的产品和服务信息植入违反国务院广播影视行政部门有关规定；

5.破坏生态环境，虐待动物，捕杀、食用国家保护类动物的内容；

6.侵犯个人隐私内容；

7.以抄袭、剽窃或未经许可翻拍等方式侵犯他人知识产权的节目；

8.从事损害我国国家尊严、荣誉和利益，危害社会稳定，伤害民族感情等活动的组织和个人制作或参与制作的节目；

9.其他有违法律、法规和国家规定的内容。

第九条　专业类网络视听节目应坚持正确的政治导向、价值导向、审美导向，体现高雅健康的审美情趣和文化品位，引导人们树立正确的世界观、人生观、价值观。

（一）坚决抵制是非不分、善恶不辨、以丑为美、颠倒黑白的错误倾向；坚决抵制各种诋毁主流思想和主流价值的内容；坚决反对歪曲历史、美化反动、调侃崇高、否定英模的错误倾向；坚决抵制厚黑学、潜规则、圈子山头等封建文化糟粕和腐朽思想遗毒；坚决抵制拜金主义、享乐主义、极端个人主义等不良风气和过度商业化、过度娱乐化的倾向；坚决摒弃廉价的笑声、无底线的娱乐和无节操的垃圾；坚决抵制低俗、庸俗、媚俗的低级趣味；坚决反对天价追星、无聊游戏、奢华盛宴等不良风气。

（二）不得宣扬不良的家庭观、婚恋观、金钱观。在涉及真实人物生活讲述与调解等节目中，坚持真实原则，不得为了追求轰动效应人为设置虚假、离奇故事情节，摆拍经过事先设计的对话，制造假故事、假新闻，愚弄受众。

（三）对节目中涉及的主持人、嘉宾、评委、选手等人物进行筛选把关，不得选用有丑闻劣迹、有吸毒嫖娼等违法犯罪行为的人物，慎重选用有争议或存在边缘化观点的人物。节目中的人物语言、行为、着装、服饰、发型、台风等应当符合大众审美观念。

（四）节目主持人应对嘉宾、评委、选手等人物的言行举止正确引导，防止语言和行为低俗，对错误观点和言论要及时批驳。主持人之间不得互相挖苦、吹捧、调情。嘉宾、评委要加强点评的专业性和针对性，避免夸张作秀、互相恶搞以及不文明言谈举止，不能喧宾夺主、故意制造噱头和看点，使节目成为明星宣扬自我的舞台。选手不得为博眼球而煽情作秀、夸张搞怪或渲染悲切情绪。

（五）加强未成年人保护，尽量减少未成年人参与，对少数有未成年人参与的节目要坚决杜绝商业化、成人化和过度娱乐化的不良倾向以及侵犯未成年人权益的现象。

（六）真人秀类节目要减少明星参与人数，提高普通群众的参与比重，让群众成为节目的主角。不得追星逐利、媚俗捧场，杜绝展示明星炫富享乐、炒作节目片酬成本。不得借真人秀节目炒作包装明星子女。

第十条　专业类网络视听节目除符合前款网络视听节目的总体要求外，还不得含有以下内容：

（一）以道听途说的信息为话题，进行主观臆测的讨论、评论的；

（二）以调侃严肃话题为主要内容的；

（三）围绕易引发争议的负面话题进行讨论、评论的；

（四）以宣扬明星炫富享乐为主要话题的；

（五）以炒作绯闻丑闻隐私劣迹为主要内容的；

（六）展示危险程度高、恶意整人、易被青少年模仿的游戏项目的；

（七）诱导未成年人谈论名利、情爱等话题，诱导未成年人现场拉票、盘问未成年人失败退出感受的；

（八）就家庭纠纷采访未成年人和未成年人参与家庭纠纷和现场调解的；

（九）为吸引眼球，制造低俗噱头，展示丑行恶态，或作假作秀、故意激化矛盾，突出放大不良现象和非理性情绪，以“考验”“测试”的名义人为制造和展示“人性恶”事件的；

（十）故意刺激、为难嘉宾娱乐观众的；

（十一）讽刺他人、相互吹捧或进行粗俗反串的；

（十二）使用粗俗恶搞字幕和夸张怪异音效的；

（十三）以采访、讨论性爱、性生活细节为话题的；

（十四）展示群众参与的各类整容变性细节的；

（十五）其他违背社会主义核心价值观和公序良俗的内容。

第十一条　严肃认真对待节目细节，涉及下列内容的，要聘请相关专家进行把关：

（一）涉及革命先驱及其他重要人物形象、少数民族语言文字、特定符号与标识使用以及图形、图表等；

（二）节目内容表现人民军队、武装警察、国安、公安、司法人员、医生、律师等特定职业、群体，以及社会组织、团体的；

（三）涉及特定历史时期、职业群体的服装、布景道具等。

第十二条　网络视听节目内容审核的其他相关要求：

（一）网络视听节目中文字幕除书法题写的片名及相关文字外，应为规范汉字。作品有歌词的歌曲，外语标题、台词、有特定含义的词汇及标识等，应加中文字幕；

（二）网络视听节目名称、台词、字幕等语言文字应遵守国家通用语言文字有关法律法规，尊重、礼敬中华优秀传统文化，严格按照规范写法和标准使用国家通用语言文字的字、词、短语、成语等，不得滥用谐音、生造滥造词义、肆意曲解内涵，不得使用不规范的网络语言和错词别字。遣词造句要坚持正确导向，符合语法规范，自觉摒弃低俗、庸俗、媚俗的低级趣味，严禁使用挑逗、污秽、恶毒、侮辱、谩骂等极端言辞。

互联网视听节目服务单位要加强网络视听节目名称、台词、字幕、配音等使用语言文字的管理，加强对演职人员、主持人、嘉宾及其他节目参与人员规范使用通用语言文字的提示指导，防止不规范使用国家通用语言文字的节目上线播出。

第十三条　网络视听节目涉及重大革命和重大历史题材，以及政治、军事、外交、国家安全、统战、民族、宗教、司法、公安等特殊题材应遵照广播影视有关管理规定执行。

第五章　罚　则

第十四条　互联网视听节目服务相关单位因违反本通则的规定，协会将视情节严重程度，对该机构以及直接责任人员进行通报批评、向全行业及社会公开；情节恶劣的，取消会员资格；涉嫌违法违规的，报告主管部门依法依规予以查处。

第六章 附 则

第十五条 本通则自协会发布之日起施行，协会成员接受本通则的约束。2012 年 7 月 13 日中国网络视听节目服务协会理事会通过的《网络剧、微电影等网络视听节目内容审核通则》同时废止。

《移动智能终端应用软件预置和分发管理暂行规定》

（2016 年 12 月 16 日发布，2017 年 7 月 1 日实施）

为推动移动互联网健康有序发展，构建安全可信的信息通信网络环境，依法维护用户的知情权和选择权，促进大众创业、万众创新，规范移动互联网市场秩序，根据《全国人民代表大会常务委员会关于加强网络信息保护的决定》《中华人民共和国网络安全法》《中华人民共和国电信条例》和《互联网信息服务管理办法》等有关规定，制定本规定。

第一条　工业和信息化部大力推动移动智能终端应用软件发展，鼓励移动智能终端生产企业、互联网信息服务提供者等相关企业积极开发移动智能终端应用软件产品，丰富信息消费内容，引导企业健全相关管理机制。鼓励有关行业协会等依法制定自律性管理制度，共同规范移动智能终端应用软件的预置和分发行为，维护网络安全，加强用户权益保护。

第二条　本规定规范移动智能终端生产企业（以下简称生产企业）的移动智能终端应用软件预置行为，以及互联网信息服务提供者提供的移动智能终端应用软件分发服务。

第三条　工业和信息化部依照本规定对全国范围内移动智能终端应用软件预置与分发服务实施监督管理。省、自治区、直辖市通信管理局（以下统称各地通信主管部门）在工业和信息化部领导下，按照本规定对本行政区域内的移动智能终端应用软件预置与分发服务实施监督管理。工业和信息化部和各地通信主管部门应进一步完善移动智能终端应用软件预置与分发服务监管制度，强化事中事后管理。

第四条　生产企业和提供移动智能终端应用软件分发服务的互联网信息服务提供者（以下简称互联网信息服务提供者）不得提供或传播含有下列内容的移动智能终端应用软件：

（一）反对宪法所确定的基本原则的；

（二）危害国家安全，泄露国家秘密，颠覆国家政权，破坏国家统一的；

（三）损害国家荣誉和利益的；

（四）煽动民族仇恨、民族歧视，破坏民族团结的；

（五）破坏国家宗教政策，宣扬邪教和封建迷信的；

（六）散布谣言，扰乱社会秩序，破坏社会稳定的；

（七）散布淫秽、色情、赌博、暴力、凶杀、恐怖或者教唆犯罪的；

（八）侮辱或者诽谤他人，侵害他人合法权益的；

（九）含有法律、行政法规禁止的其他内容的。

第五条　生产企业和互联网信息服务提供者应依法依规提供移动智能终端应用软件，采取有效措施，维护网络安全，切实保护用户合法权益。

（一）提供移动智能终端预置软件（以下简称预置软件）的生产企业和互联网信息服务提供者应自觉维护行业公平竞争，依法维护用户的知情权和选择权，不得实施破坏市场竞争秩序、侵犯用户合法权益的行为。

（二）生产企业和互联网信息服务提供者所提供移动智能终端应用软件不得调用与所提供服务无关的终端功能、违法发送商业性电子信息；未经明示且经用户同意，不得实施收集使用用户个人信息、开启应用软件、捆绑推广其他应用软件等侵害用户合法权益或危害网络安全的行为。

（三）为移动智能终端应用软件提供代收费的企业，应当采取必要措施，加强对计费、收费行为的管理，杜绝不明扣费；收费企业应对用户确认信息和计费原始数据至少保存 5 个月，并为用户查询提供方便。

（四）生产企业应约束销售渠道，未经用户同意不得擅自在移动智能终端中安装应用软件，并提示用户终端在销售渠道等环节被装入应用软件的可能性、风险和应对措施。

第六条　生产企业和互联网信息服务提供者均应明示所提供移动智能终端应用软件相关信息。

（一）生产企业和互联网信息服务提供者均应通过用户提示、企业网站等方式明示所提供移动智能终端应用软件的信息，包括名称、功能描述、卸载方法、开发者信息、软件安装及运行所需权限列表等，明确告知用户应用软件收集、使用用户个人信息的内容、目的、方式和范围等。

（二）生产企业应在终端产品说明书中提供预置软件列表信息，并在终端产品说明书或外包装中标示预置软件详细信息的查询方法。生产企业在提交移动智能终端进网申请时，应提供相关产品符合前述要求的声明。

（三）涉及收费的移动智能终端应用软件应严格遵守明码标价等相关规定，明示收费标准、收费方式，明示内容真实准确、醒目规范，经用户确认后方可扣费。

第七条　生产企业和互联网信息服务提供者应确保除基本功能软件外的移动智能终端应用软件可卸载。

（一）移动智能终端的基本功能软件是指保障移动智能终端硬件和操作系统正常运行的应用软件，主要包括操作系统基本组件、保证智能终端硬件正常运行的应用、基本通信应用、应用软件下载通道等。终端中预置的实现同一功能的基本功能软件，至多有一个可设置为不可卸载。

（二）生产企业和互联网信息服务提供者应确保所提供的除基本功能软件之外的移动智能终端应用软件可由用户方便卸载，且在不影响移动智能终端安全使用的情况下，附属于该软件的资源文件、配置文件和用户数据文件等也应能够被方便卸载。

（三）生产企业应确保已被卸载的预置软件在移动智能终端操作系统升级时不被强行恢复；应保证移动智能终端获得进网许可证前后预置软件的一致性；移动智能终端新增预置软件或有重大功能变化的，应及时向工业和信息化部报告。

第八条　从事应用商店等移动应用分发平台服务的互联网信息服务提供者，以及在移动智能终端中预置了移动应用分发平台的生产企业对所提供的应用软件负有以下管理责任：

（一）应登记应用软件提供者、运营者、开发者的真实身份、联系方式等信息。

（二）应建立应用软件管理机制，对应用软件进行审核及安全、服务等相关检测，对审核和检测中发现的恶意应用软件等违法违规软件，不得向用户提供；对所提供应用软件进行跟踪监测，及时处理违法违规软件，建立完善用户举报投诉处置措施等。

（三）应要求应用软件提供者在提交应用软件时声明其获取的用户终端权限及用途，并将上述信息向软件下载用户明示。

（四）应留存所提供应用软件，以及该软件有关版本、上线时间、功能简介、用途、MD5（消息摘要算法 5）等校验值、服务器接入等信息以备追溯检测，相关信息的留存时间不短于 60 日。

（五）对于违反本规定第四条要求的应用软件，以及在通信主管部门监督检查中发现的恶意应用软件，相关企业应予以及时下架。

（六）应加强网络安全防护以及对相关人员的教育培训，保障自身系统安全和用户个人信息安全。

第九条　通信主管部门应对生产企业和互联网信息服务提供者落实本规定相关要求情况进行监督检查。

（一）通信主管部门应组织专业检测机构对生产企业预置的和互联网信息服务提供者提供的应用软件开展监督检测和恶意应用软件认定工作，相关企业应给予配合，并提供便捷地获取应用软件的条件。

（二）检测机构应及时将检测和认定报告提交通信主管部门。通信主管部门依据报告，要求并监督相关企业进行整改，通知并监督互联网信息服务提供者下架恶意应用软件。

（三）通信主管部门向社会通报监督检查和检测情况。

（四）对于紧急情况以及互联网信息服务提供者未按要求及时下架违法应用软件的，通信主管部门可依法依规要求有关单位采取处置措施。

第十条　相关企业和社会组织应进一步完善服务保障措施，提高用户权益保护水平。

（一）生产企业和互联网信息服务提供者应建立移动智能终端应用软件投诉举报受理制度，为用户提供便捷的投诉举报方式，接受、验证和处理用户投诉举报。如用户发现移动智能终端应用软件违反本规定要求，可向相关企业投诉举报，企业应在规定和公开承诺的时限内妥善处理；对处理结果不满的，用户可向电信用户申诉受理机构申诉。用户发现恶意应用软件，以及含有法律法规规定的禁止性内容或违法发送商业性电子信息的移动终端应用软件，可向网络不良与垃圾信息举报中心举报。

（二）工业和信息化部鼓励移动智能终端应用软件采用依法设立的电子认证服务机构颁发的数字证书进行签名；指导相关企业对已签名的移动智能终端应用软件采用依法设立的电子认证服务机构颁发的数字证书，进行验证并显著标识。

（三）工业和信息化部支持相关社会组织通过行业自律形式，建立恶意应用软件黑名单，实现黑名单信息在相关企业、专业检测机构以及用户之间的共享。

第十一条　违反本规定的，通信主管部门依据职权责令改正，依法进行处罚，并将生产企业、互联网信息服务提供者违反本规定受到行政处罚的情况记入信誉档案，向社会公布。对涉嫌违法犯罪的应用软件线索，各单位应及时报告公安机关。

第十二条　本规定下列用语的含义是：

移动智能终端是指接入公众移动通信网络、具有操作系统、可由用户自行安装和卸载应用软件的移动通信终端产品。

移动智能终端应用软件（英文简称 APP）包括移动智能终端预置应用软件，以及互联网信息服务提供者提供的可以通过网站、应用商店等移动应用分发平台下载、安装、升级的应用软件。

移动应用分发平台是指网站、应用商店等提供移动智能终端应用软件下载、安装、升级的应用软件平台。

移动智能终端预置应用软件是指由生产企业自行或与互联网信息服务提供者合作在移动智能终端出厂前安装的应用软件。

恶意应用软件是指含有信息窃取、恶意扣费、诱骗欺诈、系统破坏等恶意行为及其他危害用户权益和网络安全的应用软件。

商业性电子信息是指利用电信网或互联网，向用户介绍、推销商品、服务或者商业投资机会的电子信息。

第十三条　本规定解释权属于工业和信息化部。

第十四条　本规定自 2017 年 7 月 1 日起实施。

《互联网群组信息服务管理规定》

（2017年9月7日发布，2017年10月8日实施）

第一条　为规范互联网群组信息服务，维护国家安全和公共利益，保护公民、法人和其他组织的合法权益，根据《中华人民共和国网络安全法》《国务院关于授权国家互联网信息办公室负责互联网信息内容管理工作的通知》，制定本规定。

第二条　在中华人民共和国境内提供、使用互联网群组信息服务，应当遵守本规定。

本规定所称互联网群组，是指互联网用户通过互联网站、移动互联网应用程序等建立的，用于群体在线交流信息的网络空间。本规定所称互联网群组信息服务提供者，是指提供互联网群组信息服务的平台。本规定所称互联网群组信息服务使用者，包括群组建立者、管理者和成员。

第三条　国家互联网信息办公室负责全国互联网群组信息服务的监督管理执法工作。地方互联网信息办公室依据职责负责本行政区域内的互联网群组信息服务的监督管理执法工作。

第四条　互联网群组信息服务提供者和使用者，应当坚持正确导向，弘扬社会主义核心价值观，培育积极健康的网络文化，维护良好网络生态。

第五条　互联网群组信息服务提供者应当落实信息内容安全管理主体责任，配备与服务规模相适应的专业人员和技术能力，建立健全用户注册、信息审核、应急处置、安全防护等管理制度。

互联网群组信息服务提供者应当制定并公开管理规则和平台公约，与使用者签订服务协议，明确双方权利义务。

第六条　互联网群组信息服务提供者应当按照“后台实名、前台自愿”的原则，对互联网群组信息服务使用者进行真实身份信息认证，用户不提供真实身份信息的，不得为其提供信息发布服务。

互联网群组信息服务提供者应当采取必要措施保护使用者个人信息安全，不得泄露、篡改、毁损，不得非法出售或者非法向他人提供。

第七条　互联网群组信息服务提供者应当根据互联网群组的性质类别、成员规模、活跃程度等实行分级分类管理，制定具体管理制度并向国家或省、自治区、直辖市互联网信息办公室备案，依法规范群组信息传播秩序。

互联网群组信息服务提供者应当建立互联网群组信息服务使用者信用等级管理体系，根据信用等级提供相应服务。

第八条　互联网群组信息服务提供者应当根据自身服务规模和管理能力，合理设定群组成员人数和个人建立群数、参加群数上限。

互联网群组信息服务提供者应设置和显示唯一群组识别编码，对成员达到一定规模的群组要设置群信息页面，注明群组名称、人数、类别等基本信息。

互联网群组信息服务提供者应根据群组规模类别，分级审核群组建立者真实身份、信用等级等建群资质，完善建群、入群等审核验证功能，并标注群组建立者、管理者及成员群内身份信息。

第九条　互联网群组建立者、管理者应当履行群组管理责任，依据法律法规、用户协议和平台公约，规范群组网络行为和信息发布，构建文明有序的网络群体空间。

互联网群组成员在参与群组信息交流时，应当遵守法律法规，文明互动、理性表达。

互联网群组信息服务提供者应为群组建立者、管理者进行群组管理提供必要功能权限。

第十条　互联网群组信息服务提供者和使用者不得利用互联网群组传播法律法规和国家有关规定禁止的信息内容。

第十一条　互联网群组信息服务提供者应当对违反法律法规和国家有关规定的互联网群组，依法依约采取警示整改、暂停发布、关闭群组等处置措施，保存有关记录，并向有关主管部门报告。

互联网群组信息服务提供者应当对违反法律法规和国家有关规定的群组建立者、管理者等使用者，依法依约采取降低信用等级、暂停管理权限、取消建群资格等管理措施，保存有关记录，并向有关主管部门报告。

互联网群组信息服务提供者应当建立黑名单管理制度，对违法违约情节严重的群组及建立者、管理者和成员纳入黑名单，限制群组服务功能，保存有关记录,并向有关主管部门报告。

第十二条　互联网群组信息服务提供者和使用者应当接受社会公众和行业组织的监督,建立健全投诉举报渠道,设置便捷举报入口,及时处理投诉举报。国家和地方互联网信息办公室依据职责,对举报受理落实情况进行监督检查。

鼓励互联网行业组织指导推动互联网群组信息服务提供者制定行业公约,加强行业自律,履行社会责任。

第十三条　互联网群组信息服务提供者应当配合有关主管部门依法进行监督检查,并提供必要的技术支持和协助。

互联网群组信息服务提供者应当按规定留存网络日志不少于六个月。

第十四条　互联网群组信息服务提供者和使用者违反本规定的,由有关部门依照相关法律法规处理。

第十五条　本规定自2017年10月8日起施行。

《互联网用户公众账号信息服务管理规定》

（2017 年 9 月 7 日发布，2017 年 10 月 8 日实施）

第一条　为规范互联网用户公众账号信息服务，维护国家安全和公共利益，保护公民、法人和其他组织的合法权益，根据《中华人民共和国网络安全法》《国务院关于授权国家互联网信息办公室负责互联网信息内容管理工作的通知》，制定本规定。

第二条　在中华人民共和国境内提供、使用互联网用户公众账号从事信息发布服务，应当遵守本规定。

本规定所称互联网用户公众账号信息服务，是指通过互联网站、应用程序等网络平台以注册用户公众账号形式，向社会公众发布文字、图片、音视频等信息的服务。

本规定所称互联网用户公众账号信息服务提供者，是指提供互联网用户公众账号注册使用服务的网络平台。本规定所称互联网用户公众账号信息服务使用者，是指注册使用或运营互联网用户公众账号提供信息发布服务的机构或个人。

第三条　国家互联网信息办公室负责全国互联网用户公众账号信息服务的监督管理执法工作，地方互联网信息办公室依据职责负责本行政区域内的互联网用户公众账号信息服务的监督管理执法工作。

第四条　互联网用户公众账号信息服务提供者和使用者，应当坚持正确导向，弘扬社会主义核心价值观，培育积极健康的网络文化，维护良好网络生态。

鼓励各级党政机关、企事业单位和人民团体注册使用互联网用户公众账号发布政务信息或公共服务信息，服务经济社会发展，满足公众信息需求。

互联网用户公众账号信息服务提供者应当配合党政机关、企事业单位和人民团体提升政务信息发布和公共服务水平，提供必要的技术支撑和信息安全保障。

第五条　互联网用户公众账号信息服务提供者应当落实信息内容安全管理主体责任，配备与服务规模相适应的专业人员和技术能力，设立总编辑等信息内容安全负责人岗位，建立健全用户注册、信息审核、应急处置、安全防护等管理制度。

互联网用户公众账号信息服务提供者应当制定和公开管理规则和平台公约，与使用者签订服务协议，明确双方权利义务。

第六条　互联网用户公众账号信息服务提供者应当按照"后台实名、前台自愿"的原则，对使用者进行基于组织机构代码、身份证件号码、移动电话号码等真实身份信息认证。使用者不提供真实身份信息的，不得为其提供信息发布服务。

互联网用户公众账号信息服务提供者应当建立互联网用户公众账号信息服务使用者信用等级管理体系，根据信用等级提供相应服务。

第七条　互联网用户公众账号信息服务提供者应当对使用者的账号信息、服务资质、服务范围等信息进行审核，分类加注标识，并向所在地省、自治区、直辖市互联网信息办公室分类备案。

互联网用户公众账号信息服务提供者应当根据用户公众账号的注册主体、发布内容、账号订阅数、文章阅读量等建立数据库，对互联网用户公众账号实行分级分类管理，制定具体管理制度并向国家或省、自治区、直辖市互联网信息办公室备案。

互联网用户公众账号信息服务提供者应当对同一主体在同一平台注册公众账号的数量合理设定上限；对同一主体在同一平台注册多个账号，或以集团、公司、联盟等形式运营多个账号的使用者，应要求其提供注册主体、业务范围、账号清单等基本信息，并向所在地省、自治区、直辖市互联网信息办公室备案。

第八条　依法取得互联网新闻信息采编发布资质的互联网新闻信息服务提供者，可以通过开设的用户公众账号采编发布新闻信息。

第九条　互联网用户公众账号信息服务提供者应当采取必要措施保护使用者个人信息安全，不得泄露、篡改、毁损，不得非法出售或者非法向他人提供。

互联网用户公众账号信息服务提供者在使用者终止使用服务后，应当为其提供注销账号的服务。

第十条　互联网用户公众账号信息服务使用者应当履行信息发布和运营安全管理责任，遵守新闻信息管理、知识产权保护、网络安全保护等法律法规和国家有关规定，维护网络传播秩序。

第十一条　互联网用户公众账号信息服务使用者不得通过公众账号发布法律法规和国家有关规定禁止的信息内容。

互联网用户公众账号信息服务提供者应加强对本平台公众账号的监测管理，发现有发布、传播违法信息的，应当立即采取消除等处置措施，防止传播扩散，保存有关记录，并向有关主管部门报告。

第十二条　互联网用户公众账号信息服务提供者开发上线公众账号留言、跟帖、评论等互动功能，应当按有关规定进行安全评估。

互联网用户公众账号信息服务提供者应当按照分级分类管理原则，对使用者开设的用户公众账号的留言、跟帖、评论等进行监督管理，并向使用者提供管理权限，为其对互动环节实施管理提供支持。

互联网用户公众账号信息服务使用者应当对用户公众账号留言、跟帖、评论等互动环节进行实时管理。对管理不力、出现法律法规和国家有关规定禁止的信息内容的，互联网用户公众账号信息服务提供者应当依据用户协议限制或取消其留言、跟帖、评论等互动功能。

第十三条　互联网用户公众账号信息服务提供者应当对违反法律法规、服务协议和平台公约的互联网用户公众账号，依法依约采取警示整改、限制功能、暂停更新、关闭账号等处置措施，保存有关记录，并向有关主管部门报告。

互联网用户公众账号信息服务提供者应当建立黑名单管理制度，对违法违约情节严重的公众账号及注册主体纳入黑名单，视情采取关闭账号、禁止重新注册等措施，保存有关记录，并向有关主管部门报告。

第十四条　鼓励互联网行业组织指导推动互联网用户公众账号信息服务提供者、使用者制定行业公约，加强行业自律，履行社会责任。

鼓励互联网行业组织建立多方参与的权威专业调解机制，协调解决行业纠纷。

第十五条　互联网用户公众账号信息服务提供者和使用者应当接受社会公众、行业组织监督。

互联网用户公众账号信息服务提供者应当设置便捷举报入口，健全投诉举报渠道，完善恶意举报甄别、举报受理反馈等机制，及时公正处理投诉举报。国家和地方互联网信息办公室依据职责，对举报受理落实情况进行监督检查。

第十六条　互联网用户公众账号信息服务提供者和使用者应当配合有关主管部门依法进行的监督检查，并提供必要的技术支持和协助。

互联网用户公众账号信息服务提供者应当记录互联网用户公众账号信息服务使用者发布内容和日志信息，并按规定留存不少于六个月。

第十七条 互联网用户公众账号信息服务提供者和使用者违反本规定的，由有关部门依照相关法律法规处理。

第十八条 本规定自 2017 年 10 月 8 日起施行。

《互联网域名管理办法》

（2017年8月24日发布，2017年11月1日实施）

第一章　总　则

第一条　为了规范互联网域名服务，保护用户合法权益，保障互联网域名系统安全、可靠运行，推动中文域名和国家顶级域名发展和应用，促进中国互联网健康发展，根据《中华人民共和国行政许可法》《国务院对确需保留的行政审批项目设定行政许可的决定》等规定，参照国际上互联网域名管理准则，制定本办法。

第二条　在中华人民共和国境内从事互联网域名服务及其运行维护、监督管理等相关活动，应当遵守本办法。

本办法所称互联网域名服务（以下简称域名服务），是指从事域名根服务器运行和管理、顶级域名运行和管理、域名注册、域名解析等活动。

第三条　工业和信息化部对全国的域名服务实施监督管理，主要职责是：

（一）制定互联网域名管理规章及政策；

（二）制定中国互联网域名体系、域名资源发展规划；

（三）管理境内的域名根服务器运行机构和域名注册管理机构；

（四）负责域名体系的网络与信息安全管理；

（五）依法保护用户个人信息和合法权益；

（六）负责与域名有关的国际协调；

（七）管理境内的域名解析服务；

（八）管理其他与域名服务相关的活动。

第四条　各省、自治区、直辖市通信管理局对本行政区域内的域名服务实施监督管理，主要职责是：

（一）贯彻执行域名管理法律、行政法规、规章和政策；

（二）管理本行政区域内的域名注册服务机构；

（三）协助工业和信息化部对本行政区域内的域名根服务器运行机构和域名注册管理机构进行管理；

（四）负责本行政区域内域名系统的网络与信息安全管理；

（五）依法保护用户个人信息和合法权益；

（六）管理本行政区域内的域名解析服务；

（七）管理本行政区域内其他与域名服务相关的活动。

第五条　中国互联网域名体系由工业和信息化部予以公告。根据域名发展的实际情况，工业和信息化部可以对中国互联网域名体系进行调整。

第六条　“.CN”和“.中国”是中国的国家顶级域名。

中文域名是中国互联网域名体系的重要组成部分。国家鼓励和支持中文域名系统的技术研究和推广应用。

第七条　提供域名服务，应当遵守国家相关法律法规，符合相关技术规范和标准。

第八条　任何组织和个人不得妨碍互联网域名系统的安全和稳定运行。

第二章　域名管理

第九条　在境内设立域名根服务器及域名根服务器运行机构、域名注册管理机构和域名注册服务机构的，应当依据本办法取得工业和信息化部或者省、自治区、直辖市通信管理局（以下统称电信管理机构）的相应许可。

第十条　申请设立域名根服务器及域名根服务器运行机构的，应当具备以下条件：

（一）域名根服务器设置在境内，并且符合互联网发展相关规划及域名系统安全稳定运行要求；

（二）是依法设立的法人，该法人及其主要出资者、主要经营管理人员具有良好的信用记录；

（三）具有保障域名根服务器安全可靠运行的场地、资金、环境、专业人员和技术能力以及符合电信管理机构要求的信息管理系统；

（四）具有健全的网络与信息安全保障措施，包括管理人员、网络与信息安全管理制度、应急处置预案和相关技术、管理措施等；

（五）具有用户个人信息保护能力、提供长期服务的能力及健全的服务退出机制；

（六）法律、行政法规规定的其他条件。

第十一条　申请设立域名注册管理机构的，应当具备以下条件：

（一）域名管理系统设置在境内，并且持有的顶级域名符合相关法律法规及域名系统安全稳定运行要求；

（二）是依法设立的法人，该法人及其主要出资者、主要经营管理人员具有良好的信用记录；

（三）具有完善的业务发展计划和技术方案以及与从事顶级域名运行管理相适应的场地、资金、专业人员以及符合电信管理机构要求的信息管理系统；

（四）具有健全的网络与信息安全保障措施，包括管理人员、网络与信息安全管理制度、应急处置预案和相关技术、管理措施等；

（五）具有进行真实身份信息核验和用户个人信息保护的能力、提供长期服务的能力及健全的服务退出机制；

（六）具有健全的域名注册服务管理制度和对域名注册服务机构的监督机制；

（七）法律、行政法规规定的其他条件。

第十二条　申请设立域名注册服务机构的，应当具备以下条件：

（一）在境内设置域名注册服务系统、注册数据库和相应的域名解析系统；

（二）是依法设立的法人，该法人及其主要出资者、主要经营管理人员具有良好的信用记录；

（三）具有与从事域名注册服务相适应的场地、资金和专业人员以及符合电信管理机构要求的信息管理系统；

（四）具有进行真实身份信息核验和用户个人信息保护的能力、提供长期服务的能力及健全的服务退出机制；

（五）具有健全的域名注册服务管理制度和对域名注册代理机构的监督机制；

（六）具有健全的网络与信息安全保障措施，包括管理人员、网络与信息安全管理制度、应急处置预案和相关技术、管理措施等；

（七）法律、行政法规规定的其他条件。

第十三条　申请设立域名根服务器及域名根服务器运行机构、域名注册管理机构的，应当向工业和信息化部提交申请材料。申请设立域名注册服务机构的，应当向住所地省、自治区、直辖市通信管理局提交申请材料。

申请材料应当包括：

（一）申请单位的基本情况及其法定代表人签署的依法诚信经营承诺书；

（二）对域名服务实施有效管理的证明材料，包括相关系统及场所、服务能力的证明材料、管理制度、与其他机构签订的协议等；

（三）网络与信息安全保障制度及措施；

（四）证明申请单位信誉的材料。

第十四条 申请材料齐全、符合法定形式的，电信管理机构应当向申请单位出具受理申请通知书；申请材料不齐全或者不符合法定形式的，电信管理机构应当场或者在5个工作日内一次性书面告知申请单位需要补正的全部内容；不予受理的，应当出具不予受理通知书并说明理由。

第十五条 电信管理机构应当自受理之日起20个工作日内完成审查，作出予以许可或者不予许可的决定。20个工作日内不能作出决定的，经电信管理机构负责人批准，可以延长10个工作日，并将延长期限的理由告知申请单位。需要组织专家论证的，论证时间不计入审查期限。

予以许可的，应当颁发相应的许可文件；不予许可的，应当书面通知申请单位并说明理由。

第十六条 域名根服务器运行机构、域名注册管理机构和域名注册服务机构的许可有效期为5年。

第十七条 域名根服务器运行机构、域名注册管理机构和域名注册服务机构的名称、住所、法定代表人等信息发生变更的，应当自变更之日起20日内向原发证机关办理变更手续。

第十八条 在许可有效期内，域名根服务器运行机构、域名注册管理机构、域名注册服务机构拟终止相关服务的，应当提前30日书面通知用户，提出可行的善后处理方案，并向原发证机关提交书面申请。

原发证机关收到申请后，应当向社会公示30日。公示期结束60日内，原发证机关应当完成审查并做出决定。

第十九条 许可有效期届满需要继续从事域名服务的，应当提前90日向原发证机关申请延续；不再继续从事域名服务的，应当提前90日向原发证机关报告并做好善后工作。

第二十条 域名注册服务机构委托域名注册代理机构开展市场销售等工作的，应当对域名注册代理机构的工作进行监督和管理。

域名注册代理机构受委托开展市场销售等工作的过程中，应当主动表明代理关系，并在域名注册服务合同中明示相关域名注册服务机构名称及代理关系。

第二十一条　域名注册管理机构、域名注册服务机构应当在境内设立相应的应急备份系统并定期备份域名注册数据。

第二十二条　域名根服务器运行机构、域名注册管理机构、域名注册服务机构应当在其网站首页和经营场所显著位置标明其许可相关信息。域名注册管理机构还应当标明与其合作的域名注册服务机构名单。

域名注册代理机构应当在其网站首页和经营场所显著位置标明其代理的域名注册服务机构名称。

第三章　域名服务

第二十三条　域名根服务器运行机构、域名注册管理机构和域名注册服务机构应当向用户提供安全、方便、稳定的服务。

第二十四条　域名注册管理机构应当根据本办法制定域名注册实施细则并向社会公开。

第二十五条　域名注册管理机构应当通过电信管理机构许可的域名注册服务机构开展域名注册服务。

域名注册服务机构应当按照电信管理机构许可的域名注册服务项目提供服务，不得为未经电信管理机构许可的域名注册管理机构提供域名注册服务。

第二十六条　域名注册服务原则上实行"先申请先注册"，相应域名注册实施细则另有规定的，从其规定。

第二十七条　为维护国家利益和社会公众利益，域名注册管理机构应当建立域名注册保留字制度。

第二十八条　任何组织或者个人注册、使用的域名中，不得含有下列内容：

（一）反对宪法所确定的基本原则的；

（二）危害国家安全，泄露国家秘密，颠覆国家政权，破坏国家统一的；

（三）损害国家荣誉和利益的；

（四）煽动民族仇恨、民族歧视，破坏民族团结的；

（五）破坏国家宗教政策，宣扬邪教和封建迷信的；

（六）散布谣言，扰乱社会秩序，破坏社会稳定的；

（七）散布淫秽、色情、赌博、暴力、凶杀、恐怖或者教唆犯罪的；

（八）侮辱或者诽谤他人，侵害他人合法权益的；

（九）含有法律、行政法规禁止的其他内容的。

域名注册管理机构、域名注册服务机构不得为含有前款所列内容的域名提供服务。

第二十九条　域名注册服务机构不得采用欺诈、胁迫等不正当手段要求他人注册域名。

第三十条　域名注册服务机构提供域名注册服务，应当要求域名注册申请者提供域名持有者真实、准确、完整的身份信息等域名注册信息。

域名注册管理机构和域名注册服务机构应当对域名注册信息的真实性、完整性进行核验。

域名注册申请者提供的域名注册信息不准确、不完整的，域名注册服务机构应当要求其予以补正。申请者不补正或者提供不真实的域名注册信息的，域名注册服务机构不得为其提供域名注册服务。

第三十一条　域名注册服务机构应当公布域名注册服务的内容、时限、费用，保证服务质量，提供域名注册信息的公共查询服务。

第三十二条　域名注册管理机构、域名注册服务机构应当依法存储、保护用户个人信息。未经用户同意不得将用户个人信息提供给他人，但法律、行政法规另有规定的除外。

第三十三条　域名持有者的联系方式等信息发生变更的，应当在变更后30日内向域名注册服务机构办理域名注册信息变更手续。

域名持有者将域名转让给他人的，受让人应当遵守域名注册的相关要求。

第三十四条　域名持有者有权选择、变更域名注册服务机构。变更域名注册服务机构的，原域名注册服务机构应当配合域名持有者转移其域名注册相关信息。

无正当理由的，域名注册服务机构不得阻止域名持有者变更域名注册服务机构。

电信管理机构依法要求停止解析的域名，不得变更域名注册服务机构。

第三十五条　域名注册管理机构和域名注册服务机构应当设立投诉受理机制，并在其网站首页和经营场所显著位置公布投诉受理方式。

域名注册管理机构和域名注册服务机构应当及时处理投诉；不能及时处理的，应当说明理由和处理时限。

第三十六条　提供域名解析服务，应当遵守有关法律、法规、标准，具备相应的技术、服务和网络与信息安全保障能力，落实网络与信息安全保障措施，依法记录并留存域名解析日志、维护日志和变更记录，保障解析服务质量和解析系统安全。涉及经营电信业务的，应当依法取得电信业务经营许可。

第三十七条　提供域名解析服务，不得擅自篡改解析信息。

任何组织或者个人不得恶意将域名解析指向他人的IP地址。

第三十八条　提供域名解析服务，不得为含有本办法第二十八条第一款所列内容的域名提供域名跳转。

第三十九条　从事互联网信息服务的，其使用域名应当符合法律法规和电信管理机构的有关规定，不得将域名用于实施违法行为。

第四十条　域名注册管理机构、域名注册服务机构应当配合国家有关部门依法开展的检查工作，并按照电信管理机构的要求对存在违法行为的域名采取停止解析等处置措施。

域名注册管理机构、域名注册服务机构发现其提供服务的域名发布、传输法律和行政法规禁止发布或者传输的信息的，应当立即采取消除、停止解析等处置措施，防止信息扩散，保存有关记录，并向有关部门报告。

第四十一条　域名根服务器运行机构、域名注册管理机构和域名注册服务机构应当遵守国家相关法律、法规和标准，落实网络与信息安全保障措施，配置必要的网络通信应急设备，建立健全网络与信息安全监测技术手段和应急制度。域名系统出现网络与信息安全事件时，应当在24小时内向电信管理机构报告。

因国家安全和处置紧急事件的需要，域名根服务器运行机构、域名注册管理机构和域名注册服务机构应当服从电信管理机构的统一指挥与协调，遵守电信管理机构的管理要求。

第四十二条　任何组织或者个人认为他人注册或者使用的域名侵害其合法权益的，可以向域名争议解决机构申请裁决或者依法向人民法院提起诉讼。

第四十三条　已注册的域名有下列情形之一的，域名注册服务机构应当予以注销，并通知域名持有者：

（一）域名持有者申请注销域名的；

（二）域名持有者提交虚假域名注册信息的；

（三）依据人民法院的判决、域名争议解决机构的裁决，应当注销的；

（四）法律、行政法规规定予以注销的其他情形。

第四章　监督检查

第四十四条　电信管理机构应当加强对域名服务的监督检查。域名根服务器运行机构、域名注册管理机构、域名注册服务机构应当接受、配合电信管理机构的监督检查。

鼓励域名服务行业自律管理，鼓励公众监督域名服务。

第四十五条　域名根服务器运行机构、域名注册管理机构、域名注册服务机构应当按照电信管理机构的要求，定期报送业务开展情况、安全运行情况、网络与信息安全责任落实情况、投诉和争议处理情况等信息。

第四十六条　电信管理机构实施监督检查时，应当对域名根服务器运行机构、域名注册管理机构和域名注册服务机构报送的材料进行审核，并对其执行法律法规和电信管理机构有关规定的情况进行检查。

电信管理机构可以委托第三方专业机构开展有关监督检查活动。

第四十七条　电信管理机构应当建立域名根服务器运行机构、域名注册管理机构和域名注册服务机构的信用记录制度，将其违反本办法并受到行政处罚的行为记入信用档案。

第四十八条　电信管理机构开展监督检查，不得妨碍域名根服务器运行机构、域名注册管理机构和域名注册服务机构正常的经营和服务活动，不得收取任何费用，不得泄露所知悉的域名注册信息。

第五章　罚　则

第四十九条　违反本办法第九条规定，未经许可擅自设立域名根服务器及域名根服务器运行机构、域名注册管理机构、域名注册服务机构的，电信管理机构应当根据《中华人民共和国行政许可法》第八十一条的规定，采取措施予以制止，并视情节轻重，予以警告或者处一万元以上三万元以下罚款。

第五十条　违反本办法规定，域名注册管理机构或者域名注册服务机构有下列行为之一的，由电信管理机构依据职权责令限期改正，并视情节轻重，处一万元以上三万元以下罚款，向社会公告：

（一）为未经许可的域名注册管理机构提供域名注册服务，或者通过未经许可的域名注册服务机构开展域名注册服务的；

（二）未按照许可的域名注册服务项目提供服务的；

(三)未对域名注册信息的真实性、完整性进行核验的;

(四)无正当理由阻止域名持有者变更域名注册服务机构的。

第五十一条　违反本办法规定,提供域名解析服务,有下列行为之一的,由电信管理机构责令限期改正,可以视情节轻重处一万元以上三万元以下罚款,向社会公告:

(一)擅自篡改域名解析信息或者恶意将域名解析指向他人IP地址的;

(二)为含有本办法第二十八条第一款所列内容的域名提供域名跳转的;

(三)未落实网络与信息安全保障措施的;

(四)未依法记录并留存域名解析日志、维护日志和变更记录的;

(五)未按照要求对存在违法行为的域名进行处置的。

第五十二条　违反本办法第十七条、第十八条第一款、第二十一条、第二十二条、第二十八条第二款、第二十九条、第三十一条、第三十二条、第三十五条第一款、第四十条第二款、第四十一条规定的,由电信管理机构依据职权责令限期改正,可以并处一万元以上三万元以下罚款,向社会公告。

第五十三条　法律、行政法规对有关违法行为的处罚另有规定的,依照有关法律、行政法规的规定执行。

第五十四条　任何组织或者个人违反本办法第二十八条第一款规定注册、使用域名,构成犯罪的,依法追究刑事责任;尚不构成犯罪的,由有关部门依法予以处罚。

第六章　附　则

第五十五条　本办法下列用语的含义是:

(一)域名:指互联网上识别和定位计算机的层次结构式的字符标识,与该计算机的IP地址相对应。

(二)中文域名:指含有中文文字的域名。

(三)顶级域名:指域名体系中根节点下的第一级域的名称。

(四)域名根服务器:指承担域名体系中根节点功能的服务器(含镜像服务器)。

(五)域名根服务器运行机构:指依法获得许可并承担域名根服务器运行、维护和管理工作的机构。

(六)域名注册管理机构:指依法获得许可并承担顶级域名运行和管理工作

的机构。

（七）域名注册服务机构：指依法获得许可、受理域名注册申请并完成域名在顶级域名数据库中注册的机构。

（八）域名注册代理机构：指受域名注册服务机构的委托，受理域名注册申请，间接完成域名在顶级域名数据库中注册的机构。

（九）域名管理系统：指域名注册管理机构在境内开展顶级域名运行和管理所需的主要信息系统，包括注册管理系统、注册数据库、域名解析系统、域名信息查询系统、身份信息核验系统等。

（十）域名跳转：指对某一域名的访问跳转至该域名绑定或者指向的其他域名、IP 地址或者网络信息服务等。

第五十六条　本办法中规定的日期，除明确为工作日的以外，均为自然日。

第五十七条　在本办法施行前未取得相应许可开展域名服务的，应当自本办法施行之日起十二个月内，按照本办法规定办理许可手续。

在本办法施行前已取得许可的域名根服务器运行机构、域名注册管理机构和域名注册服务机构，其许可有效期适用本办法第十六条的规定，有效期自本办法施行之日起计算。

第五十八条　本办法自 2017 年 11 月 1 日起施行。2004 年 11 月 5 日公布的《中国互联网络域名管理办法》（原信息产业部令第 30 号）同时废止。本办法施行前公布的有关规定与本办法不一致的，按照本办法执行。

《公共互联网网络安全威胁监测与处置办法》

（2017 年 8 月 9 日发布，2018 年 1 月 1 日实施）

第一条　为加强和规范公共互联网网络安全威胁监测与处置工作，消除安全隐患，制止攻击行为，避免危害发生，降低安全风险，维护网络秩序和公共利益，保护公民、法人和其他组织的合法权益，根据《中华人民共和国网络安全法》《全国人民代表大会常务委员会关于加强网络信息保护的决定》《中华人民共和国电信条例》等有关法律法规和工业和信息化部职责，制定本办法。

第二条　本办法所称公共互联网网络安全威胁是指公共互联网上存在或传播的、可能或已经对公众造成危害的网络资源、恶意程序、安全隐患或安全事件，包括：

（一）被用于实施网络攻击的恶意 IP 地址、恶意域名、恶意 URL、恶意电子信息，包括木马和僵尸网络控制端，钓鱼网站，钓鱼电子邮件、短信/彩信、即时通信等；

（二）被用于实施网络攻击的恶意程序，包括木马、病毒、僵尸程序、移动恶意程序等；

（三）网络服务和产品中存在的安全隐患，包括硬件漏洞、代码漏洞、业务逻辑漏洞、弱口令、后门等；

（四）网络服务和产品已被非法入侵、非法控制的网络安全事件，包括主机受控、数据泄露、网页篡改等；

（五）其他威胁网络安全或存在安全隐患的情形。

第三条　工业和信息化部负责组织开展全国公共互联网网络安全威胁监测与处置工作。各省、自治区、直辖市通信管理局负责组织开展本行政区域内公共互联网网络安全威胁监测与处置工作。工业和信息化部和各省、自治区、直辖市通信管理局以下统称为电信主管部门。

第四条　网络安全威胁监测与处置工作坚持及时发现、科学认定、有效处置的原则。

第五条　相关专业机构、基础电信企业、网络安全企业、互联网企业、域名注册管理和服务机构等应当加强网络安全威胁监测与处置工作，明确责任部门、责任人和联系人，加强相关技术手段建设，不断提高网络安全威胁监测与处置的及时性、准确性和有效性。

第六条　相关专业机构、基础电信企业、网络安全企业、互联网企业、域名注册管理和服务机构等监测发现网络安全威胁后，属于本单位自身问题的，应当立即进行处置，涉及其他主体的，应当及时将有关信息按照规定的内容要素和格式提交至工业和信息化部和相关省、自治区、直辖市通信管理局。

工业和信息化部建立网络安全威胁信息共享平台，统一汇集、存储、分析、通报、发布网络安全威胁信息；制定相关接口规范，与相关单位网络安全监测平台实现对接。国家计算机网络应急技术处理协调中心负责平台建设和运行维护工作。

第七条　电信主管部门委托国家计算机网络应急技术处理协调中心、中国信息通信研究院等专业机构对相关单位提交的网络安全威胁信息进行认定，并提出处置建议。认定工作应当坚持科学严谨、公平公正、及时高效的原则。电信主管部门对参与认定工作的专业机构和人员加强管理与培训。

第八条　电信主管部门对专业机构的认定和处置意见进行审查后，可以对网络安全威胁采取以下一项或多项处置措施：

（一）通知基础电信企业、互联网企业、域名注册管理和服务机构等，由其对恶意IP地址（或宽带接入账号）、恶意域名、恶意URL、恶意电子邮件账号或恶意手机号码等，采取停止服务或屏蔽等措施。

（二）通知网络服务提供者，由其清除本单位网络、系统或网站中存在的可能传播扩散的恶意程序。

（三）通知存在漏洞、后门或已经被非法入侵、控制、篡改的网络服务和产品的提供者，由其采取整改措施，消除安全隐患；对涉及党政机关和关键信息基础设施的，同时通报其上级主管单位和网信部门。

（四）其他可以消除、制止或控制网络安全威胁的技术措施。

电信主管部门的处置通知应当通过书面或可验证来源的电子方式等形式送达相关单位，紧急情况下，可先电话通知，后补书面通知。

第九条　基础电信企业、互联网企业、域名注册管理和服务机构等应当为电信主管部门依法查询 IP 地址归属、域名注册等信息提供技术支持和协助，并按照电信主管部门的通知和时限要求采取相应处置措施，反馈处置结果。负责网络安全威胁认定的专业机构应当对相关处置情况进行验证。

第十条　相关组织或个人对按照本办法第八条第(一)款采取的处置措施不服的，有权在 10 个工作日内向做出处置决定的电信主管部门进行申诉。相关电信主管部门接到申诉后应当及时组织核查，并在 30 个工作日内予以答复。

第十一条　鼓励相关单位以行业自律或技术合作、技术服务等形式开展网络安全威胁监测与处置工作，并对处置行为负责，监测与处置结果应当及时报送电信主管部门。

第十二条　基础电信企业、互联网企业、域名注册管理和服务机构等未按照电信主管部门通知要求采取网络安全威胁处置措施的，由电信主管部门依据《中华人民共和国网络安全法》第五十六条、第五十九条、第六十条、第六十八条等规定进行约谈或给予警告、罚款等行政处罚。

第十三条　造成或可能造成严重社会危害或影响的公共互联网网络安全突发事件的监测与处置工作，按照国家和电信主管部门有关应急预案执行。

第十四条　各省、自治区、直辖市通信管理局可参照本办法制定本行政区域网络安全威胁监测与处置办法实施细则。

第十五条　本办法自 2018 年 1 月 1 日起实施。2009 年 4 月 13 日印发的《木马和僵尸网络监测与处置机制》和 2011 年 12 月 9 日印发的《移动互联网恶意程序监测与处置机制》同时废止。

图书在版编目(CIP)数据

互联网法律资料汇编. 刑事篇 / 高艳东主编. —杭州：浙江大学出版社，2018.11(2023.5重印)
ISBN 978-7-308-18645-2

Ⅰ.①互… Ⅱ.①高… Ⅲ.①刑法—案例—中国 Ⅳ.①D920.5

中国版本图书馆CIP数据核字(2018)第220245号

互联网法律资料汇编·刑事篇
高艳东 主编

责任编辑 钱济平 陈佩钰
责任校对 王安安 汪 潇
封面设计 黄晓意
出版发行 浙江大学出版社
(杭州市天目山路148号 邮政编码310007)
(网址：http://www.zjupress.com)
排　　版 浙江时代出版服务有限公司
印　　刷 浙江新华数码印务有限公司
开　　本 710mm×1000mm 1/16
印　　张 23.25
字　　数 404千
版 印 次 2018年11月第1版 2023年5月第3次印刷
书　　号 ISBN 978-7-308-18645-2
定　　价 80.00元